"十三五"国家重点出版物出版规划项目·重大出版工程规划

中国工程院重大咨询项目成果文库

战略性新兴产业发展重大行动计划研究丛书

丛书主编　钟志华　邬贺铨

生物产业发展
重大行动计划研究

谭天伟　等　著

科学出版社

北　京

内 容 简 介

本书是"战略性新兴产业发展重大行动计划"在生物产业领域面向社会公众和决策人员的研究咨询报告。本书首先介绍生物产业在国际与国内的总体发展情况及趋势，其次针对生物产业主要的子领域——生物医药产业、生物农业与绿色生物制造产业的发展状况、重点发展方向分别进行总结并对存在的问题进行分析，最后给出促进产业发展的相关政策措施与建议，对未来生物产业的发展形势进行展望。

本书有助于社会公众了解中国生物产业发展的总体情况以及下属各子领域发展态势和改革走向，可供各领导干部、有关决策部门和产业界及社会公众参考。

图书在版编目（CIP）数据

生物产业发展重大行动计划研究 / 谭天伟等著. —北京：科学出版社，2019.3

（战略性新兴产业发展重大行动计划研究丛书 / 钟志华，邬贺铨主编）

"十三五"国家重点出版物出版规划项目·重大出版工程规划

中国工程院重大咨询项目成果文库

ISBN 978-7-03-060564-1

Ⅰ. ①生… Ⅱ. ①谭… Ⅲ. ①生物技术-高技术产业-产业发展-研究-中国 Ⅳ. ①F426.7

中国版本图书馆 CIP 数据核字（2019）第 030248 号

责任编辑：李 莉 / 责任校对：孙婷婷
责任印制：霍 兵 / 封面设计：正典设计

科学出版社出版

北京东黄城根北街 16 号
邮政编码：100717
http://www.sciencep.com

北京画中画印刷有限公司 印刷

科学出版社发行 各地新华书店经销

*

2019 年 3 月第 一 版 开本：720×1000 B5
2019 年 3 月第一次印刷 印张：23 1/2
字数：480 000

定价：**198.00 元**

（如有印装质量问题，我社负责调换）

"战略性新兴产业发展重大行动计划研究"丛书编委会名单

顾　问：

徐匡迪　　路甬祥　　周　济　　陈清泰

编委会主任：

钟志华　　邬贺铨

编委会副主任：

王礼恒　　薛　澜

编委会成员（以姓氏笔画为序）：

丁　汉	丁文华	丁荣军	王一德	王天然	王文兴
王华明	王红阳	王恩东	尤　政	尹泽勇	卢秉恒
刘大响	刘友梅	孙优贤	孙守迁	杜祥琬	李龙土
李伯虎	李国杰	杨胜利	杨裕生	吴　澄	吴孔明
吴以成	吴曼青	何继善	张　懿	张兴栋	张国成
张彦仲	陈左宁	陈立泉	陈志南	陈念念	陈祥宝
陈清泉	陈懋章	林忠钦	欧阳平凯	罗　宏	岳光溪
岳国君	周　玉	周　源	周守为	周明全	郝吉明
柳百成	段　宁	侯立安	侯惠民	闻邦椿	袁　亮
袁士义	顾大钊	柴天佑	钱清泉	徐志磊	徐惠彬
栾恩杰	高　文	郭孔辉	黄其励	屠海令	彭苏萍
韩　强	程　京	谢克昌	强伯勤	谭天伟	潘云鹤

工作组组长：周　源　刘晓龙

工作组（以姓氏笔画为序）：

马　飞	王海南	邓小芝	刘晓龙	江　媛	安　达
安剑波	孙艺洋	孙旭东	李腾飞	杨春伟	张　岚
张　俊	张　博	张路蓬	陈必强	陈璐怡	季桓永
赵丽萌	胡钦高	徐国仙	高金燕	陶　利	曹雪华
崔　剑	梁智昊	葛　琴	裴莹莹		

"生物产业发展重大行动计划研究"
课题组成员名单

杨胜利　　　中国工程院院士，中国科学院上海生命科学研究院研究员

谭天伟　　　中国工程院院士，北京化工大学校长，教授

沈倍奋　　　中国工程院院士，军事医学科学院基础医学研究所研究员

欧阳平凯　　中国工程院院士，南京工业大学原校长，江苏省产业技术
　　　　　　研究院院长，教授

吴孔明　　　中国工程院院士，中国农业科学院副院长，研究员

万建民　　　中国工程院院士，中国农业科学院副院长，研究员

王威琪　　　中国工程院院士，复旦大学首席教授

侯惠民　　　中国工程院院士，中国医药工业研究总院研究员

程　京　　　中国工程院院士，清华大学医学院生物医学工程系教授

顾晓松　　　中国工程院院士，南通大学教授

林东昕　　　中国工程院院士，中国医学科学院研究员

陈亚珠　　　中国工程院院士，上海交通大学教授

曹竹安　　　清华大学教授

陈　薇　　　军事医学科学院生物工程研究所所长，研究员

杨晓明　　　中国生物技术股份有限公司董事长，研究员

沈心亮　　　中国生物技术股份有限公司首席科学家，研究员

王军志　　　中国食品药品检定研究院首席科学家，研究员

朱　涛　　　康希诺生物股份公司研究员，国家千人

李　锋　　北京天广实生物技术股份有限公司总经理，国家千人
白仲虎　　江南大学教授，国家千人
焦　鹏　　美国波士顿生物工程技术研究院总裁，首席执行官
刘录祥　　中国农业科学院作物科学研究所副所长，研究员
马有志　　中国农业科学院作物科学研究所研究员
李　奎　　中国农业科学院北京畜牧兽医研究所研究员
田见晖　　中国农业大学动物科技学院副院长，教授
田冰川　　中国种子集团有限公司副总经理
杨远柱　　隆平高科种业科学研究院院长
邱德文　　中国农业科学院植物保护研究所副所长，研究员
陈必强　　北京化工大学教授

"战略性新兴产业发展重大行动计划研究" 丛书序

  中国特色社会主义进入了新时代，中国经济已由高速增长阶段转向高质量发展阶段。战略性新兴产业是以重大技术突破和重大发展需求为基础，对经济社会全局和长远发展具有重大引领带动作用的产业，具有知识技术密集、物质资源消耗少、成长潜力大、综合效益好等特点。面对当前国际错综复杂的新形势，发展战略性新兴产业是建设社会主义现代化强国，培育经济发展新动能的重要任务，也是促进我国经济高质量发展的关键。

  党中央、国务院高度重视我国战略性新兴产业发展。习近平总书记指出，要以培育具有核心竞争力的主导产业为主攻方向，围绕产业链部署创新链，发展科技含量高、市场竞争力强、带动作用大、经济效益好的战略性新兴产业，把科技创新真正落到产业发展上[①]。党的十九大报告也提出，建设现代化经济体系，必须把发展经济的着力点放在实体经济上，把提高供给体系质量作为主攻方向，显著增强我国经济质量优势[②]。要坚定实施创新驱动发展战略，深化供给侧结构性改革，培育新增长点，形成新动能。

  为了应对金融危机，重振经济活力，2010 年，国务院颁布了《国务院关于加快培育和发展战略性新兴产业的决定》；并于 2012 年出台了

---

  ① 中共中央文献研究室. 习近平关于科技创新论述摘编. 中央文献出版社，2016
  ② 习近平. 决胜全面建成小康社会　夺取新时代中国特色社会主义伟大胜利. 人民出版社，2017

《"十二五"国家战略性新兴产业发展规划》，提出加快培育和发展节能环保、新一代信息技术、生物、高端装备制造、新能源、新材料、新能源汽车等战略性新兴产业；为了进一步凝聚重点，及时调整战略性新兴产业发展方向，又于 2016 年出台了《"十三五"国家战略性新兴产业发展规划》，明确指出要把战略性新兴产业摆在经济社会发展更加突出的位置，重点发展新一代信息技术、高端制造、生物、绿色低碳、数字创意五大领域及 21 项重点工程，大力构建现代产业新体系，推动经济社会持续健康发展。在我国经济增速放缓的大背景下，战略性新兴产业实现了持续快速增长，取得了巨大成就，对稳增长、调结构、促转型发挥了重要作用。

中国工程院是中国工程科技界最高荣誉性、咨询性学术机构，同时也是首批国家高端智库。自 2011 年起，配合国家发展和改革委员会开展了"战略性新兴产业培育与发展""'十三五'战略性新兴产业培育与发展规划研究"等重大咨询项目的研究工作，参与了"十二五""十三五"国家战略性新兴产业发展规划实施的中期评估，为战略性新兴产业相关政策的制定及完善提供了依据。

在前期研究基础上，中国工程院于 2016 年启动了"战略性新兴产业发展重大行动计划研究"重大咨询项目。项目旨在以创新驱动发展战略、"一带一路"倡议等为指引，紧密结合国家经济社会发展新的战略需要和科技突破方向，充分关注国际新兴产业的新势头、新苗头，针对《"十三五"国家战略性新兴产业发展规划》提出的重大工程，提出"十三五"战略性新兴产业发展重大行动计划及实施路径，推动重点任务及重大工程真正落地。同时，立足"十三五"整体政策环境进一步优化和创新产业培育与发展政策，开展战略性新兴产业评价指标体系、产业成熟度深化研究及推广应用，支撑国家战略决策，引领产业发展。

经过两年的广泛调研和深入研究，项目组编纂形成"战略性新兴产业发展重大行动计划研究"成果丛书，共11种。其中1种为综合卷，即《战略性新兴产业发展重大行动计划综合研究》；1 种为政策卷，即《战略性新兴产业：政策与治理创新研究》；9 种为领域卷，包括《节能环保产业发展重大行动计划研究》《新一代信息产业发展重大行动计划研究》《生物产业发展重大行动计划研究》《能源新技术战略性新兴产业重大行动计划研究》《新能源汽车产业发展重大行动计划研究》《高端装备制造业发展重大行动计划研究》《新材料产业发展重大行动计划研究》《"互联网+智能制造"新兴产业发展行动计划研究》《数字创意产业发展重大行动计划研究》。本丛书深入分析了战略性新兴产业重点领域以及产业政策创新方面的发展态势和方向，梳理了具有全局性、带动性、需要优先发展的重大关键技术和领域，分析了目前制约我国战略性新兴产业关键核心技术识别、研发及产业化发展的主要矛盾和瓶颈，为促进"十三五"我国战略性新兴产业发展提供了政策参考和决策咨询。

2019 年是全面贯彻落实十九大精神的深化之年，是实施《"十三五"国家战略性新兴产业发展规划》的攻坚之年。衷心希望本丛书能够继续为广大关心、支持和参与战略性新兴产业发展的读者提供高质量、有价值的参考。

目　　录

第一章 国内外生物产业发展状况与趋势

　　生物产业是重要的战略性新兴产业，目前正处于产业生命周期中的迅速成长阶段，对解决人类健康、资源、环境、农业及工业等关乎人类社会的重大问题将产生深刻影响。生物医药、生物农业日趋成熟，生物制造、生物能源、生物环保快速兴起，2011～2015 年产值增速持续保持 20% 以上。世界许多国家都不约而同地把生物产业作为新的经济增长点来培育，加速抢占"生物经济"制高点。

　　在本书中，生物医药指化学药、生物药、中药。其中，生物药具有独特疗效优势，是生物医药产业的未来之星。生物药行业具有高科技、高成长、高附加、高回报的特点。生物药研制成功后，生产成本低，不受资源限制，市场寿命长，产品利润率一般为 30%～70%。因此，从战略层面上研判，生物医药产业既是满足国民健康刚性需求的非周期性产业，也是对社会经济可持续发展贡献巨大的战略性新兴产业。生物医学工程是一个快速发展的领域，包括医疗器械、植介入材料及制品、体外诊断产品等。生物医学工程是生物技术、材料与信息技术深度融合的产业，也是满足我国人民预防、诊断、治疗、手术、急救、康复等医学和个人保健市场需求的产业，已成为国际投资热点。生物医学工程领域的科技创新高度活跃，电子、信息、网络、材料、制造、纳米等先进技术的创新成果向生物医学工程与生命健康服务领域的渗透日益加快，创新产品不断涌现。

　　生物农业是指利用现代生物技术，围绕动植物品种选育、健康保障、高效营养等全产业链的关键环节，开展颠覆性技术突破，研发具有市场竞争力的核心产品，对技术、产品进行集成应用，为农业生产提供技术和物质支撑而形成的新兴产业。生物农业产业分为动植物育种、动植物健康、动植物营养等三大领域，具体包括：植物育种、动物育种、生物农药、生物兽药、生物肥料、生物饲料等研究内容。生物农业产业是国家战略性、基础性核心产业。

生物制造是指以生物体机能进行大规模物质加工与物质转化、为社会发展提供工业商品的新行业。广义的现代生物制造产业包含两个重点领域：①以可再生的生物质为原材料，以微生物细胞或以酶蛋白为催化剂进行大规模物质加工与物质转化形成消费者、化工工业和能源工业可利用的产品和物质材料，实现生物质原料对化石原料作为工业基础原料的替代，又称为生物基产品；②运用生物工艺，包括发酵工程、现代酶工程（以酶蛋白为催化剂）或其他生物催化剂等在各类工业行业中，实现绿色生物工艺对传统化学工艺路线的替代，具有低碳循环、绿色清洁等典型特征。

一、国内外生物产业发展趋势分析

（一）生物技术药物成为创新药物重要来源

随着化学新药创制难度的增大，生物技术药物逐步成为创新药物的重要来源。2014 年，全球生物技术药物销售额达 1790 亿美元，较 2013 年增加了 140 亿美元，预计至 2020 年将达到 2780 亿美元。2014 年，全球 10 种销量最高的药品共创造了 830 亿美元的市场价值，其中就有 7 种生物药，市值共计 600 亿美元。在全球药物市场中，生物技术药物的市场份额在逐年上升，2014 年生物技术药物占总体药物市场销售额的 23%，相比 2013 年提高了 1 个百分点，预计到 2020 年这一比例将达到 27%。而在全球销售量前100 名的药物中，2014 年生物技术药物销售收入占 44%，预计至 2020 年将进一步提升至 46%。关于生物技术药物，国内外的重点发展领域包括抗体药、疫苗、蛋白质/多肽治疗药物、干细胞治疗与组织工程、基因工程与基因治疗等。从技术发展趋势来看，基因工程技术为研发生物大分子药物提供新途径；合成生物学技术将合成 DNA（deoxyribonucleic acid，脱氧核糖核酸）、mRNA（messenager ribonucleic acid，核糖核酸）、免疫物质等应用于疾病研究和治疗；干细胞技术将重点发展研究模型、细胞治疗、器官再生；生命科学与新材料技术结合所衍生出的生物3D打印技术将迅速发展。

（二）生命健康服务产业将成为新的生长点

生物技术和信息技术的交叉融合创新将会对生命科学产业产生重大的影响。无线传感器、基因组学、成像技术和健康信息等技术融合带来的变革使得个体化医疗及生命健康服务产业成为新的生长点，这将推动基因测序服务、生物芯片检测服务等领域的快速发展。包括云计算、社交网络和大数据分析在内的多种技术支持智能移动技术在医疗保健中发挥作用。基于移动通信的个体医疗设备与远程医疗和数字决策医疗结合的数字医疗体系将形成新的医学模式。生物医学工程产业方面，高端医学影像诊疗装备行业的研究人员将在磁共振成像（magnetic resonance imaging，MRI）、直接数字平板 X 线成像系统（digital radiography，DR）、计算机体层摄影（computerized tomography，CT）、正电子发射计算机体层显像（positron emission tomography computerized tomography，PET-CT）、PET-MRI、常规检查（routine test，RT）等领域进行进一步的研究和探索，使该行业整体朝着更快速、更精确、更安全、更集成的方向发展。EvaluateMedTech 预测，诊断影像市场2013～2020 年将以 4.1%的年均复合增长率增长，2020 年市场规模 470 亿美元。截至 2014 年全球可穿戴市场规模为 30 亿～50 亿美元，未来 3～5 年终端复合增速将不低于 50%，整个行业存在巨大商机。特别是随着 4G 和移动终端的普及，中国可穿戴市场也迎来爆发性增长。

康复方面，重点实现传统康复辅具与新兴技术（如移动信息、先进制造等）的融合。为了实现修复、重建与再生受损组织和器官的目标，未来组织工程和再生医学领域需要先进的生物制造技术及微创性微组织治疗技术，这两大类前沿技术可实现体外构建可移植人造组织/器官及微创性修复治疗坏损组织/器官。体外诊断方面，2013 年全球体外诊断（in vitro diagnosis，IVD）市场规模达 474 亿美元，占全球医疗器械行业 13%的市场份额。预计到2020年，全球体外诊断市场将达716亿美元。我国已成为全球最大的体外诊断新兴市场，2013年市场规模约200亿元，预计到2018年我国体外诊断行业规模将在384亿元左右，年均复合增长率为17%。我国体外诊断产品的人均年使用量仅为 1.5 美元，而发达国家人均年使用量为 25～35 美元，我国体外诊断产业具有巨大的发展潜力。

（三）生物技术在农业领域发挥越来越重要的作用

以转基因作物为例，2014 年，全球转基因作物的种植面积为 1.815 亿 hm²，年增长率为 3%～4%，比 2013 年的 1.752 亿 hm² 增加了 630 万 hm²。2014 年作为转基因作物商业化种植的第 19 年（1996～2014 年），其种植面积在连续 18 年取得显著增长之后继续保持增长。2000 年来，以水溶性肥料、微生物肥料等为代表的新型肥料产业蓬勃发展。截至 2016 年，全国各种类型的新型肥料的年产量已经达到 3500 万 t，每年推广应用面积近 9 亿亩①，促进粮食增产 200 亿 kg，为全国粮食增产做出了巨大贡献。随着健康养殖需求的与日俱增，生物饲料产业的发展也将进入快车道。目前，全球生物饲料的市场值达到每年 30 亿美元，并以年均 20% 的速度递增，国内有 1000 余家企业专门从事生物酶制剂、益生素、植物提取物类饲料添加剂的生产。预计到 2025 年，生物饲料产品市场额将达到 200 亿美元。

国际跨国种业公司作为生物育种产业发展的主体，通过实施商业化育种，掌控了 70% 以上农作物和畜禽等国际种业市场，引领着全球生物育种产业的发展走向。孟山都、杜邦先锋、先正达三家种子公司约控制 65% 的全世界玉米市场，超过 50% 的大豆市场。全球种蛋鸡、种肉鸡、猪牛种业市场分别由 2 家、4 家和 5 家跨国动物种业集团所垄断。未来我国应推进生物育种能力提升工程，加速育种新材料的创制和现有育种资源的性状改良，实现作物育种从传统经验育种向科学精准育种的产业升级转化，构建形成作物全生态区育种体系，支撑商业化育种研发的快速发展。基于病虫基因组信息研究绿色农药、兽药创制技术和研发产品将成为动植物健康治理产品创制的重要发展方向。土壤健康修复市场巨大，这对产业发展和农业可持续性发展具有关键性作用。药物靶标技术、先导化合物与合成生物学技术、药物靶向传输技术、兽药制备技术等将是未来兽药产业发展的重要技术。集中力量突破微生物和生物功能物质筛选与评价，高密度、高含量发酵与智能控制等关键技

---

① 1 亩 ≈ 666.7m²。

术，研发应用高效稳定的新产品，是产业升级的技术保障。

（四）绿色生物制造产业加速发展

在目前全球生物制造加速发展的阶段，生物基产品市场已在美国占据显著位置，超过国内生产总值（gross domestic product，GDP）的 2.2%。据安捷伦科技有限公司估计，美国 2012 年仅来自工业生物技术企业的企业收入就至少达到 1250 亿美元，生物基产品的应用占约 660 亿美元，而这其中有 300 亿美元的增长依靠的是生物燃料。2013 年，米尔肯研究所的报告凸显了巨大的潜在商机，它指出"全美 96% 的制造商品使用某种化工产品，依赖化工产业的企业在美国 GDP 中占将近 36 000 亿美元"。欧盟委员会估计，欧洲生物经济产值（不包括医疗应用）已达到每年 2 万亿欧元以上，并雇用 2150 万以上的员工。

目前合成生物学的一些特定应用已经浮现，但在工业生物技术、生物能源等工业部门的长期潜力依旧尚未开发，具体应用将会包括废物处理，降低可再生化学品、材料和燃料的成本等。生物学的产业化将带来化学、燃料及材料应用中新分子产生的变动，通过合成生物学可获得通过传统化学无法获得的新高价值化工产品。合成生物学利用重组 DNA 的科学和读写能力的优势，并编辑微生物的 DNA，使新的、更高效的代谢途径的设计与建造成为可能。这是目前通过化石燃料来源或传统制造所不能达到的。植物化学药物与保健品的植物提取正在转向生物合成制造，天然药物对珍稀自然资源的依赖和破坏的局面将逐渐被扭转，新的创造和市场创新的潜力仍然相当可观。

美国科技调研机构 BCC 研究公司的一项研究表明，到 2016 年，化工产品的合成生物学市场将增长到 110 亿美元。而麦肯锡全球研究所的一项广泛研究表明，合成生物学和生物产业化发展的同时，将提供一套颠覆性的技术，到 2025 年至少产生 1000 亿美元以上的经济效益。因此，一个强大的和颠覆性的新产业生态系统正在形成。即使在早期阶段，2009～2013年，美国合成生物学商业公司的数量已经从 54 家增加到 131 家，出现了大量新创公司，而它们中的大部分已通过首次公开募股成功上市。但是由于在广泛的领域中一些较大的公司快速吸收利润，人们低估了合成生物学的全部经济影响。因此，先进化工产品制造广泛应用于能源、医疗、先进消费产品、农业、食品、化妆品和环境，这些应用有望在可溯源的全球市场机会中带来数万亿美元的收益。据最近的几项研究估计，在未来的十年，至少有 20%现在的石化生产可被化学制造中的生物产业化所代替。巨大的市场规模和增长率使得各国政府和跨国企业纷纷发展合成生物学技术，国际竞争的态势已经显现。

二、我国经济社会发展对生物产业的需求

（一）生物医药产业

医药制造业是关系国计民生的重要产业，是培育发展战略性新兴产业的重点领域，是一个与居民生命和健康息息相关的产业，在人口总量稳定增长、人口城镇化与结构老龄化、病谱变化等内生因素驱动，以及经济持续较快增长和居民生活条件不断改善等外生因素促进下，我国医药行业总体保持较高增速，对生物医药产业的需求也越来越高。

人口老龄化是医疗保健增长的刚性需求。21 世纪以来，我国人口结构变化开始加速，占较大人口比例的"50 后"开始步入老龄，再加上常年徘徊于 12‰～13‰ 低位的出生率，使得我国快速进入老龄化社会。《中华人民共和国 2014 年社会服务发展统计公报》数据显示，截至 2014 年底，中国 60 岁及以上老年人口 21 242 万人，占总人口的 15.5%，比上一年（20 243 万人）增长了 4.94%。其中，65 岁及以上人口为 13 755 万人，占总人口的 10.1%（中华人民共和国民政部，2015）。我国已经处于老龄社会初期，根据预测，2050 年全世界老年人口将达到 20.2 亿人，其中，中国老年人口将达到 4.8 亿人，几乎占全球老年人口的 1/4，是世界上老年人口最多的国家。2014～2050 年，中国老年人口的消费潜力将从 4 万亿元左右增长到 106 万亿元左右，占 GDP 的比例将从 8%左右增长到 33%左右。我国将成为全球老龄产业市场潜力最大的国家（北京生物医药产业发展报告编辑委员会，2015）。

十八届五中全会全面放开二孩政策是继 2013 年十八届三中全会决定

启动实施"单独二孩"政策之后的又一次人口政策调整。全面放开二孩政策，将拉动儿童用药、儿童疫苗、生殖助孕、产前筛查等相关产业的发展（神华研究院，2016）。

随着时代的变迁及人口老龄化，慢性病逐渐取代过去的创伤及传染病成为影响我国居民健康的最大隐患，在医疗投入中的比重也将进一步提高。老年人常常被心脑血管疾病、肿瘤、阿尔茨海默病、帕金森病、骨质疏松症、骨关节炎、黄斑病变、青光眼、白内障等多种老年退行性病变所困扰。其中 60 岁及以上人群约半数患有心脑血管疾病，患糖尿病的老年人比例约为 40%。而阿尔茨海默病在 60 岁及以上人口的患病率为 3%，到 80 岁时，此比例上升为 15%～20%。据国家卫生和计划生育委员会统计，2016 年中国老年人群医疗费用支出是年轻人的 3 倍，占医疗总费用的 30%～35%，其中尤以慢性病用药为主（神华研究院，2016）。

（二）生物农业

1. 粮食安全的需要

近年来，我国食品安全事件屡屡发生，引起了广大消费者对农产品的高度关注。农民食品安全意识也开始发生改变，低毒、安全、高效和使用方便的农药产品将成为市场的主流，最终消费者在选择农产品的时候也更加关注农药的残留问题。我国出台了《中华人民共和国农产品质量安全法》及新的《中华人民共和国食品安全法》，对农药残留标准和农药质量监管都提出了更高的要求。截至 2017 年 7 月 1 日，国家已经禁止生产、销售、使用 39 个农药成分。可以说，高毒农药的削减给其他农药的发展提供了较大的市场空间，给一些有经济实力的中国农药企业提供了广阔的市场，因此，中国农药企业只有加快高效低毒农药的新品种研发，才能不断地促进我国乃至世界农药的发展。此外，新的农药工业"十三五"发展规划中也鼓励发展用于小宗作物的农药、生物农药及用于非农业领域的农药新产品、新制剂，这些也是利好于非农业农药市场。

2. 现代农业发展的需求

没有农业的现代化就没有国家的现代化，加快农业科技进步和创新成为世界各国的战略共识。现代生物技术成功应用到动植物品种育种中，加快了品种培育进程，催生了千亿美元产值的生物育种业，正成为引领现代农业发展、保障我国粮食安全和农产品有效供给的先导产业。而实现农业发展方式转变，既要依靠传统产业技术和装备的换代升级，也要以更先进的新兴产业颠覆、替代传统产业。例如，传统种业需要生物育种业加以引领和推动；农药产业需要引入生物技术加以改造升级，进而发展为独立的生物农药产业。欧美发达国家正试图凭借其科技创新和雄厚资金确立及巩固其在农业新兴产业的国际优势，农业新兴产业已成为国际竞争的新战场，虽然目前大多数新兴产业处于起步阶段，但我国如果不奋起直追，加强农业新兴产业培育与发展，我国农业科技水平与发达国家的差距将进一步拉大，甚至形成难以逾越的鸿沟。因此战略性新兴产业将成为我国农业产业结构调整升级与经济发展方式转变的重要内容和方向，是我国构建国际竞争新优势、掌握发展主动权、增强经济发展后劲的战略部署。

3. 国家发展战略的需求

为了解决人与自然的和谐问题，党的十八届五中全会把"绿色发展"作为创新、协调、绿色、开放、共享五大发展理念之一，节约资源和保护环境已作为基本国策写入国家的总体发展规划。农药是农业不可或缺的中药和特殊的投入品，与粮食安全、生态环境安全和人畜健康安全息息相关，科学合理生产、经营、使用农药是现代农业发展的重要内容之一，也是农业绿色发展理念的具体体现。为此，2015 年初，农业部通过了《到2020 年农药使用量零增长行动方案》。这是农业部门首个关于农药减量控害的具体执行文件，目的是有效控制农药使用量，力争到 2020 年农作物农药使用总量实现零增长，推进高效低毒低残留农药替代高毒高残留农药，扩大低毒生物农药示范补贴试点范围。我国现有260 多家生物农药生产企业，约占全国农药生产企业的 10%，生物农药制剂年产量 13 万 t 左右。我国基本掌握了一些生物农药的关键技术与产品研制的技术路线，在人造赤眼蜂技术、虫生真菌的工业化生产技术和应用技术、捕食螨商品化、植物线虫的生防制剂等领域达到了国际领先水平。

（三）生物制造

石油等化石资源支撑能源及化工行业，是我国的基础和支柱产业，对国民经济发展做出了巨大贡献，也面临着严峻的挑战。传统制造过程资源不可持续、污染不可避免，需要原料革命和绿色过程，并且开发更绿色、安全的产品，保障人民群众的健康生活。十八届五中全会首次提出把"绿色发展"作为五大发展理念之一。我国需要走出一条与过去"先污染、后治理"完全不同的绿色发展之路，需要在资源源头、利用技术等层面有革命性突破。我国是世界第一制造大国，践行"绿色发展"理念的突破口就是生物制造。

绿色生物制造是以工业生物技术为核心技术手段，改造现有制造过程或利用生物质、CO_2 等可再生原料生产能源、材料与化学品，实现原料、过程及产品绿色化的新模式。生物制造作为生物产业的重要组成部分，是生物基产品实现产业化的基础平台，也是合成生物学等基础科学创新在具体过程中的应用。

生物制造的产品和技术应用涉及化工、能源、新材料、农林、轻工、环保、医药、食品等多个行业，是一个带动性很强的综合产业体系，对于我国产业升级、保障国家经济与国防安全、保护环境、提升人民生活水平具有重要的战略意义。生物制造将从原料源头上降低碳排放、通过工业生物技术实现绿色清洁的生产工艺，将从根本上改变我国经济社会发展"高污染、高能耗、高排放" 的现有模式。生物制造的核心是三大绿色化，即原料绿色化、过程绿色化、产品绿色化。

1. 生物制造使用绿色可再生原料，是可持续发展的必然选择

中国是第一大化工生产国，大宗化学品（三烯、三苯、塑料、橡胶、纤维）等是人类现代工业和现代文明的物质基础，石化产值占 GDP 的 1/6，石化是国民经济的传统支柱产业。丰富的可再生生物质资源是化工原料的未来出路，可望走出一条可持续的化工原材料生产新路线，越来越多的化学品正从石油炼制向生物制造过渡，生物基产品可逐渐参与竞争并取代石油基产品。

我国发展生物基大宗化学品，可借鉴国际经验，还可以走出具有我国特色的新路子，引领生物基化学品行业。以对二甲苯（p-xylene，PX）为例，

PX 是用量最大的芳烃品种之一，具有极为广泛的用途，我国 70%以上纺织行业原料及80%以上食品、饮料包装瓶与PX直接相关，然而我国PX长期自给不足，高度依赖进口，这严重危害国家经济安全。2014 年，我国 PX 进口约 1000 万 t，约占消费量的一半，进口额约 126 亿美元，75%来自美国、日本、韩国等发达国家。与此同时，我国拥有丰富的生物质资源，但秸秆等生物质目前尚未得到合理应用，随意焚烧后造成空气污染、影响民航和高速交通等环境与社会问题。使用生物质等绿色资源，可以为 PX 等急需化学品原料提供新选择。利用农林废弃物生产 PX 是世界生物质利用技术开发的热点，我国在该领域与世界处于同步发展阶段，一旦取得技术及产业上的突破，有望形成世界领先的生物基 PX 生产工艺，并有望节约数千万吨轻质石脑油原料，同时带动生物航煤、生物橡胶等重大化工产品的技术突破，抢占战略制高点，不仅有助于保障国家经济和国防安全，同时也可以促进产业由中低端向中高端迈进，创造一个全新的化工产业链和经济增长点。

丰富生物质资源的利用可助力化工、环境及"三农"等系列关乎国计民生的关键问题的解决，实现可持续发展。例如，采用生物质及CO_2合成生物液体燃料，是获取可再生交通燃料的唯一方式，可有效替代石油，降低石油的对外依存度。以美国燃料乙醇生产及推广经验为例：2016 年美国生产 4575 万 t 燃料乙醇，创造 420 亿美元 GDP 和 74 420 个直接就业岗位，2016 年石油对外依存度降低了 8 个百分点。

2. 生物制造过程绿色清洁，是绿色制造的重要突破口

生物制造工艺具有节省能耗、物耗、水耗，降低污染物排放的环境友好型的特点。生物制造技术应用到纺织、制药、造纸、制革等多个行业，可以满足我国制造业从"高排放、高消耗"到"低能耗、低污染、高收益"转变的迫切需求，为经济转型升级提供强劲的"绿色动力"。以纺织工业为例，发达国家的纺织印染工业由于产值和规模较小，废水产生量也较少，利用先进生物酶技术实行 3E（效能"efficient"、经济"economy"、生态"ecology"）系统，已经实现了真正意义上的绿色印染加工。而我国的纺织印染工业产值约占全球的 75%，同时也是排污大户，我国纺织工业废水排放量占全国工业废水总排放量的 7.5%，居全国工

业行业第 5 位，其中印染废水约占纺织印染工业废水的 80%，约占全国工业废水总排放量的 6%，每天排放量 300 万～400 万 t。生物工艺应用于纺织过程，在棉印染加工过程中能使综合成本降低 40.5%，能耗降低 42.9%，废水排放减少 32%。绿色印染加工如在棉纺织全行业推广，在节省能源和减轻环境污染方面将产生 1350 亿～2000 亿元的经济效益。发展世界水平、我国特色的纺织用酶工业，将有助于建立我国的生态纺织工业，并彻底改变产品输出国外、污染留在国内的局面。

绿色生物制造是实现我国沿江沿海污染化工园区的绿色化改造的重要途径。在工业微生物中重新设计创建植物天然物质的生物合成途径，数千平方米的发酵车间可以取代数十万亩的药材种植。以黄姜产业为例，从黄姜中提取的黄姜皂素涉及下游甾体激素中间体和数百种国计民生特需的药物。由于其对气候要求的独特性，黄姜主要集中在南水北调核心水源区种植。目前我国黄姜的种植和提取涉及千亿元产业链，从业人员超 100 万人。但是传统的酸法提取工艺水污染重：提取 1t 黄姜皂素需用 16t 硫酸，深加工过程使用铬试剂，产废水 1000t 以上，相当于一个 42 万人口城市 1 天的污染产生量。通过生物制造技术，可以运用微生物法和酶法实现黄姜皂素及其下游甾体激素等化工产品的生产，将有助于实现黄姜全产业链绿色生产，保护南水北调水源区水质安全。

3. 生物制造产品低碳环保，是改善生态环境、实现健康生活的重要保障

生物基产品不但安全环保，而且总体上在全生命周期内具有节约化石能源、减排温室气体的效果，是解决国家改善生态环境、提升人民健康生活等一系列关键难题的重要手段。例如，生物乙醇汽油的使用可降低汽车尾气 CO、多环芳烃、颗粒等污染物排放和污染物排放总量，已被发达国家作为主流减排手段。过去飞机的污染物排放往往被人忽视，然而一架中型飞机在起降过程中污染物排放量大约和 300 辆汽车相当，而且主要排放在可形成雾霾的逆温层。仅北京首都机场每天起降航班就达 1500～1600 架次，对空气质量的影响不可忽视。国际航空运输协会报告称，生物航煤有利于减少污染物的排放，更有利于减少 CO_2 的排放，生物航煤可以减少最高达 96% 的温室气体排放，可减少 70% 颗粒物排放〔美国国家航

空航天局（National Aeronautics and Space Administration，NASA）最新研究成果］，致使生物航煤受到世界各国高度重视。发展生物航煤不仅有望替代传统的航空液体燃料，更有助于实现我国碳减排的承诺。

我国是塑料生产和使用大国，使用可降解生物材料生产的塑料制品可极大缓解白色污染问题，可降解生物基材料的生产能力不断扩大，生物基材料的品种也日益丰富，涵盖了包装材料、日用塑料、工程塑料、农用地膜、纺织纤维材料等。绿色、安全的生物基增塑剂可以替代对人体有危害的邻苯类塑化剂产品，保障食品和卫生用品安全。生物燃料的应用可以减少大气污染物排放，有利于治霾和减碳。将重金属污染农田产生的生物质和问题粮食通过绿色生物制造进一步加工转化成生物燃料和化学品，对于土壤修复、环境保护和食品安全具有一举多得的效益。绿色生物制造将为解决我国长期积累的大气污染、水污染、土壤污染和食品安全等问题提供关键科技支撑。

三、需要关注的重点领域

（一）生物仿制药

随着重磅级生物药专利的到期，国内生物仿制药（也称生物类似药，biosimilar）将迎来难得的机遇，2013～2020 年将是生物仿制药的黄金发展期。阿达木单抗（修美乐）、依那西普［恩利（Enbrel）］、英夫利昔单抗（类克）等一批拥有全球近 10 亿美元销售额的原研生物制剂的专利将陆续到期，这对生物类似物而言是一个巨大的市场机会。预测到 2020 年全球生物仿制药市场规模将增长到 200 亿美元，未来 10 年增长约 90 倍，年均复合增长率有望达到 56%（神华研究院，2016）。

2015 年、2016 年对于生物类似药而言是具有里程碑意义的年份：2015 年 3 月，美国食品药品监督管理局（Food and Drug Administration，FDA）批准了第一个真正意义上的生物类似药 Zarxio（山德士，G-CSF）；2016 年 1 月，欧洲药品管理局（European Medicines Agency，EMA）批准了第一个 Enbrel 类似药 Benepali（三星 Bioepis/百健艾迪，依那西普）；2016 年 4 月，FDA 批准了第一个单抗类似药 Inflectra（Celltrion/Hospira，英夫利昔单抗）（生物制药小编，2016）。

根据 IMS Health 估计，在 2019 年全球范围内，生物类似药市场份额将达到 20%，规模将达到 239 亿美元（图 1-1）。欧盟是最大的生物类似药市场，市场容量将达到 106 亿美元；中国紧随其后，市场容量将达到 31 亿美元（约合人民币 200 亿元）；美国、韩国、印度、日本分列第三、第四、第五、第六位。

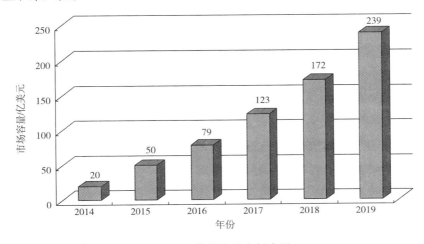

图 1-1　生物类似药市场容量

（二）精准医学

精准医学是将个体的遗传学信息用于指导疾病诊断或治疗的医学（神华研究院，2016）。广义地说，精准医学是由基因检测和其后的靶向治疗药物、靶向治疗疗法共同构成的。2015 年 1 月，美国启动了精准医学计划；同年 3 月，我国科技部召开首次精准医学战略专家会议，提出我国的精准医学计划，并决定至 2030 年在精准医疗领域投入不低于 600 亿元（神华研究院，2016）。

精准医学产业是围绕精准诊断（如基因检测、细胞普查、移动医疗、测序数据分析等）和精准治疗［如无创产前筛查（non-invasive prenatal testing，NIPT）、肿瘤免疫治疗、靶向药物开发、干细胞治疗、疾病预防等］两大阶段，融合医疗设备和耗材研发生产、前沿医疗技术研发、新一代信息技术等领域的新型医疗服务产业。

在应用层面，医药领域一直提倡的"以患者为中心"的理念在精准医学中也得到了真正的体现。从医学的本质来看，最优的方式需要考虑个体化差异，为每个患者区别使用正确的治疗手段。然而，由于成本和资源所限，长久以来，医疗只能针对一类相似的人群展开治疗；而精准医学则不同，由于基因检测成本的大幅下降，从基因水平上可以判别受检者的不同变异，从而采取针对性的治疗手段，真正体现"以患者为中心"的治疗理念（熊磊和吴一龙，2016）。

中国发展精准医学具有一些先天的优势，中国临床资源丰富，人口多，在癌症发病率步步攀升的大环境下，发病人数也逐年增多，给中国的精准医学提供了优质的临床资源。很多在国外发病人数少、收集不到足够的基因突变信息与用药信息的癌种和变异形式，在中国都能找到足够的病例，指导中国甚至全球癌症治疗的临床实践（熊磊和吴一龙，2016）。

（三）合成生物学

合成生物学（synthetic biology）是在现代生物学和系统科学基础上发展起来的、融入工程学思想的多学科交叉研究领域。2004 年，合成生物学被美国麻省理工学院出版的 *Technology Review* 评为"将改变世界的十大新技术之一"。2010 年 12 月，*Nature* 杂志盘点出 2010 年 12 件重大科学事件，*Science* 杂志评出科学十大突破，合成生物学分别排第 4 位和第 2 位。

近些年，各国大力加强合成生物学基础与应用研究。早在 2006 年，美国国家自然科学基金即投入 2000 万美元，由加利福尼亚大学伯克利分校、哈佛大学、麻省理工学院及加利福尼亚大学旧金山分校共同组建成立合成生物学工程研究中心（Synthetic Biology Engineering Research Center，SynBERC）。英国工程与物理科学研究委员会、帝国理工学院和伦敦政治经济学院于 2009 年投入 800 万英镑共同建立了英国合成生物学与创新研究中心。2008~2014 年，美国投入 8.2 亿美元用于合成生物学研究（Synbioproject，2015）。

在生物医药领域，合成生物学研究人员希望发展新的药物和疫苗研发手段。2006 年，加利福尼亚大学伯克利分校的 Jay Keasling 实验室将改造的多个青蒿素生物合成基因导入酵母菌中，使其产生青蒿酸，并通过对代谢途径改造和优化，将产量提高了若干数量级，具有了工业生产的潜力

（Paddon and Keasling，2014）。其他如诺华与文特尔研究所利用合成生物学快速研发和制备流感病毒疫苗等（Dormitzer et al.，2013）。可以预见，合成生物学将会极大地影响生物医药产业的发展。

（四）生物安全

病原微生物对人类健康、经济发展与社会稳定构成了极大的威胁，新的感染性疾病不断出现，旧的感染性疾病死灰复燃，一些难以应对的传染病持续存在。更为严重的是，病原微生物及生物毒素可以作为生物武器或生物恐怖剂被蓄意释放，对国家安全构成严重威胁。

生物防御药品疫苗研发是生物防御能力建设的重要组成部分。2004～2013 年，美国国会批准了超过 80 亿美元用于采购针对化学、生物、放射及核（chemical，biological，radiological and nuclear，CBRN）的医学应对措施，其中"生物盾牌计划"2004～2013 年大约批准了 56 亿美元。2001～2013 年，美国国防部化学和生物防御项目（Chemical and Biological Defense Program，CBDP）投入了超过 200 亿美元，其中大约 1/3 即约 60 亿美元用于核化生医学应对措施研发，其中的 70% 即大约 43 亿美元用于生物医学应对措施，其中 37.5 亿美元用于研发新的医学应对措施（田德桥，2016）。

2015 年 12 月，世界卫生组织（World Health Organization，WHO）基于埃博拉疫情应对的教训，组织专家讨论最需加强应对研发的病原体所致感染性疾病清单，确定"在不远的未来最可能导致严重疫情暴发，当前却仅有寥寥无几或是完全没有相应医疗应对措施"的疾病。WHO 确定的 8 种危险病原体所致疾病包括克里木-刚果出血热、埃博拉出血热、马尔堡病、拉沙热、中东呼吸综合征、严重急性呼吸综合征（severe acute respiratory syndrome，SARS）、尼帕病毒病、裂谷热。同时确定了 3 种次危险病原体所致疾病，包括奇昆古尼亚热、发热伴血小板减少综合征、寨卡病毒病。

生物恐怖防御及新发、突发传染病应对将是未来生物医药产业一个重要领域。

（五）颠覆性技术

未来生物医药产业的一些前瞻和颠覆性技术值得我们关注和尽早部署。美国国防部高级研究计划局（Defense Advanced Research Projects Agency，DARPA）成立于 1958 年，总部位于弗吉尼亚州阿灵顿县，是美国国防部下属的一个重要军事研究项目管理机构，其宗旨是"保持美国的技术领先地位，防止潜在对手意想不到的超越"（Maintain technological superiority and prevent technological surprise）。近些年，DARPA 在生物医药领域部署了一些研发项目，具体如下。

（1）药物快速制备。2006 年 3 月，DARPA 发布了加速药品制备（Accelerated Manufacturing of Pharmaceuticals，AMP）指南，目标是在 12 周内生产出 300 万剂符合药品生产质量管理规范（good manu-facturing practice，GMP）的疫苗或单克隆抗体。2009 年，DARPA 针对 H1N1 流感大流行实施了"Blue Angel"计划，目标是提高美国应对流感大流行，加速基于植物的疫苗制备。截至 2012 年，Medicago 公司共接受了 DARPA 1980 万美元用于该项目。Medicago 公司 2012 年基于植物在一个月内生产了 1000 万支 H1N1 疫苗。

（2）芯片上的器官。药物研发是一个漫长且耗资巨大的过程。药物研究临床试验失败的一个重要原因是现有临床前模型可靠性不足。在新药研发的有效性和毒性评价中，2D 细胞培养评价与实际情况存在较大差距，而动物试验往往并不能很好地代替在人体的情况。当前，一些国家，如美国储存了大量生物防御相关药品和疫苗。由于伦理原因，其中大部分没有在人体进行测试，其实际使用效果存在疑问。药物研发需要新的可以更好地判断药物有效性和安全性的方法。正在发展中的芯片上的器官（organs-on-chips）技术可以弥补这方面的不足。芯片上的器官由一根透明的、约为一根计算机内存条大小的柔性聚合物构成，在其上面有中空的微流体通道，通道内衬活的人体细胞。这种技术使得研究人员能够呈现出人体器官的生理功能，实时观察所发生的现象，提供更具可预测性、更有效的评估新药在人体有效性与安全性的手段（陈薇和王绍良，2014）。

（3）基于 RNA 的疫苗及治疗措施。DNA 疫苗有很多优点，但存在整合入宿主基因组的危险。为解决这个问题，研究人员设想用 mRNA 替代 DNA 作疫苗。2013 年 9 月，诺华疫苗和诊断公司获得了 1300 万美元的合同，研发自复制的 RNA 疫苗平台（self-replicating RNA vaccine platform）。2013 年 10 月，美国 Moderna Therapeutics 公司获得 DARPA 2500 万美元资助用于发展基于 mRNA 的治疗措施研究。

（4）基于 DNA 的单克隆抗体。最近一些年单克隆抗体成为重要的治疗技术。但是单克隆抗体技术也存在一些缺陷，如其需在体外生产、成本较高等。DARPA 寻求研发新的大规模被动免疫策略。2014 年 11 月，美国 Ichor 公司获得了 DARPA 2020 万美元资助，发展电穿孔系统（TriGrid electroporation）作为基于 DNA 的抗体递送平台用于被动免疫治疗。电穿孔技术可以通过人体免疫系统来递送编码保护性抗体的 DNA 序列。

这些具有颠覆性的生物医药技术一旦获得成功并被广泛应用，将会对未来生物医药产业产生深远影响。

参 考 文 献

奥咨达. 2016. 生物制药行业研究报告. https://www.osmundacn.com/consulting/report/1141.html[2017-03-21].

北京生物医药产业发展报告编辑委员会. 2015. 启航 2015——北京生物医药产业发展报告. 北京：科学出版社.

陈薇，王绍良. 2014. 生物技术发展年鉴（2013）. 北京：军事医学出版社.

国务院. 2010. 国务院关于加快培育和发展战略性新兴产业的决定（国发〔2010〕32 号）. http://www.most.gov.cn/yw/201010/t20101019_82726.htm [2017-11-12].

国务院. 2015. 国务院关于印发《中国制造 2025》的通知（国发〔2015〕28 号）. http://www.mof.gov.cn/zhengwuxinxi/zhengcefabu/201505/t20150519_1233751.htm[2018-07-10].

神华研究院. 2016. 生物医药行业研究报告. https://www.docin.com/p-2015621227.html[2017-10-25].

生物制药小编. 2016. 59 个已上市生物类似药研究报告. https://mp.weixin.qq.com/s?__biz=MzAxMDc4OTIxMw%3D%3D&idx=1&mid=2663351932&sn=90105fa838c32e66c413e893ce8c05a4[2017-04-15].

汤森路透. 2015. 全球生物药物研发进展及市场概览. http://www.360doc.com/content/15/1205/10/29439365_518046967.shtml[2018-08-20].

田德桥. 2016. 美国生物防御药品疫苗研发机制与项目资助情况分析. 生物技术通讯，27（4）：535-541.

熊磊，吴一龙. 2016. 把脉中国版精准医疗. https://mp.weixin.qq.com/s?__biz=MzA5NT

YzMzAyNQ%3D%3D&idx=3&mid=402048535&sn=4fbcaa01cba8b85a4a1e3faa2413
6ed7[2017-08-12].

药渡. 2016. 2015 年全球处方药市场研究报告. https://mp.weixin.qq.com/s?__biz=MzA5
MjEzODQ3NA%3D%3D&idx=1&mid=2655741872&sn=5f6db211c65f4ac86b532352
3463f656[2016-05-20].

中华人民共和国民政部. 2015. 中华人民共和国2014年社会服务发展统计公报. 北京:
中国统计出版社.

中投顾问. 2016. 2016-2020 年中国生物医药产业集群发展模式深度分析及发展战略研
究报告. 深圳: 中投顾问产业与政策研究中心.

Dormitzer P R, Suphaphiphat P, Gibson D G, et al. 2013. Synthetic generation of influenza
vaccine viruses for rapid response to pandemics. Science Translational Medicine,
5 (185): 185ra68.

IMS Health. 2013. IMS Health biosimilars and non-original biologics. http://www.doc88.
com/p-3827910043672.html[2017-05-11].

IMS Health. 2014. Global outlook for medicines through 2018. http://www.doc88.com/p-18
16633848309.html[2017-10-25].

IMS Health. 2015. Global use of medicines in 2020. http://www.doc88.com/p-9025249177
417.html[2017-12-20].

Paddon C J, Keasling J D. 2014. Semi-synthetic artemisinin: a model for the use of synthetic
biology in pharmaceutical development. Nature Reviews Microbiology, 12 (5):
355-367.

Synbioproject. 2015. U.S. trends in synthetic biology research funding. http://www.synbio-
project.org/publications/u.s-trends-in-synthetic-biology-research-funding/[2018-10-14].

第二章　生物医药产业

一、重点发展方向

（一）基因工程药物

20世纪70年代，以DNA重组技术为基础的基因工程技术得到飞速发展，利用基因工程技术开发新型药物更是最活跃和发展迅猛的领域。1982年，美国礼来公司将重组胰岛素投放市场，世界上第一个基因工程药物诞生。基因工程药物自问世以来，已广泛应用于治疗癌症、肝炎、发育不良、糖尿病、囊纤维变性和一些遗传病上，在很多领域特别是疑难病症上，起到了传统化学药物难以起到的作用。该类药物因疗效好、不良反应小、应用广泛而成为各国政府与企业投资研发的热点，并取得了巨大的经济和社会效益。

本章对目前基因工程药物及多肽类药物的国内外发展趋势进行了阐述，包括长效胰岛素、长效胰高血糖素样肽-1（glucagon-like peptide-1，GLP-1）类似物、长效粒细胞集落刺激因子（granulocyte colony stimulating factor，G-CSF）、长效干扰素及新型重组融合蛋白等国内外长效修饰蛋白热点品种的研发状况及市场分析等情况介绍，同时指出了我国基因工程药物市场存在的问题。本章还结合我国实际情况分析了"十三五"期间我国经济社会对基因工程药物发展的需求。

1. 国外发展状况与趋势

通过统计全球60余家最主要的生物制品企业的财报数据，分析2010～

2015 年全球生物制品市场格局及发展趋势。欧美监管机构历史上共计批准超过 260 个生物制品药物，除去已经退市的药物和销售额过低的药物，近 120 个生物制品销售额披露在药企财报中，这些药物构成了全球生物制品市场容量的 90% 以上（表 2-1）。

表 2-1　全球生物制品处方药市场格局

排序	类别	个数/家	销售额/亿美元					
			2010 年	2011 年	2012 年	2013 年	2014 年	2015 年
1	抗体	37	379.3	412.9	484.3	557.2	633.4	699.4
2	胰岛素	13	128.5	141.0	162.8	179.3	194.2	211.9
3	疫苗	25	128.3	153.0	167.8	174.6	169.8	198.1
4	融合蛋白	7	115.0	118.9	139.0	156.8	170.0	183.4
5	凝血因子	9	54.7	58.7	77.4	81.9	79.7	82.7
6	促红细胞生成素	6	71.9	63.5	58.8	65.2	63.3	61.5
7	G-CSF	6	50.7	54.2	55.4	61.0	60.3	60.9
8	干扰素	5	32.3	31.9	64.3	62.9	60.5	59.2
9	GLP-1	6	10.6	13.3	19.9	28.0	28.3	39.4
10	肝素	2	4.8	29.0	26.7	22.7	22.7	22.7
11	生长激素	3	11.1	10.7	19.8	19.6	19.1	16.8
	总计	119	987.2	1087.0	1276.2	1409.2	1501.3	1636.0

注：数据来自全球 60 余家药企财报

从表 2-1 可知，除疫苗类和重磅炸弹抗体类产品外，细胞因子、融合蛋白、激素及蛋白多肽类基因工程药物仍然占据一半的市场份额。另外，鉴于血浆来源白蛋白的某些局限性，应用基因工程技术表达重组人血白蛋白一直是产业界关注的热点之一。到目前为止，人类已从大肠杆菌、枯草杆菌、酵母、植物和转基因动物中表达出重组人血白蛋白。在重组人血白蛋白领域，走在国际前沿的企业有日本田边三菱制药株式会社、英国诺维信公司和美国 Ventria Bioscience 公司。由于大部分细胞因子、激素类蛋白药物与天然蛋白质的结构相同或者相似，半衰期较短。通过长效化可以延长药物半衰期、提高患者的顺应性，改善患者的自我疾病管理。蛋白药物的长效化是目前国际上研发的主流，长效化策略包括糖基化改造、聚乙二醇

［poly（ethylene glycol），PEG］化、白蛋白融合、抗体 Fc 融合、运铁蛋白融合等，其中 PEG 化通过增加水力半径延长半衰期，白蛋白融合、运铁蛋白（transferrin）融合和抗体Fc融合则通过受体FcRn介导的循环途径和增加分子大小来延长半衰期。其他方式还包括惰性蛋白融合如 XTEN 融合、HAP 融合、ELP 融合等，以及负电蛋白融合如 CTP 融合等。截至 2015 年底，欧美市场已经上市了 13 个 Fc 融合蛋白药物（表2-2）、12 个 PEG 化蛋白药物（表2-3）、2 个白蛋白融合蛋白药物（表2-4）、2 个糖基化改造蛋白药物（表2-4）、1 个 CTP 融合蛋白药物（表2-4）[①]。

表 2-2 已上市的 13 个 Fc 融合蛋白药物

商品名	通用名	类别	企业	分子结构
Enbrel	依那西普	创新药	安进	IgG1Fc-p75 of TNF-α
Amevive	阿法西普	创新药	百健艾迪	CD2 of LFA-3-IgG1 Fc
Orencia	阿巴西普	创新药	百时美施贵宝	CTLA-4-Fc
Arcalyst	利洛纳赛	创新药	再生元	IgG1 Fc-IL-1R
Nplate	罗米司亭	创新药	安进	Fc-TPO peptide
Nulojix	贝拉西普	创新药	百时美施贵宝	CTLA-4-Fc
Eylea	阿柏西普	创新药	再生元/拜耳	VEGFR-Fc
Zaltrap	阿柏西普	创新药	再生元/赛诺菲	VEGFR-Fc
朗沐	康柏西普	follow on	成都康弘	VEGFR-Fc
Alprolix	凝血因子Ⅸ	biobetter	百健艾迪	FIX-Fc
Eloctate	凝血因子Ⅷ	biobetter	百健艾迪	FⅧ-Fc
Trulicity	杜拉鲁肽	biobetter	礼来	GLP-1-Fc
Benepali	依那西普	biosimilar	三星 Bioepis/百健艾迪	IgG1Fc-p75 of TNF-α

表 2-3 已上市的 12 个 PEG 化蛋白药物

商品名	通用名	企业	FDA 批准日期
Adagen	酰胺脱氨酶	Sigma tau	1990/3/21
Oncaspar	天冬酰胺酶	Sigma tau	1994/2/1
Pegintron	干扰素α2b	默沙东	2001/1/19
Sylatron	干扰素α2b	默沙东	2001/1/19
Neulasta	非格司亭	安进	2002/1/31

---

① 《长效蛋白药物市场全景扫描》，http://www.sohu.com/a/75962879_392474[2016-05-18]。

续表

商品名	通用名	企业	FDA 批准日期
Pegasys	干扰素α2a	罗氏	2002/10/16
Cimzia	赛妥珠单抗	优时比	2008/4/22
Krystexxa	尿酸氧化酶	Crealta Pharms LLC	2010/9/14
Omontys	EPO	武田	2012/3/27
Lonquex	G-CSF	梯瓦	2013/7/25
Plegridy	干扰素β-1a	百健艾迪	2014/8/15
Adynovate	凝血Ⅷ因子	百特	2015/11/12

表 2-4　其他已上市长效化蛋白药物

商品名	成分	企业	备注
Neupogen	糖基化改造 EPO	安进	Epogen 的 biobetter*
Kovaltry	糖基化改造 FⅧ	拜耳	Kogenate 的 biobetter
Elonva	CTP 融合 FSH	默克	欧盟上市、美国未上市
Idelvion	FⅧ-HSA	CSL	2016 年上市
Tanzeum	GLP-1-HSA	葛兰素史克（Glaxo Smith Kling, GSK）	2014 年上市

注：FSH——follicle-stimulating hormone，促卵泡激素；HSA——human serum albumin，人血清白蛋白

*biobetter：比已上市产品更好的生物药

1）长效化蛋白/融合蛋白药物品种介绍

A. 长效胰岛素

目前国际上已经上市的长效胰岛素主要有赛诺菲的 Lantus（甘精胰岛素）、诺和诺德的 Levemir（地特胰岛素）、诺和诺德的 Tresiba（德谷胰岛素）、礼来的 Basaglar（甘精胰岛素仿制药）和赛诺菲的 Toujeo（甘精胰岛素新制剂）（表 2-5）。另外，还有在日本销售的印度 Bioton 的甘精胰岛素，三星 Bioepis 和默沙东的甘精胰岛素仿制药 MK-1293 也进入了Ⅲ期临床。上述 3 种长效胰岛素有许多相似之处，如它们都是通过基因工程产生胰岛素前体，并经过后期的蛋白质修饰产生的，同时药效均可持续 24 h 且无明显的波峰和波谷，均能模拟基础胰岛素分泌，只是分子结构、作用机制、生产菌种和蛋白质修饰过程等各不相同。

表 2-5 2022 年全球长效胰岛素市场预测

排名	商品名	通用名	公司	类别	2015 年 /亿美元	2022 年 /亿美元	年均复合增长率
1	Tresiba	德谷胰岛素	诺和诺德	胰岛素类似物	140	2 783	53%
2	Lantus	甘精胰岛素	赛诺菲	胰岛素类似物	7 089	2 663	−13%
3	Toujeo	甘精胰岛素 新制剂	赛诺菲	胰岛素类似物	182	2 088	42%
4	Levemir	地特胰岛素	诺和诺德	胰岛素类似物	2 722	1 847	−5%
5	Basaglar	甘精胰岛素 仿制药	礼来	胰岛素类似物	11	1 121	94%
6	MK-1293	甘精胰岛素 仿制药	默克	胰岛素类似物	——	231	——
7	SciLin	人胰岛素	拜耳	胰岛素	19	19	0
8	SciLin	人胰岛素	Bioton	胰岛素	15	10	−6%
总计					10 178	10 762	1%

注：数据来自恒瑞医药研究院

赛诺菲公司的甘精胰岛素上市以来一直都是最畅销的糖尿病药物，2015 年销售额高达 7089 亿美元（表 2-5），在全球最畅销的药物排行榜中高居第 5 位。随着化合物专利到期，FDA 于 2014 年 8 月批准礼来的甘精胰岛素仿制药，商品名为 Basaglar；2014 年 3 月末，印度 Bioton 的甘精胰岛素成功在日本上市；由三星 Bioepis 和默沙东研制的 MK-1293，作为甘精胰岛素的仿制药也进入了 Ⅲ 期临床阶段。然而，赛诺菲也不会"坐以待毙"，推出了新一代甘精胰岛素，商品名为 Toujeo，该产品已经在 2015 年 2 月 25 日获得 FDA 批准。Toujeo 是一种含甘精胰岛素新制剂，Toujeo 的获批，是基于 EDITION 临床项目的数据，结果显示，Toujeo 降血糖疗效媲美 Lantus，低血糖发生率显著降低。

诺和诺德的地特胰岛素上市以来也取得非常好的成绩，2015 年销售额达到 2722 亿美元。相比地特胰岛素，德谷胰岛素的疏水性更强，作用时间也更长。德谷胰岛素是诺和诺德未来的主打产品，预测 2022 年的销售额将达到 2783 亿美元（表 2-5）。

国际上，礼来、赛诺菲等巨头竞相投入长效胰岛素仿制药的开发。同时，众多药企则瞄准了新型长效胰岛素的开发。新型长效胰岛素研发以开发一周一次超长效胰岛素为目标。一周一次胰岛素现有 3 种主要的技术平台：

韩美公司的 LAPSCOVERY（long acting protein/peptide discovery）技术、PhaseBio 的 ELP 融合蛋白技术、AntriaBio 的 PEG/PLGA[①]微球（表 2-6）。韩美公司的 LAPSCOVERY 技术利用 Fc 偶联，特殊之处在于 Fc 由大肠杆菌表达，无糖基化修饰，体外经连接子（connexon）与胰岛素进行化学偶联。PhaseBio 的 ELP 融合蛋白技术采用弹性蛋白的可逆相变性质，将其与胰岛素融合，皮下 37℃ 条件形成沉淀缓慢释放。AntriaBio 则糅合了两种长效化技术：PEG 化修饰和 PLGA 微球缓释。一周一次胰岛素为下一代胰岛素的主要突破口，有望改变胰岛素市场格局。尽管研究处于早期且存在一定风险，但相对其他新型胰岛素而言可行性更大且替代一天一次胰岛素的可能性也比较大。

表 2-6　全球主要在研胰岛素类药物统计

代码	企业	类别	技术平台	研发阶段
TransCon	Ascendis	超长效一周一次	PEG 水凝胶固定	Ⅱ期
PE0139	PhaseBio	超长效一周一次	ELP：黏性蛋白融合	Ⅱ期
HM12470	韩美	超长效一周一次	LAPSCOVERY：Fc 偶联	Ⅰ期
NN1436	诺和诺德	超长效	未披露	Ⅰ期
NN1436	诺和诺德	超长效	未披露	Ⅰ期
AB101	AntriaBio	超长效一周一次	5K PEG/PLGA 微球	临床前

注：数据来自恒瑞医药研究院

B. 长效 GLP-1 类似物

GLP-1 受体激动剂类药物市场增长迅速，与 SGLT-2[②]抑制剂类药物一起构成了糖尿病市场扩容的最大推动力。根据 EvaluatePharma 数据预测，2015～2022 年，GLP-1 受体激动剂类药物的年均增幅最高，为 20%。2015 年全球 GLP-1 受体激动剂类药物的销售额约为 40 亿美元，占糖尿病药物市场的 10% 左右，2022 年该类药物的销售额将达到 143 亿美元，在糖尿病药物市场中的占比超过 22%。届时，GLP-1 受体激动剂 Top10 的药物中，长效 GLP-1 受体激动剂将占据 4 席，包括阿必鲁肽（albiglutide，葛兰素史

---

① PLGA：poly（lactic-co-glycolic acid），聚乳酸-羟基乙酸共聚物。
② sodium-glucose co-transporter-2（SGLT-2）inhibitor，输送器第二型抑制剂。

克）、杜拉鲁肽（dulaglutide，礼来）、索玛鲁肽（sermaglutide）及其口服制剂（诺和诺德），总销售额将达到 62 亿美元，占整个 GLP-1 受体激动剂类药物销售额的 43.6%。长效 GLP-1 受体激动剂类药物凭借其一周一次的给药方式，优势不言而喻，已经成为该类药物的主流研究方向。

阿必鲁肽（商品名：Eperzan）是由 GlaxoSmithKline 研发的每周一次皮内注射的长效 GLP-1 类似物，2014 年 3 月和 4 月，在欧洲和美国分别获批。从结构上看，阿必鲁肽是用 Ala 取代了 GLP-1（7-36）链上 8 位的 Gly，再将两条经修饰的 GLP-1 肽链融合在一个含有 585 个残基的血清白蛋白上，从而大大延长了半衰期，根据 I 期临床结果，阿必鲁肽在日本人体内的平均半衰期达 5.3 天。另外有临床数据显示，阿必鲁肽比西格列汀（sitagliptin）和艾塞那肽（exenatide）降糖效果更佳。

杜拉鲁肽（商品名：Trulicity）是美国礼来公司研发的每周一次长效 GLP-1 类似物，于 2014 年 9 月在美国获批用于 2 型糖尿病治疗。从结构上看，杜拉鲁肽是将 GLP-1（7-37）链上 8 位的 Gly 取代了 Ala，22 位的 Glu 取代了 Gly，36 位上的 Gly 取代 Arg，再通过 “-（Gly-Gly-Gly-Gly-Ser）3-Ala-” 偶联桥融合到重组 G4 免疫白蛋白（含 227 个氨基酸 Fc 片段）上，平均生物半衰期长达 90 h。杜拉鲁肽一周一次的给药频率，能大幅提高患者的顺应性，是一个非常具有潜力与利拉鲁肽（liraglutide）竞争的新产品。礼来在第 75 届美国糖尿病协会（American Diabetes Association，ADA）年会（2015 年 6 月）公布了一项头对头临床研究数据。数据显示，1.5mg 剂量和 0.75mg 剂量杜拉鲁肽降低血糖水平（HbA1c）均优于赛诺菲重磅胰岛素产品 Lantus。

索玛鲁肽是诺和诺德公司研发的每周一次皮内注射的长效 GLP-1 类似物，当前还处于临床 III 期阶段。与利拉鲁肽相比，索玛鲁肽的脂肪链更长，疏水性增加，但索玛鲁肽经过短链的 PEG 化修饰，亲水性大大增强。PEG 化修饰后不但可以与白蛋白紧密结合，掩盖二肽基肽酶-4（DPP-IV）酶水解位点，还能降低肾排泄，可延长生物半衰期，达到长循环的效果。

GLP-1 激动剂作为一类多肽药物，目前还只能注射给药，为了提高患者顺应性，缓释注射剂、非注射给药成为这一类药物研发的主要方向。通过结构修饰，掩盖 DPP-IV 酶位点，延长生物半衰期，是目前最主流的做法。这种结构修饰包括链接高分子蛋白和聚乙二醇修饰两种，一周一次的阿必鲁肽和杜拉鲁肽就属于典型的前一种，尽管已有多个聚乙二醇修饰蛋白或多肽药物上市，但聚乙二醇修饰GLP-1类似物起步较晚，仅索玛鲁肽进入Ⅲ期临床。当然也有公司通过制剂的手段，制成缓释微球，实现一周一次，典型的产品就是Bydureon。

目前，GLP-1类似物在研药物的研发以长效药物开发为主基调，开发了一系列新技术平台，主要在研药物包括艾本那肽（白蛋白化学偶联，非融合）、Efpeglenatide（Fc偶联技术，非融合）、Glymera（弹性蛋白融合技术ELP）、AB301（融合了PEG化修饰和PLGA微球两种缓释技术）、GX-G6（HyFc融合技术）、艾塞那肽-Fc（Fc融合）等。

C. 长效G-CSF

G-CSF具有刺激中性粒细胞系的增殖、分化和成熟，以及促进骨髓中中性粒细胞和干祖细胞释放到外周血等生理作用。1991年，美国安进公司通过基因重组技术生产的全球首个重组人粒细胞集落刺激因子（rhG-CSF）产品Neupogen获得FDA批准上市，并迅速成为治疗粒细胞减少症的首选药。目前市场上已经上市的G-CSF有非格司亭（Filgrastim）、培非格司亭（Pegfilgrastim）、利培非格司亭（Lipegfilgrastim）及非格司亭生物仿制药。

2013年全球rhG-CSF产品的销售额约为62亿美元，其中美国安进公司的市场占有率高达94%，在该市场上处于绝对领先地位，其长效产品聚乙二醇化粒细胞集落刺激因子（PEG-G-CSF，Neulasta）的销售额为44亿美元，约占rhG-CSF市场71%的份额，从2013年就已进入全球药品销售额的前15名。截至2015年其短效产品Neupogen虽已上市24年，但销售额仍达到了14亿美元，市场占有份额为23%；罗氏子公司日本中外制药在1994年上市的短效rhG-CSF药物Neutrogin的销售额为2.2亿美元，市场占有份额为4%；日本协和发酵麒麟于2008年上市的短效rhG-CSF药物Gran的销售额为1.4亿美元，市场占有份额为2%。

Neulasta于2002年1月获得FDA批准上市，其在上市当年的销售额就达到了4.6亿美元，创2002年入市美国新药年销售额的最高纪录。同年8月，该产品在欧洲和澳大利亚以相似的适应证获准上市。2002～2013

年，Neulasta 的销售额由 4.64 亿美元增加到 43.92 亿美元，11 年的时间销售额增加了近 8.5 倍，年均复合增长率高达 22.7%，2015 年其销售额已达到 48 亿美元。

利培非格司亭是一种新颖的、聚乙二醇化、糖基化的长效型非格司亭，由梯瓦研发，并于 2013 年 7 月获得 EMA 批准上市，商品名为 Lonquex，目前 FDA 还未批准。

随着专利的到期，在世界范围内掀起对 PEG-G-CSF 的仿制，目前已批准生物仿制药上市的国家有德国、印度、伊朗、阿根廷、中国、韩国；最早批准生物仿制药上市的国家为印度，上市公司为本土药企 Intas Biopharmaceuticals，上市时间为 2008 年 6 月。澳大利亚已于 2015 年 10 月完成注册，其他还有很多国家和地区处在临床试验阶段。

全球范围内有 70 多家公司进行 PEG-G-CSF 生物类似药的研发和生产，已经进入上市阶段的公司有 12 家，除最早上市的 Intas Biopharmaceuticals（印度），还包括 Amega Biotech（阿根廷）、BioGeneriX AG（德国，梯瓦的子公司）、CinnaGen Co.（伊朗）、Dong-A ST Co. Ltd.（韩国）等。

D. 长效促红细胞生成素

促红细胞生成素（erythropoietin，EPO）产品市场前景十分广阔。EPO 包括普通 EPO 和长效 EPO 两种。目前已上市的长效 EPO 产品主要包括阿法达贝泊汀和甲氧基聚乙二醇倍他依泊汀等。2014 年普通 EPO 产品全球销售额约为 52 亿美元，其中美国市场销售额约为 33 亿美元。2014 年长效 EPO 产品中，阿法达贝泊汀全球销售额约为 25 亿美元，其中美国市场销售额约为 8 亿美元，日本市场销售额约为 5 亿美元；2014 年长效 EPO 产品中，甲氧基聚乙二醇倍他依泊汀全球销售额约为 4 亿美元，其中日本市场销售额约为 2 亿美元。

E. 长效凝血因子

2014 年，FDA 分别批准了百健艾迪公司的长效（Fc 融合蛋白）重组 IX 因子——Alprolix 和长效（Fc 融合蛋白）重组 VIII 因子——Eloctate。2015 年 Alprolix 和 Eloctate 的销售额分别为 2.34 亿美元和 3.20 亿美元，实现了高速增长。2015 年 11 月百特公司的 PEG 修饰的重组凝血因子 VIII——Adynovate 获批。目前包括拜耳等公司也在加紧研制重组长效凝血因子（表 2-7）。

表 2-7　在研长效重组凝血因子产品列表

公司	管线代码	通用名	用药频率	所处阶段
诺和诺德	NN7999	糖基化 PEG 重组凝血因子Ⅸ	4 天一次	临床前
诺和诺德	NN7088	糖基化 PEG 重组凝血因子Ⅷ	4 天一次	Ⅲ期临床
拜耳	Bay94-9027	PEG 化修饰的重组凝血因子Ⅷ	4 天一次	Ⅲ期临床
CSL Behring	CSL654	白蛋白融合的重组凝血因子Ⅸ	4 天一次	临床前
CSL Behring	CSL627	重组单链凝血因子Ⅷ	2～3 天一次	Ⅲ期临床
CSL Behring	CSL689	白蛋白融合的重组凝血因子Ⅶa	2～3 天一次	Ⅰ期临床
百特	BAX826	唾液酸修饰的重组凝血因子Ⅷ	7 天一次	Ⅰ期临床

注：数据来自正大天晴药业

2）新的酶与激素类药物

酶类药物的应用研究已经成为生物制药领域的热点，世界各国药典收载的酶类药物越来越多，酶类药物的制剂品种已超过 700 种，并多数成为各种重大疾病的有效治疗药物。利用重组 DNA 技术表达及化学修饰对酶进行分子改造，以提高酶稳定性的探索是酶类药物的研究方向。

《中华人民共和国药典》收载了酶类药物 10 余种、20 多个规格，英国、美国、日本及欧洲等的药典收载的酶类药物有 20 多个品种。酶作为治疗药物的早期临床应用，主要用于治疗消化道疾病、烧伤及感染引起的炎症性疾病。现已成为多种重大疾病的有效治疗药物，如先天性缺酶症的治疗、血栓症与冠心病的治疗及抗肿瘤的治疗等。2010～2015 年，FDA 上市的重组酶类制品有聚乙二醇化重组尿酸氧化酶（Krystexxa）、α-葡萄糖苷酶（Lumizyme）、溶组织梭菌胶原酶（Xiaflex）、天冬酰胺酶（Erwinaze）、羧肽酶（glucarpidase）、N-乙酰半乳糖胺-6-硫酸酯酶（elosulfase alfa）、葡糖脑苷脂酶（taligliucerase alfa）、溶酶体酸性脂肪酶（sebelipase alfa）、碱性磷酸酶融合蛋白（asfotase alfa）、甲状旁腺激素（parathyroid hormone）。

诺华生产的重组人松弛素（Serelaxin）2015 年 1 月在俄罗斯获批上市，用于心力衰竭的治疗。EvaluatePharma 数据库预测，Serelaxin 于 2017 年在欧美上市，2022 年的销售额将达到 15 亿美元。

3）多肽类药物

多肽药物主要来源于内源性多肽或其他天然多肽，其结构清楚、作用机制明确，质量控制水平接近于传统的小分子化学药物，而活性上接近于蛋白质药物，集合了传统化学药物和蛋白质药物的优点，适用于治疗传统化学药物难治的某些复杂疾病，包括代谢性疾病、肿瘤、感染等。多肽药物分子结构小、易改造、易合成，其生产无须大流程装置，普通大型实验室即可达到生产条件，且生产过程中排放的废物少，属于绿色制药，因此多肽药物是 21 世纪最有发展前途的药物之一（聂彩辉和徐寒梅，2014）。多肽药物与传统化学药物和蛋白质药物的比较见表 2-8。

表 2-8　多肽药物与传统化学药物和蛋白质药物的比较

药物	相对分子量	稳定性	生物活性	特异性	免疫原性	纯度	成本
传统化学药物	一般不高于 500	好	较低	弱	无	高	低
多肽药物	500～10 000	较好	高	强	无或低	高	高
蛋白质药物	一般不高于 10 000	差	高	强	有	较低	更高

随着多肽固相合成技术、生物化学和分子生物学技术的日臻成熟，多肽药物研究取得了划时代的进展，并已成为国外各医药公司新药研发的重要方向之一。例如，辉瑞、默克、罗氏、礼来等一些大型跨国医药巨头通过收购或自主研发的形式在该领域投入了巨资，且有多种多肽新药在近几年陆续上市。同时，国内外也涌现出以 Zealand Pharma（ZP）为代表的多肽药物研发企业，目前多个 ZP 系列多肽药物已处于临床前或临床研发中。

截至 2013 年，在世界范围内，已有 70 多种由化学合成或基因重组而获得的多肽药物被批准上市，并有 100 多种多肽药物进入临床试验，400 多种多肽药物正处在临床前研究阶段。多肽药物市场亦发展迅速，其年均复合增长率达 20%，远超总体医药市场 9% 的年均复合增长率，为制药企业带来了巨大的利润。2011 年多肽药物全球销售额总计 147 亿美元，其中有 7 个产品超过 5 亿美元：用于治疗多发性硬化症的醋酸格拉替雷（Copaxone®）销售额最高，超过 40 亿美元；用于治疗前列腺癌及子宫内膜异位症的亮丙瑞林长效注射微球（Lupron®）销售额超过 20 亿美元；另外 5 个多肽药物——奥曲肽（Sandostatin®）、戈舍瑞林（Zoladex®）、利拉鲁肽（Victoza®）、特立帕肽（Forteo®）和艾塞那肽（Byetta®）的销售额为

5亿～15亿美元。可见，多肽药物的市场前景令人欣喜。

近年来，多肽药物发展迅速，获批的新型多肽药物层出不穷。2001～2012年，有19个多肽药物在美国或欧洲首次获得批准，仅2012年就有6个新分子实体多肽药物在美国获准上市，为历年之最，且其中的5个多肽药物——lucinactant、pasireotide、carfilzomib、利那洛肽（linaclotide）和teduglutide也在欧洲获得批准。近几年批准上市的多肽药物的数量及用途多样性更是令人瞩目。

2. 国内发展状况与趋势

20世纪80年代末，基因工程制药产业在国内起步，虽然该产业起步晚，但发展速度迅猛。1989年，重组人干扰素α1b作为中国第一个基因工程药物成功上市，随后诸如生长激素、G-CSF、白细胞介素、胰岛素及促红细胞生成素等重组激素类和细胞因子基因工程药物也相继研发成功并步入市场，此外还有近年来的融合蛋白益赛普、人源化单克隆抗体药物健尼哌等，基因工程制药产业在国内经历了从无到有、持续发展壮大的历程，并取得了一系列重大生物药科研、产业化成果。这一系列产品的上市，打破了国外高新生物产业对我国市场的价格垄断，极大地提高了人民用药的可及性。但每种产品都有多家企业同时在生产，导致市场竞争激烈，产品效益不高，部分企业产品质量一般，缺少后发优势。根据医药产业经济运行库的统计数据，2014年我国药品的年销量已经达到2750亿元，其中生物药的销售量占处方药市场份额的比例大约在5%，与欧美国家相比仍有较大的差距。但是，随着我国药品标准的提高，生物药的安全性与有效性逐步被医生和患者认可，临床上生物药的使用率正在明显提高。在我国，高端市场以进口重组蛋白药物为主，国内企业正在积极开发长效化胰岛素、生长激素（growth hormone，GH）、干扰素（interferon，IFN）、G-CSF等药物（表2-9）。随着国内企业技术不断升级，预计国内重组蛋白产品将逐步替代价格高昂的进口产品。国内在研的长效化药物包括rhG-CSF、干扰素、重组人促卵泡激素（rhFSH）、重组人生长激素、GLP-1受体激动剂等品种。

表 2-9 国内部分已上市或在研长效化蛋白药物

通用名	企业	状态
PEG-rhIFN-α2b	厦门特宝	已上市
PEG-rhIFN-α2b	长春海伯尔	获批临床
PEG-rhIFN-α2a	正大天晴	批准临床
PEG-G-CSF	多家企业	状态不一
PEG-GH	安徽安科	获批临床
GLP-1-HSA	江苏泰康	申报临床
Exendin-4-HSA	浙江华阳	申报临床
Exendin-4-Fc	北京东方百泰	申报临床
FSH-Fc 融合蛋白	康宁杰瑞	获批临床

注：数据来自原 CFDA（China Food and Drug Administration，国家食品药品监督管理总局，2018年 3 月，十三届全国人大一次会议审议国务院机构改革方案，组建国家市场监督管理总局，不再保留国家食品药品监督管理总局）网站

其中，厦门特宝的聚乙二醇干扰素 α2b 注射液是我国首个具有自主知识产权的能有效治疗病毒性肝炎的长效干扰素；重组人生长激素是我国技术发展最为领先的一类重组蛋白，金赛药业的聚乙二醇化重组生长激素是全球第一个长效重组生长激素。

1）国内部分长效蛋白质药物情况

A. 长效胰岛素

甘李药业系中国最专业的胰岛素类似物生产厂家，2005 年即开始规模化生产长效胰岛素类似物（甘精胰岛素，商品名：长秀霖），打破了国外跨国公司胰岛素类似物产品的绝对垄断。甘精胰岛素每日只需注射一次，由于疗效确切及较低的低血糖发生概率，上市以来取得了非常好的市场反响，2015 年，销售额已超过 13 亿元。目前，甘李药业已在美国递交了重组甘精胰岛素的申请，正在进行 I 期临床试验研究，还将同期开展Ⅲ期临床试验研究。如果长秀霖取得美国和欧盟的上市许可，其研发数据及临床数据可支持长秀霖在多个国家上市销售，尤其是"一带一路"沿线国家，包括中亚、俄罗斯、中东等国家和地区，以后还将包括更多国家和地区，如非洲和南美洲等的国家。

胰岛素广阔的市场前景和高额的利润，已经吸引了国内诸多公司将重金砸向胰岛素的仿制和研发领域。多家药企向原CFDA提交了甘精胰岛素

仿制药申请,走在最前沿的公司包括通化东宝、珠海联邦等。

胰岛素产业层面,既要扶持当前市场主流的三代胰岛素,并把好质量关,看齐国际标准,同时又要注重下一代胰岛素的布局,如国外正在研发的一周一次胰岛素、长效胰岛素/速效胰岛素复方制剂、胰岛素/GLP-1 复方制剂等,应该注意到国际研发前沿,扶持三代胰岛素,但要避免过度、低质量的开发,同时注意扶持新一代胰岛素药物的研发。

目前国内已有多家药企开始参与长效 GLP-1 类似物生物药的研发,有的已申报临床试验。未来的十年,国内 GLP-1 类似物市场也将会是一个"硝烟弥漫的大战场"。

B. 全球第一支 PEG 化长效生长激素——金赛增®

金赛药业历经 10 年成功研制全球第一支长效生长激素——金赛增®。临床应用结果表明,PEG 化长效生长激素金赛增®每周注射一次,由短效每年 365 次锐减到 52 次,注射频次大大降低。患者年生长速率从短效的平均年增高 12.55cm 提高到 13.41cm,治疗效果得到一定提高。

在安全性方面,PEG 化长效重组人生长激素各剂量组的胰岛素样生长因子-1(insulin-like growth factor-1,IGF-1)水平均在正常范围内,不良反应谱与短效水针剂相似,没有统计学差异。抗体零检出。PEG 化长效重组人生长激素安全性与短效水剂一致。

长效生长激素金赛增®上市 2 年多以来,其销售额逐年升高。2014 年长效生长激素销售额为 2000 万元,2015 年为 8000 万元,为 2014 年的 4 倍。截至 2016 年 9 月,国产长效生长激素金赛增®累计销售额已突破 1 亿元。

金赛增®的上市改变了国产长效化蛋白质单纯仿制的局面,为国产品牌药物走向世界铺平了道路,目前产品已出口至俄罗斯、乌克兰、哥伦比亚、秘鲁、巴拉圭等十多个国家。随着后续市场的开拓和推广,金赛增®在国际市场将取得更广阔的空间。

C. 长效 G-CSF

国内市场上,2013 年和 2014 年我国 rhG-CSF 市场规模分别为 29.45 亿元和 33.26 亿元,同比增速 12.94%。目前国内已有近 20 家企业生产短效 G-CSF 药物,其中齐鲁制药有限公司的瑞白 2014 年的销售额占市场份额高达 39.7%,占据明显的优势地位。而上市的长效 G-CSF 药物仅有石药集团百克（山东）生物制药有限公司的津优力和齐鲁制药有限公司的新瑞白2种，美国安进公司因其自身战略考虑，其长效 G-CSF 产品 Neulasta 未在中国注册。齐鲁制药有限公司的新瑞白 2015 年刚上市，津优力 2011 年获批上市，截至 2015 年销售规模较小，销量仅有几千万元。

目前长效 G-CSF 在研产品中江苏恒瑞医药进展最快，江苏恒瑞医药的 HHPG-19K 是基于 DNA 重组技术研发出来的长效 G-CSF，在结构上具有新颖性和独创性，其 G-CSF 和 PEG 的结合方式与美国安进公司的培非格司亭完全不同，化合物具备自主知识产权。国内 G-CSF 生产企业研发情况见表 2-10。

表 2-10 国内 G-CSF 生产企业研发情况

名称	企业名称	进展情况
聚乙二醇化重组人粒细胞集落刺激因子注射液	石药集团百克（山东）生物制药有限公司	2011 年上市
聚乙二醇化重组人粒细胞集落刺激因子注射液	齐鲁制药有限公司	2015 年上市
聚乙二醇化重组人粒细胞集落刺激因子注射液	江苏恒瑞医药股份有限公司	上市申请
聚乙二醇化重组人粒细胞集落刺激因子注射液	北京双鹭药业股份有限公司	Ⅲ期临床
聚乙二醇化重组人粒细胞集落刺激因子注射液	杭州九源基因工程有限公司	Ⅱ期临床
Y 型 PEG 化重组人粒细胞集落刺激因子注射液	厦门特宝生物工程股份有限公司	Ⅱ期临床
聚乙二醇化重组人粒细胞集落刺激因子注射液	深圳新鹏生物工程有限公司	临试验申请
聚乙二醇化重组人粒细胞集落刺激因子注射液	江苏奥赛康药业股份有限公司	临试验申请

注：数据来自原 CFDA 网站

D. 长效干扰素

2016 年 10 月 15 日，厦门特宝的我国首个具有自主知识产权的能有效治疗病毒性肝炎的长效干扰素"派格宾"（聚乙二醇干扰素 α2b 注射液）上市。该药品的上市不仅将打破国外同类制品的垄断，还将大幅度降低患者的药物负担，造福广大肝炎患者，带来良好的经济和社会效益。

2013 年厦门特宝入选"国家重点领域创新团队"，聚焦于大分子药物的长效修饰技术，目前已通过 10 多个国家和地区 GMP（good manufacturing practice，良好生产规范）认证，是国家创新型企业和国家重点高新技术企业。目前，该品种已获得美国、欧洲等近 30 个国家的专利授权。"派格宾"于 2002 年立项，2007 年提交临床申请，2009 年取得临床批件，

2013 年提交上市申请，至 2016 年获批，研发周期长达 14 年。但以往长效干扰素只有进口药，存在患者经济负担大、可及性差等问题。"派格宾"是厦门特宝生物研发的一类新药，具有完全自主知识产权，其 40kDY 型聚乙二醇修饰技术拥有全球专利。该品种的临床适应证为病毒性乙肝和丙肝，临床需求巨大。"派格宾"的成功上市，在价格上将与进口药拉开梯度，为肝病患者提供高性价比的药物。

国内另有长春海伯尔、江苏恒瑞医药、上海生物制品研究所等企业也正在进行长效干扰素的研发。

2）新型重组融合蛋白药物

国内已批准上市的融合蛋白制品主要有两种，一种是注射用重组人 II 型肿瘤坏死因子受体-抗体 Fc 融合蛋白（IgG1Fc-p75 of TNF-α），包括 2006 年上市的上海中信国健药业股份有限公司的益赛普、2011 年上市的上海赛金生物医药有限公司的强克和 2015 年获批上市的浙江海正药业股份有限公司的安百诺，它们均属于依那西普（Enbrel）的生物类似药，用于中度及重度活动性类风湿关节炎、中重度斑块状银屑病及活动性强直性脊柱炎的治疗。

由成都康弘药业集团股份有限公司生产的康柏西普（VEGFR-Fc）是中国第一个有 WHO 国际通用名（也称为国际非专利名称，international nonproprietary name for pharmaceutical substances，INN）的生物新分子，也是国家重大新药创制专项标志性成果之一。2013 年康柏西普第一个适应证湿性年龄相关性黄斑病变（wet agerelated macular degeneration，wAMD）获得 CFDA 批准，成为世界上已获得监管机构批准的最长效的血管内皮生长因子（vascular endothelial growth factor，VEGF）抑制剂。上市以来，康柏西普以其杰出的疗效和安全性能，为中国广大 wAMD 患者带来了福音。目前，成都康弘正在中国和全球积极进一步开发康柏西普。在中国，糖尿病性黄斑水肿（diabetic macular edema，DME）、视网膜静脉阻塞（retinal vein obstruction，RVO）、变性近视（degenerative myopia，DM）等多个适应证正在进行临床试验。2016 年 9 月，康柏西普又成为第一个由 FDA 批准直接进入美国 III 期临床试验的创新生物产品。其半衰期 4.2 天，接近阿帕西普的 5 天，2015 年康柏西普销售额为 2.67 亿元，而 2016

年上半年销售额更是达到 2.24 亿元。IMS Health 数据显示，康柏西普与雷珠单抗在样本医院的使用数量比例为 47% 和 53%（阿帕西普未在国内上市，治疗 wAMD 的进口药主要是雷珠单抗），和国外销售情况一致，说明 Fc 融合蛋白在疗效上也不差于单抗。我国约有 30 万 wAMD 患者，该病致盲率高达 90%，VEGF 抑制剂作为推荐疗法，康柏西普市场空间巨大。

国内除了健能隆医药技术（上海）有限公司的 F627 和 F652 分别进入临床Ⅱ期和Ⅰ期外，上海美烨生物科技有限公司的"注射用重组人促红细胞生成素-Fc 融合蛋白"也进入了临床Ⅰ期，适应证为慢性肾功能衰竭引起的贫血。另外，百泰生物、齐鲁制药、科新生物和复旦张江的 Fc 融合蛋白也获得临床批准，其中齐鲁制药和复旦张江的分别是 7 类和 9 类生物制品，原型分别为罗米司亭（romiplostim）和依那西普。而百泰生物和科新生物均申请了 1 类生物制品，百泰生物的功能蛋白采用了 GLP-1 的相似物 Exendin-4，适应证为 2 型糖尿病；科新生物用 IgE 的重链 ε 链为功能蛋白，希望通过阻断体内 IgE 与高亲和力受体 FcεRⅠ介导的过敏反应信号转导，治疗哮喘等超敏反应性疾病，两者均已申请国内外专利，尚无同类产品上市或进入临床。

康宁杰瑞的 FSH-Fc 融合蛋白已获批临床批件，在临床上用于不孕不育症的治疗及辅助生殖治疗，而体外受精等辅助生殖手术一个疗程需要 8～12 天，传统的 FSH 产品在人体内半衰期较短（34 h），患者需要每天给药；无论在药效上还是半衰期上都可以满足在一个疗程只注射一次的要求，降低了给药复杂性，避免了由反复注射引起的不良反应，实现真正的"长效"。康宁杰瑞的另一个 Fc 融合蛋白是程序性死亡配体 1 单域抗体（PD-L1 SdAb-Fc），单域抗体源自骆驼、羊驼等骆驼科动物和鲨鱼等软骨鱼体内，是一种天然缺失轻链却依然功能完善的"重链抗体"，分子量较小，因此半衰期短。PD-L1 SdAb-Fc 除了以高亲和力结合 PD-L1 分子，并有效阻断 PD-L1 与 PD-1 及 CD80 之间的相互作用，另外与已上市及开发中的 PD-1 与 PD-L1 抗体需静脉注射和低温保存相比，PD-L1 SdAb-Fc 常温下稳定、可皮内注射，从而降低生产、运输和使用成本，提高临床用药的依从性。

国内的 Fc 融合蛋白虽然起步较晚，但是并没有一味地仿制，在功能蛋白选择和设计上都创新，针对的适应证也基本是国内大的病种，而且部分产品的研发进度在国际上领先，因此未来国内企业在 Fc 融合蛋白市场上的前景可以期待。

3）重组凝血因子

重组凝血因子由于避免了血浆杂蛋白和病毒的污染，安全性更高，供应量稳定可保障，国外凝血因子产品的供给主要以重组产品为主，欧美国家 70%以上的凝血因子为基因重组来源。截至 2017 年，国内已有 3 家企业申报注射用重组人凝血因子Ⅷ新药的临床试验批件（表 2-11），其中正大天晴获得国内首个重组人凝血因子Ⅷ临床批件，并入选"十三五"重大新药创制专项计划，临床试验在 2018 年完成并报产，预计上市时间为2019 年。

表 2-11　国内重组凝血因子研发情况

药品名称	企业	状态
注射用重组人凝血因子Ⅷ	正大天晴	批准临床
注射用重组人凝血因子Ⅷ	神州细胞	批准临床
注射用重组人凝血因子Ⅷ	诺思兰德	—

注：数据来自正大天晴药业

4）存在的问题

中国的生物制药产业经过 20 多年的发展，取得了较大的成绩，但与欧美发达国家相比，仍有很大差距，普遍存在的问题有以下几种。

（1）源头创新能力差，研发投入少，研发水平低，新品种少。

（2）仿制水平有待进一步提高，主要集中在中低端的技术或产品，一仿则众仿，缺少全球范围的自主知识产权技术，同时也缺少全盘系统的产品策略。

（3）中国的基因工程药物缺少国际竞争力，缺乏足够的国外销售经验，大部分走出去的企业只依据于当地的商业代理来进行产品推广与销售，更有些只出口原料药，大部分利益让给当地经销商，削弱了市场营利能力。同时，市场应变力、预估风险和抗风险能力较差。

3.　"十三五"期间我国经济社会对基因工程药物发展的需求分析、产业发展重点方向与关键技术

市场需求拉动产业快速、稳定成长。我国人口众多，随着我国国民经

济总体水平和人民群众生活质量的日益提高，对国内现有生物医药的总体水平提出了新的、更高的要求。

1）糖尿病市场

我国的糖尿病患者已达到 9630 万人，是全世界糖尿病患者数量最多的国家。日益增长的糖尿病患者，使糖尿病药物需求市场变得巨大。糖尿病患者随着病情的发展，到后期几乎都要依赖胰岛素治疗。这也是胰岛素自问世以来，作为治疗糖尿病的药物一直长盛不衰的原因。占据所有糖尿病药物的一半市场份额。胰岛素用于治疗糖尿病历经第一、第二、第三代胰岛素的发展。第三代胰岛素是指人胰岛素类似物产品，包括速效胰岛素和长效胰岛素等产品。它们因具有不良反应小，而且能很好地模拟人体内的胰岛素生理习性等优点而逐步被广泛应用，特别是长效胰岛素产品。在美国，长效胰岛素占胰岛素市场的 60%，但因价格因素在中国只占 5%。不仅如此，国内长效胰岛素市场 95% 以上被 3 家国外公司产品如甘精胰岛素（Glargine）（赛诺菲）和地特胰岛素（Detemir）（诺和诺德）占领。

目前市场上的长效胰岛素产品 Glargine 和地特胰岛素 Detemir 存在一些不足，包括平稳血糖的稳定性及有效平稳血糖时间等不很理想，如 Detemir 很难控制在一天一针。因此，开发出比 Glargine 和 Detemir 更好的长效胰岛素产品，满足我国广大糖尿病患者的需求不仅具有巨大的市场需求，还能带动我国胰岛素产业走自己的创新药研发之路，造福国家和人民，同时为我国糖尿病药物走出国门创造可能。

长效基础胰岛素是 1 型和 2 型糖尿病患者必须使用的药品，产品市场需求以吨级计量，如何提高产量、降低成本直接关系到产品的竞争力。长效胰岛素药物创新研究的关键就在于将分子结构的创新设计和提高产量的创新两者结合起来，争取研制出具有自主知识产权的创新性药物。产品既需要显著提高活性及长效性，又不能造成严重低血糖，这对胰岛素分子设计、蛋白质结构改造要求很高，这是该类药物研发需要解决的第一个大问题。同时，长效胰岛素行业属于高技术含量行业范畴，其产业化是所有药物中壁垒最高的产品之一。因此还需要开发全新的高表达菌株及高产的发酵、提取和制备工艺路线，从而解决蛋白质高表达、生产和制剂等关键技术问题，使其产业化得到保证。

目前国内虽已经有数个长效 GLP-1 类似物处于临床阶段，但是自主研发产品的创新性与国际先进水平存在显著的差距。中国有着全世界最大的糖尿病患者群体，新型降糖药物开发尤其重要。尽管在原创新药上仍有巨大差距，但通过技术创新、License-in 等及早布局 biobetter 药物，是一条更具可行性的追赶之路。

2）抗肿瘤、抗病毒市场

目前国内每年新发恶性肿瘤人数多达 350 万，60%以上患者进行放化疗，按照肿瘤辅助治疗药物占抗肿瘤药物 30%大致测算，整体市场规模已经超过 250 亿元。在恶性肿瘤患者中有超过一半在化疗过程中将出现较严重的中性粒细胞减少，对化疗的连续性及治疗效果产生明显影响。目前针对放化疗引起的中性粒细胞减少，尤其是由此带来的发热（febrile neutropenia，FN）症状，国内外临床指南首推的升白药就是 G-CSF，而且多数接受二次以上放化疗患者，在治疗前往往都会预防性注射 G-CSF。长效 G-CSF 是目前国内外药企研究的主要方向。

在抗病毒市场，我国是世界肝炎高发国，乙肝病毒携带者约 1.2 亿人，慢性乙肝患者约 3000 万人，丙肝患者人数上升为 2000 万人。重组人干扰素是国际公认的有效治疗乙肝和丙肝的药物。此外，重组人干扰素还被我国批准用于慢性粒细胞白血病、毛细胞白血病、肾癌、黑色素瘤等疾病的治疗，且纳入国家医保范围。目前，市场上的主流干扰素是 IFN-α、IFN-β 产品。重组人干扰素 α2a、α2b 临床用于尖锐湿疣、乙肝、慢性丙肝等病毒性疾病，以及毛细胞白血病、慢性粒细胞白血病、艾滋病相关性卡波西肉瘤、囊性淋巴管瘤、恶性黑色素瘤等多种肿瘤的辅助治疗；重组人干扰素 β1a、β1b 主要用于多发性硬化症等疾病。近年来，随着乙肝病毒变异和耐药株的出现，核苷类似物治疗乙肝的临床疗效逐渐受到影响，国内大多数专家主张首选使用重组人干扰素治疗慢性乙肝，或与核苷类似物联合治疗。由此可见，重组人干扰素依然是抗乙肝病毒治疗不可替代的药品。另外，临床应用实践表明，重组人干扰素也是治疗丙肝的首选且不可或缺的药品。

3）长效蛋白质药物技术

重组蛋白长效化主要包括聚乙二醇化修饰和重组蛋白药物的抗体 Fc

段、人血白蛋白融合技术。长效重组蛋白是一个集蛋白质表达和化学修饰为一体的项目，一方面涉及重组蛋白的克隆、表达和纯化，需要探索适用于工业化的简单的高产重组蛋白的发酵方案；另一方面涉及重组蛋白的化学修饰，修饰条件的筛选是蛋白质聚乙二醇化技术的一个重要环节。蛋白质的化学修饰技术能有效改善蛋白质药物的物化性质和生物学特性。经过化学修饰的蛋白质不仅维持了蛋白质较高的生物学活性，还能有效地克服蛋白质免疫原性和毒性方面的缺点，同时赋予了蛋白质一些新的优良性能，在蛋白质药物剂型改造上具有良好的应用前景。国内关于聚乙二醇化技术的研究和开发尚处于初始阶段。聚乙二醇的制备和活化技术尚不成熟，聚乙二醇修饰剂主要从国外进口，价格较高；很多聚乙二醇修饰蛋白质药物的工艺目前还局限于实验室，不具备产业化的条件；新型融合蛋白的研发也处于起始阶段，研究和开发的结合程度不高，这也是目前中国的研究机构与制药企业之间存在的主要问题，目前有几家研究机构正在申报临床；另外，由于起步晚，我国的研究在很大程度上受到专利的限制（Turecek et al.，2016；Kontermann，2016）。

目前研究人员常用一些半衰期较长的天然蛋白质和效应大分子融合，以延长半衰期，并取得了长足的进展，主要使用的蛋白质有IgG的Fc段、人血白蛋白和运铁蛋白、非结构蛋白和人绒毛膜促性腺激素（human chorionic gonadotropin，HCG）的β亚基的CTP，目前获批上市的大多数是Fc融合蛋白（Strohl，2015）。

技术创新已成为全球医药经济增长的发动机，国内制药企业只有不断地加大科技投入，开发出具有自主知识产权的创新药物产品，进一步推动医药高新技术领域的竞争，形成高投入、高技术、高风险、高回报的产业竞争格局，才是民族制药工业所必须承载的历史使命和责任。

4. "十三五"产业发展重大行动及实现路径建议

生物医药产业是中国"十三五"确定的战略性新兴产业之一，是我国未来医药产业发展的方向，"一带一路"倡议提出后，中国与各国在医药领域的合作正在逐步扩大，我国应在"十三五"期间重树我国药品质量的国际形象，提高药品质量，加强药品监管，并形成中国能在国际上打得响的自主品牌。在亚洲、中东、欧洲等地区形成影响力,不仅要实现向欧美等发达国家提供中国的基因工程药物,还要将我国已成熟的基因工程药物推广到"一带一路"沿线有巨大市场需求的亚、欧、非国家。

(1)针对国内需求巨大的糖尿病、肿瘤治疗、抗病毒治疗等市场,大力促进各类长效蛋白质药物的发展,支持国外垄断的大品种药物国产产品的研制进程,从政策制定、执行过程环节及细节考虑,联合知名企业单位,明确企业权责,鼓励、引导和帮助企业建立充分的风险评估机制,并逐步建立以企业为主体的药品研发、注册、生产、销售体系。同时在欧美市场准入、知识产权战略、上市后的国际合作方面,都需要做更多的突破。

(2)鼓励、信任并支持国内创新,对后续研发管线,应立足国际前沿,战略上要引领未来十年的技术发展趋势,研发出更好的创新药物。在具体实施策略上,可以自主创新和技术合作的方式相结合,既注重原始创新,也注意吸收国外先进经验。企业应根据自身情况,制定合理的发展战略,既要保证一定程度的技术领先,也要有行之有效的实现策略。

(3)积极开展全方位、多层次、高水平的科技国际合作。通过技术引进、联合研发、专利交叉许可等国际合作方式,加强与国外科研机构或企业的国际合作,推动国内创新药物的国际化进程;鼓励有条件的企业在海外设立研发机构;推动核心产品通过规范市场认证进入国际市场。

(4)培育一批重大企业:促使企业并购重组,组建大企业,选择条件较好、有多种生物技术药物尤其是长效蛋白质药物生产文号的企业,进行重点支持,促进 2~3 家以基因工程药物为主的大型生物制药企业生产出高质量的基因工程药物,以满足我国日益增长的健康需求,并出口海外市场,在竞争中尽快建立中国品牌。

(5)进一步提高国产基因工程药物质量控制水平:中国食品药品检定研究院应紧跟国外先进技术和质量标准发展,积极引进更新升级,推进国内相关产品质量标准的提高,继续提高国内重组药物相关质量标准。针对新型长效蛋白质药物(PEG 化修饰、融合蛋白等),建立先进的质量控制技术,与国内技术型企业共同努力,促进国内已上市品种的质量标准提高并纳入《中华人民共和国药典》,成为相关产品标准的制定者和领跑者，实现中国基因工程药物质量标准与国际接轨。同时，将我国已成熟的多种规格的重组人干扰素等系列细胞因子产品推广到"一带一路"沿线有更大市场需求的国家。

（6）生物制品的研发、生产、监管都有其特殊性，生物制药行业的发展需要政府和企业的共同努力。首先，需要完善医疗支付体系，合理的支付体系可以降低患者的负担，提高企业的创新意愿。目前来看，医疗支付体系尚不完善，相对高价的生物制品往往很难得到满意的回报，导致企业做原创新药的意愿不强，而有限的生物药往往可及性不高。其次，需要逐步规范监管体系，尽快落地和完善相应的法律法规。只有这样，企业才会有清晰的预期，创新意愿才能加强。优胜劣汰，推动市场有序化发展。再次，需要逐步完善知识产权环境，保护企业创新成果，同时推动企业融入全球化竞争。最后，企业应发挥更大的主体作用，在技术创新、质量体系、知识产权等方面，都需要切实做好技术培育和人才培养的工作，融入全球化竞争乃至引领国际前沿。

（二）抗体药物

1. 国外发展状况与趋势

1）抗体产业国际发展趋势

生物医药产业是战略性新兴产业，备受世界各国关注。其中，抗体药物是现代生物医药产业的主力军，目前占全球生物药物市场的50%，是生物医药产业增长最快的细分领域。自 1986 年首个单抗药物批准上市以来，截至 2015 年底，FDA 已经批准 50 多个抗体上市；抗体药物全球销售额从 1997 年的 3.7 亿美元增长到 2015 年的 700 亿美元以上。值得注意的是，已经上市的抗体药物中相当一部分是重磅级产品，在目前全球销售前 10 名的药物中抗体药物占据 6 席。位列第一的抗肿瘤坏死因子-α 抗体 Humira（通用名：阿达木单抗，商品名：修美乐）年销售额达 143 亿美元。而根据国外机构的市场预测，到 2022 年全球销售额前 50 名的药物中抗体占 20 席（资料来源：EvaluatePharma "World Preview 2016, Outlook to 2022"），如表 2-12 所示。

表 2-12 预测 2022 年全球销售额 TOP50 药物抗体占 20 席

序号	产品	公司	销售额/亿美元 2015年	销售额/亿美元 2022年
1	Opdivo (nivolumab)	BMS/小野药品	11.19	146.34
2	Humira (阿达木单抗)	AbbVie/卫材	143.59	136.45
3	Revlimid (来那度胺)	Celgene	58.01	130.24
4	Xarelto (利伐沙班)	拜耳/强生	39.30	78.27
5	Eylea (阿柏西普)	再生元/拜耳/Santen	43.72	77.02
6	Imbruvica (依鲁替尼)	AbbVie/强生	12.99	72.87
7	Enbrel (依那西普)	安进/辉瑞/武田	90.37	71.77
8	Prevnar 13	辉瑞/Daewoong	63.28	60.69
9	Keytruda (pembrolizumab)	默沙东	5.66	59.59
10	Januvia/Janumet (西格列汀)	默沙东/Ono/Almirall/Daewoong	63.33	59.13
11	Ibrance (palbociclib)	辉瑞	7.23	57.09
12	Soliris (eculizumab)	Alexion	25.90	56.57
13	Eliquis (阿哌沙班)	BMS	18.60	54.22
14	Tecentriq (atezolizumab)	罗氏	N/A	53.31
15	Avastin (贝伐珠单抗)	罗氏	69.45	51.78
16	Prolia/Xgeva (denosumab)	安进/第一三共	29.25	51.48
17	Victoza/Saxenda (利拉鲁肽)	诺和诺德	27.01	49.18
18	Darzalex (daratumumab)	强生	0.09	49.09
19	Botox (A型肉毒杆菌毒素)	Allergan/GSK	28.08	48.23
20	Perjeta (pertuzumab)	罗氏	15.02	47.75
21	Entresto (沙库必曲/缬沙坦)	诺华	0.21	46.98
22	Tecfidera (富马酸二甲酯)	Biogen	36.38	46.77
23	Xtandi (恩杂鲁胺)	Astellas	21.01	46.58
24	Harvoni (ledipasvir/索非布韦)	Gilead	138.64	45.31
25	Stelara (优特克单抗)	强生	24.74	45.27
26	Herceptin (曲妥珠单抗)	罗氏	67.94	44.67
27	Triumeq (abacavir sulfate/dolutegravir/lamivudine)	GSK	11.16	44.49
28	Spiriva (tiotropium bromide)	勃林格殷格翰/礼来	39.42	43.90
29	Descovy (emtricitabine/TAF)	Gilead	N/A	43.43
30	Repatha (evolocumab)	安进/Astellas	0.09	42.80
31	Ocrevus (ocrelizumab)	罗氏	N/A	39.62
32	Jardiance (恩格列净)	勃林格殷格翰	1.18	39.32
33	Cosentyx (secukinumab)	诺华	2.61	38.56
34	Genvoya (cobicistat/elvitegravir/恩曲他滨/TAF)	Gilead	0.45	37.31
35	dupilumab	赛诺菲	N/A	37.25
36	Privigen (人免疫球蛋白)	CSL	24.67	37.01
37	Gazyva (obinutuzumab)	罗氏	1.33	36.43
38	Remicade (英夫利昔单抗)	强生/默沙东/Mitsubishi Tanabe	81.51	36.35
39	Bictegravir/F/TAF	Gilead	N/A	34.89
40	Orkambi (ivacaftor/lumacaftor)	Vertex	3.51	34.85
41	Invokana (卡格列净)	强生/Mitsubishi Tanabe	13.33	34.29
42	Vyvanse (lisdexamfetamine)	Shire/Shionogi	17.22	33.38
43	Simponi (戈利木单抗)	强生/默沙东	20.18	31.39
44	Otezla (阿普斯特)	Celgene	4.72	31.28
45	Ocaliva (奥贝胆酸)	Intercept/Sumitomo Dainippon	N/A	30.76
46	Praluent (alirocumab)	赛诺菲	0.10	30.63
47	Rituxan (利妥昔单抗)	罗氏/Pharmstandard	73.93	30.36
48	NovoRapid (天冬胰岛素)	诺和诺德	30.82	29.76
49	Lantus (甘精胰岛素)	赛诺菲	70.89	29.53
50	Tresiba (德谷胰岛素)	诺和诺德	2.14	29.22

2）产品——抗体类似物

多个重磅老品种销售持续稳定增长，但随着专利到期面临抗体类似物的竞争。目前有多个销售额超过 50 亿美元的重磅抗体药物将在 2019 年前后陆续失去专利保护，集中在抗肿瘤和治疗自身免疫疾病领域。巨大的市场潜力使得国外大药厂如辉瑞、安进等纷纷开发生物类似药。

生物类似药特别是抗体类似物是一个新兴的市场。由于蛋白质大分子结构的复杂性，抗体类似物既不是新药也不是传统意义上的化学仿制药，有其特殊的开发途径和临床要求。抗体类似物在临床前药学、动物试验和临床开发阶段要与原研药进行严格的头对头比较以证明相似性，与化学仿制药不同的是，在完成一期 PK（pharmacokinetics，药物动力学）等效的情况下还要求完成大样本量的 III 期等效研究。因此，开发抗体类似物的投入，无论从生产平台的建设还是临床研究规模，都要远高于化学仿制药。

近年来，FDA 和 EMA 已经发布了一系列技术法规文件以指导抗体类似物的开发。韩国 Celltrion 公司开发的 Remicade 生物类似物也已经成功在欧盟上市。2016 年 9 月 23 日 FDA 批准了安进公司开发的阿达木单抗生物类似物 Amjevita 一次性外推获得原研药的 7 个适应证，凸显了生物类似物途径临床开发的优势（表 2-13）。

表 2-13 FDA 在 2016 年 9 月 23 日批准的 Humira 类似物 Amjevita 适应证统计

序号	Humira	批准时间	市场独占期	Amjevita	临床
1	RA	2002.12	新药，12 年	√	III 期
2	JIA	2008.02	新适应证，3 年	√	外推
3	PsA	2005.10	新适应证，3 年	√	外推
4	AS	2006.08	新适应证，3 年	√	外推
5	CD	2007.07	新适应证，3 年	√	外推
6	儿科 CD	2014.09	儿科，3 年+6 个月	×	×
7	UC	2012.09	新适应证，3 年	UC	外推
8	PsO	2008.01	新适应证，3 年	Ps	III 期
9	HS	2015.09	新适应证，3 年	×	×
10	UV	2016.06	孤儿药，7 年	×	×

注：FDA 生物制品新药市场独占期为 12 年，新适应证为 3 年，孤儿药为 7 年，儿科药额外再加 6 个月

作为全球最畅销药物，Humira 面临的挑战不止安进一家，韩国三星 Bioepis、默克等多家企业都在积极推进 Humira 类似药的开发（表 2-14）。

表 2-14　阿达木单抗生物素

序号	企业	企业总部	商品名/代号	研发阶段
1	AET BioTech/BioXpress Therapeutics	德国/瑞士	—	在研
2	安进	美国	ABP 501	2015 年 2 月披露Ⅲ期临床积极结果 2015 年 11 月美国递交上市申请 BsUFA 日期为 2016.09.25 2015 年 12 月欧盟递交上市申请
3	勃林格殷格翰	德国	B1695501	2016 年 12 月完成Ⅲ期临床
4	Coherus Biosciences	美国	CHS-1420	2014 年 8 月完成 PK 研究
5	Fujifilm/Kyowa Hakko Kirin（Fujifilm Kyowa Kirin Biologics）	日本	FKB327	2012 年 3 月宣布合作，Ⅲ期临床进行中
6	LG Life Sciences/Mochida Pharmaceutical	韩国/日本	LBAL	2015 年完成Ⅰ期临床
7	Momenta Pharmaceuticals/Baxalta（Baxter spin-off）	美国	M923	2015 年 10 月启动Ⅲ期临床
8	默克	德国	MSB11022	2016 年 3 月启动Ⅲ期临床，2017 年 9 月完成
9	Oncobiologics/Viropro	美国	ONS-3010	2016 年启动Ⅲ期临床
10	辉瑞	美国	PF-06410293	2014 年完成Ⅰ期临床
11	三星 Bioepis	韩国	SB5	2015 年完成Ⅲ期临床
12	山德士	瑞士	GP2017	2016 年 4 月完成Ⅲ期临床
13	Torrent Pharmaceuticals	印度	Adfrar	2016 年 1 月印度获批
14	Zydus Cadila	印度	Exemptia	2014 年 12 月印度获批

3）产品——创新抗体

国外大型生物药企纷纷涉足抗体类似物，但创新品种研发是主流。以 PD-1 等肿瘤免疫检查点为代表的新产品发展势头好，临床适应证扩展，抗体药物作为新兴产业在逐步成熟，与精准医疗和肿瘤免疫治疗相结合，可以预见在未来还有很大的发展空间。在新产品研发领域，500 多项抗体药物进入临床研究；其临床应用也从最初的抗肿瘤、自身免疫疾病，扩展到抗感染、心脑血管疾病、眼科用药及生物安全防控等重大领域。全球净现值最高的 20 个在研新药中抗体占 9 席（表 2-15）（资料来源：EvaluatePharma "World Preview 2016，Outlook to 2022"）。

表 2-15　全球净现值最高的 20 个在研新药中抗体占 9 席

序号	产品	公司	阶段	作用机制	2022 年销售额/亿美元	净现值/亿美元
1	ocrelizumab	罗氏	Filed	CD20 单抗	39.62	169.65
2	dupilumab	赛诺菲	Ⅲ期	IL-4/IL-13 单抗	37.25	128.84
3	ozanimod	Celgene	Ⅲ期	S1P1/5 受体调节剂	21.12	94.58
4	durvalumab	阿斯利康	Ⅲ期	PD-L1 单抗	16.73	82.76
5	abemaciclib	礼来	Ⅲ期	CDK4/6 抑制剂	16.19	79.19
6	veliparib	AbbVie	Ⅲ期	PARP 抑制剂	17.14	75.02
7	索玛鲁肽	诺和诺德	Ⅲ期	GLP-1 受体激动剂	23.56	68.89
8	aducanumab	Biogen	Ⅲ期	β 淀粉样蛋白单抗	9.39	68.89
9	LEE011	诺华	Ⅲ期	CDK4/6 抑制剂	14.10	63.70
10	emicizumab	罗氏	Ⅲ期	IXa/X 双特异性单抗	17.65	63.36
11	ABP 501	安进	Filed	anti-TNFα 单抗	8.10	62.73
12	lanadelumab	Shire	Ⅲ期	血浆激肽释放酶单抗	10.64	59.15
13	solanezumab	礼来	Ⅲ期	β 淀粉样蛋白单抗	15.56	55.77
14	Fovista	Ophthotech	Ⅲ期	抗 PDGF 适配体	19.73	55.14
15	apalutamide	强生	Ⅲ期	雄激素受体抑制剂	11.60	53.66
16	Bictegravir/F/TAF	Gilead	Ⅲ期	NRTI/HIV 整合酶抑制剂	34.89	52.76
17	verubecestat	默沙东	Ⅲ期	BACE1 抑制剂	14.80	52.19
18	JCAR017	JUNO	Ⅱ期	CAR-T 疗法（CD19）	10.86	48.36
19	mongersen	Celgene	Ⅲ期	Smad7 RNA 反义药物	12.05	47.19
20	sirukumab	强生	Ⅲ期	IL-6 单抗	11.34	47.08

近年来，在肿瘤免疫治疗领域开发的一系列抗体药物最为引人瞩目。在过去的 20 年间，随着对肿瘤发生发展的分子机制的进一步了解，尤其是在肿瘤逃逸免疫杀伤领域的深入研究，肿瘤的免疫治疗迎来了新的发展，并逐渐成为肿瘤临床方案中的主流之一，主要包括细胞因子治疗、治疗性疫苗、嵌合抗原受体 T 细胞免疫疗法（chimeric antigen receptor T-cell immunotherapy，CAR-T）代表的过继性 T 细胞疗法（adoptive T-cell therapy，ACT）和包括 CTLA-4/PD-1[①]抗体药物的免疫哨卡点阻断或免疫共刺激通路激活。与传统化学药物和靶向治疗药物相比，肿瘤免疫治疗抗体药物具有以下几个特点。

---

① CTLA-4：the cytotoxic T-lymphocyte-associated antigen 4，细胞毒性下 T 淋巴细胞相关抗原 4。PD-1：programmed death，程序性死亡 1。

（1）广谱性。肿瘤的产生和生长依赖于免疫抑制与免疫逃逸，而PD-1和CTLA-4抗体药物标靶是人体免疫细胞，以通过激活体内免疫系统而间接杀伤癌症细胞，临床试验体现其具有广谱的抗肿瘤效果。

（2）专一性和低毒性。传统化疗非特异性地杀伤快速增长细胞，而通过使用靶向治疗的小分子和靶向治疗的抗体药物，虽然在此基础上能一定程度减少非特异性现象，但是由于正常细胞也多少不均地表达相应靶点（如 EGFR①抗原），此类治疗仍然存在较大毒性作用。免疫疗法通过抗原记忆应答，特异激活针对肿瘤细胞的免疫杀伤 T 细胞，因此其专一性增强毒性作用减小。

（3）转移性。在肺、肝、小肠等的肿瘤中已经证实，当 T 细胞活化后，将大量增殖并转移到其所靶向的癌症组织，有效增强了靶点器官活化T 细胞数量并由此杀伤肿瘤细胞。

（4）持久性。针对特定肿瘤抗原，免疫细胞具有记忆能力，可以长时间抑制肿瘤细胞发生，达到对肿瘤的治愈效果。

由于上述免疫检查点阻断治疗抗体药物的特性，其治疗效果可达到重塑人体免疫系统，提升人体免疫和对肿瘤细胞的识别能力，从根本上达到抑制癌症的目的。这不仅可以减少患者治疗痛苦，使患者的生存质量得到大幅度提升，还可以使免疫细胞在与肿瘤细胞抗衡中恢复其被抑制的免疫记忆，形成长久的抗癌效力，杜绝癌症的复发与转移，在保障生活质量的情况下延长患者存活期。因此，肿瘤的免疫治疗将成为肿瘤患者治疗方案中的一线用药。

尽管肿瘤的免疫治疗有以上所列的优势，以 nivolumab 和 pembrolizumab PD-1 抗体药物为代表的免疫治疗抗体药物，其有效率在除黑色素瘤以外的实体肿瘤不超过 30%。临床试验体现了令人惊叹的响应率的 CAR-T 治疗也有报道产生了耐受患者。这些事实说明：①单独使用抗免疫哨卡点药物为代表的肿瘤免疫治疗药物不足以治愈大多数肿瘤，需要与化疗、放疗及其他免疫治疗方案联合使用。②临床上需要采用免疫精准治疗，找出新的肿瘤免疫突变蛋白，这不仅可以进一步细分患者，找出对免疫治疗敏感

---

① EGFR: epidermal growth factor receptor，表皮生长因子受体。

人群；还可以为肿瘤疫苗和药物治疗提供新抗原、新方向，这也是现今肿瘤免疫治疗的关键环节。

4）技术研发

新型平台技术不断涌现抗体-毒素偶联（antibody drug conjugate，ADC）、双功能抗体（bispecific antibody，BsAb）、纳米抗体等不断对现有靶点的抗体药物进行升级改造，对新结构、新功能抗体药物的探索，以期进一步优化抗体药物功能活性。抗体糖基化改造（afucosylation）、ADC、双功能抗体等，都是当前抗体药物研发的热点领域。单克隆抗体能够特异性结合靶抗原上特定的表位，其优势在于亲和力高、专一性强。但传统抗体仅结合单一靶点的单一表位，因此其疗效受到一定限制。药理学研究揭示，多数复杂疾病都涉及多种与疾病相关的信号通路，如肿瘤坏死因子（tumor necrosis factor，TNF）、白介素-6 等多种促炎症细胞因子同时介导免疫炎性疾病，而肿瘤细胞的增殖往往是由多个生长因子受体的异常上调造成的。单一信号通路的阻断通常疗效有限，而且容易形成耐药性。因此，开发能够同时结合两个不同靶点的双功能抗体及其类似物，长期以来都是新型结构抗体研发的重要领域。早期在免疫原性、结构稳定性及抗体质量控制等方面的不足，限制了双功能抗体的进一步发展。近年来，随着上游基因工程抗体和下游生产工艺技术的改进，传统双功能抗体的缺陷被克服，从而推动了多类新型双功能抗体进入临床开发阶段。

在产业化规模生产技术方面，尽管抗体药物市场前景广阔，但因其临床剂量大等特点，产业化的门槛很高，特别是对生产设备规模、生产工艺和产品质量的要求。另外，由于抗体类药物在分子结构、表达系统乃至产品质量特性方面的相似性，通用的生产工艺、厂房设备和配套产品可以适用于多种抗体类药物的开发与规模生产，从而使抗体产业化技术又呈现平台化和标准化的特征。在国际上，各大药厂（如美国安进）也在发展抗体的"未来生产技术"（manufacturing of the future）。10g/L 以上培养工艺的成功案例多有报道，可以预见未来的抗体规模生产将大大"小型化"和"灵活化"，动辄上万升的大型反应器将被逐渐淘汰。我国抗体产业应该抓住这一技术转型的难得机遇，实现后发优势，从而避免重走欧美在抗体产能上过度投资造成产能浪费的老路。

5）抗体药物在生物防护领域的应用

在生物防护（bio-defense）领域，在美国"9·11"事件后出现的炭疽袭击促使政府和公众开始重视生物武器与生物恐怖主义问题。2002 年，美国总统布什签署《公共卫生安全以及生物恐怖主义的警戒和应对法》和《反生物恐怖主义法》。2003 年，布什提出生物屏障十年计划，投资 60 亿美元。2004 年，美国政府发布《21 世纪生物防御》，同年国会还通过了"生物盾牌计划"法案，支持药品和疫苗等研发用于应对生物及化学恐怖袭击。2009 年，美国政府出台《应对生物威胁国家战略》，显示美国政府重视生物威胁，并将对生物防御的关注提高到前所未有的高度。2010 年 5 月 27 日，奥巴马政府公布新政府首份《国家安全战略》，重申了应对生物武器威胁是国家安全的顶级优先方向。据报道，美国 2001～2011 年生物防御经费资助已达到 618.6 亿美元。生物防御经费主要分配给卫生及人类服务部、国防部和国土安全部三个部门。此外还有军方的财政支持。近年来，快速构建及生产高度病原体靶向性的抗体药物一直是美国政府和军方部门关注的重点。据文献报道，目前在临床和临床前研发阶段的抗体药物针对病原体包括可用作生物武器的炭疽（anthrax）、天花（smallpox）、鼠疫（plague）、兔热病（tularemia）、布鲁氏菌病（brucellosis）、蓖麻毒蛋白（ricin）、肉毒毒素（botulinum toxin）等；新发恶性传染病包括埃博拉病毒、SARS、禽流感病毒 H5N1 等；从抗体靶点来看基本覆盖了细菌、病毒和蛋白毒素三大类。2012 年 FDA 根据人体 I 期临床安全性数据和动物模型的药效学数据正式批准了抗炭疽抗体药物 raxibacumab（Abthrax™）的 BLA（biologics license application，生物制品许可）上市申请，成为第一个根据相关动物药效规定（animal efficacy rule）而获批的生物安全防护类抗体药物。而具体承担以上项目的机构多数是美国国内一些中小型生物技术公司利用其掌握的技术平台和品种，与政府及军方签订合同。其军民融合的做法值得我国借鉴。

2. 国内发展状况与趋势

1）国内产业发展趋势

国内抗体药市场目前以进口品种为主，但国产上市品种销售额增长很快。因为进口品种价格高，国产上市品种少，医保覆盖有限，市场总体上处于培育期。随着国产大品种抗体类似物纷纷进入临床开发阶段，国内市场有望在"十三五"末期实现井喷式发展。

抗体药物产业是我国生物技术发展规划中的重点领域，国家积极投入科研资金，引导产业发展。"十一五""十二五"期间，国家通过"863"计划、科技支撑计划、"重大新药创制"国家科技重大专项等科技计划，重点支持抗体人源化及人源抗体制备、新机制新结构抗体药物研发、抗体药物质量控制、抗体药物规模化生产等一系列抗体药物研发及产业化关键技术突破；部署了一批肿瘤、自身免疫病、抗移植排斥、心脑血管疾病、糖尿病、眼科用药及生物安全防控等领域的重大需求抗体药物研发与产业化；布局了以京津冀、长三角及珠三角为代表的产业基地建设；通过"千人计划"等人才计划引进一批高水平的专业人才；极大促进了我国抗体产业的快速发展。

目前，国内有100多家企业开展单抗药物的研制，初步形成产业规模；以江苏恒瑞医药、山东齐鲁制药、浙江海正药业等为代表的一批传统大型药企成功向抗体药物为代表的生物医药产业转型升级；中信国健、信达生物及北京天广实等一批创新企业成为研发主体；以北京为中心的京津冀、上海与苏州为中心的长三角为代表的抗体药物研发及产业化基地粗具规模。以益赛普、泰欣生和康柏西普为代表的国产抗体药物上市，并形成亿元级市场规模；恒瑞医药、信达生物分别向国外著名药企转让自主研发的抗体药物，标志着我国抗体药物原始创新能力取得进步；北京天广实和军事医学科学院联合完成抗埃博拉病毒抗体 MIL77 应急生产储备任务并成功救治英国和意大利的感染患者，彰显了我国生物防护抗体药物具备国际水平；百济神州（BeiGene）登陆美国纳斯达克，标志着中国抗体产业获得国际资本的肯定。2014 年我国抗体药物总体市场规模达到 61.45 亿元，相比 2013 年增加 10.36 亿元，增加率高达 20.3%。据专家预测，到 2025 年，我国抗体的市场规模将超过 300 亿元。

2）产品

仿制药产品：国产大品种抗体（仿制药）类似物重复申报严重，随着原 CFDA 药品审评中心（Center for Drug Evaluation，CDE）出台生物类似物指导原则明确了临床开发途径和国内临床成本的提升，后来者将丧失市场机会。预计未来大品种抗体仿制药会出现单一品种多家价格竞争的局面，目前原研药的高价垄断将被打破，从而大大提升对国内患者的可及性并降低医保负担。

创新药产品：国内抗体创新药发展很快，创新品种仍以 me-too、me-better 类抗体为主。开发策略多为快速跟进国外处于临床期的热门抗体靶点，构建新抗体分子并争取获得专利保护，国内抗体企业利用前期开发仿制药建成的技术平台和产能迅速投入临床开发，希望与国外原创品种同步在国内上市，在抗体药领域复制盐酸埃克替尼的成功模式。具有代表性的是 PD-1 抗体，由于市场前景看好，国内多家抗体企业跟进开发，重复申报和同质竞争严重。考虑到国内的创新环境和企业的研发能力，这种跟进式创新药策略是产业发展的必由之路。面临的问题是如何突出产品特色实现差异化竞争，以及在国内知识产权保护日趋严格的情况下获得专利保护。发展的方向是增加创新点，在获得专利合作协定（patent cooperation treaty，PCT）专利授权的情况下进入国际市场。

3）研发技术和存在的问题

产品同质化竞争严重，行业创新能力有待进一步提高。

我国抗体产业蓬勃发展的同时，也面临巨大的挑战。我国在创新性及前沿科技成果转化上还处于跟跑阶段，在创新能力、核心技术、产业化程度等方面与欧美发达国家仍有较大差距。在研品种以生物类似药及 me-better 类为主，缺乏原始创新；靶点单一且重复性很高，主要集中在 HER2、CD20、TNF-α、EGFR、VEGF 等国外验证过的老靶点；抗体生产及纯化工艺、质量控制水平及产业化规模等方面相对落后于国际水平，生物反应器、纯化系统、分析仪器与培养基、纯化介质等关键设备、原材料和试剂依赖进口；受国内上市品种缺乏、销售渠道等因素制约，我国临床使用抗体依赖进口。

面对防治重大疾病和应对国际医药产业竞争的严峻形势，结合医药卫生体制改革及拉动内需、调整产业结构和培育战略性新兴产业的新需求，我国亟待加大在抗体产业投入力度，聚焦重点问题，以全产业链共同发展为目标，进行一体化设计，加快我国抗体产业发展和国际竞争力，加速形成新的经济增长点，促进我国产业结构的战略性转型，为国家经济可持续性、高速度发展提供必不可少的科技支撑。

存在的问题：行业有待整合，细化分工合作。随着抗体药物产业从前期技术研发竞争逐步扩展到临床开发、产业化能力和市场销售等全产业链环节的竞争，以海归人员为主的前期技术研发型公司和需要产品升级转型的国内大型医药企业可以通过产品授权转让或企业并购重组而形成良性合作。2016年出台的药品上市许可持有人制度对抗体研发企业是利好，应该鼓励专业CRO[①]、合同加工外包（contract manufacture organization，CMO）企业的发展。

尽管我国的抗体产业近年来蓬勃发展，但绝大多数产品都还处于临床前研发。这些产品将在 5 年内陆续进入产业化阶段，这 5 年是我国抗体产业化发展的关键期，市场迫切需要能够提供专业化研发和产业化技术服务的机构。抗体产业的特点是产业化投入大，国内仅少数企业具备中试规模或以上的 GMP 生产能力，特别是拥有创新品种的新兴生物制药公司，多面临着缺乏中试生产能力的困难。根据现行的生物制品临床申报要求，在临床前阶段就需要进行连续3批的中试生产，每批次灌装1000～2000 支制剂才能达到申报临床要求，这对于中小生物医药公司是难以企及的。而随着国家对药品质量的重视和药品审评中心与国际标准的接轨，国内抗体企业在工艺技术特别是质控分析技术方面不能达到申报标准的问题也日益突出。因此建设抗体产业化公共服务平台从而提高创新品种进入产业化开发的进程就显得尤为重要。

3. "十三五"期间我国经济社会对抗体药物发展的需求分析、产业发展重点方向与关键技术

1）社会需求分析

多个大品种抗体类似物预期在"十三五"期间上市，可以解决国内药物可及性的问题，造福国内患者。在目前的审评体制下，对这类具有重大社会需求的品种应该实行加速审评上市和医保准入。

---

① CRO：contract research organization，合同研发组织，一般称之为"生物医药研发外包"。

2）产业发展重点方向

应该积极推进从仿制到创新的产业升级。"十一五""十二五"期间基本解决了抗体表达、质量控制等生产技术问题并建设了规模产能。"十三五"主要采取快速跟进国外最新技术的策略，构建技术平台、开发创新品种。特别是能够直接产生人源化抗体的人源化小鼠技术平台、双功能抗体平台和应急抗体快速生产技术平台。

3）关键技术

加大科研投入，组织实施重点研发专项。围绕制约我国抗体产业快速发展的关键技术问题，组织实施抗体重点研发专项。重点针对恶性肿瘤、自身免疫病、心脑血管疾病、呼吸系统疾病、神经精神障碍性疾病、感染及生物安全防控等重点领域，重点支持免疫检测点分子和细胞因子风暴控制等新靶点发现与确证研究；抗体分子设计、新型抗体库技术、转基因动物等人源抗体制备技术；双特异性抗体、糖基化改造抗体、新型修饰抗体、抗体-小分子偶联物、纳米抗体、重组多克隆抗体等新结构、新机制抗体药物研发及质控技术；人源化体内外药效评价模型，抗体药代、药动和安全性评价，以及抗体产业化等关键技术突破和能力建设；抗体产业相关的重要装备、材料和试剂研发及国产产业化；培育具有全球影响力的标志性成果。

4. "十三五"产业发展重大行动及实现路径建议

1）产业化支撑能力的建设

在抗体产业化领域支持产业化支撑能力的建设，需要改变目前在抗体规模生产领域重要设备、耗材全面依赖进口的局面。否则未来抗体规模生产的成本居高不下，难以充分发挥中国制造的成本优势。重点支持化学成分确定性培养基、纯化介质、一次性生物反应器、层析设备的国产化和市场开拓。针对抗体药物开发的长期性，提前布局，建议工业和信息化部、国家发展和改革委员会选择支持一批具备核心技术优势的重点企业。

以无血清培养基的应用为例，其成分和质量直接影响到抗体药物的产量与质量特性，因此尽管临床前和临床生产阶段培养基用量不大，但其成分配方和供应商必须确定下来，并应用到将来的产业化大生产中。在临床开发阶段改换培养基意味着抗体生产工艺的重大改变，按现有法规，需要重新报批，而这是企业无法承受的。因此，外资培养基公司宁愿以较低的价格抢先介入国内企业的抗体研发项目，他们着眼的不是短期利润，而是未来长期的订单，从而获得国内行业的垄断地位和定价权。如果国产培养基在现阶段不能进入市场，则必将丧失未来国内抗体产业化市场的竞争能力。

2）开发肿瘤免疫治疗抗体药物

肿瘤免疫治疗抗体是创新药物领域最受关注的方向。免疫检查点单抗（CTLA-4单抗、PD-1/PD-L1单抗）在血液肿瘤和黑色素瘤方面，因具有良好的抗肿瘤活性，取得了重大的进展。抗CTLA-4单抗ipilimumab于2011年获批，是首个该领域针对转移性黑色素瘤的新药。2014年PD-1 靶向药物nivolumab和pembrolizumab获批用于治疗黑色素瘤，同时正在开发其他多个适应证，被认为是肿瘤免疫治疗领域的重大突破。免疫检查点单抗销售增长主要受到预期进入市场的nivolumab、pembrolizumab、MPDL3280A和MEDI4736多个实体瘤新适应证驱动。在2020年，抗PD-1药物（包括nivolumab和pembrolizumab）预计将占据最多的市场部分，达到72%。抗CTLA-4药物和抗PD-L1药物预计将分别占免疫检查点抑制剂市场份额的20%和8%。nivolumab预计在2020年将产生约30亿美元销量，包括作为单一治疗剂和与Yervoy™组合。

可喜的是国内企业在肿瘤免疫治疗抗体领域已经快速跟进，已有多家企业申报了PD-1、PD-L1抗体，其中君实生物和恒瑞医药的抗PD-1抗体已经率先在国内进入临床并获得新药专项支持。但后续重复申报品种同质化竞争的情况依然严重。而针对其他免疫检查点靶点Tim3、LAG3、OX40、CD47的新一代抗体药物正在早期临床开发阶段，各种肿瘤免疫的组合疗法是临床研究的热点。

3）支持参与抗体药物国际标准的制定

支持监管机构和企业积极参与抗体药物国际标准的制定。建议国家药监局牵头组织国内企业界专家。

4）支持抗体药物国际化

在规范审评标准，完成临床一致性评价的基础上，支持大品种抗体仿制药国际化，原液或制剂出口，结合"一带一路"倡议，提前规划，积极化解未来过剩产能。

支持创新抗体获得 PCT 专利并通过独立开发、合作开发、授权转让的方式积极开展国际临床开发，参与进入发达国家市场竞争。

5）打造京津冀抗体创新和产业转化技术示范中心

支持国内抗体产业整合协作，支持公共技术平台 CRO、委托生产 CMO、行业产业联盟等。打造京津冀抗体创新药物转化和产业转化技术示范中心，促进科研成果转化。

根据京津冀创新驱动发展战略规划，充分发挥北京原始创新能力和技术服务能力、天津应用研究与工程化技术研发转化能力、河北科技创新成果应用和示范推广能力，推进京津冀抗体药物产业转化技术示范中心建设，依托军事医学科学院、中国科学院及优势企业单位，整合抗体药物生产、抗体药物制剂、抗体药物质控、抗体药物临床前评价及抗体规模化生产等抗体研发及产业化全链条技术服务平台，促进研究成果快速转化，加快推进京津冀协同创新发展。

6）激发市场活力，培育技术创新型领军企业

一是建立科技成果转化引导基金、产业创投引导基金和小微企业发展基金等，启动贷款风险补偿等机制，激发市场活力，促进创新企业快速发展。二是支持、鼓励、加快原创抗体药物在国内和国际上的临床注册及临床研究。三是搭建国际化技术服务平台，简化抗体和相关细胞进出口手续，鼓励企业建立海外研发中心。四是完善市场准入和医保招标倾斜政策，促进重大品种上市并形成市场规模；重点培育示范型领军企业。

7）加大对创新品种和急需品种的政策扶持

加大对创新品种的政策扶持，实现从临床申报阶段优先审评到产品上市后医保政策的全覆盖。充分发挥药品医疗器械审评审批制度部际联席会议制度的作用，完善相关产业政策。围绕抗体药物研发及产业化中突出的瓶颈问题，进一步完善相关产业政策。一是进一步推进药品上市许可持有人制度、CMO 制度等新药审评注册政策落实贯彻；二是针对国内的重大需求，抓住一批"重磅炸弹"专利到期的机遇，积极落实贯彻《生物类似药研发与评价技术指导原则（试行）》，简化生物仿制类似药临床研

究；三是完善临床试验机构资质审查制度，建立药物临床试验质量管理规范（good clinical practice，GCP）运行保障机制，允许有条件的机构开展临床试验，加快抗体药物临床研究；促进抗体药物重大品种上市，解决群众用药可及性问题。

（三）疫苗产业

疫苗是维护国家稳定和国民大健康最为经济、高效和普惠的手段，在保障国民健康和国家生物安全方面发挥了巨大作用。从 1978 年我国对所有适龄儿童实施计划免疫以来，传染病的发病率和死亡率大幅下降，成功消灭了天花和脊髓灰质炎，常见儿童传染病如麻疹、腮腺炎、风疹、百日咳、白喉、破伤风、流行性乙型脑炎、流行性脑脊髓膜炎等疾病的发病率和死亡率下降幅度在 95% 以上，我国乙肝感染降至 1% 以下，成功消灭了孕妇及新生儿破伤风，具有巨大的社会效益和经济效益。

国家高度重视疫苗产业的发展，2011 年国家发改委等七部委联合出台了《疫苗供应体系建设规划》，对疫苗产业进行了全面部署。《国家中长期科学和技术发展规划纲要（2006—2020 年）》把坚持预防为主作为保障我国人口健康的发展方向。2011 年经 WHO 专家评估，中国疫苗国家监管体系通过 WHO 评估，2014 年通过再评估，中国疫苗国家监管体系达到或超过 WHO 按照国际标准运作的全部标准。

在国家政策的支持和引导下，我国疫苗产业虽已取得了长足的进展，但随着全球经济一体化和社会的迅速发展，抗生素滥用、大气污染等多种因素影响，传染病的多发和高发态势仍然没有得到根本改变，一些重大疾病及新发、突发传染病，如艾滋病、流感、登革热、手足口病、埃博拉出血热等仍严重威胁着人类生命健康。疫苗产业的自主创新能力、新产品转化、关键核心技术应用、规模化生产技术能力及国际化拓展等方面，同发达国家相比仍有一定差距。因此，我国亟须开展疫苗研发新技术和重大疫苗品种的研究，加快疫苗品种国际化进程，进而促进我国生物技术产业结构战略性升级，保障我国社会和经济平稳发展，提高国民健康水平及平均寿命。本章从国内外疫苗产业发展状况和趋势分析我国疫苗产业需求、产业发展重点方向与关键技术发展内容，提出我国疫苗产业"十三五"产业发展重大行动及实现路径建议，为疫苗产业发展方向提供政策决策依据。

1. 国外疫苗产业状况和趋势

1）市场与产品

在全球经济发展前景依然不明朗的态势下，医药行业尤其是生物医药行业依然保持了较高的增长。根据医药市场调研机构 EvaluatePharma 发布的统计报告，2014 年全球疫苗市场销售额为 263.81 亿美元，到 2020 年预计将达到 347.27 亿美元，2014～2020 年预测期内的年均复合增长率（compound annual growth rate，CAGR）为 5%。中国疫苗市场 2014 年销售额为 164 亿元人民币，占全球疫苗市场销售额的 10%。

在 GSK 收购诺华的疫苗经营业务后，全球疫苗市场由默沙东、GSK、赛诺菲、辉瑞四大巨头占领。这四大巨头占全球总销售额的 85% 左右。四大巨头的年销售额均在 50 亿美元以上。尤其是辉瑞先后收购了百特和 Redvax GmbH 公司，获得 C 群流脑疫苗产品 NeisVac-C、森林脑炎疫苗产品 TicoVac 和巨细胞病毒（cytomegalovirus，CMV）疫苗，以及以 1.15 亿欧元收购 GSK 旗下两大脑膜炎疫苗 Nimenrix 和 Mencevax 的产品线后，辉瑞在疫苗销售方面的年销售额达到了 67 亿美元，稳居疫苗巨头第一的位置。

2010 年全球疫苗市场总额约为 280 亿美元，主要由辉瑞、默沙东、GSK 和赛诺菲这 4 家公司瓜分。2015 年辉瑞凭借肺炎球菌多糖蛋白结合疫苗（Prevnar/Prevnar13）居于全球疫苗市场首位，并遥遥领先于其他产品；默沙东和 GSK 各有 5 个系列产品进入排名前 15 榜单，赛诺菲有 4 个系列产品上榜，销售额 TOP15 的产品占疫苗总销售额的 70%，如表 2-16 所示。

表 2-16　2015 年疫苗销售额 TOP15

排名	商品名	用途	厂家	销售额/亿美元
1	Prevnar/Prevnar13	肺炎球菌多糖蛋白结合疫苗	辉瑞	62.45
2	Gardasil/Gardasil 9	人乳头瘤病毒（human papilloma virus，HPV）疫苗	默沙东	19.09
3	ProQuad，M-M-R，Varivax	麻疹-腮腺炎-风疹-水痘四联苗（ProQuad）；麻疹、腮腺炎和风疹（measles，mumps and rubella，MMR）疫苗；水痘病毒活疫苗（Varivax）	默沙东	15.15
4	Pentacel，Pentaxim，Imovax	无细胞百白破-脊髓灰质炎-b 型流感嗜血杆菌（Hib）五联苗（Pentacel，Pentaxim）；脊髓灰质炎疫苗（Imovax）	赛诺菲	15.05

排名	商品名	用途	厂家	销售额/亿美元
5	Vaxigrip，Fluzone	流感疫苗	赛诺菲	14.86
6	Infanrix/Pediarix	百白破、乙肝和脊髓灰质炎五联苗	GSK	11.21
7	Hepatitis franchise	甲型肝炎灭活疫苗（Havrix）；甲型肝炎灭活疫苗和重组乙肝疫苗（Twinrix）；乙肝疫苗（Engerix-B）	GSK	8.26
8	Zostavax	带状疱疹减毒活疫苗	默沙东	7.49
9	Menactra	脑膜炎球菌疫苗	赛诺菲	6.90
10	Rotarix	口服轮状病毒疫苗	GSK	6.38
11	RotaTeq	口服 5 价轮状病毒疫苗	默沙东	6.10
12	Synflorix	肺炎球菌多糖蛋白结合疫苗	GSK	5.83
13	Adacel	百白破疫苗	赛诺菲	5.58
14	Boostrix	百白破疫苗	GSK	5.48
15	Pneumovax 23	肺炎球菌多糖疫苗	默沙东	5.42

注：欧元对美元按 1：1.1242 计算，数据来源于医药魔方数据

根据 EvaluatePharma 数据，至 2020 年，全球疫苗市场将达到 347.27 亿美元，四大巨头默沙东、GSK、赛诺菲、辉瑞将并驾齐驱，每一个巨头的市场份额预计将达到大约 21%，肺炎球菌多糖蛋白结合疫苗、HPV 疫苗、麻疹-腮腺炎-风疹-水痘四联苗、无细胞百白破-脊髓灰质炎-Hib 五联苗也依然是销售额的主要贡献者。

由于美国免疫实施咨询委员会（Advisory Committee on Immunization Practices，ACIP）建议将肺炎球菌多糖蛋白结合疫苗用于儿童和 65 岁以上的老年人，2015 年辉瑞的 13 价肺炎球菌多糖蛋白结合疫苗——沛儿实现销售收入 62.45 亿美元，比 2014 年增长了 40%，依然保持疫苗市场单一产品销售额第一的排名。紧随其后的是默沙东的 HPV 疫苗，销售额达到了 19.09 亿美元，默沙东的麻疹-腮腺炎-风疹-水痘四联苗、MMR 疫苗和水痘病毒活疫苗销售额达到了 15.15 亿美元。

2）研发

分析国外临床注册或临床试验数据，默沙东、GSK、赛诺菲、辉瑞将

其主要研发力量投入到癌症疫苗（前列腺癌、非小细胞肺癌、黑色素瘤）、HIV 疫苗、结核病疫苗、CMV 疫苗、医院获得性疾病（艰难梭状芽孢杆菌感染）疫苗，且有多个产品已进入临床 II 期或临床 III 期，预计未来 3～5 年能将部分疫苗推入市场。此外，国际疫苗主要供应商也在进行肺炎球菌多糖蛋白结合疫苗、HPV 疫苗等主导产品的新适应证和扩大适用人群研究。

疫苗市场和产业是技术驱动型的，全球疫苗市场增长和扩张主要来自近十年来针对肺炎、宫颈癌等疾病的重磅炸弹级新产品上市，包括新发传染病疫苗、治疗性疫苗等。国外疫苗巨头从来都是瞄准新疫苗及新技术在疫苗研发和生产中的应用，从而取得了非常高的市场增速，占据了全球主要疫苗市场。中国、印度等新兴疫苗生产国家虽然在近年来取得了一定的进步，如中国通过大力研发和质量提升，目前已经有多个品种获得 WHO 预认证，研制的疫苗除 HPV 疫苗等新疫苗外，与国外在品种数量方面仅有五个左右的差距，基本能满足中国人民的需求。

国外疫苗巨头能在疫苗研发上取得巨大成功，主要得益于对新技术的开发和应用。近十年来，疫苗巨头 GSK 利用新佐剂技术相继研发成功了 HPV 疫苗、疟疾疫苗，赛诺菲巴斯德公司（Sanofi Pasteur）（以下简称巴斯德公司）利用病毒载体技术研制成功了登革热疫苗，诺华公司利用大规模抗原筛选技术研制成功了 B 群脑膜炎球菌蛋白质疫苗，蛋白质科学公司利用昆虫杆状病毒系统成功研制基于基因工程表达的流感疫苗，这些疫苗都是在全球首次研发成功的，说明了新技术对新品种研发的促进作用，并且这些公司正在利用这些新技术研发其他新疫苗，预料在未来的十年会取得更大的突破，促进更多新品种的上市，带来更大的产业进步，如表 2-17 所示。

表 2-17　2008～2015 年国际上市的新疫苗

年份	疫苗	公司
2008	Ratarix 轮状病毒疫苗	GSK
2009	Cervarix 宫颈癌疫苗	GSK
2010	Menco 4 价脑膜炎球菌多糖蛋白结合疫苗	诺华公司
	Prevnar 13 价肺炎球菌多糖蛋白结合疫苗	辉瑞

续表

年份	疫苗	公司
2011	Flucelvax 基于细胞培养技术的流感疫苗	诺华公司
	Drdovax 4 型和 7 型腺病毒疫苗	梯瓦
2012	Bexsero B 群脑膜炎球菌蛋白质疫苗	诺华公司
2013	Flublok 基于昆虫/杆状病毒系统的流感亚单位疫苗	蛋白质科学公司
	黄热/乙脑嵌合疫苗	巴斯德公司
2014	Gardasil9 9 价宫颈癌疫苗	默克
2015	登革热疫苗	巴斯德公司
	疟疾疫苗	GSK

　　在利用新技术研发的新产品上市取得巨大成功之后，国际疫苗巨头将目标聚焦于无疫苗可用的传染病的疫苗研制上，主要包括单纯疱疹病毒（herpes simplex virus，HSV）疫苗、呼吸道合胞病毒（respiratory syncytial virus，RSV）疫苗、HIV 疫苗、结核病疫苗、埃博拉疫苗、中东呼吸综合征疫苗、寨卡疫苗等，如表 2-18 和表 2-19 所示。

表 2-18　GSK 疫苗临床研究项目

疫苗项目	技术	用途	阶段
Shingrix（带状疱疹疫苗）	重组	带状疱疹预防	Ⅲ
埃博拉疫苗	埃博拉病毒	埃博拉病毒预防	Ⅱ
B 组链球菌疫苗	共轭	B 组链球菌预防（母体免疫）	Ⅱ
下一代肺炎链球菌疫苗	重组共轭	肺炎链球菌病预防	Ⅱ
丙型肝炎疫苗	重组病毒载体	丙型肝炎病毒预防	Ⅱ
下一代疟疾疫苗	重组	疟疾预防（恶性疟原虫）	Ⅱ
脑膜炎球菌 ABCWY 疫苗	重组共轭	脑膜炎球菌 ABCWY 疾病的预防	Ⅱ
假单胞菌 5 疫苗	重组	假单胞菌感染预防	Ⅱ
志贺氏菌疫苗	共轭和外膜	志贺氏菌腹泻预防	Ⅱ
结核疫苗	重组	结核病预防	Ⅱ
呼吸道合胞病毒疫苗	重组	呼吸道合胞病毒预防（母亲免疫接种）	Ⅱ
呼吸道合胞病毒疫苗	复制缺陷型重组病毒载体	呼吸道合胞病毒预防	Ⅰ
HIV 疫苗	重组蛋白	艾滋病毒感染预防	Ⅰ

表 2-19　巴斯德疫苗临床研究项目

第一阶段	第二阶段	第三阶段	注册
肺炎 单纯疱疹病毒 2 型	脑膜炎球菌 ACWY 第二代 结核病重组亚基	艰难梭菌类毒素疫苗 无细胞百白破-脊髓灰 质炎-Hib	登革热 无细胞百白破-HepB- 脊髓灰质炎-Hib 四价活性流感

与此同时，疫苗巨头们还纷纷利用新技术对现有疫苗进行改进，如对肺炎球菌多糖蛋白结合疫苗的蛋白质载体的改进，用大规模细胞培养技术生产流感疫苗等方面。

2. 国内疫苗产业状况和趋势

1）市场

自 2003 年 SARS 暴发以来，由于群众防病意识的提高，新发、突发传染病的持续威胁，如 H1N1 流感的暴发和 2008 年国家免疫规划扩容等因素叠加，国内疫苗市场销售额从 2003 年不足 30 亿元人民币迅速增加到 2014 年的近 200 亿元人民币，虽然受 2013 年疫苗事件的影响，但到 2015 年疫苗市场规模依然达到 150 亿元人民币的销售额，2003～2015 年年均复合增长率高达 14%，依然高于发达国家的市场增速，说明中国疫苗市场的发展潜力巨大。

2015 年我国疫苗行业市场规模为 245 亿元，2005 年为 65 亿元（图 2-1），这 11 年的年均复合增长率接近 14.2%，远高于全球市场平均水平。由于人们对健康诉求的提高，对"治未病"的深入理解及全面放开二孩的人口红利，预计到 2020 年我国的疫苗行业市场规模能够突破 500 亿元。

2）产业和品种

中国疫苗产业自 1949 年后，尤其是改革开放以来取得了非常大的成绩，我国已经能够生产可预防 29 种疾病的 55 种疫苗。与发达国家所使用的疫苗品种比较，我国目前仅有 HPV 疫苗、登革热疫苗等疫苗不能生产。目前我国企业自主生产的疫苗品种基本能够满足我国防治重大传染病的需求。

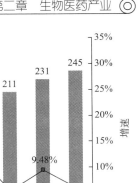

图 2-1 2005～2015 年中国疫苗行业市场规模
资料来源：中投顾问产业研究中心

我国 2015 年全年批签发了 42 家企业的重组乙肝疫苗、吸附无细胞百白破联合疫苗等 36 种疫苗，覆盖乙肝、百日咳、白喉、破伤风等 23 种传染性疾病。我国现阶段一类疫苗包含 12 种常规疫苗和出血热疫苗、钩端螺旋体疫苗、炭疽疫苗 3 种应急疫苗，可以预防 15 种疾病，如表 2-20 所示。2016 年我国一类疫苗接种率为 97%，上升空间有限，未来一类疫苗市场增长主要依靠国家计划免疫扩增，即将其他产品纳入计划免疫范围，以及新生儿的增长。二类疫苗接种率远远低于国际水平。

表 2-20 现阶段我国一类疫苗（常规）及二类疫苗种类

一类疫苗	二类疫苗
卡介苗	
A 群脑膜炎球菌多糖疫苗 AC 群脑膜炎球菌结合疫苗（部分省市）	ACYW135 群脑膜炎球菌多糖疫苗 AC 群脑膜炎球菌结合-Hib 联合疫苗 AC 群脑膜炎球菌多糖疫苗
吸附无细胞百白破联合疫苗 吸附白喉破伤风联合疫苗	无细胞百白破（DTaP）-脊髓灰质炎-Hib 五联苗 无细胞百白破-Hib 联合疫苗 破伤风疫苗
脊髓灰质炎减毒活疫苗 脊髓灰质炎疫苗（部分省区市第一针采用灭活疫苗）	脊髓灰质炎疫苗
乙型脑炎减毒活疫苗	乙型脑炎灭活疫苗
甲型肝炎减毒活疫苗 乙肝疫苗	甲型肝炎灭活疫苗 甲型乙型肝炎联合疫苗

续表

一类疫苗	二类疫苗
风疹减毒活疫苗 MMR 疫苗	麻疹-风疹联合疫苗 麻疹减毒活疫苗 麻疹-腮腺炎联合减毒活疫苗 腮腺炎减毒活疫苗
	23 价肺炎球菌多糖疫苗 Hib 结合疫苗 水痘减毒活疫苗 轮状疫苗 流感疫苗 狂犬病疫苗 森林脑炎灭活疫苗 伤寒 Vi 多糖疫苗 戊型肝炎疫苗

注：我国一类疫苗中还包括出血热疫苗、钩端螺旋体疫苗、炭疽疫苗，这三种疫苗属于应急接种的疫苗

与美国等发达地区已上市疫苗品种相比，差异主要体现在多价结合疫苗、以组分百白破为基础的多联疫苗，以及创新疫苗上。发达国家的多价结合疫苗、以组分百白破为基础的多联疫苗已成为主导产品，而国内的 13 价肺炎球菌多糖蛋白结合疫苗、4 价脑膜炎球菌结合疫苗、HPV 疫苗，以及以组分百白破为基础的多联疫苗仍处于临床注册或临床试验阶段，预计 3～5 年内上市，并将逐渐替代目前广泛使用的多糖疫苗及无细胞百白破联苗或相关单苗品种。此外，国外已上市而我国没有上市的新型疫苗还包括腺病毒疫苗、b 型流脑疫苗、带状疱疹疫苗等，这些疫苗在国内尚处于临床前研究阶段，预计还需要较长的时间才能够上市，如表 2-21 所示。

表 2-21　美国和中国已上市疫苗产品品种对比

项目	中国	美国
仅国内上市或美国上市品种	皮上划痕用鼠疫活疫苗 布氏菌活疫苗 双价肾综合征出血热疫苗 人肠道病毒灭活疫苗（71 型） 重组戊型肝炎疫苗 钩端螺旋体疫苗 森林脑炎灭活疫苗 气管炎疫苗*、疖病疫苗* 口服福氏、宋内氏痢疾双价活疫苗*	腺病毒疫苗 b 型流脑疫苗 带状疱疹疫苗 HPV 疫苗 4 价脑膜炎球菌结合疫苗 7 价或 13 价肺炎结合疫苗 麻疹-腮腺炎、风疹-水痘

项目	中国	美国
相同或类似产品	流感疫苗、大流行流感疫苗、禽流感疫苗 甲肝疫苗、乙肝疫苗、Hib 疫苗、百白破疫苗、脑膜炎多糖疫苗、肺炎多糖疫苗 脊髓灰质炎疫苗、狂犬病疫苗、MMR 疫苗、水痘疫苗、乙脑疫苗、轮状病毒疫苗 霍乱疫苗、伤寒疫苗、副伤寒疫苗、伤寒 Vi 疫苗、黄热疫苗 无细胞百白破-脊髓灰质炎-Hib 五联苗（我国仅有进口产品）	

*表示该品种 2013～2015 年无批签发

3）研发和技术

研发方面，我国已初步形成了以研究所和高校为主的基础研究体系，以企业、疫苗研究中心为主的应用研究和产业化开发体系，一大批处于临床前研究的疫苗也取得了突破性进展。从 NMPA 药品审评中心的公开数据可以看出，目前我国处于临床阶段的疫苗品种包括肺炎球菌多糖疫苗、肺炎球菌多糖蛋白结合疫苗、轮状病毒疫苗、流感疫苗、禽流感疫苗、狂犬病疫苗、HPV（2 价、4 价、6 价、9 价）疫苗、Hib 疫苗、流脑疫苗（多糖苗、结合苗）、百白破疫苗及其联苗、甲肝疫苗、乙肝疫苗、甲型乙型肝炎联合疫苗、脊髓灰质炎疫苗、手足口病疫苗（EV71 型、CA16型）、麻疹-腮腺炎-风疹-水痘四联苗、幽门螺杆菌基因工程活菌载体疫苗、带状疱疹减毒活疫苗、重组结核疫苗、重组金黄色葡萄球菌疫苗、重组埃博拉疫苗等。这些疫苗将在"十三五"期间陆续投入市场，现有品种的产能产量将得到大幅提升，疫苗品种也将更加丰富。同时，也应避免已饱和或过剩品种的重复研发。

目前我国已经形成比较完善的技术研发体系。其中，病毒性灭活疫苗方面已经进入了第一梯队，与全球主要发达国家疫苗产业并驾齐驱。在多种关键技术方面也取得了较大的进步，主要包括：①哺乳动物细胞培养技术得到显著改善，主要采用生物反应器和细胞工厂工艺，基本摆脱转瓶工艺，使病毒性灭活疫苗的产业化能力得到大幅度提高，疫苗制品的质量也得到了大幅度改善。②细菌多糖蛋白结合疫苗工艺得到突破，我国目前已上市的细菌多糖蛋白结合疫苗种类达到三种（A+C，A、C、W135、Y，Hib），正在申报多价（9 价和 13 价）肺炎球菌多糖蛋白结合疫苗，基本与国际上的品种保持相同。③基因工程蛋白质疫苗表达体系基本完备，我国已经有基因工程蛋白质疫苗 3 种，处于临床研究的基因工程蛋白质疫苗有 2 种。形成了大肠杆菌、（汉逊、酿酒、毕赤）酵母、中国仓鼠卵巢（Chinese hamster ovary，CHO）细胞等相对比较完善的表达系统。④联合疫苗研发技术基本成熟，我国以 MMR 疫苗和无细胞百白破疫苗为基础的疫苗所研发新的联合疫苗进展良好，并且形成了新的基础疫苗品种，研发了 A+C-Hib 联合疫苗。⑤疫苗品种逐步更新换代，我国疫苗的质量逐步得到改善。⑥疫苗质量控制能力提升，"十二五"时期，我国疫苗国家监管体系通过了 WHO 评估，标志着我国疫苗国家监管体系走在了世界前列，标志着我国疫苗质量控制和评价能力的提升，有助于提高我国疫苗产品的质量，使我国疫苗产品质量达到或接近，甚至局部超过发达国家水平。⑦治疗性疫苗局部领先，我国在乙肝治疗性疫苗等传染病的治疗性疫苗研究上处于领先地位。针对肿瘤、自身免疫病的治疗性疫苗研发也取得了一定进展。

4）存在的问题

总体来看，我国的疫苗产业，无论是研发和生产，都取得了长足的进步。但与发达国家相比，疫苗产业整体水平还存在很大的差距。首先，自主创新能力相对落后，创新品种、创新技术、创新人才都比较缺乏，新疫苗上市速度也相对较慢。其次，疫苗生产企业数量大但规模较小，多数企业只能生产一种、两种或少数的疫苗产品，没有像辉瑞、赛诺菲、GSK一样的疫苗"航空母舰"，也不利于多价多联疫苗的开发。最后，国际化水平低。我国的疫苗质量并不低于国际水平，但仅有个别品种通过 WHO预认证，我国的疫苗并没有真正走上国际舞台。

A. 行业差距

与发达国家比较，我国疫苗产业呈现规模小、企业分散、行业集中度偏低、产能过剩和品种严重重复等问题。我国 2015 年疫苗产业市场销售规模为 150 亿元人民币，仅占国际疫苗产业规模的 1/10。对比国外主要由四大巨头占领市场的局面，截至 2013 年我国有 56 家注册疫苗生产企业，实际有 36 家疫苗生产企业。同时我国疫苗企业的主要品种严重重复，主要集中在流感疫苗、狂犬疫苗、乙肝疫苗等疫苗品种上。品种重复、企业众多进而造成我国疫苗企业之间的恶性竞争，利润空间进一步压缩，使得企业无法进行高端产品的研发，进一步落后于国际疫苗巨头。

B. 技术差距

我国疫苗研发在技术、品种上有一定差距，包括：哺乳动物细胞培养工艺规模还较低，我国 2012 年大多数的生物反应器规模在 200L 左右，而国外基本在 1000L 以上；细胞基质较为单一；佐剂单一，我国也仅有铝佐剂一种，成为影响基因工程疫苗、老年人疫苗等新疫苗研发的重要障碍之一；真核表达系统不完善，我国目前还没有成熟的昆虫/杆状病毒表达系统；新的关键技术仍处于落后状态，反向遗传学技术还没有形成体系，病毒载体类疫苗的构建、制备和质量控制体系还不完善，反向疫苗学和抗原筛选技术还没有形成技术体系和平台；我国还没有开展类似于防治潜伏感染类传染病复发疫苗的研究，或者此类疫苗的临床评价重点研究，以及疫苗控制复发的机制和疾病复发机制及影响因素研究等。我国疫苗新品种数量仍然落后，2012 年我国上市了 32 种疫苗，但在一些人民群众急需和有重大市场价值的新疫苗上仍然比较落后，可能在 5～10 年内还需要依赖进口，这对保护我国人民群众的健康不利。此外，院内感染性疾病如金黄色葡萄球菌、艰难梭菌、铜绿假单胞菌等是目前疫苗研发的热点，我国跟进的速度较慢。

3. 需求分析、产业发展重点方向与关键技术

1）需求分析

近年来我国疫苗产业发展较快，我国是世界上为数不多的能够依靠自身能力提供国家免疫规划所有品种的国家之一。"十三五"是全面建成小康社会的决胜阶段，疫苗产业必须围绕健康中国建设的需求，以提升全民健康水平为目标，在"十三五"期间，疫苗研发生产技术基本达到或接近国际先进水平，品种进一步丰富，多种新发或重大传染病疫苗、创新疫苗投入市场，具备与发达国家同步应对突发和重大疫情的实力。

A. 总体需求

a）保障我国人民健康的需求

目前我国还有 13 价肺炎球菌多糖蛋白结合疫苗、HPV 疫苗、无细胞百白破-脊髓灰质炎联合疫苗这几种人民群众急需的新产品没有上市。脊髓灰质炎疫苗等产品的产能还不能满足市场需求，部分品种还需要进行改

进。急需通过大力研发，推进我国自主知识产权的新产品上市来解决我国人民群众的重大需求。

b）预防新发、突发传染病的需求

从 2003 年 SARS 在我国暴发以来，全球范围内甲型 H1N1 及 H7N9 等新型流感病毒、中东呼吸综合征冠状病毒、寨卡病毒等引起的新发传染病相继暴发，受全球经济一体化、人口流动频繁等因素影响，新发传染病在全球传播速度之快远超历史上传染病的传播速度。例如，寨卡病毒疫情在南美暴发的 3 个月，在我国境内就发现了寨卡病毒病病例；埃博拉出血热等传染病从点到面，对非洲地区造成极大危害，对全球生物安全构成重大威胁。手足口病等对儿童造成了严重的危害。因此，在目前传染病高发的态势下，群众对于疫苗的需求更为急迫。

c）做大做强我国疫苗产业的需求

大力发展我国疫苗产业，整体提升我国疫苗产业的技术能力，是满足我国人民群众对疫苗产品需求的基本保障。只有通过不断壮大我国疫苗产业的整体实力，才能实现更快、更好地提升为保护我国群众健康提供疫苗产品的能力。

B. 具体需求

（1）革新工艺、降低成本，促进疫苗升级换代，以满足扩增或升级计划免疫的需求。

计划免疫是提升全民健康素质最有效、最经济、实惠的途径。我国计划免疫疫苗种类已达 15 种，但目前还有多种儿童常见疾病的疫苗未被纳入免疫规划之中。"十三五"期间，争取把整体发病率较高而且我国已具备基本产能的婴幼儿疫苗品种纳入计划免疫，包括轮状病毒疫苗、Hib 结合疫苗、流感疫苗、水痘疫苗等。首先，这需要进一步优化生产工艺，增加产率，降低成本，实现这些疫苗的政府采购，提高接种率。其次，推动完成组分百白破疫苗代替无细胞百白破疫苗，AC 群结合疫苗代替 A 群多糖疫苗、脊髓灰质炎疫苗、乙脑疫苗、MMR 疫苗、甲肝疫苗等灭活疫苗代替减毒活疫苗。此外，全民健康要求疫苗产业提供种类丰富的成人疫苗，目前成人百白破疫苗、HPV 疫苗、带状疱疹疫苗供需依然存在缺口。

（2）加快产业关键共性技术和核心技术开发及服务平台建设，为疫苗产业快速健康发展奠定基础。

我国疫苗产业关键共性技术整体落后于发达国家，而且存在重复开发、创新不足、共享程度低等问题，尤其在新载体、新佐剂、高表达细胞株、高密度流加和连续灌注培养技术，高精度和稳定的分析检测技术，应急规模化生产技术，类病毒颗粒（virus-like particle，VLP）、新给药途径等基础性技术开发或应用方面没有明显突破，这些关键共性技术或核心技术成为疫苗产业快速健康发展的瓶颈。加强关键共性技术和核心技术的开发与产业化是提升疫苗产业技术最有效的途径之一。

（3）开发新发及重大传染病的预防和治疗用疫苗，满足重大疾病防控的需求。

中国和全球疫苗产业的快速发展有效遏制了相关疾病的暴发流行，但是新发传染病的快速暴发愈加频繁，如 2014 年暴发的埃博拉出血热疫情，2015 年我国暴发的登革热，2016 年国外流行的寨卡病毒病等，随着中国经济的发展和对外往来人口流动的更加频繁，国外暴发的新发传染病对我国的防控工作也是一个巨大的挑战，如 2015 年就有多起在国外工作和旅行人口感染黄热病毒并携带入境的报道。此外，重大传染病如结核病的发病率在我国青少年及成年人中一直居高不下，婴幼儿及老年人肺炎频发，手足口病的暴发也未得到有效控制。随着社会的发展，跨境、跨区域的人口流动更加频繁，安全有效的新发及重大传染病预防或治疗性疫苗是每一个国家保卫人民健康的利器。

（4）增强创新能力建设，推动具有自主知识产权的新型疫苗产品的产业化，使我国疫苗产业在国际竞争中掌握先发优势。

我国科技创新正处于可以大有作为的重要战略机遇期，也面临着差距进一步拉大的风险，疫苗产业更是如此。现阶段，我国疫苗产业仍是以仿制为主，创新品种少，产业技术落后。在新的竞争格局和经济形态中，必须有一大批具有自主知识产权的创新品种投入市场，才能占领先机，并实现疫苗产业的"走出去"。通过"十二五"规划的培育，已有一批自主研发的产品进入国际创新研发的前列，部分产品已进入临床注册或临床研究阶段，需要加速这类优势品种的成果转化。此外，我们看到，国际疫苗巨头重点部署癌症疫苗、艾滋病疫苗、结核病疫苗等方面，我国疫苗产业也应加大新领域、新产品的研发和产业化投入，争取实现突破。

2）产业发展重点方向

围绕解决重大疾病预防、突发传染病防控等问题，"十三五"期间需要重点部署现有疫苗产业技术升级换代、创新疫苗研发及产业化、新发/突发传染病疫苗研制及应急制备、中国疫苗国际化等内容。

A. 现有疫苗产业技术升级和换代

通过对疫苗研发的关键共性技术的突破，以新技术的发展带动原有产品的技术升级和更新换代以保障市场占有率，对现有成熟产品的生产工艺进行持续技术创新和升级，不断提高产品质量，降低生产成本，为后续联合疫苗开发沉淀技术，使产品达到或超过国际上同类产品的品质，并完善行业的质量标准体系。重点对 MMR 疫苗、百白破疫苗、卡介苗、国家安全储备疫苗等大品种计划免疫疫苗进行质量提升及工艺改进。

B. 创新疫苗研发及产业化

我国在创新疫苗研发方面还与国外存在一定的差距，如多价结合疫苗、联合疫苗、CA16 等手足口病疫苗、多价 HPV 疫苗、多价轮状病毒疫苗、多价流感疫苗等还未成功上市。多联多价疫苗一直是疫苗产业的重点方向之一，国外疫苗企业优势明显，如辉瑞开发的 13 价肺炎球菌多糖蛋白结合疫苗，巴斯德公司开发的 DTacP-脊髓灰质炎-Hib 五联苗。国内多联多价疫苗起步较晚，以 DTacP 为基础的多联疫苗处于临床申报阶段，多价肺炎结合疫苗和多价流脑结合疫苗处于临床研究阶段；"十三五"期间，需重点支持以 DTacP 为基础的多联疫苗、13 价肺炎球菌多糖蛋白结合疫苗、4 价流脑结合疫苗、多价轮状病毒疫苗、多价 HPV 疫苗、多价流感疫苗等产品的产业化。

C. 新发、突发传染病疫苗研制及应急制备

近年来，新发传染病埃博拉出血热、黄热病、登革热、寨卡病毒病暴发频繁，传播迅速，急需研发制备出安全有效的预防疫苗。此外，重大传染病如结核病感染率在中国成人中一直很高，手足口病的暴发未得到有效控制，脊髓灰质炎疫苗接种率偏低，且脊髓灰质炎疫苗以现有的口服脊髓灰质炎病毒活疫苗（oral poliomyelitis vaccine，OPV）减毒株为基础灭活制备，我国配合 WHO 全球消灭脊髓灰质炎的任务艰巨。"十三五"期间需重点支持重

组埃博拉疫苗、登革热疫苗和寨卡病毒疫苗等新发疾病疫苗的产业化发展，提高我国在新发疾病控制方面的能力。推动结核病疫苗、腺病毒疫苗、脊髓灰质炎疫苗的产业化规模，有效地满足重大疾病防控的需求。同时，借鉴我国 SARS 应急预案体系建设及埃博拉疫苗研制经验，完善我国的应急疫苗规模化快速制备和技术储备能力。

D. 中国疫苗国际化

2011 年我国疫苗国家监管体系首次获得 WHO 评估，2013 年通过 WHO 再评估，标志着我国疫苗国家监管体系已经获得国际认同，达到先进水平。同时，我国疫苗企业在生产工艺和质量水平上也通过了 WHO 预认证，目前乙脑疫苗已经被列入 WHO 采购清单，流感疫苗通过 WHO 预认证；同时，我国还有 4 价流脑多糖疫苗、口服脊髓灰质炎病毒疫苗等正在进行 WHO 预认证；多家企业研发的疫苗如人肠道病毒灭活疫苗（71 型）正在进行国外认证。通过上述示范效应带动我国其他疫苗特别是创新疫苗出口到主要发展中国家甚至发达国家，促进我国疫苗产品的品质提升，特别是免疫规划疫苗的品质提升，使我国免疫规划疫苗的品质、技术标准达到国际标准，实现规模化出口。

3）关键技术

"十三五"期间，我国的疫苗产业需要完成传统疫苗的产业化升级，多价疫苗、多联疫苗的产业化，并形成以多价多联疫苗为主体的疫苗市场供应；完成新型疫苗的产业化，预防新发、突发重大疾病。为此需要提升以下关键技术。

A. 无血清高密度悬浮细胞培养技术

目前国内的病毒类疫苗以减毒疫苗和灭活疫苗为主，这类疫苗生产过程中工艺瓶颈为培养基中难以去除血清，难以实现高密度培养，发酵规模有限，回收率低，生产成本高。为了有效提高减毒、灭活病毒疫苗的产量，需要实现无血清高密度悬浮细胞培养技术。"十三五"期间需要重点支持无血清培养的产业化，推广悬浮细胞株的使用，支持高密度培养工艺的规模化生产。

组分清楚无动物来源的细菌培养工艺：预防细菌性疫苗在"十二五"期间得到大力发展，但是国内疫苗企业的细菌发酵普遍存在两个缺点，其一无法有效实现细菌的高密度发酵，其二培养基中含有动物源性的组分；实现细菌的高密度发酵培养可以扩大产能，降低成本，满足应急状态下的紧急生产；无动物来源的组分清楚的培养基将有利于我国的产品出口国外，国际市场尤其是阿拉伯国家对无动物来源的培养基生产的细菌类疫苗更感兴趣；"十三五"期间需要重点选择一些产品实现无动物来源组分清楚培养工艺的产业化。

B. 新型蛋白载体的结合疫苗技术

目前国内的结合疫苗多以破伤风毒素（tetanus toxin，TT）为载体，近几年有大量的文献报告显示，相同载体的结合疫苗同时使用存在免疫抑制的现象，尤其以 TT 作为载体的结合疫苗的免疫干扰最为突出。我国的免疫规划中将 DTacP 列为计划免疫产品，该产品在婴幼儿中的接种率非常高，国内的结合疫苗临床研究中很少考虑免疫干扰的情况，因此这些疫苗在实际使用中的效果是否可以达到预期还是未知的，但是从国外的许多临床研究中初步可以得出免疫干扰存在的结论；为此"十三五"期间需要重点支持新型蛋白载体的结合疫苗的产业化，尤其是以 CRM197 作为载体的Hib 结合疫苗、流脑结合疫苗和肺炎结合疫苗的产业化。

C. 重组亚单位疫苗开发技术

国内企业开发的疫苗主要以传统疫苗为主，如病毒类疫苗主要是减毒疫苗或者灭活疫苗，预防细菌类的疫苗主要是多糖疫苗、多糖蛋白结合疫苗及针对类毒素开发的疫苗；但是国外近几年上市的产品多以亚单位疫苗为主，如预防成人带状疱疹的疫苗、流感亚单位疫苗、多价 HPV 疫苗等，"十三五"期间需要重点支持新一代亚单位疫苗的产业化。

D. 联合疫苗技术

联合疫苗可以降低成本，改善接种者的体验，因此开发联合疫苗已经成为一个主要的研究方向，国外企业有多个联合疫苗成功上市，国内企业只有 MCV-Hib（流行性脑脊髓膜炎球菌和 b 型流感嗜血杆菌结合疫苗）、DTP-Hib（破伤风和 b 型流感嗜血杆菌结合疫苗），其他都处于申报或者研发阶段，联合疫苗需要克服免疫干扰，优化免疫程序，同时也要提升生物药制剂技术，"十三五"期间重点支持疫苗新型给药技术和制剂类型的产业化，重点支持有联合疫苗潜能的单价产品。

E. 新型疫苗佐剂技术

我国的疫苗佐剂还停留于传统的氢氧化铝和磷酸铝，国外已经成功将 MF59 和 AS01 应用于人用疫苗，此外还有多个新型佐剂正处于临床研究阶段，国内部分科研院所和制药企业也开展了类似佐剂的研究，但是规模较小，未成功地应用于创新疫苗的研制。"十三五"期间，通过重点支持 MF59 和 AS01 佐剂或者其他新型佐剂疫苗的研发，推动新一代疫苗的研发和产业化。

4. "十三五"产业发展重大行动及实现路径建议

1）总体目标

"十三五"期间疫苗产业总体目标：建设 3～5 个综合性人用疫苗研发和产业化基地，重点突破新产品研发和产业化过程中的新载体、新佐剂、应急规模化生产技术、类病毒颗粒等环节的技术瓶颈，建设 5～10 个疫苗研发和产业化关键共性技术服务平台，推进新发及重大传染病疫苗、多联多价疫苗、治疗型疫苗等新产品的研发及产业化，加强疫苗供应体系建设。到 2020 年，实现 10 个以上新疫苗品种投放市场，疫苗创新能力大幅提升，我国预防控制重大疾病和传染病的能力明显提高。

A. 开展针对人民群众重大需求品种的产业化开发

依托重大新药创制科技重大专项等科技专项的实施，推动一批人民群众当前急需的重点新品种的研发，解决我国人民群众对新疫苗的可及性。主要依托目前有技术实力和产业化能力的企业，加强供给侧结构性改革，努力研发更多的品种，主要包括：在 EV71 病毒灭活疫苗和 Sabin 株脊髓灰质炎疫苗等病毒性疫苗取得成功的基础上，依托相关企业，进一步研发人-羊重配株轮状病毒减毒活疫苗等病毒性疫苗；以国产 MMR 疫苗和无细胞百白破疫苗为基础，研发麻疹-腮腺炎-风疹-水痘联合疫苗和无细胞百白破-脊髓灰质炎-Hib 联合疫苗，以及更高价次的联合疫苗品种；利用现代疫苗技术研发宫颈癌疫苗等基因工程疫苗；研发多价肺炎疫苗等多糖蛋白结合疫苗，推动自主知识产权的多价肺炎球菌多糖蛋白结合疫苗的产业化；进行肿瘤等治疗性疫苗研发。

B. 开展针对新技术的重点研发计划

以建立"产、学、研、用、商"结合完整的技术链和产业链为目标，加强疫苗新技术研发。重点开展结构疫苗学、反向遗传学系统和载体疫苗技术、抗原筛选技术及反向疫苗学、控制性（治疗性）疫苗研发技术、治疗性疫苗、细胞基质多样化、佐剂多样化、疫苗质量控制与非临床评价技术平台等新疫苗研发技术，夯实我国疫苗产业发展的技术实力。

C. 依托"一带一路"倡议，开拓新市场

"十三五"期间应当鼓励具有一定国际优势的疫苗品种，利用"一带一路"倡议，进行相关国家产品国家认证和出口，将我国的更多疫苗产品推向国际市场，实现我国疫苗产业的国际化，并消化我国疫苗产业的过剩产能。

2）具体行动计划

重大行动计划及实施路径如表 2-22 所示。

表 2-22　重大行动计划及实施路径

序号	重大行动计划	实施路径
1	现有产品的产业技术升级和换代	1. 组分百白破疫苗、青少年及成人百白破疫苗 2. MMR 疫苗 3. 卡介苗 4. 推动已具备产能的企业合作并进行优势互补，推动现有疫苗产品产业技术升级和换代，如 OPV、国家安全储备疫苗，并实现其产业化
2	创新疫苗研发产业化	1. 支持已进入临床阶段的 13 价或多价肺炎球菌多糖蛋白结合疫苗、4 价脑膜炎球菌结合疫苗的产业技术升级和产业化能力建设 2. 支持多价宫颈癌疫苗、多价轮状病毒疫苗、多价流感疫苗的研发及产业化 3. 支持以无细胞百白破、无细胞百白破-脊髓灰质炎为基础的联合疫苗、MMR 疫苗等
3	新发、突发重大传染性疾病应急反应体系建设	1. 支持埃博拉疫苗、寨卡疫苗、登革热疫苗的产业化能力建设 2. 支持应急规模化制备关键共性技术开发和技术储备 3. 支持不同类别应急疫苗规模化制备的技术平台
4	新佐剂、新给药途径等关键共性技术	1. 支持以企业为主体的疫苗产业关键共性技术开发和技术升级 2. 支持产、学、研结合，推动产业关键共性技术及应用开发
5	中国疫苗国际化	1. 支持我国口服 I 型Ⅲ型脊髓灰质炎减毒活疫苗、黄热疫苗、肺炎疫苗、麻疹疫苗、多价轮状病毒疫苗提交 WHO 预认证申请 2. 支持与国外的联合研发，以及疫苗的规模化出口

A. 现有产品的产业技术升级和换代

我国现有的多个疫苗产品的技术还停留于 20 世纪八九十年代，尤其是计划免疫品种，如百白破疫苗、MMR 疫苗、脊髓灰质炎疫苗、卡介苗等。

a）MMR 疫苗

我国 MMR 疫苗的产量相对较低，导致我国免疫规划疫苗中先采用麻疹-腮腺炎二联疫苗初免，后用 MMR 疫苗进行加强免疫。其中风疹疫苗主要利用转瓶工艺进行生产，但转瓶工艺存在滴度较低、质量不稳定等因素，因此我国"十三五"期间需要综合利用细胞工厂工艺进行相关病毒性疫苗的工艺升级和产量提高。

b）百白破疫苗

我国目前的无细胞百日咳疫苗主要采用共纯化工艺进行生产，相对于欧美采用的先纯化各组分后添加的方式还较为落后，导致疫苗组分含量批间差异较大，疫苗的副反应也较大。白喉和破伤风类毒素疫苗的纯化工艺也较为落后，使得目前疫苗的纯度较差。此外我国细菌性疫苗的规模化培养工艺程度较低，也影响了疫苗的产量。"十三五"期间需要采用与欧美相同的工艺，组分含量无批间差异，质量标准达到欧美等发达国家的水平；纯度进一步提高，产能进一步扩大。

c）卡介苗

我国目前应用的卡介苗预防效果一直不理想。研究表明，卡介苗可极好地预防幼儿粟粒性肺结核和结核性脑膜炎，但不能预防结核病的最流行形式——成人肺结核。近年来肺结核的发病率逐年上升，已经居于我国报告的 27 种法定传染病前列。因此，急需要研制新型的结核病疫苗，使肺结核的发病率得到有效控制。欧美等主要发达国家以基因工程疫苗研究的新型结核病疫苗已经进入了不同阶段的临床研究。因此，我国需要加强研究力度推出新的结核病疫苗品种。

d）国家安全储备疫苗

国家安全储备疫苗包括天花疫苗、鼠疫疫苗和布氏菌活疫苗等 6 种病毒性疫苗与细菌性疫苗。这 6 种战略性储备疫苗的工艺主要是 20 世纪 60 年代左右的疫苗，存在产量低、免疫效果差等问题，需要综合利用现代疫苗研制技术，提高产量，改善品质，改变免疫接种途径，提高免疫效果等。"十三五"期间，建议构建新的毒种库，细菌性疫苗采用新工艺，提高活菌率和组分疫苗的纯度，完成 1～2 个疫苗的更新换代。

B. 创新疫苗研发及产业化

a）多糖蛋白结合疫苗

革兰氏阴性菌是目前细菌性传染病的主要致病病原体，其荚膜多糖是主要的致病因素，也是疫苗的主要抗原成分，但荚膜多糖疫苗在婴幼儿和老年人等群体中不能诱发有效的记忆性免疫应答。我国和欧美等国家已经建立了多糖蛋白结合疫苗来解决上述问题，但我国存在的主要问题是多糖蛋白结合效率低，导致疫苗产量较低，过程控制方法不完善，疫苗品种较少等。建议研制 4 价流脑多糖蛋白结合疫苗、13 价肺炎球菌多糖蛋白结合疫苗、甲型副伤寒多糖蛋白结合疫苗、伤寒 Vi 多糖蛋白结合疫苗等，重点采用国际领先的第三代还原胺法进行多糖蛋白的结合，提高多糖蛋白结合效率，完善过程控制方法，增加新疫苗品种，采用多糖蛋白结合新工艺，提高疫苗产品的质量和产品，使我国人民群众使用同质价优的自主知识产权产品。

b）联合疫苗

联合疫苗有助于减少免疫针次，减轻免疫人群痛苦，提高免疫接种效率和扩大覆盖病种范围。目前国际上已经以 MMR 和无细胞百白破为基础，发展了 5 价、7 价等及更多价次的联合疫苗，我国主要是 MMR 和无细胞百白破联合疫苗。研制以 MMR 和无细胞百白破为基础的更多价次联合疫苗是我国的重大需求之一。建议以采用新工艺研制的 MMR 和无细胞百白破作为联合疫苗的基础，以具有我国自主知识产权的北京株水痘疫苗作为病毒性联合疫苗的添加品种，采用我国研制的、具有自主知识产权的 Hib 多糖蛋白结合疫苗，使联合疫苗的质量标准达到欧美国家同类产品水平。

c）CA16 等手足口病疫苗

CA16 等病原体是手足口病的主要致病原，我国已在相关疫苗的研究方面走在世界前列。建议综合利用病毒性疫苗研发的各种技术，包括哺乳动物细胞的规模化培养技术，做好 EV71-CA16 联合疫苗研究，通过采用生物反应器技术的哺乳动物细胞大规模培养，建立具有自主知识产权的动物模型。

d）多价 HPV 疫苗

HPV 是宫颈癌的主要病原体，默克和 GSK 开发的 4 价和双价 HPV 疫苗已经上市近 7 年，这两个疫苗是分别使用了真核表达系统的两个代表：酵母表达系统和昆虫/杆状病毒表达系统，以及改进的铝佐剂与 AS04 新佐剂，并建立了类病毒颗粒疫苗的规模化解聚和重构工艺。我国在此方面需要加大研究力度，包括自主知识产权的两个真核表达系统的构建、新型佐剂的研发及规模化解聚和重构工艺。"十三五"期间，重点建立自主知识产权的酵母表达系统、自主知识产权的规模化病毒样颗粒解聚和重构技术，研发全球首个 6 价宫颈癌疫苗，覆盖我国常见的血清型。

e）多价轮状病毒疫苗

轮状病毒（rotavirus，RV）是引起世界范围内儿童严重急性腹泻的最主要病原，也是导致发展中国家婴幼儿死亡的主要原因之一，对轮状病毒腹泻至今尚无特异有效的治疗手段，采用疫苗预防是控制轮状病毒腹泻的最有效的手段。单价轮状病毒疫苗主要通过交叉免疫保护产生预防轮状病毒感染作用，预防及长期保护效果并不理想。建议重点开展 3 价、6 价轮状病毒疫苗研制，3 价轮状病毒基因重配株是基于基因重配技术构建的，分别含有人轮状病毒 G2、G3、G4 型中和抗原基因的重配毒株，以此三株基因重配株研制的轮状病毒疫苗预期既具有动物毒株的安全性又具有人毒株的良好免疫原性。6 价轮状病毒疫苗可以涵盖 98.6%以上婴幼儿轮状病毒流行血清型，具有更好的保护性。

f）带状疱疹疫苗

随着我国的老年人口日益增多，带状疱疹及带状疱疹后遗神经痛的发病率也持续增高。带状疱疹减毒活疫苗是国际上公认的预防该疾病的有效措施，但我国尚未有带状疱疹疫苗产品上市，且进口疫苗的成本高，很难被我国适合疫苗接种者接受。因此，为提高我国中老年人群的工作、学习和生活质量，开发出我国自主的、安全有效的带状疱疹疫苗具有重要的现实意义。"十三五"期间，建议带状疱疹疫苗生产工艺上采用可控性好、易于规模化的大规模细胞工厂生产工艺，并采用无明胶的疫苗保护剂，能有效保证疫苗的安全性、有效性和稳定性，减少疫苗的副反应。在疫苗免疫原性评价方法上，在体液免疫和细胞免疫两个方面更全面地评价疫苗的免疫原性，以获得更多的免疫原性数据，同时也为我国疫苗的评价系统与发达国家接轨打下基础。

g）流感疫苗

高致病性流感一直是全球新发、突发传染病中人们关注的重点，主要原因是甲型流感有一百多个亚型，除人以外有众多的自然宿主，包括家禽和许多野生动物，有基因变异快、传播速度快等特点，在历史上流感多次引起人间大流行，危害极大。近年来相继发生了 H5N1、H1N1 和 H7N9 数次疫情，不仅对人群造成危害，给各国的农业也带来了巨大损失。疫苗是应对流感最好的保护工具，有效的流感疫苗是预防和控制流感流行与大流行的基石。我国急需开展新型细胞基质流感疫苗、4 价流感疫苗等疫苗研制工作，建立应对新发流感疫情的应急疫苗研发反应体系，提高疾病防控反应能力。

C. 新发、突发重大传染性疾病应急反应体系建设

2015 年 12 月，WHO 在预防传染病方面做出重要举措，公布了一份在未来有可能大面积暴发并造成重大损失的最危险传染病名单，包含了 8 种传染病：埃博拉出血热、马尔堡病、SARS、中东呼吸综合征、尼帕病毒病（由尼帕病毒引起的新型人畜共患传染病）、拉沙热（由拉沙病毒所引起的急性病毒感染，流行于西非国家）、裂谷热（由裂谷热病毒引起的急性病毒性人畜共患病）、克里木-刚果出血热。我国还没有建立成体系的针对重大新发/突发传染病疫苗研究、制备的应急反应体系，目前的状态是各研发机构独立研发，效率偏低，缺乏统筹考虑。在目前新发、突发传染病危害趋势不断加大的情况下，需要建设符合生物安全要求的、成体系的、病原体分离、疫苗株鉴定、疫苗规模化制备、疫苗保护性效果评价和疫苗临床效果评价等疫苗应急规模化制备技术平台。建议利用符合 BSL-3 和 BSL-2 的病原体分离实验室与疫苗中试设施，建设成体系的包括病原体分离和确定、疫苗株分离与鉴定、疫苗应急规模化快速制备的平台、疫苗动物模型评价平台、疫苗临床评价关键技术平台等，完善疫苗应急研发链条，为新发、突发传染病疫苗做好应急设施和技术的储备，全面提高应对突发传染病的防控能力。

D. 新佐剂、新给药途径等关键共性技术

新型细胞基质技术：针对现有疫苗用细胞基质的稀少和缺陷，开发新型疫苗用细胞基质。通过自主研发或技术引进开展人视网膜传代细胞系（Per.C6）的研究，同时将其逐步扩展到狂犬病疫苗、流感疫苗及基因重

组蛋白质产品研发中，为中国疫苗研发提供更多安全、有效的新型细胞基质。

高通量抗原筛选技术：目前用于疫苗研究的抗原筛选多是参考国外研究的进展后通过模拟或者选择几个抗原组合，还没有建立起通过大规模的病原体测序和高效蛋白质表达筛选系统筛选出可用于疫苗研究的抗原。开展针对 B 群脑膜炎球菌、呼吸道合胞病毒、衣原体等传染病，以及乳腺癌、前列腺癌、糖尿病等的有效抗原成分的筛选和确定；广谱流感、肺炎和无乳链球菌（GBS）等共同抗原的筛选和确定。

疫苗载体构建技术和载体疫苗技术：主要研发 DNA 病毒重组载体疫苗，如重组痘病毒载体、重组水痘病毒载体等；RNA 病毒重组载体疫苗，如重组仙台病毒载体、重组水疱性口炎病毒载体等。

新型疫苗佐剂技术：按照国际上疫苗佐剂研发方向，发展我国的新型佐剂，改变我国单一铝佐剂的状况，重点研发如 MF59、AS03、AF03、MPL、QS21、CpG 等佐剂。

生物制剂技术：重点开发生物技术药物的长效、缓释、控释等制剂技术，新型药物递送系统如无针技术、疫苗的新型稳定剂和保护剂等。

疫苗安全性研究：进一步扩大已有产品的Ⅳ期临床研究。建立更为完善的疫苗上市前和上市后安全性评估方法。例如，美国采用的布莱顿协助计划，即制定和实施全球公认的标准病例定义，用于评价上市前和上市后疫苗接种的不良事件。布莱顿不良事件的病例定义是依据提供的证据水平进一步分层（不足、低、中和高），因此，可以用于资源有限地区。还可建立包括疫苗安全数据的疫苗大型数据库链接，为疫苗上市后的安全性研究提供既经济又快速的主动监测分析方式。

E. 中国疫苗国际化

"十三五"期间，重点支持正在进行 WHO 预认证的疫苗产品，以及创新疫苗产品提交 WHO 预认证申请，如口服Ⅰ型Ⅲ型脊髓灰质炎减毒活疫苗、黄热疫苗、季节性流感疫苗、4 价流脑多糖结合疫苗、甲肝疫苗、戊型肝炎疫苗等。促进我国疫苗技术标准和质量标准达到国际水平，实现疫苗规模化出口到发展中国家甚至发达国家，使中国疫苗真正实现国际化。

（四）新型血液制品

血液制品属于生物制品范畴，主要指以健康人血浆为原料，采用分离纯化技术制备的生物活性制剂。目前血液制品主要有三大类：人血白蛋白、人免疫球蛋白和以凝血因子为代表的其他产品，这其中还包括了重组人血白蛋白、重组凝血因子产品等。本章依照血液制品的特点，从血浆供应、产品、研发、技术和市场等方面，结合法规和指南，通过分析血液制品在国内外的发展状况和趋势，特别是近年来国外血液制品的发展方向，初步分析了"十三五"期间我国经济社会对新型血液制品发展的需求、产业发展重点方向与关键技术，并就血液制品"十三五"期间产业发展重大行动及实现路径提出了建议。

1. 血液制品国外发展状况与趋势

血液制品产业形成始于第二次世界大战，因战场急救的需要，E. Cohn发明了低温乙醇法分离血浆白蛋白，将其用于战伤的血容维持，从而挽救战士的生命，即 20 世纪 40 年代人血白蛋白开始临床应用。战后的 20 世纪 50 年代肌内注射免疫球蛋白（intramuscular immunoglobulin，IMIG）上市；70 年代人凝血酶原复合物及纯化凝血因子（FⅧ及FⅨ）上市；90 年代第三代静脉注射免疫球蛋白（intravenous immunoglobulin，IVIg）上市，至此，形成了以白蛋白、IVIg 和 FⅧ等凝血因子为主导产品的血液制品产品架构。

血液制品是关系国家医药卫生安全的战略物资。目前，临床需求增加显著和原料血浆供应不足导致血液制品全线告急，激发了血液制品进口的快速增长（进口人血白蛋白已占市场份额的 60% 以上），对进口血液制品的严重依赖是国家医药卫生战略安全的巨大风险，同时大量使用国外血液制品一旦出现安全性问题很难追溯，后果严重。同时其还是危急重症病人的救命药，在医疗急救（如创伤、烧伤、失血、肝腹水、肝癌、肾病综合征、低蛋白血症等）、战伤抢救特别是与血液有关的疑难疾病（如血友病、血小板减少性紫癜等）的治疗和预防上，有着其他药品不可替代的作用，是临床必需用药。例如，凝血因子Ⅷ是血友病甲型患者必需的预防及治疗出血的急救药品。据调查，我国血友病患者已经达到 8 万~10 万人，但长期以来，仅有不足10%的患者能够接受持续性的治疗；其也是应对重大灾难或疫情的抗灾用药，当大地震、海啸、SARS、禽流感等重大灾难或疫情发生时，大量血液制品将用于救治危重病人。用于静脉注射的人免疫球蛋白是应对突发重大传染病（如 SARS）的有力武器，对于重症感染的患者应急治疗尤为重要；狂犬病及破伤风的发病率也一直居高不下，使对应的特种免疫球蛋白也供不应求。

1）血浆供应情况

2013 年，全球用于分离的血浆供应量约为 42 567t（包括原料血浆和回收血浆），其中美国共480多个采供血机构提供了约26 000t血浆（包括原料血浆和回收血浆），以约占全球5%的人口占到全球供应量的61%，并且其中 15 100t 血浆出口到其他国家进行血浆分离生产；而欧洲以约占全球11%的人口提供了全球约 19%的血浆，而亚洲以占全球一半以上的人口只提供了全球约12%的血浆。目前，FDA 允许个人献浆的频率是中国的 4 倍。

2005～2013 年，北美地区原料血浆的供应量增长了约2倍，从约8500t增长至 22 000t，而欧洲地区的原料血浆的供应量增长了约 1 倍至3300t。

2）市场情况

2015 年美国不包括重组因子类产品的销售额约为 86 亿美元，而包括重组因子类产品则达到了约 124 亿美元，各类产品的份额如图 2-2 所示。

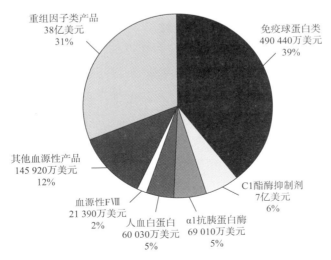

图 2-2　2015 年美国血液制品销售份额

在细分市场中，免疫球蛋白类制品占据了最大的份额，而各国的消费水平有较大差异（表 2-23），在 2014 年，美国以约占全球 5%的人口消费了全球约 50%的免疫球蛋白类制品，欧洲以约占全球 11%的人口消费了全球约 22%的免疫球蛋白类制品，而亚太地区占全球 58%的人口，只消费了17%的免疫球蛋白类制品。

表 2-23　2014 年与 2015 年主要国家免疫球蛋白类制品的消费量

［kg 免疫球蛋白（包括皮内注射免疫球蛋白）/百万人口］

年份	美国	澳大利亚	法国	德国	日本	中国*
2014	200.1	174	127.7	92.7	34	13.1
2015	210	—	—	—	—	15

*中国的消费量是按照 2014 年和 2015 年批签发量计算的

就生产厂家而言，美国国内市场基本上被三大血液制品巨头垄断，当不计入重组因子类产品时，Grifols（基立福公司）占据了美国 28%的市场份额，排在第一，紧随其后的是 CSL Behring（杰特贝林公司）和 Shire（夏尔公司），各占据了27%的市场份额；当计入重组因子类产品时，Shire则占据了 31%的市场份额，排名首位，其后是 CSL Behring。

3）产品、研发和技术情况

目前国外上市的血液制品约有 30 多个品种（表 2-24），其中美国和欧洲的静脉注射人免疫球蛋白产品已经基本上过渡至安全性更高的低温乙醇结合辛酸沉淀及层析工艺的第 4 代产品；凝血因子类产品也主要为重组产品。

表 2-24　国外已上市血液制品

品种			血源性产品	重组产品
大品种	球蛋白	静脉注射人免疫球蛋白	√	
		皮内注射人免疫球蛋白	√	
		肌内注射人免疫球蛋白	√	
	白蛋白	人血白蛋白	√	
	凝血因子	人凝血因子Ⅷ	√	√

品种			血源性产品	重组产品
小品种	特殊免疫球蛋白	乙肝人免疫球蛋白	√	
		静脉注射乙肝人免疫球蛋白	√	
		狂犬病人免疫球蛋白	√	
		破伤风人免疫球蛋白	√	
		肉毒毒素人免疫球蛋白	√	
		CMV 人免疫球蛋白	√	
		抗 Rh(D)人免疫球蛋白	√	
		牛痘人免疫球蛋白	√	
		水痘-带状疱疹病毒人免疫球蛋白	√	
		呼吸道合胞病毒免疫球蛋白	√	
		布氏菌特异性免疫球蛋白	√	
		风疹免疫球蛋白	√	
		麻疹免疫球蛋白	√	
		甲肝人免疫球蛋白	√	
		炭疽病免疫球蛋白	√	
	其他	F Ⅶ	√	√
		F Ⅸ	√	√
		F Ⅹ	√	√
		F Ⅺ	√	√
		F Ⅻ	√	√
		vWF（血管性假血友病因子）	√	√
		人凝血酶原复合物	√	
		纤维蛋白原	√	
		纤维蛋白胶	√	
		α1-抗胰蛋白酶	√	
		抗凝血酶Ⅲ	√	√
		C1 酯酶抑制剂	√	√
		凝血酶	√	
		蛋白 C	√	

目前，国外血液制品的研发方向主要集中在以下三个方面。

（1）已经上市品种的新适应证开发，如 Baxalta 公司尝试将 IVIg 用于治疗阿尔茨海默病（Alzheimer disease），但Ⅲ期临床失败，而 Grifols 公司将 IVIg 用于治疗 Alzheimer 的临床试验仍在进行中；此外 Kamada 公司将 α1-抗胰蛋白酶用于治疗Ⅰ型糖尿病的尝试，目前正在进行Ⅱ/Ⅲ期临床。

（2）给药途径的改变，如已有上市的皮内注射人免疫球蛋白，可由病人在家中自行给药；以及研发口腔吸入的 α1-抗胰蛋白酶用于治疗哮喘等。

（3）重组类产品是目前国外血液制品开发的重点，主要集中在重组长效人凝血因子Ⅷ，重组长效人凝血因子Ⅸ（融合蛋白）等方面；而且新一代的重组人凝血因子Ⅷ如 Octapharma 的 Nuwiq® 在欧洲进行的Ⅲb 期临床试验中无一例出现抑制物；由于重组产品可以较为迅速地扩大生产规模，重组人凝血因子产品有可能在不远的将来占据主要市场份额，而血源性人凝血因子产品则主要用于出现抑制物病人的治疗。

2. 血液制品国内发展状况与趋势

1）血浆供应情况

我国血液制品的研究、开发和生产，始于 20 世纪 50 年代，但直至 1982 年在全国推广单采血浆技术以后才迅速发展起来。到 1991 年，卫生部核准的血液制品生产单位大小共 33 家。由于生产规模都很小，全国血液制品的产量远远不能满足临床需求。

20 世纪 90 年代初，我国血液制品行业出现了两大变化：一是各生产单位积极引进国外技术和设施设备进行技术改造，新建和扩建厂房，努力提高产能和质量；二是由于血液制品供不应求，短时期内，全国新建颇具规模的企业数量剧增，到 1997 年的短短数年内，各种体制（民营、外资、中外合资等）的血液制品企业从 30 多家猛增至近 80 家，全国投浆总量也由几百 t 增至 2000 多 t。到 1998 年我国实施 GMP 认证登记时，全国血液制品企业数量达到 96 家，是迄今为止的历史最高数。与此同时，由于生产规模失控，原料血浆短缺，质量安全风险骤升，到 2001 年，全国通过 GMP 认证的企业只留下了 36 家，同时国家关闭了血液制品行业准入审批。

2001 年，我国共有 223 家单采血浆站，2002 年后，国家开始对血液制品产业链源头进行重点整治，2006 年又启动了对单采血浆站所有化制的体制改革，从技术和政策两方面来严格规范单采血浆站的管理和运营，其间淘汰和关闭了大约 1/3 的单采血浆站，导致原料血浆供应快速下滑，从 2005 年的 5000～6000t 下滑到 2008 年不足 3000t，年采浆量可达 30t 以上单采血浆站数量仅约 110 家。血液制品产量骤降，市场供应严重短缺。在 2015 年，中国供分离生产的血浆约 5700t，只与 2005 年大约持平，而同期美国和欧洲的原料血浆供应则分别增加了两倍和一倍。

2）市场情况

截至 2015 年末，国内实际生产企业 25 家，国内血制品市场规模（含进口产品）约为 175 亿元，较上年增长约 10%。成品需求对应血浆需求量约为 12 200t（按人血白蛋白吨浆收率 2500 瓶计算）。以白蛋白为计算基准，国药中生生物技术研究院有限公司（以下简称国药中生）在血液制品行业投浆量约占全行业（不含进口）生产份额的 17%，位居行业第一。2013～2015 年，行业投浆量增速低于 2010～2013 年的增速，但总体呈向上发展势头，2012～2015 年投浆量总增长约 10%，其中 2015 年较 2014 年增长约 8%。

3）产品、研发和技术情况

目前国内上市的血液制品有十多个品种（表 2-25）。由于在国际上，仅免疫球蛋白、白蛋白、Ⅷ因子（含Ⅷ因子和 vWF 因子的混合产品）的市场份额即占到了全球血液制品市场的 75% 左右，如果加上 PCC（prothrombin complex concentrate，人凝血酶原复合物）、纤维蛋白原和纤维蛋白胶等产品，其市场份额可占到全球血液制品市场的 80% 以上，而上述这些产品在我国均已经上市多年；同时，如 FⅨ虽然未在国内上市，但国内已经上市的 PCC 成分中包含了 FⅨ，可用于相同的适应证；而另一些产品如 α1-抗胰蛋白酶（α1-antitrypsin，AAT 或 α1-AT）虽然在国内没有上市，但这是由于其临床适应证与人种有强相关性，在欧洲，大约千分之一的欧洲人携带有与 α1-抗胰蛋白酶严重缺陷有关的 PiZZ 或 PiZS 基因，而国内则非常罕见；抗 Rh(D) 人免疫球蛋白也是类似情况，中国人群罕有 Rh(D) 血型。另外，对比国内外血制品品种可发现，我国未上市的血液制品多分属于小品种，但在国外，这类药品大多有"孤儿药"的地位，对"孤儿药"在注册审批及上市方面有政策优惠。

表 2-25　国内已上市血液制品

品种			血源性产品	重组产品
大品种	球蛋白	静脉注射人免疫球蛋白	√	
		肌内注射人免疫球蛋白	√	
	白蛋白	人血白蛋白	√（包括进口）	
	凝血因子	人凝血因子Ⅷ	√	√（进口）
小品种	特殊免疫球蛋白	乙肝人免疫球蛋白	√	
		静脉注射乙肝人免疫球蛋白	√	
		狂犬病人免疫球蛋白	√	
		破伤风人免疫球蛋白	√	
	其他	FⅦ	√	√（进口）
		人凝血酶原复合物	√	
		纤维蛋白原	√	
		纤维蛋白胶	√	
		凝血酶	√	

相比美国和欧洲，中国在静脉注射人免疫球蛋白产品和重组因子类产品技术方面落后较大。前文提到当前美国和欧洲静脉注射人免疫球蛋白的主流工艺是安全性更高的低温乙醇结合辛酸沉淀、层析工艺、无糖配方、10%浓度和包括 20nm 除病毒过滤在内三步病毒去除/灭活的第 4 代技术，目前国内仅成都蓉生药业有限责任公司获得按上述第 4 代技术进行临床试验的批件，并且在产的部分厂家甚至只有一步病毒灭活工艺；同时国内厂家进度最快的重组因子产品也仍处于临床研究阶段。

4）存在的问题

一般生产用原料血浆按采集方式不同分为单采血浆和回收血浆两种：单采血浆是利用单采血浆机对献浆员的全血进行分离，保留血浆，并将分离出的血细胞成分回输给献浆员，在采血同时完成采浆和回输作业。这种方式获得的用于生产的血浆也被称为原料血浆。回收血浆是临床用成分输血后的血浆，即先采集献血员的全血，然后利用离心设备将所采集的全血分离成血浆、红细胞、血小板等多种成分，仅用于临床成分输血。分离出的血浆用于血浆蛋白的分离，这种方式来源的血浆被称为回收血浆。

国外多数地区，生产所用血浆既有来源于单采血浆站的原料血浆，也有来源于血站（或血液中心）的回收血浆，据统计，2013年全球用于血液制品分离的约43 000t血浆中，有21%回收血浆；另外，2013年欧洲采集的血浆中，回收血浆的比例占到了51%。而我国目前法律只允许使用单采血浆作为生产原料。生产用原料血浆只能来源于专门的单采血浆站。单采血浆站与血站（或血液中心）实行严格的分业管理，即单采血浆站所采集的血浆也只能用于生产血液制品，而不能用于临床输血；而血站（或血液中心）所采集的血浆不能用于血液制品生产，只能用于临床医疗的成分输血，因此出现了国内临床剩余血浆无法用于人血白蛋白等血液制品生产的同时，我国还在大量进口国外的人血白蛋白的现象。

3. 发展需求、产业发展重点方向与产业发展关键技术

1）"十三五"期间我国经济社会对新型血液制品发展的需求分析

随着我国经济继续保持较高的增长速度，人民生活水平的进一步提高和医疗条件与用药水平的进一步改善，血液制品的需求将逐步增加；同时，随着国家医疗体制改革的进一步深入，基本医疗保障制度、社区医疗保险制度和新型农村合作医疗制度的全面覆盖与完善，白蛋白、静脉注射人免疫球蛋白等必需医疗药品的需求将稳步提高；随着我国医疗诊断水平的提高，以及对儿童血友病患者治疗力度的加大，各种人凝血因子制剂的需求量仍在不断增长，血液制品生产企业将获得良好的发展机遇和外部环境。

2）产业发展重点方向

良好的外部环境和发展机遇将促进行业快速发展，血浆资源少成为制约该行业发展的重要瓶颈，2008～2013年我国新建单采血浆站以每年5%～8%的速度递增，由110家左右发展至186家。除了加快新建单采血浆站速度，兼并收购成为迅速扩大血浆资源的重要手段。

目前我国血液制品生产布局特点是点多、面广，平均生产规模偏小，生产成本普遍较高。这与美国20年前情况基本一致。20世纪70年代，美国全国有 20 多家血液制品生产单位，生产规模均不太大，到 21 世纪初，市场淘汰的结果使血液制品生产单位仅剩 5 家，而且有进一步减少的可能。从这 5 家的生产规模来看，年均投产量达到 2000～5000t 血浆水平。而我国平均投浆量仅有 160 多 t 水平，最大的也在 600t 左右。生产规模的分散化、小型化，导致成本偏高，收益率整体偏低。血液制品行业是一个依赖规模化竞争的行业，国内血液制品企业的规模化经营能力和水平，与国外先进企业相比存在巨大差距，因此也有巨大的提升空间。根据欧美国家规模化经验，单厂产能提升至 1000t（欧美国家的平均水平）以上是参与全球规模化竞争的最低限度。鉴于血液制品规模化竞争特点，以及以主力品种技术升级的发展重点，应厘清规模化经营和优化产能布局的核心是扩大单厂生产规模，而不是总和规模。否则技术升级带来的优势难以迅速放大且会增加技术升级成本①。因此，实现集约化生产、发挥规模效益和提高血浆综合利用率是我国血液制品产业发展的方向。

3）产业发展关键技术

血源性市场的发展主力品种非常局限，以"三大六小"②为主，以传统产品发展为主。"提高血浆综合利用率"不仅应理解为开发含有新的活性成分的产品，也包括提升收率及加快产品升级换代。因此，以新的活性成分产品开发与主力产品升级换代、收率提升为目标的研发工作应成为创新并重的两个重点。

目前国际大型血液制品厂商在新产品研发方面，比较受关注的是长效人凝血因子的研发。除了新产品的开发，如何充分发掘现有产品的市场潜力，也是目前国际血液制品市场研究的一个重要课题。对于免疫球蛋白和人血白蛋白目前国外有多个针对不同疾病的临床研究正在进行，用于试验现有的产品对于其他适应证的有效性。这些产品的适应证若能够在美国通过临床试验获批，国内的医学界将会效仿，国内已有产品的需求将会进一

---

① 分散生产意味着即使是相同的技术升级路径也需要分别结合不同生产环境开发不同的工艺参数体系，需要建立不同的质量控制体系，还需要分别申请注册，增加大量技术升级成本，无法发挥规模优势。

② 三大主力：免疫球蛋白、白蛋白、Ⅷ因子；六小品种：Ⅸ因子、纤维蛋白原（胶）、PCC、α1-抗胰蛋白酶、抗凝血酶Ⅲ（AT-Ⅲ）、C1 酯酶抑制剂（C1INH）。

步扩大。"十三五"期间，层析技术等工艺革新手段的应用对收率的提高至关重要，对整体收益的提升效果明显。同时针对球蛋白类产品应更注重规格的创新和适应证的开发，向高浓度新剂型发展，开展多种适应证的临床研究。

对血源性凝血因子类产品的研发方向是单一有效成分的提纯和分离，如 FⅧ、FⅨ、FⅦ和纤维蛋白原。重组凝血因子类产品替代血源性产品的趋势已势不可挡，目前血源性凝血因子在日本、美国的市场份额不足 20%，在欧洲也仅有 30%，血源性凝血因子产品被替代的趋势非常明显的同时，重组产品市场受技术驱动特征明显。意味着：①开发重组因子是必由之路；②在一个技术驱动型市场，没有持续创新能力将无法持续经营，来自竞争对手的任何一次技术升级都可能将上一代产品推入危险境地，因此对重组技术的投入必须做好长期持续投入准备；③技术驱动型市场的技术更新较快，因此应把重组因子类产品作为当前首要的战略性新产品。

4. "十三五"产业发展重大行动及实现路径建议

1）法规政策层面建议

医药产业是永远的朝阳产业，生命科学是永远的年轻科学。尽管近年来，我国的医药产业与其他产业相比，仍然保持了较高的增长率，但许多发达国家的医药产业占 GDP 比重普遍远高于我国，说明我国医药产业仍然具有较大的发展潜力。2016 年 2 月 14 日，猴年春节长假后的第一个工作日，李克强总理就主持召开国务院常务会议，其首要议题就与提升老百姓的健康水平密切相关，也即是部署推动医药产业创新升级。而血液制品行业作为生物制药产业的重要分支之一，在我国医药市场上一直占据着举足轻重的地位。

但从表 2-26 可知，许多与之相关的法规如《血液制品管理条例》从1996 年发布至今已有二十多年的时间，这些法规在血液制品行业引入、推广和经历了整顿与行业逐渐规范的历史时期，对于血液制品行业的持续、良性发展至关重要，降低了行业的风险。但随着社会经济和技术的发展与进步，部分法规规定已与现有发展阶段不相适应，这也限制了单采血浆行业和血液制品的进一步快速发展，因此迫切需要重新审视这些法律法规，从立法层面推动合规，解决国内血浆短缺问题，同时保障广大人民群众用药安全，加快新技术在血液制品行业的推广应用，加快和促进我国血液制品行业的发展。

表 2-26 单采血浆技术发展历程

时间	事件
1982 年 7 月	全国第一次单采血浆经验交流会通过了《血浆单采术暂行规程》，开始了单采血浆术在我国的全面试行
1984 年 10 月	全国第二次单采血浆经验交流会通过了《血浆单采术规程》，单采血浆技术在我国全面推开
1994 年	出台了《单采血浆站基本标准》，规定了单采血浆站的基本标准，规范了单采血浆站的组织机构、人员配置、房屋建筑、仪器设备等
1995 年	规定单采血浆站手工采浆改为机械采浆，防止经血传播疾病经采血传播
1996 年	《血液制品管理条例》颁布，规定了单采血浆站的管理
1998 年	全行业基本实现机器采浆
1999 年	国家要求单采血浆站从县医院分离，变为事业单位
2000 年	1. 《单采血浆站基本标准》修订完成 2. 《中国生物制品规程》颁布
2001 年	《中国遏制与防治艾滋病行动计划（2001—2005 年）》发布
2005 年	1. 卫生部印发《采供血机构设置规划指导原则》，为单采血浆站设置规划提供了指导 2. 原《中国生物制品规程》中"血液制品原料血浆规程"被收入《中华人民共和国药典》三部
2006 年	1. 《中国遏制与防治艾滋病行动计划（2006—2010 年）》发布 2. 卫生部等九部委联合下发了《关于单采血浆站转制的工作方案》的文件，要求县级卫生行政部门不再设置单采血浆站，原由县级卫生行政部门设置的单采血浆站转制为由血液制品生产企业设置和管理 3. 《单采血浆站质量管理规范》发布，规范了单采血浆站原料血浆采集操作
2007 年	《单采血浆站管理办法》正式发布，对单采血浆站设置、执业、处罚等进行了规定
2011 年	《单采血浆站技术操作规程》发布，为单采血浆站实施过程提供了详细的技术指导
2012 年	《关于单采血浆站管理有关事项的通知》发布，对血液制品生产企业设置单采血浆站的条件进行了明确，同时鼓励各省区市设置单采血浆站

2）行业布局层面建议

目前我国的血液制品行业产业集中度很低，大多数企业规模小、产品品种单一、血浆综合利用率低、资源浪费大；同时生产规模的分散化、小型化也将导致成本偏高，收益率整体偏低。

近年来借助资本力量，国内血液制品行业的整合和并购也在不断推进，一定程度上提高了产业集中度；同时，从国际血液制品行业发展来看，并购整合在未来一段时间也将成为国内血液制品企业做大做强的主要手段，如目前国药中生正推进集团内血液制品产业的整合，拟将旗下所有血液制品业务集中至成都蓉生药业有限责任公司。

在目前国内血液制品行业整合和并购不断推进的同时，借鉴国外血液制品行业的发展经验，为解决生产规模过于分散化、小型化导致的生产成本偏高和收益率偏低的问题，以及提高血浆综合利用水平，建议国家加大对血液制品龙头企业设置单采血浆站的扶持力度，以及尽快修订与现有发展阶段不相适应的部分法律法规，规范血液制品的异地加工、委托加工，以及血液制品的上市许可人制度等政策，以实现集约化生产，发挥规模效益。

3）行业协会层面建议

以美国为例，相关行业协会，如 PPTA（Plasma Protein Therapeutics Association，血浆蛋白治疗协会）对推动单采血浆站及血液制品行业的发展方面起到了重要的作用，同时也使得 FDA 对于单采血浆站的监管职责相对简单，如表 2-27 所示。

表 2-27　FDA 与 PPTA 职责对比

FDA 主要职责	PPTA 主要职责
批准（验收）单采血浆站；定期检查所有在运营的单采血浆站；处罚不合规及运营状况不良的单采血浆站	代表全球血液制品行业： ·为患者实际需求呼吁 ·与政府机构沟通、对话 ·与社会组织或社区合作进行宣传 制定并监管国际标准的执行： ·国际质量血浆项目（international quality plasma program，IQPP），评估其是否符合国际标准，献浆员管理、人员培训、机构标准、室间质评、病毒标记、跨区献浆 ·卓越、保障和领先的质量标准（quality standards of excellence, assurance and leadership，QSEAL），评价超出政府要求的企业标准，如原料血浆采集、检验及处理 ·国家不合格献浆员数据库（national donor discomfort record，NDDR），保障血浆的安全性

这种管理模式带来的是多赢的局面，首先是献浆员受益，保障了血浆采集的安全性、社会效应及误工补助；其次是患者受益，血液制品质量安全、供应充足；再次是政府监管部门受益，维系了公共安全，药品供应充足；最后是单采血浆站及血液制品企业受益，合规合理经营、业务拓展，

扩大了效益。因此，建议可进一步发挥我国血浆相关行业协会（如中国输血协会）的作用。

（五）诊断试剂

体外诊断按检验原理或检验方法，主要包括生化诊断、免疫诊断、分子诊断、微生物诊断、尿液诊断、凝血诊断等，其中生化诊断、免疫诊断、分子诊断是体外诊断的三大主要领域。

生化诊断主要应用于医院的常规检测项目，如测定糖类、脂类、无机元素类、肝功能、肾功能等，是医疗检测的基本组成部分。免疫诊断利用抗原与抗体结合时发生特异性反应的原理进行检测诊断，主要应用于传染性疾病、肿瘤、孕检、药物检测等领域。分子诊断是应用分子生物学的方法，检测受检个体的遗传物质或携带的病毒、病原体的基因结构与类型，进而从基因层面对遗传病、传染性疾病、肿瘤等疾病进行检测诊断。近年来，在整个体外诊断领域，分子诊断发展迅速。据中国产业信息网整理数据，2012～2014年，全球体外诊断市场年均复合增长率约为6.6%，同期分子诊断细分领域年均复合增长率达11.0%，超过全球体外诊断市场其他细分领域，位居第一。咨询公司MarketsandMarkets预测，全球分子诊断市场规模有望从2015年的近60亿美元增长到2020年的93亿美元，年均复合增长率达9.2%，分子诊断是全球体外诊断市场中增长最快的细分领域。

按照检测环境及条件，体外诊断分为临床试验室体外诊断和现场即时诊断（point of care testing，POCT），其中临床试验室体外诊断主要由专业人员完成，耗时较长，但检测结果质量较高，而POCT可由非专业人员操作，检测速度快。

1. 国外发展状况与趋势

1）免疫检测

临床免疫诊断是通过抗原与抗体相结合的特异性反应进行测定的诊断方法，对小分子蛋白、激素、脂肪酸、维生素、药物等进行检测，主要应用于传染性疾病、内分泌、肿瘤、药物检测、血型鉴定等领域。免疫诊断具有灵敏度较生化试剂高、出错率小等特点。工业和信息化部2015年体外诊断行业蓝皮书数据显示，免疫诊断领跑所有体外诊断，占总体市场比例的38%。

免疫诊断技术的发展经历了放射免疫分析（radioimmunoassay，RIA）技术、免疫胶体金技术、酶联免疫吸附测定（enzyme-linked immunosorbent assay，ELISA）技术、时间分辨荧光免疫分析（time-resolved fluoroimmu-noassay，TRFIA）技术和化学发光免疫分析（chemiluminescence immuno-assay，CLIA）技术、流式细胞术等技术的演进，几年来POCT的发展也较为迅速。

A. 化学发光

化学发光免疫分析是目前世界公认的先进的免疫诊断技术，广泛应用于肿瘤标记物、传染病、内分泌功能、激素等方面的诊断。欧美国家自20世纪90年代以来，雅培（Abbott）、罗氏等企业相继推出全自动化学发光免疫分析系统，凭借检测稳定、准确、方便等突出优势，大范围取代了传统的酶联免疫吸附测定，迅速成为市场主流，占到免疫诊断的90%以上。

B. 流式及其配套系统

流式细胞术（flow cytometry，FCM）是一种对液流中排成单列的细胞或其他生物微粒（如微球、细菌、小型模式生物等）逐个进行快速定量分析和分选的技术。作为应用流式细胞术进行检测的技术平台，现代流式细胞仪产生于20世纪六七十年代。经过四十多年的发展和完善，今天的流式细胞仪已经十分成熟，并被广泛地运用于从基础研究到临床实践的各个方面，涵盖了细胞生物学、免疫学、血液学、肿瘤学、药理学、遗传学及临床检验等领域，在各学科中发挥着重要的作用。

现代流式细胞术综合了流体力学技术、激光技术、电子物理技术、光电测量技术、计算机技术、荧光化学技术及单克隆抗体技术，是多学科、多领域技术进步的结晶。随着现代科技的高速发展，为了满足生命科学对细胞分析更高层次的要求，流式细胞术仍然在快速发展，并已经在检测技术、分选技术及高通量分析等方面取得了许多突破。

与酶联免疫吸附测定等传统分析方法相比，流式细胞术具有很多优势，如可以提供更准确的结果，大约同样的价格花费较少的时间等。流式细胞术广泛应用于学术研究、临床和疾病诊断等各个领域。越来越多的医院和诊断中心使用流式细胞仪，从而也带来了疾病诊断和检测领域对流式细胞术迫在眉睫的需求。

当前，临床流式细胞术已成为检验医学发展的一个热点，其发展趋势主要体现在以下几个方面。

a）从相对细胞计数到绝对细胞计数

流式细胞术最大的优点是对混合细胞群体中亚群细胞的计数，如淋巴细胞分群。这些亚群细胞计数过去多以相对百分比表达结果，由于百分比只能代表每种细胞在混合细胞群体中所占的比例，并不能体现其在单位体积血液中的绝对数量，而对艾滋病等一些疾病的临床诊断，有时需要考虑细胞的绝对数量。流式细胞绝对计数的开展对临床疾病的诊断、治疗等有重要意义。

b）从相对定量分析到绝对定量分析

细胞的多种成分如某些抗原或受体表达的流式细胞术，以前多以平均荧光强度（mean fluorescence intensity，MFI）或相对荧光强度（relative fluorescence intensity，RFI）表达其含量。流式细胞仪每次检测的仪器状况可出现差异，每个实验室所用仪器的类型也不尽相同，因此，以 MFI 或 RFI 表示细胞抗原或受体的表达量缺乏可比性，虽然流式细胞仪有极高的荧光灵敏度，但无法准确应用这些信息。近年来，为了通过流式细胞术精确定量分析细胞的某些成分，定量流式细胞仪（quantitative flow cytometry，QFCM）逐渐得到发展。

c）从单色到多色荧光分析

流式细胞分析已从最初的间接免疫荧光分析、单色或双色直接荧光染色，迅速发展到三色、四色甚至五色或六色荧光分析，这使得对细胞亚群的识别和分选、细胞功能评价等更为精确。多色荧光分析是流式细胞术发展的必然趋势，有条件时应尽可能地采用。

d）从细胞膜成分分析到细胞内成分分析

细胞膜免疫表型分析是最重要的流式分析内容之一，很多细胞亚群的检测和分选均是以细胞膜的免疫表型特征为依据的，如 T 淋巴细胞、B 淋巴细胞和 NK（natural killer，自然杀伤）细胞分析、白血病免疫分型等。然而，仅有膜免疫表型的分析是不够的，尤其对一些细胞的系列鉴定和功能状态分析常常较为困难，而细胞质或细胞核内成分的分析则更能反映某些细胞的系列特征和功能变化。随着近年来细胞内成分分析技术的不断完善，细胞内成分分析已成为流式细胞术的又一个热点。

e）液体中可溶性成分的流式细胞术

从传统意义上讲，流式细胞术只能分析细胞及其成分，对液体中的可溶性成分则不能进行分析。然而，如果将液体中的可溶性成分结合在一种类似于细胞大小的颗粒（如乳胶颗粒）上，流式细胞仪便可以对其进行分析，这就是近年来发展起来的流式微球分析（cytometric bead assay，CBA）技术。CBA 的原理是将包被某种抗原或抗体不同大小的微球与待测液体中的相应成分反应形成抗原与抗体的复合物，再加入荧光素标记的第二抗体，微球上结合的待测抗原或抗体分子数量与其荧光强度呈线性关系，由此可对待测液体中与微球上包被抗原或抗体分子相对应的成分进行定性或定量分析。

f）分子表型分析

分子表型（molecular phenotyping）分析是指用流式细胞术检测细胞中特异性核酸序列或特异性基因异常。流式分子表型分析与免疫表型分析技术相结合，为所选择细胞亚群的特异性核酸序列（如癌基因、病毒核酸）检测提供了一种非常有用的工具，具有广阔的应用前景。

2）无创产前检测

人口及其健康是一个国家和民族生存与发展的基本保障和重要财富，而新生儿的质量又关乎民族的未来和可持续性，所以显得尤为重要。NIPT 是近年来产前检测领域出现的新型胎儿染色体疾病检测技术，相对传统的绒毛取样或羊膜腔穿刺等具有"侵入性"的产前检测方法而言，其通过高通量测序技术［又称"下一代"测序（"next generation" sequencing，NGS）技术］对母亲外周血中的胎儿游离 DNA（cell free fetal DNA，cffDNA）进行"非侵入性"产前检测，有效补充了已有的产前筛查、产前诊断体系。NIPT 是指通过扩增孕妇外周血中胎儿游离 DNA 片段，采用高通量测序技术对其进行测序和计数，通过生物信息技术的处理来判断胎儿是否存在染色体异常的检测手段。这种方法具有无创、快速、准确的特点。

1997 年，香港中文大学卢煜明教授在怀有男性胎儿的孕妇外周血中扩增到了 Y 染色体的片段，从而证明了孕妇外周血中存在胎儿游离 DNA，其主要来源于胎盘滋养层细胞，开启了探索产前检测新技术的思路。

在美国，NIPT 市场主要为 4 家公司所覆盖，分别为 Sequenom（西格诺公司）、Verinata Health（2013 年被 Illumina 收购）、Ariosa Diagnostics 和 Natera，其相应 NIPT 产品登陆市场时间也集中在 2011 年底至 2012 年底，在此期间 NIPT 商业化模式正式拉开帷幕。

在欧洲，NIPT 市场主要为一家公司所占有，即 LifeCodexx。该公司是唯一一家获得欧洲 NIPT IVDD（*in vitro* diagnostic medical devices directive，体外诊断指令）认证的公司。该公司与 Sequenom 合作，技术路线采纳了 Sequenom 的高通量全基因组测序的方法。目前该公司正致力于开发基于 qPCR（real-time quantitative PCR detecting system）的检测，并准备对它进行 CE（conformite Europeenne）认证。

2015 年，ACOG（American College of Obstetricians and Gynecologists，美国妇产科医师学会）和 ISPD（International Society for Prenatal Diagnosis，国际产前诊断学会）相继针对 NIPT 出台了最新临床指南，距上一次（2012 年）发布 NIPT 临床指南时隔三年。在过去的三年里 NIPT 技术发生了飞跃式发展，新版临床指南也展示出了与时俱进的特点。

首先，在适用人群上，ISPD 明确指出"已有越来越多的数据显示 NIPT 可以用于中风险人群"。其次，ISPD 明确指出 NIPT 可以针对研究清楚的染色体拷贝数变异（copy number variation，CNV）进行检测。染色体 CNV 是传统核型分析难以发现的、微小的染色体畸变，所引起的遗传疾病常常伴随复杂的临床表现，通常预后较差。NGS 技术可以通过加深测序深度、改进生物信息学分析方法等手段，将 NIPT 技术应用于胎儿染色体 CNV 检测。可以预见，这类技术的临床应用对于类似 DiGeorge（迪格奥尔格）综合征、猫叫综合征等重大出生缺陷疾病的预防将起到积极作用。但 ISPD 在支持 NIPT 应用于产前 CNV 检测的同时也认为不能仅凭实验室检测结果就决定是否终止妊娠，必须结合整个产检过程的多方面检测结果，经过专业的临床咨询方可做出判断，因此，ISPD 也强调了培养专业遗传咨询力量的重要性。最后，ISPD 还首次提出尽管失败风险高于单胎检测，但 NIPT 仍可拓展至双胎的检测。在假阳性和假阴性问题上也给予详细阐述，明确了胚胎胎盘不一致、胎儿自身为嵌合体、母体本身携带 CNV、双胎消失综合征等可能是导致检测结果与实际不符的原因。尤其对性染色体检测做出详细解读，认为 NIPT 检测性染色体时的阳性结果可能提示着轻微的或无临床意义的染色体变化，这些变化可能来自胎儿和母亲，因此需要进一步的产前诊断。

相较于 ISPD 的"突破式"更新，ACOG 则显得颇为谨慎。例如，对于适用人群 ACOG 仍认为"尽管在中低风险人群中游离 DNA 检测的敏感性和特异性与在高危人群中相似，但由于缺乏足够的数据，并考虑卫生经济学问题，NIPT 仍不能代替现有的一线筛查"。对于无创染色体 CNV 检测及双胎妊娠的检测，ACOG 同样持保守意见，主要原因是基于常规 NIPT 技术缺乏足够的临床数据。但正如 ACOG 在这份新指南中所说，无创 DNA 分析技术正在迅速变化，因此"就其在筛查中使用的任何建议也将随之发展"。ACOG 在指南中还强调，个体原因可能会导致胎儿游离 DNA 含量过低，进而无法获得检测结果，此时重复检测获得准确结果的可能性只有 50%～60%，为避免重复实验导致错过诊断时间，此类孕妇应当进行进一步的遗传咨询和全面的超声检查及诊断。同时，NIPT 无法评估神经管缺陷及腹壁缺陷，孕妇应实施血清筛查或超声检查，而当超声发现胎儿结构异常的情况时则需行产前诊断。

此次 ISPD 和 ACOG 发布的 NIPT 最新指南基于 2013～2015 年来大量最新的科学研究成果。尽管在临床适用范围上两份指南还存在差异，但对于 NIPT 技术针对目标疾病的特异性和灵敏性具有高度一致的认同，随着 NIPT 在全球范围内的进一步实践和各类人群临床数据的不断累积增长，NIPT 的临床指南也会不断更新。

3）肿瘤分子诊断

癌症是全球范围内人类死亡的主要因素之一。WHO 最新发布的《全球癌症报告 2014》显示，2012 年全世界共新增 1400 万个癌症病例，820 万人死亡。报告预测全球癌症病例将呈现迅猛增长态势，由 2012 年的 1400 万人，逐年递增至 2025 年的 1900 万人，到 2035 年将达到 2400 万人。

一直以来基于组织形态学特征的病理学诊断是肿瘤诊断的"金标准"和临床治疗的基础，但同一组织学类型、同一分期的肿瘤患者对相同治疗方案的反应和预后并不一致。国际上知名的研究机构和医药企业都在致力于开发新的分子分型辅助诊断技术与产品，力图将肿瘤分类从形态学转向表型与分子特征相结合的新的分类体系，促进肿瘤的预测、早期诊断、个体化治疗、预后评估和复发监测的精准化。

从诊断技术来看，根据 IncoPat（科技创新情报平台）专利数据库数据分析，1997～2016 年，国外肿瘤分子诊断技术专利申请以蛋白类肿瘤分子诊断技术为主（图 2-3）。

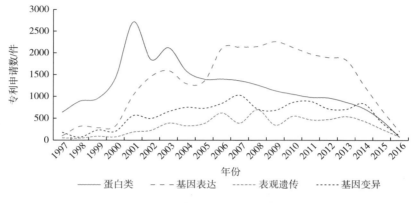

图 2-3　国外肿瘤分子诊断技术专利情况

资料来源：IncoPat 专利数据库分析数据

从诊断产品来讲，根据 FDA 数据分析，1995～2016 年肿瘤分子诊断产品申请主要以 PMA（premarket approval，上市前批准）形式为主，特别是 2002 年以后，产品的申报数据量较前期有所翻倍（图 2-4）。

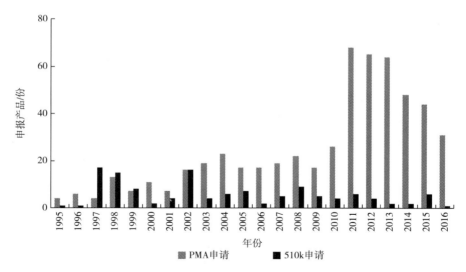

图 2-4　FDA 肿瘤分子诊断产品申报情况

资料来源：FDA 网站分析数据

申报的厂家较为集中，主要为雅培、西门子、贝克曼库尔特、罗氏，约占了57%（图2-5）。

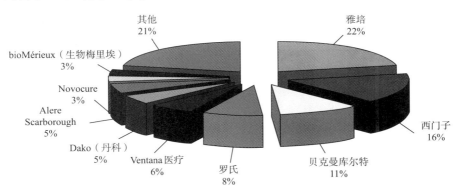

图2-5 FDA肿瘤分子诊断产品申报公司情况
资料来源：FDA网站分析数据

目前 FDA 批准的产品种类还较为单一，以 AFP（alpha-fetoprotein，甲胎蛋白）检测、PSA（prostate-specific antigen，前列腺特异性抗原）检测、*HER2* 基因检测法、EGF（epidermal growth factor，表皮生长因子）检测等靶标检测为主。值得注意的是，肿瘤个体化用药诊断产品越来越受到行业重视，FDA 批准了数个肿瘤靶向用药的伴随诊断试剂（表2-28）。

表2-28 FDA 批准的肿瘤伴随检测产品

伴随检测产品	药物名称	生产厂家
Vysis 慢性白血病荧光原位杂交试剂盒	VENCLEXTA®（venetoclax）	雅培
PathVysion HER2 DNA 探针检测试剂盒	曲妥珠单抗	雅培
Vysis ALK 断裂荧光原位杂交检测试剂盒	克唑替尼	雅培
SPOT-LIGHT HER2 CISH 检测试剂盒	曲妥珠单抗	美国生命技术公司
cobas® EGFR 突变检测 v2	Tagrisso®（osimertinib）	罗氏
cobas® EGFR 突变检测	厄洛替尼	罗氏
cobas KRAS 检测试剂盒	西妥昔单抗、维克替比（帕尼单抗）	罗氏
cobas 4800 BRAF V600 突变检测	维罗非尼	罗氏
therascreen® EGFR RGQ PCR 试剂盒	阿法替尼、吉非替尼	凯杰
therascreen KRAS RGQ PCR 试剂盒	西妥昔单抗；帕尼单抗	凯杰
INFORM HER2 DUAL ISH DNA Probe Cocktail	曲妥珠单抗	Ventana 医疗
INFORM HER2/NEU 检测试剂盒	曲妥珠单抗	Ventana 医疗
VENTANA ALK（D5F3）CDx 检测	克唑替尼	Ventana 医疗

续表

伴随检测产品	药物名称	生产厂家
抗 HER2/neu（4b5）兔单克隆抗体	曲妥珠单抗	Ventana 医疗
Ferriscan 检测试剂盒	恩瑞格（地拉罗司）	Resonance Health
BRACAnalysisCDx 检测试剂盒	奥拉帕尼	Myriad（米利亚德）
Bond Oracle HER2 IHC System	曲妥珠单抗	Leica Biosystems（徕卡生物系统）
PD-L1 IHC 22C3 pharmDx 检测试剂盒	派姆单抗	Dako 北美
HER2 CISH Pharm Dx 检测试剂盒	曲妥珠单抗	Dako 丹麦
HER2 FISH Pharm Dx 检测试剂盒	曲妥珠单抗、贺疾妥（帕妥珠单抗）、Kadcyla（曲妥珠单抗）	Dako 丹麦
HERCEPTEST	曲妥珠单抗、贺疾妥（帕妥珠单抗）、Kadcyla（曲妥珠单抗）	Dako 丹麦
DAKO EGFR Pharm Dx 检测试剂盒	西妥昔单抗、维克替比（帕尼单抗）	Dako 北美
DAKO C-KIT Pharm Dx 检测试剂盒	伊马替尼	Dako 北美
THxID™ BRAF 试剂盒	曲美替尼；达拉非尼	bioMérieux
INSITE HER2/NEU 检测试剂盒	曲妥珠单抗	BioGenex
D816V 突变检测试剂盒	甲磺酸伊马替尼	ARUP 实验室
PDGFRB 荧光原位杂交试剂盒	甲磺酸伊马替尼	ARUP 实验室

资料来源：FDA，截至 2016 年 9 月

此外，基于基因表达进行肿瘤预测、诊断、预后评估的产品也逐渐被
FDA 认可批准（表 2-29）。

表 2-29　FDA 批准的肿瘤基因表达诊断产品

疾病	产品名称	生产厂家
急性髓细胞性白血病	Vysis D7S486/CEP 7 FISH 探针试剂盒	雅培
	Vysis EGR1 FISH 探针试剂盒	雅培
B 细胞 CLL[1]	Vysis CLL FISH 探针试剂盒	Vysis（威赛斯）
	CEP 12 SpectrumOrange Direct Labeled 染色体计数探针试剂盒	Vysis
膀胱癌	VysisUroVysion 膀胱癌复发检测试剂盒	Vysis
乳腺癌	Prosigna 乳腺癌易感基因检测试剂盒	Nanostring 科技
	MammaPrint 乳腺癌预后检测试剂盒	Agendia BV
	INFORM HER2 Dual ISH DNA 探针组合	Ventana 医疗
	HER2 CISH pharm Dx 试剂盒	Dako 丹麦
	GeneSearch 乳腺淋巴结检测试剂盒	Veridex
	Dako TOP2A FISH Pharm Dx 试剂盒	Dako 丹麦
	DakoCytomation HER2 FISH pharm Dx™试剂盒	DakoCytomation 丹麦

续表

疾病	产品名称	生产厂家
结直肠癌	Cologuard	Exact Sciences（精密科学）
染色体异常	AffymetrixCytoScanDx 实验	昂飞
	AneuVysion	Vysis
	CEP 8 Spectrumorange DNA 探针试剂盒	Vysis
	CEP X Spectrum Orange/Y Spectrum Green DNA 探针	Vysis
卵巢癌	BRAC Analysis CDx	Myriad
前列腺癌	NADiAProsVue	MAnufacturer
	PROGENSA PCA3 检测	Gen-Probe

1）CLL 即 chronic lymphocytic leukemia，慢性淋巴细胞白血病

资料来源：FDA，截至 2016 年 8 月

随着基因组学、表观基因组学、转录组学等高通量检测学科的快速发展，荧光原位杂交（fluorescence *in situ* hybridization，FISH）、基因表达谱芯片、aCGH（array-based comparative genomic hybridization，阵列比较基因组杂交）基因芯片、NGS、荧光定量 PCR、数字 PCR 等技术用于肿瘤分子诊断将是重要的趋势。在美国，这些新型肿瘤分子检测技术大多以LDT（laboratory developed tests，实验室自建方法）的形式在 CLIA 实验室应用，也有少数产品通过了 FDA 认可在市场上销售。LDT 阶段是新兴检验方法在受到大规模认可及正式批准前的必经阶段，也是培养先进检验方法的生长期。各国对 LDT 的监管是不同的，美国经过各方长期讨论出台了对 LDT 的监管指南，根据其风险进行分级与分期管理，允许部分产品作为商品出售。欧洲及日本并未对其进行明确规定，许多科研试剂和临床医学检验实验室自建检测项目已用于临床检测。以基因芯片为例，其作为一种高通量的基因组学分析手段，已用于肿瘤基因检测。目前有代表性的基因组芯片包括以 aCGH 技术为基础的 Agilent（安捷伦）平台和以基因分型芯片为基础的 Illumina、Affymetrix 平台。这些芯片最早均以 LDT 的形式在 CLIA 实验室应用。2014 年，Affymetrix 公司的 CytoScan Dx Assay 芯片获得了 FDA 510k 许可，可以应用于产前、产后、肿瘤方面的研究及临床应用。在肿瘤预测及预后评估方面，FDA 批准了 *MammaPrint70* 基因用于乳腺癌预后评估。此外，基于 TLDA（TaqMan low density array，

TaqMan 低密度阵列）芯片技术的 *OncotypeDx21* 基因检测，虽然未获得 FDA
批准，但因其在 CLIA 实验室的长期评估的良好预测性能，已被 NCCN
（National Comprehensive Cancer Network，美国国立综合癌症网络）推荐
用于乳腺癌预后评估和用药指导。

与肿瘤多组学分子诊断相对应的是液体活检技术的兴起。液体活检具
有非侵入性、可连续取样的优势，又可克服组织取样肿瘤异质性问题，具
有巨大的市场前景。液体活检目前主要有三个方向：检测游离的肿瘤
DNA 和 RNA（ctDNA/ctRNA）、检测血液中完整的肿瘤细胞（circulating
tumor cell，CTC）、检测由肿瘤细胞释放出的外泌体（exosome）。

随着 NGS 技术的发展，ctDNA 检测技术发展迅速，大量企业从事相
关产品开发，以肺癌检测为例，所用技术平台涉及 NGS、聚合酶链式反
应（polymerase chain reaction，PCR）和质谱（mass spectrum，MS）等
（表 2-30）。2014 年，欧盟批准将 ctDNA 检测用于吉非替尼的伴随诊
断。同年，Epigenomics&BioChain 结直肠癌早期检测试剂盒获 CFDA 批
准，这款试剂盒通过对血浆游离核酸 *Septin9* 基因甲基化检测来进行结直
肠癌筛查。2016 年 6 月 1 日，FDA 批准首个基于 *EGFR* 基因突变的液体
活检技术-罗氏 cobas EGFR Mutation Test v2，用于检测非小细胞肺癌
（non-small cell lung cancer，NSCLC）患者 EGFR 外显子 19 缺失和外显子
21 的 L858R 突变。标志着 ctDNA 作为液体活检的材料已逐渐从科研走向
临床。

表 2-30　国外 ctDNA 检测产品厂家及技术平台举例

公司	技术平台
AccuraGen（安可济）	NGS
Boreal Genomics	qPCR or NGS
CAPP Medical	NGS
CAPP Medical/罗氏	NGS
Chronix Biomedical	NGS
Clinical Genomics	PCR
Clovis Oncology	BEAMing
Diacarta（帝基生物）	PCR，NGS

公司	技术平台
EKF	PCR，Sanger，NGS
Epigenomics	PCR
Grail（思为诺）	Illumina
Guardant Health	NGS
Inivata	NGS
Natera	mmPCR-NGS（错配 PCR-NGS）
Personal Genome Diagnostics	NGS
Predicine（慧渡医疗）	NGS
罗氏	PCR
Sequenom	MS
Signature Diagnostics	NGS
Swift Biosciences	NGS
SysmexInostics（希森美康）	BEAMing
Transgenomic	NGS，Sanger，数字 PCR
Trovagene	ddPCR（微滴度 PCR），NGS
Qiagen	qPCR/NGS
Pathway Genomics	NGS

此外，检测血浆中的游离 miRNA（microRNA，微 RNA）性质非常稳定，在作为潜在的肿瘤标志物方面具有很大的优势。miRNA 是一类长度约为 22 个核苷酸的内源性小分子单链 RNA，在生物进化过程中相对保守，参与调控细胞发育、分化、增殖和凋亡等重要的生物学过程，在肿瘤的发生、发展及转移中发挥重要作用。目前已发现的人类 miRNA 大多位于与肿瘤发生相关的染色体区域或脆性位点，如杂合性缺失区、缺失区、扩增区、断裂点区、靠近癌基因或抑癌基因的区域。2008 年，Mitchell 等通过人源肿瘤移植动物模型实验，发现实体瘤可持续释放 miRNA 进入循环系统，并且实体瘤的大小与血浆游离 miRNA 含量成正比，为血浆游离 miRNA 作为潜在的肿瘤标志物奠定了理论基础。循环 miRNA 研究表明，miRNA 在人类血浆或血清中可免受内源 RNase（ribonulease，核糖核酸

酶）活性的影响，在室温下孵育 24 h、反复冻融、过酸、过碱、煮沸等极端条件下也不易降解。特别是可在低温条件下长期保存，检测经济方便，取样简单，在作为新型的生物标志物应用于肿瘤早期预警、早期诊断方面极具应用前景。目前已有大量文献报道血浆/血清 miRNA 在肿瘤诊断、预后、分型等方面的应用潜力，特别是用于肿瘤早诊越来越受到关注。例如，美国国立卫生研究院在 2008 年进行的一项姐妹研究（sister study）中，收集了超过 50 000 位妇女的血清（入组的妇女皆为姐妹）研究乳腺癌发生状况。在之后的 18 个月中有 205 位妇女发生了乳腺癌而其姐妹未发生。采用这 205 对病例对照配对的妇女血清从 1105 个 miRNA 筛选出 21 个作为乳腺癌诊断标志物，之后又在 5 对姐妹中验证了 miRNA-18a、miRNA-181a 和 miRNA-222 的高表达，在乳腺癌发生前 18 个月，部分 miRNA 在血浆中的表达就已发生异常。此外，据《日刊工业新闻》2014 年报道，日本新能源产业技术综合开发机构（The New Energy and Industrial Technology Development Organization，NEDO）拟投资约 79 亿日元，开发基于 miRNA 的一次采血检查乳腺癌及大肠癌等 13 种癌症的新一代癌症诊断系统。该项目着眼于癌细胞分泌的 miRNA，结合 13 种癌症的特征性 miRNA，用于早发现癌症并确定其种类。

在 CTC 检测方面，一代 CTC 检测系统 Cellsearch 于 2004 年获得 FDA 批准用于转移性结直肠癌、乳腺癌和前列腺癌临床检测。新一代基于微流控芯片的高灵敏度 CTC 检测技术如 Celsee 等也发展快速。外泌体检测技术目前尚处于科研阶段，但在 RNA 融合基因检测方面极具前景。液态活检在未来的医疗行业中有着巨大的应用前景，包括肿瘤的复发转移风险监测、肿瘤治疗疗效的快速评价、高危人群的早期筛查和辅助诊断、个体化治疗方案的选择、新的肿瘤药物的筛选和肿瘤转移机制的研究等。据 BCC 分析，2020 年液体活检的市场价值将达 220 亿美元。

4）基层诊断设备及技术

在国外，一般人们生病都是先到社区诊所或者找自己的家庭医生进行首诊，所以他们更青睐以便携式可穿戴快速检测为特征的 POCT 类设备。这也是目前 POCT 市场主要集中于欧美的原因。诊断类 POCT 多数以微流控芯片技术为核心，这成为这类仪器的亮点。

国际上 POCT 技术发展迅速，它是高新技术的缩影，是检测技术的集大成者。在世界范围内，新兴的 POCT 技术在临床医疗、生物应急、社区医疗乃至家庭慢性病管理领域的应用及其管理都有一个发展过程。未来的 POCT 产品能够在便捷快速进行检测分析的同时，整合远程数据终端和云医疗资源进行大数据分析，从而构建真正的健康预警体系。

目前，全球 POCT 市场规模已超过 400 亿美元。从 POCT 全球市场规模结构来看，美国占比约 50%，欧洲超过 30%，日本、中国和印度等人口大国的占比还不高。目前美国 POCT 市场规模近 80 亿美元，欧洲超过 40 亿美元，欧美地区年均增速 7%～8%。亚太地区人口众多，是 POCT 市场未来发展的重点地区。

目前 POCT 市场约占整个体外诊断行业市场容量的 30%，其中血糖检测 OCT（optical coherence tomography，光学相干层析成像）约占 19%，血糖以外的其他 POCT 检验约占 12%。这主要是由于血糖检测具有较高的技术成熟度和患者基础，已经成为最大的 POCT 检验项目。

在生化检查领域，比较典型的如雅培于 2015 年推出的 i-STAT 多指标血液分析仪，只要 3 min 即可得到血气、电解质、血糖、血球压积、尿素氮、肌酐、ACT（activated clotting time of whole blood，活化全血凝固时间）、PT（prothrombin time，凝血酶原时间）、cTnⅠ（cardiac troponin Ⅰ，心肌肌钙蛋白Ⅰ）等各项血液指标。

在免疫检测方面，现在占领世界市场的 POCT 产品主要分为以下三类：感染因子检测、病原体检测及肿瘤标志物检测。以国际领先的 POCT 生产商美艾利尔（Alere）公司的产品为例，其虽然能够对多种疾病进行检测，但是检测是串行进行的，且只检测单一指标。如果有疫情暴发，这种单一指标检测的设备在大量病患面前存在分析能力不足的问题，需要有适用性更加全面的 POCT 产品推出以拓展基层的检测能力。

在分子诊断领域，美国 Cepheid 公司的 GeneXpert 快速检测系统是市场上推出的基于这一技术的第一台全集成基因型分析系统，能够同时检测多个基因指标。其在 2010 年推出后具有很高的市场认可度。同时，许多团队跟进并希望能够基于实时荧光定量检测技术开发集成 DNA 提取、扩增及检测的全集成自动化检测平台。

在传统的 POCT 产品中，日本在家庭保健类器械的研发、产业方面有突出优势。例如，欧姆龙的血压计、计步器在同类产品中占据很强的主导地位。且日本在该优势领域将进一步扩展。目前松下健康医疗（Panasonic Healthcare）已与德国制药巨头拜耳集团（Bayer）宣布签署一项最终协议，将旗下糖尿病护理业务以 10.22 亿欧元（约合 11.61 亿美元）出售，包括旗舰品牌 Contour 系列血糖仪及 Breeze Ⅱ、Elite、Microlet 等品牌穿刺设备。

2. 国内发展状况与趋势

1）免疫检测

A. 化学发光

目前国内化学发光检测产品分两类：一类为原装进口产品，主要以贝克曼库尔特、罗氏、西门子、雅培等为主，特点是仪器试剂为全部封闭配套试剂，自动化程度较高，检测成本高，对每天标本量有一定的要求，主要面向大中型医院；另一类为国产产品，这些产品主要由深圳新产业生物医学工程股份有限公司等提供，仪器自动化程度不高，检测成本较低，主要面向中小型医院。

国内市场上，化学发光与酶联免疫吸附测定并存，占比不断上升。随着中国经济快速增长，各类大型医院对价格的承受能力明显上升，纷纷进口全自动化学发光免疫分析系统，使用进口配套试剂，目前在三级医院基本普及了化学发光。但进口全自动化学发光免疫分析系统具有封闭性的特点，不兼容其他厂商的试剂，提高了进口产品使用成本。受国内精密仪器研制水平限制，国产分析系统性能上与进口产品存在差距，市场接受度有待提高。目前，在我国数量庞大的低级别医院仍多使用酶联免疫吸附测定，因此国内免疫诊断领域酶联免疫吸附测定与化学发光并存。但从市场变化趋势来看，国内免疫诊断领域中化学发光占比大幅上升。结合国外主流市场情况，随着国内企业技术的突破和生产成本的下降，化学发光将逐步替代传统的酶联免疫吸附测定。

目前，外国企业占据了国内化学发光市场 75% 以上的份额，在三级医院等高端医疗机构的市场上更是处于垄断地位。又以罗氏、雅培、西门子、贝克曼库尔特为代表，占据绝大部分的市场份额，基本占领了三级医院等高端医疗机构，但未向低级别医院及医疗机构大规模扩张。

国内厂商以二级医院和基层医疗机构市场为突破口。国内数家体外诊断企业已上市了自主研发的全自动化学发光免疫分析系统和配套试剂，虽然产品性能有待提高，但是依靠价格优势和国家利好政策，正逐步打开二级医院和基层医疗机构市场，并快速发展。国内其他企业也在积极布局全自动化学发光免疫分析系统与配套试剂，争夺化学发光市场。

B. 流式及其配套系统

目前国内的流式市场主要被国外的 BD（Becton，Dickinson and Company）、贝克曼库尔特等公司所垄断，国内产品较少。自 2013 年以来艾森生物（杭州）有限公司、深圳迈瑞生物医疗电子股份有限公司（以下简称深圳迈瑞）等公司陆续取得了流式细胞仪的医疗器械注册证书，并相继有配套试剂上市。2015 年，为贯彻落实《国务院办公厅关于推进分级诊疗制度建设的指导意见》，国家卫生和计划生育委员会（以下简称卫计委）制定的两大标准《县医院医疗服务能力基本标准》《县医院医疗服务能力推荐标准》均要求县医院配备流式细胞仪，这将为国产流式细胞产品的发展带来新的契机。

总体上讲，我国免疫诊断行业发展目前已趋于成熟，仪器、产品均已系列化，产品种类基本与国外主流产品保持一致。但主要存在的问题是国内外不同厂家、医院间的检测结果不能统一互认，以及现有检测技术在检测项目等方面在行业间水平大致趋同，提升空间不大；免疫检测标志物一般仅用于辅助诊断，随着基因检测的发展，对同一类疾病的多种诊断方法可能会挤压免疫诊断试剂的发展空间。

2）无创产前检测

2012 年《中国出生缺陷防治报告（2012）》数据显示，我国出生缺陷发生率与世界中等收入国家的平均水平接近，占新生婴儿的 5.6%，但由于人口基数大，每年新增出生缺陷病例总数庞大，全国每年新增出生缺陷约 90 万例。全国累计有近 3000 万个家庭曾生育出出生缺陷和先天残疾儿，占全国家庭总数的近 1/10。染色体非整倍体是造成出生缺陷的主要原因之一，其中 21-三体、18-三体、13-三体较为常见，因此，针对上述三条染色体开发的 NIPT 项目具有广阔的应用前景。通过对 13、18 和 21 号染色体非整倍体大规模的临床应用，已对其临床性能进行了充分验证。但是，在进行 NIPT 筛查的同时也会观察到这三条染色体之前的其他染色体异常，面对这种情况，检测机构通常会面临两难的选择。一方面，NIPT 只能应用 NMPA 注册上市的商品化试剂盒进行检测，其产品说明书上明确表示仅能报告 13、18、21 号染色体非整倍体异常，检测其他染色体异常的分析性能和临床性能没有经过充分验证，如报告其他染色体异常则触碰监管红线；另一方面，其他染色体异常往往也会导致遗传病患儿的出生，在 NIPT 中检测出的情况也有较大可能性会真实发生，如坐视这种情况不加以处理，会为国家和家庭带来巨大的社会经济损失。

市场方面，我国获得 NMPA 市场准入的无创产前胎儿染色体非整倍体检测试剂盒有五家公司，分别是博奥生物集团有限公司、华大基因、北京贝瑞和康生物技术有限公司（以下简称贝瑞和康）、安诺优达基因科技（北京）有限公司（以下简称安诺优达）、中山大学达安基因股份有限公司。技术路线基本都是采用全基因组测序的方法，测序平台主要为 Illumina 平台和 Life Proton 平台。

监管方面，我国缺乏类似美国的 CLIA 实验室管理体系，因此，如何在合理合法的范围内开展 NIPT 成了整个行业需要面对的问题。2014 年 2 月，国家卫计委叫停了以 NIPT 项目为代表的临床基因检测。经过一年多的调整摸索、专家讨论、试点申报和室间质评，在 2015 年初出台了 NIPT 试点单位名单及试点期间的临床规范，将整个行业引向一个更规范的发展轨道。

3）肿瘤分子诊断

2016 年 1 月，全国肿瘤防治研究办公室、国家癌症中心、全国肿瘤登记中心等共同完成了《2015 年中国癌症统计》。报告估计，中国 2015 年新增 429.2 万癌症病例，癌症的死亡病例超过 280 万。随着社会的发展，癌症的发病率及死亡率不仅没有降低，反而逐年升高，这对人们的健康造成严重的威胁。

根据 2014 年公布的数据，中国的癌症患者 5 年平均生存率约为 30.9%，而我们的邻国日本是 64.3%，欧美发达国家也基本保持在 60% 左右。我国癌症死亡率居高不下的一个重要原因在于我国癌症发现较多处于中晚期，错过最佳治疗时机，易复发转移，预后差，放化疗易产生耐受，缺乏有效的治疗靶点等。临床上常用的血清标志物（癌胚抗原、糖类抗原、AFP 等蛋白类）筛查及影像学诊断，一是普及度不够；二是灵敏度及特异性也不足。临床上亟待将新型分子诊断技术和产品用于肿瘤辅助诊断，降低肿瘤的死亡率。

从基于 IncoPat 专利数据库数据的分析来看，诊断技术方面，1997～2016 年，我国专利申请情况与国外相同，也是以蛋白类肿瘤分子诊断技术为主（图 2-6）。

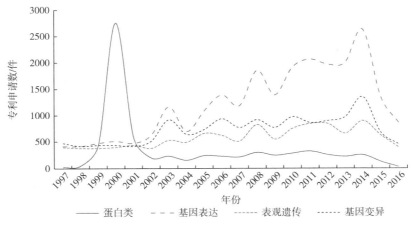

图 2-6　国内肿瘤分子诊断技术专利情况
资料来源：IncoPat 专利数据库分析数据

国际上，基因组学、表观遗传组、转录组等多组学技术和液体活检技术迅速发展，我国的基因组学起步也不晚，经过十多年的跨越发展，在临床应用方面，与西方发达国家同步，处于世界先进行列。特别是 LDT 液体活检技术发展迅速，包括 NGS、ARMS PCR（amplification refractory mutation system PCR，突变扩增系统 PCR）、荧光定量 PCR、数字 PCR 等技术平台。以市场需求较大的肺癌靶向用药液体活检为例，已有数十家公司和第三方医疗机构推出 LDT 检测产品，其中以 NGS 平台为主流（表 2-31）。

表 2-31　国内肺癌 ctDNA LDT 检测厂家及技术平台

公司	技术平台
安诺优达	NGS
贝瑞和康	NGS
上海鼎晶生物医药科技股份有限公司	NGS
燃石医学	NGS
深圳市海普洛斯生物科技有限公司	NGS
华大基因	NGS
北京诺禾致源科技股份有限公司	NGS
厦门艾德生物医药科技股份有限公司	qPCR-荧光探针
上海宝藤生物医药科技有限公司	NGS
北京圣谷同创科技发展有限公司	NGS
南京世和基因生物技术有限公司	NGS
苏州为真生物医药科技有限公司	qPCR-突变富集技术/HRM 法
药明康德新药开发有限公司	数字 PCR
元码基因科技（北京）股份有限公司	ddPCR
北京泛生子基因科技有限公司	NGS
北京吉因加科技有限公司	NGS
广州金域医学检验中心有限公司	NGS

2015 年 3 月，医政医管局发布了第一批肿瘤诊断与治疗项目 NGS 临床试点名单；2015 年 7 月 31 日，国家卫计委个体化医学检测技术专家委员会，在广泛征求意见的基础上，发布了《药物代谢酶和药物作用靶点基因检测技术指南（试行）》《肿瘤个体化治疗检测技术指南（试行）》；2016 年 3 月，国家卫计委对未列入《医疗机构临床检验项目目录（2013 年版）》，但意义明确、特异性和敏感性较好、价格效益合理的 LDT，要求及时论证以满足临床需求；2016 年 4 月 23 日中国临床肿瘤学会（Chinese Society of Clinical Oncology，CSCO）和中国肿瘤驱动基因分析联盟（China Actionable Genome Consortiunz，CAGC）联合发布了《二代测序（NGS）技术应用于临床肿瘤精准医学诊断的共识》。这一系列监管政策和技术指南为临床分子诊断技术和产品的临床应用实践规范化奠定了良好的基础。

从 CFDA 批准的诊断产品来看，2003～2016 年获批的肿瘤分子诊断产品主要为蛋白类和基因突变检测类，其他还包括甲基化、miRNA、CTC 等新型肿瘤检测试剂盒（图 2-7），主要为近期出现的用于肿瘤液体活检的新型检测试剂。例如，2015 年，博尔诚（北京）科技有限公司独家代理德国 Epigenomics 公司研发、生产的 *Septin9* 基因甲基化检测试剂盒（PCR 荧光探针法）获得 CFDA 审核，用于结直肠癌辅助诊断。2015 年江苏命码生物科技有限公司的 miRNA-25 定性检测试剂盒（荧光 PCR 法）获得 CFDA 批准，用于胰腺癌辅助诊断。2016 年，上海格诺科技有限公司的 CytoploRare 肺癌 CTC 叶酸受体检测产品，获得 CFDA 批准，用于肺癌辅助诊断。

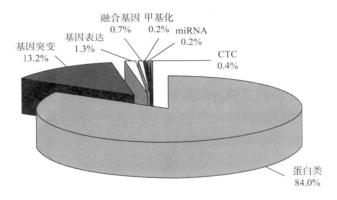

图 2-7　CFDA 肿瘤分子诊断产品申报情况
资料来源：CFDA 分析数据

但仍需看到基因芯片和 NGS 等多组学研究平台技术的仪器、耗材、试剂多为国外大公司所垄断。例如，基因组芯片产品主要集中于 Agilent、Affymetrix 和 Illumina 公司。NGS 仪器主要被 Illumina 和 Thermo Fisher 两家公司垄断，占市场份额的 90% 以上。中国基因检测公司大多瞄准的主要是服务，肿瘤分子诊断试剂在仪器、试剂及耗材上受到国外上游厂家的挤压，亟待在关键的仪器设备及配套试剂上取得原创技术，取得行业竞争的主动性。此外，还缺乏相应的肿瘤分子检测产品评价标准和遗传咨询服务体系。

4）基层诊断设备及技术

对比国外的发展状况，在免疫诊断方面，国内市场 CLIA 与酶联免疫吸附测定并存（表2-32）。目前三级医院基本普及了CLIA，但都以进口设备为主，占据约75%以上的份额，进口产品使用成本高，使得基层市场难以接受，以至于在我国数量庞大的低级别医院仍多使用价格相对低廉的酶联免疫吸附测定。

表 2-32 进口 CLIA 设备在国内情况对比

产品	国内市场占有情况	检查领域
罗氏：电化学发光系列产品（cobase系列）	各大医院检验科装机量位居第一	CLIA 试剂盒齐全，以肿瘤标记物为优势
雅培：i-2000 全自动化学发光免疫分析仪	在我国各大医院的传染病系列占有率高	诊断试剂以传染病检测为主
西门子：ACS 系列全自动化学发光免疫分析仪	—	检测领域包括甲状腺功能检测、肿瘤标记物检测等
贝克曼库尔特：ACCESS 2 和 UniCelDxl 800 全自动化学发光免疫分析系统	—	检测领域包括肿瘤标志物、产前筛查、激素检测、血液检测等

国内的 CLIA 设备厂商以二级医院和基层医疗机构市场为突破口。国内仅深圳新产业生物医学工程股份有限公司、四川迈克生物科技股份有限公司、郑州安图生物工程股份有限公司、北京利德曼生化股份有限公司和深圳迈瑞等少数企业掌握全自动化学发光仪器和试剂核心技术，目前正迅速崛起。虽然仍需要提高产品性能，但由于价格优势和政策扶持，在开拓中下级医院和基层医疗机构方面发展迅速。同时，全自动化学发光免疫分析系统及与之配套的试剂方面也得到越来越多国内其他企业的重视，并在相关领域积极投入，争夺 CLIA 市场。

在分子诊断方面，我国的市场基数小、成长快，2014 年规模约 18.6 亿元人民币，仅占我国体外诊断市场的15%，但年均增速达到20%以上，约为全球市场增速的 2 倍。经过多年研究吸收，国内产品在 PCR 和基因芯片领域取得了良好发展，技术已达到或接近国际水平。在这方面，博奥生物集团有限公司研发的晶芯 RTisochip-A 恒温扩增微流控芯片核酸分析仪可以进行病原菌微生物快速检测，就是针对急诊和基层医院而设计的分子诊断仪器，它兼有 POCT 的特点，方便小巧，未来如果把样品前处理引入仪器，并适当智能化，提高通量，将会成为真正适应中国国情的基层医院分子诊断仪器。

针对传统的 POCT 产品，其中血糖仪国产品牌市场占有率低，终端市场外资品牌占比在 50% 以上，主要的外资品牌有罗氏、拜耳、欧姆龙、强生等。剩余的市场主要由三诺生物传感股份有限公司、北京怡成生物电子技术股份有限公司和江苏鱼跃医疗设备股份有限公司等占据，但近年来国产品牌迅速发展，预计未来国内产品占比将迅速扩大，甚至超过国外产品占比；血气类产品主要以国外产品为主，主流产品中罕有国产品牌，深圳市理邦精密仪器股份有限公司已有相关产品推向市场；妊娠检测领域也是重要发展领域，随着居民生活方式的改变和优生优育意识的提升，妊娠检测类产品渗透率会有所提升；国家放开二孩的政策也有利于产品渗透率的提高，国产品牌主要有广州万孚生物、润和生物；对于疾病标志物检测，主要市场仍然被美艾利尔、罗氏和雅培三家巨头垄断。

伴随着我国微流控行业技术的发展与进步，部分企业跳过传统 POCT 产品直接进入下一代全集成多指标 POCT 系统的研发并取得了一定的进展。其中最典型的是天津微纳芯科技有限公司，其推出的单样品多指标并行分析系统 Celercare M，适用于在固定场所或野外环境中现场分析微量全血、血浆、血清、尿液或其他体液中的常规生化指标，从指标上看与同类进口产品相比具有一定的竞争力。体积小、速度快，便于携带，操作简单，使得生化检测仪器有可能放在病人家中使用。但目前由于其芯片成本过高，仪器体积比干化学的生化分析仪大很多，耗材太贵，还不能在家庭推广。过高的耗材价格即使面向基层医院也难以推广。

2004～2014 年，我国在 POCT 领域发展迅猛，但仍需要向先进国家学习科学的理念、先进的技术、市场应用管理政策。为推动我国 POCT 产业的发展，2012 年，国务院印发《生物产业发展规划》，2011～2013 年国家通过 863 计划、十二五科技项目计划大力支持 POCT 产业发展，极大地推动了我国 POCT 产业的迅速崛起。其发展趋势主要具有以下几个特点。

A. 多样化

目前，市场上 POCT 主要应用的技术包括干化学技术、多层涂膜技术、免疫层析与渗滤技术（目前应用最广）、微流控技术、红外和远红外分光光度技术（不需采血可透皮连续监测血红蛋白和血糖等的技术）、选择性电极技术（主要用于检测血气和电解质）、生物传感器与生物芯片、微型显微镜成像模糊识别技术等，测试对象也由生化指标、免疫指标逐步外延到核酸指标，目前市场上已有掌上 PCR 检测设备与试剂。

B. 从定性到定量

精确分析是检测技术发展的必然趋势。伴随新材料的不断涌现，并融合精密制造、生物医学、自动控制等多种新技术元素，新一代 POCT 具有可以和大型检测设备相媲美的精确定量能力。从而，迎来了 POCT 从定性或半定量到精确定量的新时代。以胶体金为示踪物的免疫层析产品是 POCT 定性技术的成功典范，包括早早孕、检测排卵等相关产品深刻影响了人类社会。在定量领域，包括普通荧光、时间分辨荧光、上转发光和电化学发光在内的多种发光技术为基础的检测试剂和设备已经实现了检测的精确定量。

C. 需求广泛

临床急诊、疾控应急、灾害救援、食品安全、生物反恐、进出口检疫和违禁药品筛查等对现场检验结果要求快速、准确，以便科学决策、合理处置；另外，医疗模式的转变，个体化医疗和家庭保健模式的发展对 POCT 技术提出了很高的要求。因此，POCT 技术可以满足我们保障社会和经济安全发展、维护人民健康的需求。

D. 网络化

互联网特别是移动无线互联技术的发展，给 POCT 的发展带来了前所未有的机遇。已形成标准体系的大型设备无法走出实验室，无法走进家庭，无法来到患者的身边和事发现场。患者随时可使用 POCT 检测设备（甚至是可穿戴式的）做检查，并将相关数据同步上传至后端诊疗服务云平台，线下医师服务团队通过平台调阅并判读检测数据，帮助患者诊断并提供用药指导和自我健康管理建议。

3. 需求分析、产业发展重点方向与关键技术

1）"十三五"期间我国经济社会对诊断试剂发展的需求分析

根据《2015 年我国卫生和计划生育事业发展统计公报》，2015 年末，全国医疗卫生机构数量分布如图 2-8 所示，其中，基层医疗卫生机构分布数据如图 2-9 所示，基层医疗体量巨大，未来将是医疗市场的主体。

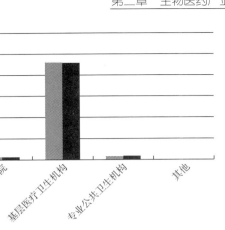

图 2-8 全国医疗卫生机构数量分布

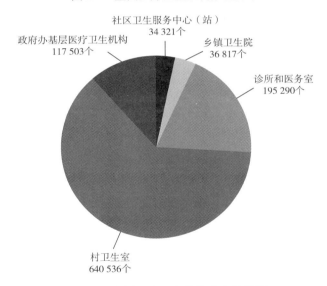

图 2-9 基层医疗卫生机构分布数据图

对于生化免疫诊断而言，核心技术是试剂开发，诊断仪器、上游原料和下游使用机构一起构成整条产业链。我国的诊断试剂产业仍处于弱小成长期，市场呈现出割据竞争的格局。化学发光技术壁垒很高，且为封闭系统，即仪器和试剂必须配套使用，国内企业需要加大研发力度，最终实现生化诊断进口替代的成功模式。

分子诊断由于其能够检测 DNA 水平和精确度稳步提高，已广泛应用于疾病的筛查、早期诊断、治疗监测、预后等生命科学的各领域。基因产业已成为全球的主流产业。同时临床中药物治疗的有效率为 20%～70%，而患者个体的差异如遗传特质、疾病易感性、药物敏感性等将导致药效差异。通过生物芯片、基因组测序等分子诊断及组织诊断来检测患者遗传特质，进而判断药物有效性，可以减少药物副作用的发生、调整药物用量、提高药效，以及降低医疗成本。它还可预测重大疾病的发病风险，提供及时预警和治疗指南，有助于及时治疗，提高存活率。我国已进入老龄化社会，分子诊断将为新医药、新疗法、新保健、新预防提供持续性发展的保证。

在出生缺陷领域，NIPT 的临床可靠性已经毋庸置疑，其未来的发展方向将是无创产前诊断，即全部 24 条染色体非整倍体筛查、染色体无创CNV 检测及无创单基因病检测。

肿瘤分子诊断的发展需求也非常巨大。目前，中国的癌症发病率和死亡率一直在上升，已经成为主要的致死病因。《2015 年中国癌症统计》估计 2015 年我国癌症新发病例数及死亡人数分别为 429.2 万例和 281.4 万例，相当于平均每天 12 000 人新患癌症、7500 人死于癌症。肿瘤是一个高度和基因相关的疾病，肿瘤分子诊断的发展，将给人类的生活和生命带来革命性的变革，将引发医药业的大革命并带来巨大的市场商机。据《21世纪经济报道》，仅肿瘤液体活检领域，未来 5～10 年内的市场潜力就约为 200 亿元。随着我国经济的快速发展，人们生活水平的不断提高，消费能力和健康保健意识愈加强烈，人们对早期肿瘤预测、检测越来越重视，需求越来越旺盛。此外，随着肿瘤靶向治疗的兴起，肿瘤靶向药物的伴随诊断，以及化疗药物基因检测等肿瘤分子诊断技术发展将为肿瘤精准诊断提供有力的保障。

随着检测的家庭化及医疗体系分级建设的逐步完善，老龄化的不断加剧，我国各项慢性病患者人数不断攀升，我国目前居民消费支出以每年大于15%的速度增长，消费水平的提高、消费结构的变化，以及消费意识的进步会刺激家用医疗器械渗透率的提高。从发达地区医疗体系建设的路径来看，家庭医疗、康复、预防已成为医疗体系中的重要一环，未来家庭预防、医疗和康复将成为主流。家庭康复、预防的需求也成为 POCT 器械发展的基础，家用医疗器械区别于医院使用的医疗器械，其有操作简单、体积小巧、携带方便的主要特征，特别是应用在一些慢性病，如血糖监测、血液化学和肿瘤等方面的检测优势更为突出。

而移动互联网时代的来临，大规模集成电路的发展，促使了集成式芯片实验室检验分析系统的发展，基于生化、免疫、分子诊断检测技术，集成复杂样品处理和自动化流程的全系列、高通量微流体芯片系统，极大地缩减了系统的诊断时间。其一次性芯片，即插即用的设计，可广泛用于临床的各个体外诊断应用，实现"样品进、结果出"的全自动便携式检测，缩减了医护人员的时间成本，减少人工因素导致的错误，为医院、基层诊室和家庭的床旁检测提供了方案。

2015年9月，国务院办公厅印发《国务院办公厅关于推进分级诊疗制度建设的指导意见》，提出建立基层首诊、双向转诊、急慢分治、上下联动的分级诊疗模式，到 2017 年，分级诊疗政策体系逐步完善，医疗卫生机构分工协作机制基本形成，到 2020 年，分级诊疗服务能力全面提升，基本建立符合国情的分级诊疗制度。基于POCT产品特点，其将在分级诊疗体系建设中发挥重要的作用。分级诊疗制度推行以后，将给POCT带来发展机遇。

2）"十三五"期间诊断试剂产业发展重点方向与关键技术

"十三五"规划中，"健康中国"引人关注。在"十三五"规划中涉及医疗器械未来发展的有五点；集中突破的六大领域核心技术中提到了生物医药和智能制造；推进健康中国建设更是将深化医药卫生体制改革提到了新的高度；更公平的社会保障制度也将为基层市场放量、民营医疗机构发展、技术的创新升级等释放出巨大的国内市场，为国产中低端医疗器械再增长创造机遇。

法规方面，2014年国家卫计委鼓励使用优秀国产医疗器械，CFDA贯彻实施国务院关于改革药品医疗器械审评审批制度的意见，明确了医疗器械审评审批制度改革的七大任务。2014 年发布了《创新医疗器械特别审批程序（试行）》，一系列改革和法规的发布，证明了国家在健康产业、医疗器械领域、体外诊断试剂方面发展的决心。

在国家法规的促进下，体外诊断试剂将迎来大的挑战和机遇，在准确性、智能性、即时性、多元性、创新性方面将得到进一步发展。

A. 免疫检测

2015 年 6 月 30 日上午，国务院新闻办公室举行《中国居民营养与慢性病状况报告（2015）》发布会。国家卫计委副主任、国家中医药管理局局长王国强在发布会上介绍了我国居民慢性病状况，2012 年全国 18 岁及以上成年人高血压患病率为 25.2%，糖尿病患病率为 9.7%，与 2002 年相比，患病率呈上升趋势。根据 2013 年全国肿瘤登记结果分析，我国癌症发病率为 235/10 万，肺癌和乳腺癌分别位居男性、女性发病首位，10 年来我国癌症发病率呈上升趋势。2012 年全国居民慢性病死亡率为 533/10 万，占总死亡人数的 86.6%。心脑血管病、癌症和慢性呼吸系统疾病为主要死因，占总死亡人数的 79.4%，其中心脑血管病死亡率为 271.8/10 万，癌症死亡率为 144.3/10 万（前 5 位分别是肺癌、肝癌、胃癌、食道癌、结直肠癌），慢性呼吸系统疾病死亡率为 68/10 万。经过标化处理后，除冠心病、肺癌等少数疾病死亡率有所上升，多数慢性病死亡率呈下降趋势。王国强在回答记者提问时表示，中国政府对慢性病的防控和营养状况的改善高度重视。李克强总理在 2015 年的政府工作报告中也强调指出，"健康是群众的基本需求，我们要不断提高医疗卫生水平，打造健康中国"[①]。

做好慢性病防控，在肿瘤免疫诊断领域，需大力发展肿瘤预测、肿瘤诊断、用药指导和术后监测相关产业与关键技术。

（1）"十三五"期间应加强肿瘤蛋白标志物的研究。防治肿瘤的关键在于早发现、早治疗。结合肿瘤基因组学和蛋白质组学发现肿瘤早期预测和早期诊断的新型、灵敏度高、特异性好的蛋白标志物，促进免疫诊断的临床应用。

（2）发展免疫诊断与分子诊断相互结合的肿瘤诊断技术。临床免疫诊断涉及的疾病诊断非常广泛，主要包括肿瘤、自生免疫性疾病、传染性疾病和器官移植排斥等诊断与病程的动态观察及预后分析、治疗与预防方面的临床应用，但也面临很多临床应用的局限性，如肿瘤早期特异性诊断的提高，自身免疫性疾病的诊断等。而 miRNA 对免疫细胞分化及免疫应

---

① 引自中华人民共和国中央人民政府官方网站的文章《政府工作报告（全文）》，http://www.gov.cn/guowuyuan/2015-03/16/content_2835101.htm，2018 年 5 月 7 日。

答的调控具有广泛的生物学功能。因 miRNA 在免疫细胞中的分化发育、免疫应答的调控及免疫系统肿瘤的发生发展等过程中发挥重大作用，很可能会在肿瘤预测方面起到积极作用。结合现有及新型的肿瘤蛋白标志物的联合诊断的发展，既可以提高肿瘤诊断的特异性又可以提前预警，该技术的研究应用于早期肿瘤的预测和诊断是未来发展方向之一。

（3）肿瘤诊断系统国产化。大力发展诊断领域以化学发光免疫检测系统为代表的临床检测设备的国产化。2015 年，国内 75%以上的化学发光市场份额由外国企业占据，在三级医院等高端医疗机构市场具有垄断地位。国家需积极支持国内企业在免疫诊断相关领域的产业化，促进国内化学发光免疫诊断系统的良性发展。

（4）加强免疫诊断产业创新、有序发展。针对用于慢性病防控的自主创新技术和产品的政策支持，尽快完善《创新医疗器械特别审批程序（试行）》，规范指导和适当放宽对创新医疗器械的审批标准，尽快优化和精简应用审批流程，使老百姓能够享受到最先进的技术和产品带来的优质医疗。

B. 无创产前检测

在无创产前检测方面，除了染色体非整倍体异常检测外，染色体的微缺失、微重复也会对胎儿的正常发育产生影响，但此类染色体异常目前也不在 NMPA 注册上市的试剂盒的检测范围内。无创单基因病检测主要针对有家族遗传病史的胎儿，对已知的某一个或某一类有可能导致遗传病的基因或基因上的热点突变进行检测，或针对主要的罕见病突变基因位点进行检测。可以针对不同需求、不同检测通量，依托 NGS 平台、生物芯片检测平台、ddPCR 检测平台等开发相关检测产品。目前尚未有此类临床检测项目，但我国人口基数大，遗传病和罕见病患者人数众多，故应发展关键技术。

C. 肿瘤分子诊断

在肿瘤分子诊断领域，需大力发展肿瘤预测、肿瘤诊断、用药指导、预后和复发监测相关产业与关键技术。

a）加强肿瘤诊断分子标志物研究

肿瘤防治的关键为早发现、早治疗。研究显示，早期发现，95%的肿瘤是可治愈的。对肿瘤的早期预警和诊断使患者能够得到早期治疗，极有可能提高患者的生存率、降低死亡率。借助肿瘤基因组学、蛋白质组学和表观基因组学的发展，建立肿瘤多组学检测技术，发展肿瘤早期预测、早期诊断分子检测技术，发现新型、灵敏度高、特异性好的肿瘤标志物，促进癌症的早期诊断、病理类型的判断和癌症分期。

b）加快临床用肿瘤液体活检技术研究

发展以 ctDNA 检测、CTC 检测为代表的肿瘤液体活检相关产业，发展高灵敏度核酸检测技术，使液体活检能真正应用于临床。循环肿瘤生物标志物由于具有无创性、可动态监测等优点，在无症状人群肿瘤筛查方面极具应用前景。但是目前临床应用的循环肿瘤标志物大多为蛋白、多肽、激素、糖类等，由于敏感性和特异性的限制，一般用于中晚期恶性肿瘤的辅助诊断和复发监测。利用人体外周血液中存在的 ctDNA、mRNA、miRNA、病毒 DNA、核小体中筛选可靠、准确的生物标志物应用于早期诊断肿瘤、实时监控肿瘤治疗疗效、预测肿瘤复发是未来发展方向之一。

c）肿瘤诊断系统国产化

大力发展以基因芯片、新一代测序平台为代表的高端检测设备的国产化。目前，基因芯片及 NGS 的上游仪器、试剂、耗材均被国外垄断，国家需积极寻求突破，发展肿瘤基因组学相关的关键仪器、设备及试剂，并形成产业化，促进国内肿瘤分子诊断试剂的健康发展。

d）加强肿瘤分子诊断产业规范、有序发展

建立肿瘤分子检测试剂国家法规和行业规范，促进肿瘤分子检测的标准化和规范化及提高监管力度，规范如 NGS 技术等新一类分子检测技术在临床上的应用，提高相关肿瘤分子检测技术门槛，规范肿瘤分子检测市场。对于目前短期内无法获得 NMPA 批准的实验室新技术，建立 LDT 使用规范，促进新技术、新科技与临床疾病的诊断相结合，让患者可以得到个性化的、可预测的、可预防的及可参与的一体化医疗服务。

D. 基层诊断设备与技术

a）价格低廉的设备与技术

中国基层医疗诊断产品有着与西方基层医疗诊断产品天然的不同：西方发达国家市场主要面向私人诊所，通常每天标本量较少，10～20 例居多，由保险公司补贴，因而患者对于产品价格不敏感。中国市场主要分布于各级大、中、小医院系统，即使是最小的社区医院，标本量也大大高于国外私人诊所，特别是新医改启动后，患者对于产品的价格非常敏感，只有质优价廉的产品才能适应国情。

b）全集成、自动化、操作简单

鉴于基层实际情况，需要有通过简单培训的非医护人员就能正确使用的自动化设备，而非有经验的专职医护人员，设备需达到样品进、结果出的检测目的。

c）设备对环境有较好的适应性

较好的适应性包括对温度、湿度、洁净度的耐受度高，故障率低等。

d）云端化

将大数据质量管理服务、远程监控和质量控制、后台 PC（personal computer，个人计算机）端和手机端打通，以建立信息化基础。

4. "十三五"产业发展重大行动及实现路径建议

1）免疫检测

A. 鼓励和推进医疗器械创新

在我国，高端医疗器械基本依赖进口，创新医疗器械产品的发展关系到我国医疗器械产业的长远发展，在国外产品占据我国主要市场的前提下，创新显得尤为重要。虽然在 2014 年 CFDA 发布了《创新医疗器械特别审批程序（试行）》，但获得审批的产品还是很少，一方面是因为企业对创新产品的申报程序不熟悉，另一方面是因为创新产品的质量良莠不齐，且准入门槛较高，例如，一个新的产品的关键技术非原创，那么这样的产品如果要申请创新便很难获得批准。希望能够在政策的宣贯和普及方面加大力度。

B. 进一步督促医疗机构使用国产医疗器械

在同等性能条件下，鼓励医疗机构使用国产医疗器械。医疗器械行业的发展需要市场的检验和推进，没有市场，企业创新、发展积极性就无法提高，最终导致国内市场被国外产品垄断，国产医疗器械很难得到发展。虽然国家在这方面已经有了一些政策，但效果并不明显。

C. 加强医疗器械监管

在政策给予大力扶持的背景下，医疗器械行业蓬勃发展，产品质量参差不齐，加强上市后监管显得尤为重要。当然，国家在 2014 年新的《医疗器械监督管理条例》发布后，在上市后监管方面加大了力度，近来我们可以看到很多关于这方面的消息，这将督促医疗器械生产企业加强质量管理，为生产更优质的医疗器械奠定基础。

2）NIPT

从宏观调控的层面来看，建议国家相关部门从促进产业发展、解决民生问题的角度出发，在精准医学研究重点专项中针对临床的主要需求，不断给予 NIPT 相关项目经费支持。政策的引导和科研经费的流入，将有效地激发相关行业、企业的创新活力。

从市场驱动的层面来看，将 NIPT 和诊断项目纳入医保范围是医疗保障政策的大势所趋，是促进产业发展的重要手段，是医疗行业发展的必然结果。由于我国全面放开二孩政策，NIPT 有大规模的社会需求；同时临床实验证明 NIPT 技术的准确率达到 99%以上；NIPT 检测在临床中的应用已经有对应的政策规范，这为 NIPT 纳入医保铺平了道路。一系列有利于 NIPT 大规模临床应用的政策出台，预示着 NIPT 进入国家的医保体系的必然趋势。而 NIPT 一旦进入医保体系，一方面会得到相关部门更严格有效的监管，其安全有效性会进一步提高；另一方面会提高其临床应用范围，甚至取代目前的唐氏综合征血清学筛查，其市场价值将大幅度提高，市场参与者的积极性将极大地被激发，在已有的检测技术基础上开发更新换代的升级产品，如无创产前诊断产品，进而满足更多的临床需求，形成促进产业发展的良性循环。

3）肿瘤分子诊断

加强临床肿瘤分子病理学科建设和人才培养，建立区域化大型临床肿瘤分子病理诊断中心和培训基地，完善远程分子病理诊断技术体系，引进国际先进的分子病理诊断技术，丰富临床肿瘤分子诊断产品线。加强产业扶持，加快肿瘤分子病理诊断试剂及仪器设备的国产化和产业化，提高国产肿瘤诊断产品的准确度和自动化水平。

加强基于基因组学、表观遗传组学、转录组、蛋白质组学多组学检测的微阵列芯片、NGS 等技术的肿瘤诊断应用开发。以医疗机构为主体，根据我国癌症的发病和区域特点，在全国范围内建立至少三家临床研究中心，联合高校、科研院所、企业，建设中国百万人群肿瘤临床数据库、组学数据库和样本资源库，开展大规模临床研究和新型诊断试剂开发与验证，使分子标志物研究达到世界领先水平。

加强循环肿瘤细胞、循环肿瘤 DNA、融合基因、非编码 RNA、外泌体等肿瘤液体活检技术的研究与国产诊断试剂、仪器设备开发，规范技术准入，建立推荐性国家标准，建立企业联盟和行业标准，健全相关产业链。

以企业为主体，在全国范围内建立至少三家大型规模化集中式肿瘤筛查中心，联合医疗机构、高校和科研院所，建立集科研与临床一体化的肿瘤防控与治疗中心，加强 NMPA 和国家卫生健康委员会对 NMPA 产品和 LDT 产品的监管，促进肿瘤预测、早期诊断、伴随诊断、预后评估和复发监测新型分子诊断产品的规范化临床应用。

以卫生保健机构和疾病预防控制中心为主体，结合常规肿瘤筛查技术和新型分子诊断技术，健全肿瘤三级预防体系和肿瘤监测网络，降低肿瘤发病率和死亡率。基于大规模调查数据，形成 2020 年中国癌症统计与预测报告。

4）基层诊断设备与技术

大力发展 POCT。由于 POCT 仪器具有便携、操作简便、结果及时且准确等一系列优点，POCT 产品的应用极为广泛。从检测项目来看，主要集中在血糖检测、血气和电解质分析、快速血凝检测、心脏标志物快速诊断、药物滥用筛检、尿液分析、干式生化检测、怀孕测试、粪便潜血血液分析、食品病原体筛查、血红蛋白检测、传染病检测、甘油三酯和胆固醇等血脂项目的检测等 13 个项目。特别是对于重症病人，POCT 应用已深入到检测生理功能的方方面面。

随着新医改的推进和在基层卫生建设中政府对 POCT 技术的投入，未来，POCT 产品将会像手机、电脑等数码产品一样渗透到人们生活的每一个角落，小型化、傻瓜式的自动检测系统将随处可见、随时可用，成为第一现场检测、第一时间检测、家庭健康管理的必需品。

5）诊断试剂的标准化

（1）加快标准制定与标准实施。

（2）突出重点标准建设。基于促进科研成果通过标准转化为生产力，提升我国产品、服务和工程质量，提高我国产业综合竞争力，各行业标准化技术委员会要在努力提高标准编制水平的同时，突出重点标准的建设。

例如，2011年颁布的《生物芯片基本术语》荣获了"2011年中关村十大创新标准"，该标准实施后，影响广泛，很快被相关领域产品标准引用，对于加强生物芯片领域知识和技术的交流、加大业务合作、规范行业发展，推动生物芯片技术和产业的快速、有序发展起到了重要的促进作用。

（3）完善标准体系建设。

（六）基因生物治疗

目前，有多种处于不同阶段的细胞和基因治疗药物和方法。接受针对原发性免疫缺陷病（primary immunodeficiency disease，PID）的基因治疗的第一例患者在治疗10年和15年后，仍然具有强大和持续的免疫恢复。针对各种组织的细胞治疗临床试验被应用在角膜、视网膜和肌肉修复及胰岛细胞移植上。研究人员正在尝试各种细胞治疗方法以增强骨髓移植物的安全性从而提高癌症病患的存活率。随着基因工程的进展，我们可以改造自身的淋巴细胞，使其可以特异性识别继而杀伤肿瘤，这种肿瘤细胞的免疫治疗，有可能在日后取代现有肿瘤疗法。基因治疗的新兴应用还体现在针对癫痫、血友病、肌肉营养不良和一系列代谢疾病的基因治疗试验。在此节我们总结了国内外在此领域的技术进展、关键技术和问题，并就今后五年我国的实施规划提出相应建议。

1. 生物治疗背景介绍

进入21世纪以后，医学和制药界经历了新一轮的技术革命，如NGS技术的快速发展。高新技术的发展使我们从基因层面上更加深入地认识到遗传疾病的发病机理，并有助于进行对相关基因与环境因素的相互作用在致病原因中的探究。此外，随着基因转入和细胞培养操作技术的更迭和发展，结合基因治疗和细胞治疗技术，哺乳动物的干细胞和分化细胞已经被用于研究，并已开发针对多种先天性遗传和后天获得性疾病治疗的药物。目前，全世界已经有六种细胞和基因治疗药物进入市场，包括四种细胞治疗药物：①Provenge——用以治疗前列腺癌的基因改造树突状细胞（dendritic cell，DC）；②ChondroCelect —— 治疗软骨损伤关节的软骨细胞药物；③MACI（matrix-induced autologous chondrocyte implantation）—— 基质诱导的自体软骨细胞移植；④Holoclar——治疗角膜损伤的角膜源干细胞药物。另外两种基因治疗药物分别是Glybera和"今又生"。尽管其他治疗方法和药物还处于实验室或者临床阶段，但是如同20世纪70年代重组DNA技术出现而产生生物大分子药一样，这些治疗方法正在改变我们传统认识中的医药定义，并在2015～2025年使医药界迎来新的纪元。

2. 细胞治疗定义

细胞和基因治疗药物在美国需要遵循生物制品法规以开发应用并最终上市，在欧洲则要遵循高级治疗性医疗制品（advanced therapy medicinal products，ATMPs）法规。如果以细胞来源对细胞治疗进行分类，细胞治疗包括体细胞治疗和干细胞治疗两种。其中，干细胞治疗是自体或者异体骨髓或脐带造血干细胞移植治疗血液病和恶性肿瘤，或骨髓和脐带等来源的间充质干细胞经移植后转化为成骨细胞、心肌细胞等用于治疗。如果根据是否有基因改造应用对细胞治疗进行分类，又可以分为非基因改造细胞治疗和基因改造细胞治疗，后者还可以进一步分为体外基因改造细胞治疗和体内基因改造细胞治疗。

3. 细胞治疗关键技术

细胞治疗的发展与技术进步息息相关，尤其是在与基因治疗相结合以后更是取得了突飞猛进的进展。我们在此列出细胞治疗的关键技术、领域和应用。

1）新型体细胞和干细胞培养技术

尽管约50年前就可以从人体中提取、培养各种细胞，但是提取组织特异性干细胞技术却是在过去十年间才取得飞跃发展，这种细胞技术可能在体外大量繁殖并保持细胞特性条件下具有良好的治疗效果，即将成为新的治疗方案。目前我们已经在肝脏干细胞和心脏干细胞方面取得了突破性进展。此外，各种免疫细胞，包括肿瘤浸润淋巴细胞（tumor infiltrating lymphocyte，TIL）、DC、$\gamma\delta$T细胞、调节T细胞和巨噬细胞均有特异性的表征和细胞功能，并已经有进入不同临床阶段的相应产品。

A. 角膜和视网膜修复

囊胚获取的胚胎干细胞在诱导成为视网膜色素上皮细胞后可以移植

治疗 Stargardt 病和干性老年黄斑变性病，此项技术在美国被赋予孤儿药标志，目前处于临床Ⅱ期阶段；化学和其他方式的烧伤会导致角膜损伤，此病理条件与角膜缘的干细胞缺乏相关；欧洲（英国和意大利）正在利用自体体外培养增生的角膜缘干细胞开展临床Ⅱ期试验以修复损伤角膜。

B. 肌肉修复

自体和异体移植正被开发运用在心肌梗死、尿道/肛门失禁和肌肉萎缩等疾病中。临床实验表明，提取的 $CD34^+$ 或者 $CD133^+$ 自体干细胞可以改善杜氏肌营养不良症患者的肌肉组织功能。此外，异体移植脐带血干细胞也在临床Ⅰ/Ⅱ期用于治疗遗传性运动失调。

C. 造血干细胞相关治疗

传统造血干细胞移植中，如果病人和供应者组织相关性只是部分符合，往往会导致移植体产生抗宿主反应。此外，免疫抑制的宿主体还容易被包括 CMV 在内的各种病毒传染。现在已经开发出多种降低移植体抗宿主反应的方法，以此来提高此类细胞治疗效果，包括：①去除造血干细胞中的 $CD3^+T$ 细胞，如果不经过此处理，移植体抗病毒能力会下降；②移植造血干细胞时加入抑制性调节 T 细胞；③去除造血干细胞中的 $CD3^+T$ 细胞后，加入针对特定病毒（CMV、EBV[①]和腺病毒）的杀伤 T 细胞，这样不仅可以降低移植体抗宿主反应，而且保持了对特定病毒的免疫杀伤。

2）基因改造细胞技术

由于病毒载体技术的进步，我们不仅可以在逆转录病毒、慢病毒和腺病毒内装载大片段目的基因，还可以广泛地将其转染到哺乳细胞。此项技术可以用于体外和体内基因改造细胞。

A. 体外基因改造细胞的免疫细胞治疗

体外改造是在人体外将提取的细胞导入外源遗传物质后回输改造后的细胞到人体。此技术已经广泛用于 T 细胞、造血干细胞、间充质干细胞和神经干细胞。其中最有代表性的治疗包括嵌合抗原受体 T 细胞免疫疗法（chimeric antigen receptor T-cell immunotherapy，CAR-T 免疫疗法）和嵌合抗原受体自然杀伤细胞免疫疗法（chimeric antigen receptor natural

---

① EBV：Epstein-Barr virus，EB 病毒。

killer cell immunotherapy，CAR-NK 免疫疗法）。这些经过基因改造的免疫细胞可以特异靶向肿瘤细胞和外源病毒并具有激活自身去杀伤癌症细胞和病毒的能力。它弥补了传统的手术、放疗和化疗的弊端，被认为是 21 世纪肿瘤综合治疗模式中最活跃和最具有发展前途的一种治疗手段。2013 年底，*Science* 期刊将癌症免疫治疗列为 2013 年十大科学突破之首。

肿瘤免疫治疗主要分为肿瘤非特异性免疫治疗和肿瘤特异性免疫治疗两类：前者主要包括 LAK 细胞（lymphokine-activated killer cell，淋巴因子激活的杀伤细胞）、CIK 细胞（cytokine-induced killer cell，细胞因子诱导的杀伤细胞）、DC 及其类似细胞和溶瘤病毒免疫治疗；后者主要包括 TIL、CAR-T、TCR-T 和 CAR-NK 免疫治疗。

a）DC 肿瘤免疫治疗

DC 在人体内专职抗原递呈细胞，启动集体的特异性免疫反应。DC 治疗性疫苗的临床研究有 300 多项正在进行中。该技术是将病人的 DC 前体细胞从体内分离出来，在体外诱导分化或经过基因改造，再用肿瘤抗原诱导后回输到病人体内，从而指引静息期 T 细胞分化成可特异识别杀伤肿瘤的细胞毒性 T 细胞（cytotoxic T lymphocyte，CTL）并扩增。FDA 在 2010 年批准了世界上首个治疗前列腺癌的治疗性 DC 疫苗 Provenge。

b）CAR-T 肿瘤免疫治疗

CAR-T 免疫疗法是已出现多年，近几年才被改良并应用到临床上的新型细胞疗法，在急性白血病和非霍奇金淋巴瘤（non-Hodgkinlymphoma，NHL）的治疗上有显著的疗效。目前 FDA 及 EMA 已经批准多个 CAR-T 类药品进入药品审批快速通道[3]。

正如所有技术一样，CAR-T 技术也经历了一个漫长的演化过程，而当前该技术已逐渐走向成熟。第一代 CAR-T 介导的 T 细胞激活是通过 CD3z 链或 FceRIg 上的酪氨酸激活基序完成的。CD3z 链能够提供 T 细胞激活、裂解靶细胞、调节 IL-2（interleukin-2，白细胞介素-2）[①]分泌及体内发挥抗肿瘤活性所需的信号。第一代 CAR-T 改造 T 细胞的抗肿瘤活性在体内受到了限制，T 细胞增殖减少最终导致 T 细胞的凋亡，所以第二代 CAR-T 在胞内增加了一

---

① IL：interleukin，白细胞介素。

个新的共刺激信号，这使原有的源自 TCR-CD3 复合体的"信号1"扩大。更多研究表明，搭载了"信号2"的第二代 CAR-T 与第一代 CAR-T 相比，抗原特异性不变，不同的是，T 细胞增殖、细胞因子分泌增加、抗细胞凋亡蛋白分泌增加、细胞死亡延迟。常用的共刺激信号为 CD28，但之后有研究将 CD28 用 4-1BB（CD137）进行替换。针对不同的第二代 CAR-T 孰优孰劣的问题，不同的研究者用不同的肿瘤在体内和体外的研究中得到的结果不尽相同。但与第一代 CAR-T 相比，这种新添加的共刺激信号能够增加对肿瘤细胞裂解的记忆效应及 CAR-T 介导的杀伤效应。为了进一步改良 CAR-T 的设计，许多研究组着眼于研发第三代 CAR-T，其特点是在第二代 CAR-T 共刺激信号 CD28 后又加入了共刺激分子蛋白 OX40（CD134）或 4-1BB（CD137）。这两种共刺激分子蛋白可进一步活化 T 细胞，延长生存期。

改造 CAR-T 细胞主要使用逆转录病毒和慢病毒这两种病毒载体进行基因改造。但是经此改造的 CAR-T 细胞可以存活并表达 CAR 长达 16 周，很有可能引起不必要的副作用。目前，电转及阳离子多聚体转染方法也已用于外源基因导入，以便缩短 CAR 表达至几天的范围之内。

CAR-T 免疫疗法治疗流程：典型的 CAR-T 免疫疗法治疗流程前后将持续 3 个星期左右，其中细胞"提取—修饰—扩增"需要约 2 个星期，花费时间较长。主要分为以下 5 个步骤。

（1）提取：从癌症病人身上提取免疫 T 细胞。

（2）修饰：用基因工程技术给 T 细胞加入一个能识别肿瘤细胞并且同时激活 T 细胞的嵌合抗体，即制备 CAR-T 细胞。

（3）扩增：体外培养，大量扩增 CAR-T 细胞。一般一个病人需要几十亿，乃至上百亿个 CAR-T 细胞（体型越大，需要细胞越多）。

（4）回输：把扩增好的 CAR-T 细胞回输到病人体内。

（5）监控：严密监护病人，尤其是控制前几天身体的剧烈反应。

CAR-T 免疫疗法临床适应证和靶点：CAR-T 免疫疗法最早用于包括 HIV 病毒在内的传染病治疗，目前在临床上大量用于治疗以淋巴癌为代表的血液癌症。随着新靶点的发现，CAR-T 应用也扩展到了实体瘤、自身免疫疾病（如多发性硬化症）和真菌感染。到 2016 年 6 月，报道的 CAR-T 免疫疗法的分子靶向有 20 余个，开展的临床试验有 80 多个（表2-33）。

表 2-33 处于不同临床阶段的 CAR-T

抗原	疾病	单位组织	国家	阶段	NCTID	登记患者
	B 细胞白血病	费城儿童医院	美国	I、II	NCT01626495	20
	B 细胞白血病；淋巴瘤	宾夕法尼亚大学艾布拉姆森癌症中心	美国	I	NCT01029366	14
	B 细胞 NHL、ALL、CLL	贝勒医学院	美国	I	NCT00586391	54
	NHL、CLL	贝勒医学院	美国	I	NCT00709033	3
	B 细胞白血病	宾夕法尼亚大学艾布拉姆森癌症中心	美国	I	NCT01029366	14
	CLL	宾夕法尼亚大学艾布拉姆森癌症中心	美国	II	NCT01747486	34
	套细胞淋巴瘤	中国人民解放军总医院	中国	I、II	NCT02081937	2
	纵隔 B 细胞淋巴瘤	美国国家癌症研究所	美国	I、II	NCT00924326	56
	NHL	纪念斯隆-凯特琳癌症中心	美国	I	NCT01840566	18
	B 细胞 NHL	自治医科大学	日本	I、II	NCT02134262	18
CD19	B 细胞 NHL、ALL、CLL	弗雷德·哈钦森癌症研究中心	美国	I、II	NCT01865617	104
	白血病、淋巴瘤	M. D. 安德森癌症中心	美国	I	NCT01497184	96
	B 细胞白血病	西雅图儿童医院	美国	I	NCT01683279	18
	ALL、NHL	美国国家癌症研究所	美国	I	NCT01593696	90
	B 细胞 ALL	纪念斯隆-凯特琳癌症中心	美国	I	NCT01860937	55
	NHL、ALL、CLL	宾夕法尼亚大学艾布拉姆森癌症中心	美国	I	NCT02050347	56
	B 细胞白血病	宾夕法尼亚大学艾布拉姆森癌症中心	美国	II	NCT02030847	24
	NHL	贝勒医学院	美国	II	NCT02030834	55
	B 细胞白血病	费城儿童医院	美国	I	NCT01626495	20
	ALL	西雅图儿童医院	美国	I、II	NCT02028455	80

续表

抗原	疾病	单位组织	国家	阶段	NCTID	登记患者
	ALL	纪念斯隆-凯特琳癌症中心	美国	I	NCT01044069	40
	白血病	纪念斯隆-凯特琳癌症中心	美国	I，II	NCT00466531	30
	NHL，ALL，CLL	贝勒医学院	美国	I	NCT01853631	14
	B细胞淋巴瘤，白血病	乌普萨拉大学	瑞典	I，II	NCT02132624	15
	ALL	军事医学科学院附属医院	中国	I	NCT02186860	5
	纵隔B细胞淋巴瘤	美国国家癌症研究所	美国	I，II	NCT00924326	56
	NHL	罗伯特·霍金斯教授	美国	I	NCT01493453	24
	B细胞淋巴瘤	M. D. 安德森癌症中心	美国	I	NCT00968760	60
	NHL，CLL	美国国家癌症研究所	美国	I	NCT01087294	48
	NHL，CLL	贝勒医学院	美国	I	NCT00709033	3
CD20	ALL	纪念斯隆-凯特琳癌症中心	美国	I	NCT01430390	26
	ALL	伦敦大学学院	英国	I，II	NCT01195480	30
	NHL，ALL，CLL	贝勒医学院	美国	I，II	NCT00840853	68
	白血病	弗雷德·哈钦森癌症研究中心	美国	I，II	NCT01475058	30
	淋巴瘤	希望之城国家医疗中心	美国	I，II	NCT01318317	57
	淋巴瘤	希望之城国家医疗中心	美国	I	NCT00182650	5
	B细胞淋巴瘤	北京大学	中国	I，II	NCT02247609	20
	ALL	希望之城国家医疗中心	美国	I	NCT02146924	24
	白血病，淋巴瘤	弗雷德·哈钦森癌症研究中心	美国	I	NCT00012207	12
	B细胞CLL	美国国家癌症研究所	美国	I	NCT00621452	12
	淋巴瘤	中国人民解放军总医院	中国	I	NCT01735604	10

续表

抗原	疾病	单位组织	国家	阶段	NCTID	登记患者
CD22	滤泡性淋巴瘤, ALL, NHL	美国国家癌症研究所	美国	I	NCT02315612	57
	NHL	中国人民解放军总医院	中国	I	NCT02259556	30
CD30	NHL	贝勒医学院	美国	I	NCT01316146	18
	NHL	贝勒医学院	美国	I	NCT01192464	18
	淋巴瘤	北京大学	中国	I, II	NCT0227454	20
CD33	髓细胞白血病	中国人民解放军总医院	中国	I, II	NCT01864902	10
CD123	白血病	希望之城国家医疗中心	美国	I	NCT02159495	24
CD138	多发性骨髓瘤	中国人民解放军总医院	中国	I, II	NCT01886976	10
LewisY	多发性骨髓瘤	Peter Mac Callum 癌症中心	澳大利亚	I	NCT01716364	6
Kappa	淋巴瘤	贝勒医学院	美国	I	NCT00881920	54
NKG2D	白血病	Celdara Medical	美国	I	NCT0203825	24
HER2	肉瘤	贝勒医学院	美国	I	NCT00902044	36
	实体瘤	中国人民解放军总医院	中国	I, II	NCT01935843	10
	转移性癌症	美国国家癌症研究所	美国	I	NCT0092487	1
	胶质母细胞瘤	贝勒医学院	美国	I, II	NCT01109095	16
	HER2 阳性恶性肿瘤	贝勒医学院	美国	I	NCT00889954	18
GD2	神经母细胞瘤	贝勒医学院	美国	I	NCT00085930	19
	神经母细胞瘤	塔萨斯城儿童慈善医院	美国	I	NCT01460901	5
	神经母细胞瘤	贝勒医学院	美国	I	NCT01822652	38
	肉瘤	贝勒医学院	美国	I	NCT01953900	26
	各种癌症	美国国家癌症研究所	美国	I	NCT02107963	72

续表

抗原	疾病	单位组织	国家	阶段	NCTID	登记患者
CD171	神经母细胞瘤	西雅图儿童医院	美国	I	NCT02311621	80
CEA	癌症	罗杰·威廉斯医疗中心	美国	I	NCT0004178	—
	各种癌症	英国癌症研究所	英国	I	NCT01212887	14
	结直肠癌	罗杰·威廉斯医疗中心	美国	I	NCT00673322	1
	肝转移	罗杰·威廉斯医疗中心	美国	I	NCT01373047	8
	乳腺癌	罗杰·威廉斯医疗中心	美国	I	NCT00673829	26
	转移性癌症	罗杰·威廉斯医疗中心	美国	II	NCT01723306	48
EGFR	晚期 EGFR 阳性肿瘤	中国人民解放军总医院	中国	I、II	NCT01869166	10
	晚期胶质瘤	上海交通大学医学院附属仁济医院	中国	I	NCT02331693	10
	胶质瘤	宾夕法尼亚大学艾布拉姆森癌症中心	美国	I	NCT02209376	12
Ⅷ	胶质母细胞瘤	美国国家癌症研究所	美国	I、II	NCT01454596	160
PSMA	前列腺癌	纪念斯隆-凯特琳癌症中心	美国	I	NCT01140373	—
Folate receptor	卵巢癌	美国国家癌症研究所	美国	I	NCT00019136	—
IL-13zetakin	脑肿瘤	希望之城国家医疗中心	美国	I	NCT00730613	3
IL13receptor a2	成人间变性星形细胞瘤	希望之城国家医疗中心	美国	I	NCT02208362	44
ErbBT+	头颈癌	伦敦国王学院	英国	I	NCT01818323	30
FAP	B 细胞 CLL	弗雷德·哈钦森癌症研究中心	美国	I	NCT01722149	12
ROR1	CLL	M. D. 安德森癌症中心	美国	I	NCT02194374	48

注：ALL 即 acute lymphoblastic leukemia, 急性淋巴细胞白血病

由表 2-33 可以看出，绝大多数的 CAR-T 免疫疗法临床试验在美国开展，我国在此领域也已经展开了超过 10 项临床试验。CD19 是被大家广泛使用和关注的 CAR-T 靶点，2017 年以此为靶点的 CAR-T 免疫疗法已被批准上市用于治疗血液癌症。

CAR-T 免疫疗法所面临的挑战：CAR-T 免疫疗法在技术层面面临着许多问题，如细胞因子风暴、靶向/脱靶毒性、神经毒性及治疗实体瘤效果较差等。但是我们认为通过技术的不断改进，这些问题最终都有可能解决。例如，对于最初的细胞因子风暴，诺华的 CTL019 临床上使用 IL-6 受体拮抗剂 tocilizumab 使患者症状得到缓解。尽管现在临床试验中细胞因子风暴仍然是较为严重的现象，但是已经基本上得到了控制，不再引起致命危险。目前，CAR-T 免疫疗法在技术上面临的问题主要是如何降低复发率和对治疗流程进行标准化。

首先，需要降低复发率。根据已公布的数据，诺华 CTL019 在Ⅰ期临床有 10 例患者经历了病情复发，其中 5 例是因为 CAR-T 细胞消失，另外 5 例是因为 CD19 阳性癌细胞消失，最终有 5 例患者死亡。

JCAR015 的Ⅰ期临床数据显示，38 例可评估患者中有 33 例完全缓解（87%），但是中位生存期仅为 8.5 个月。假设 33 例完全缓解的患者仍然存活的话，中位生存期不会仅有 8.5 个月，这意味着部分完全缓解的患者出现了病情复发。

CTL019 针对儿童和青少年 r/r（recurrent or refractory，复发性或难治性）ALL 患者的Ⅱ期临床数据显示，59 例患者完全缓解（93%），但 1 年生存率为 86%，这意味着有 8 例完全缓解的患者 1 年内去世。当然，接受 CAR-T 免疫疗法的基本上都是 r/r 或者晚期的患者，复发率较高也并非无法接受。

其次，需要标准化其治疗流程。CAR-T 免疫疗法作为一种个性化治疗，需要对每个病人进行特定的治疗，因此也造成治疗价格过高和疗效不确定性。尤其是疗效的不确定性，该疗法可能在某些患者身上能够发生奇迹，而在另一些患者身上却毫无反应。

每批 T 细胞由于来自不同的病人，其质量可能参差不齐，其他科学和生产变量（嵌入外来 DNA 所用的载体、细胞培养技术、运输及回输到患者体内的时机、选择的化疗方案）均会使结果难以预料。

c）溶瘤病毒免疫治疗

溶瘤病毒是一种癌症免疫治疗方法，它利用天然的或者是经过基因修饰的病毒制成，这类病毒可以在肿瘤细胞内选择性地复制并杀死癌症细胞。与另一种基于病毒制造的药物——疫苗不同，溶瘤病毒可以直接感染并裂解肿瘤细胞。它们不需要特定的抗原，并能发出促进抗肿瘤免疫应答的信号。其抗肿瘤活性通过两个机制来完成：一个是在肿瘤细胞内选择性复制，导致肿瘤细胞直接裂解；另一个是诱导全身的抗肿瘤免疫反应。

溶瘤病毒的发展大致经历了三个阶段。溶瘤病毒开发的第一个阶段始于 20 世纪之前，有医生在临床上观察到偶然的病毒感染使肿瘤消失的现象；随后，到 20 世纪中期，一些主动的临床试验用各种野生的病毒感染来治疗肿瘤并观察到一定的疗效。但是这类早期的溶瘤病毒通常只能产生短期的溶瘤效应，而且不可避免地具有野生病毒感染造成的毒副反应。短期的溶瘤效应可能是限于野生病毒的毒性，临床使用的病毒滴度比较低；除此之外，病毒还没有来得及有效地溶瘤就被病人的免疫系统清除了，致使残余的肿瘤很快又长了回来。

溶瘤病毒开发的第二个阶段始于 20 世纪 90 年代。受益于分子病毒学的发展，人们开始能够选择性地改造野生病毒的基因组，使之特异性地在肿瘤内复制。随着重组溶瘤病毒的研发热潮，一些其他原本非致病的野生病毒也陆续被发现不需要经过基因改造也具有肿瘤特异性。在过去 20 年里，有许多类似的溶瘤病毒进入了临床试验，但是绝大部分都由于缺乏显著疗效而在临床 I / II 期失败了。值得一提的是，在近百个溶瘤病毒的临床研究中，没有发现一例因病毒而引起的严重毒副反应。因此，尽管在这个阶段未能有真正的溶瘤病毒新药脱颖而出，溶瘤病毒的安全性却得到了充分的承认。

溶瘤病毒开发的第三个阶段主要从 21 世纪开始，其特点是让溶瘤病毒携带各种外源性基因以增强其疗效。目前看来，最有效的外源性基因就是免疫刺激基因，如 GM-CSF（granulocyte-macrophage colony stimulating factor，粒细胞-巨噬细胞集落刺激因子）。具有划时代意义的第一个被 FDA 批准的溶瘤病毒 T-Vec（Talimogene laherparepvec）于 2015 年在北美和欧洲上市。

　　溶瘤病毒包括 HSV-1、水疱性口炎病毒（vesicular stomatitis virus，VSV）、腺相关病毒（adeno-associated virus，AAV）和慢病毒等。目前，临床阶段的溶瘤病毒使用最多的是腺病毒和疱疹病毒。其主要临床试验见表 2-34。

表 2-34　溶瘤病毒临床实验

病毒		公司	基因修饰	临床试验阶段			适应证（癌症）
				Ⅰ 期	Ⅱ 期	Ⅲ 期	
腺病毒	Onyx-015	Onyx Pharmaceuticals	Type 2/5 嵌合型，E1B 缺失	6	6	0	头颈癌、胰腺癌、卵巢癌、结直肠癌、神经胶质瘤、肺转移、肝转移
	H101	上海三维生物技术有限公司	E1B 缺失，部分 E3 缺失	1	2	1	鳞状细胞癌、头颈癌
	DNX-2401	DNAtrix	插入 24-RGD	4	0	0	胶质母细胞瘤、卵巢癌
	VCN-01	VCN Biosciences	插入 PH20 透明质酸酶	2	0	0	胰腺癌
	Colo-Ad1	PsiOxus Therapeutics	嵌合 Ad11/3 group B	1	2	0	结肠癌、非小细胞肺癌、肾癌、膀胱癌、卵巢癌
	ProstAtak	Advantagene	嵌合 TK	4	1	1	胰腺癌、肺癌、乳腺癌、间皮瘤、前列腺癌
	Oncos-102	Oncos Therapeutics	插入 24-RGD-GM-CSF	1	0	0	实体瘤
	CG0070	Cold Genesys	GM-CSF 和 E3 缺失	1	1	1	膀胱癌
牛痘病毒	Pexa-vac（JX-594）	Jennerex Biotherapeutics	插入 GM-CSF，敲除 TK	7	6	0	黑色素瘤、肝癌、结直肠癌、乳腺癌和肝细胞癌
	GL-ONC1	Genelux	敲除 TK，敲除 haemagglutin，敲除 F14，5L	4	1	0	肺癌、头颈癌和间皮瘤
疱疹病毒	T-Vec	安进	ICP34.5 缺失，US11 缺失，插入 GM-CSF	2	3	2	黑色素瘤、头颈癌、胰腺癌
	G207	Medigene	ICP34.5 缺失，敲除 UL39	3	0	0	胶质母细胞癌
	HF10	Takara Bio	UL56 缺失，选择 ULS2 部分单拷贝	2	1	0	乳腺癌、黑色素瘤和胰腺癌

　　（1）HSV：已经上市的 T-Vec 是基于 HSV-1 的溶瘤病毒。T-Vec 删除了 2 个 *ICP34.5* 基因以提高癌症细胞的选择性，并防止其感染神经元。该

病毒还删除了 ICP47，诱导 US11 启动子的早期激活，从而阻止 PKR（doublestranded RNA-dependent protein kinase，依赖双链 RNA 的蛋白激酶）磷酸化，防止癌症细胞感染时发生凋亡。另外，这个病毒还将编码的 GM-CSF 插入基因组代替 *ICP34.5* 基因来提高抗肿瘤免疫的诱导性。Ⅲ期临床试验数据显示，436 名晚期不能手术的黑色素瘤患者接受药物瘤内注射后，12 个月内出现客观缓解并持续至少 6 个月的比例为 16.3%，而使用 GM-CSF 的对照组仅为 2.1%。另外，使用 T-Vec 的患者客观缓解率为 26.4%，其中 10.9% 达到完全缓解，总体生存时间的中位值为 23.3 个月。2015 年 10 月 FDA 和 EMA 先后批准了 T-Vec 用于晚期不能手术的黑色素瘤的二线治疗。当前，美国安进公司正在开展 T-Vec 与免疫疗法药物 ipilimumab 及 pembrolizumab 联用治疗黑色素瘤的研究。Ⅰb 期的初步结果显示，T-Vec 和 CTLA-4 抑制剂 ipilimumab 联用，缓解率为 50%，完全缓解率为 22%。

（2）腺病毒：腺病毒是无包膜、双链 DNA 病毒，其基因组相对来说比较容易修饰，可插入多达 10kb 的转基因且不会破坏病毒感染。科学家利用可以在癌症细胞中形成异常信号通路的腺病毒开发了一些溶瘤病毒。例如，Onyx-015 和 H101 均缺失 E1B，该基因可使 *p53* 基因失活。

研究人员使用 Onyx-015 开展了一些临床试验，但对其结果的报道非常有限，且 2003 年其临床开发被暂停。和 Onyx-015 相同，H101 也是缺失 E1B 的腺病毒溶瘤病毒。在我国开展的随机Ⅲ期临床试验中，160 名晚期头颈部鳞状细胞癌和食道癌的患者参加了研究，最终 123 人完成治疗。研究结果显示，顺铂/5-FU 化疗和 H101 联用的患者缓解率为 78.8%，而单用顺铂/5-FU 的缓解率为 39.6%。基于该结果，我国监管机构于 2005 年批准 H101 与化疗联合，用于鼻咽癌的治疗。

B. 体内细胞基因改造

体内细胞基因改造是直接将外源遗传物质导入人体。此类运用通常被简称为基因治疗并被广泛用于先天性遗传的血液疾病（血友病，地中海贫血）、神经系统疾病〔肾上腺脑白质营养不良（adrenoleukodystrophy，ALD），芳香族 L-氨基酸脱羧酶缺乏症（aromatic L-amino acid decarboxylase deficiency，AADCD）〕、视觉系统疾病〔Leber 先天性黑内障第二类型疾病

（Leber's congenital amaurosis 2，LCA2）〕的治疗。

a）B 型血友病治疗

B 型血友病是由于先天缺失凝血因子Ⅸ而产生，在世界范围内发病率达 1/30 000 到 1/5000。通过优化 AAV8 载体的生产工艺，降低空白病毒衣壳以降低免疫原性和优化表达序列，体内肝脏细胞在转染 AAV8 载体后不仅可以长期高效表达凝血因子Ⅸ，而且在临床Ⅱ期表现出可以缓解血友病人症状。据报道，临床病人在使用此疗法后，无一人需用替代疗法即外源输入凝血因子Ⅸ制品来阻止流血，极大地改善了他们的生活质量。

b）遗传性神经退行性病变治疗

ALD 是 X 连锁隐性遗传病，常规只有两种方法可用于治疗儿童期脑型 ALD。第一种是饮食疗法，即进食罗伦佐油，这种油是由两种食用油调和而成，用于减少 ALD 引起的极长链脂肪酸（very long chain fatty acids，VLCFA）积聚；第二种是同种异体造血干细胞移植，即将基因匹配的干细胞捐赠者的造血干细胞植入患者体内。此同种异体造血干细胞移植使患者面临着多重风险，如治疗相关死亡率、移植失败、移植物抗宿主病（graff versus-host disease，GVHD）及用免疫抑制剂治疗 GVHD 引起的机会性感染。该疗法的另一个局限性在于只有找到高度匹配的干细胞捐赠者的患者才能使用这种疗法。

利用慢病毒介导，增加的 *ABCD1* 基因就会开始编码功能性 ALD 蛋白，以取代缺失的 ALD 蛋白。临床Ⅱ期结果显示，参加该试验的 17 名患者均没有出现严重的功能障碍，如失明、无法交流和依靠轮椅。

c）遗传性视网膜变性治疗

遗传性视网膜变性疾病是一类由基因异常所导致的视网膜疾病的总称，视网膜功能呈进行性下降，视力亦随之逐步下降，其中相当一部分患者视力最终丧失至盲人水平，在过去十几年，基因治疗已经被证明可以给这些患者的复明带来希望。

d）Leber 先天性黑内障及视网膜色素变性治疗

最早开始的基因治疗是针对由 *RPE65* 基因突变所致的 LCA2。在动物模型中，用含有 RPE65 cDNA 的重组腺相关病毒载体——AAV2 进行基因治疗都非常成功，治疗后视功能明显提高，显示了应用基因疗法治疗遗传性视网膜变性疾病的巨大潜力。2012 年，Spark Therapeutics 公司开始了一项针对 *LCA2* 基因治疗的Ⅲ期临床试验，24 位患者已被招募并接受了 AAV2-hRPE65v2 视网膜下注射治疗，对其安全性和有效性的评估已经在 2015 年完成。这是第一个针对遗传性视网膜变性疾病的Ⅲ期临床试验，也标志着基因疗法对普通患者来说不再遥不可及。

e）无脉络膜症治疗

无脉络膜症是一种 X 连锁隐性遗传病，与 *REP-1* 基因突变相关。2016 年发表于新英格兰医学杂志的结果表明，接受 AAV2-REP1 全剂量治疗的 5 例患者的被治疗眼在治疗后的长达 3.5 年观察期间视力维持或得到改善，其中 2 例患者视力显著改善，视力提高大于 3 行并持续到最后的时间点。相比于被治疗眼，6 位患者中的 5 位患者的未治疗眼在 3.5 年内视力下降。这不仅验证了基因治疗的安全性和有效性，而且在一定程度上证明了其疗效较为持久。

f）自身代谢疾病治疗

脂蛋白脂酶缺乏症（lipoprotein lipase deficiency，LPLD）是一种罕见的严重遗传性疾病，目前无法治愈。利用腺病毒载体，荷兰生物技术公司 uniQure 在肌肉中表达 LPL（lipoprotein lipase，脂蛋白脂肪酶）基因。在两项Ⅱ/Ⅲ期临床试验中，LPLD 患者的大腿肌肉接受了一系列的注射，随后数周给予免疫抑制药物减弱对病毒衣壳的免疫反应。在注射 12 周后，成功地降低了血液中甘油三酯水平，在之后长达 2 年的时间大大降低了胰腺炎发病率。

g）呼吸系统疾病治疗

囊性纤维化（cystic fibrosis，CF）是一种罕见遗传病，由囊性纤维化跨膜转导调节因子（cystic fibrosis transmembrane conductance regular，CFTR）变异导致，使患者肺内膜分泌出异常黏稠的黏液，反复感染导致致命肺病。CF 病人平均死亡年龄为 29 岁，死亡率高达 90%。

使用非病毒基因导入技术，美国 Copernicus 公司开发出了一种压缩 DNA 技术，即使 DNA 链紧密结合以使其体积大幅变小，可以直接穿透细胞膜进入细胞以表达 CFTR。这样可以利用这些外来的 DNA 产生那些 CF 患者细胞所缺少的蛋白，从而治疗这种疾病。2015 年在英国结束的临床

Ⅱ期试验显示，与使用安慰剂相比，此基因疗法在稳定患者肺功能方面首次显示出明显效果，且基因治疗耐受性很好，治疗组和安慰剂组的副作用发生率相当。

4. 国内细胞治疗状况

我国细胞治疗主要可以分为两类：一类是干细胞治疗；另一类是免疫细胞治疗。

1）干细胞治疗现状

我国早在 20 世纪 60 年代就开始了骨髓干细胞移植方面的研究，1992年我国内地第一个骨髓移植非亲属供者登记组在北京成立，中国造血干细胞捐献者资料库（中华骨髓库）也正式接受捐赠，迄今为止研究和应用最多的也仍然是造血干细胞。2002 年，北京建立了北京市脐带血造血干细胞库。自 20 世纪 90 年代后期以来，干细胞研究更是一直受到政府和科技界的高度关注。

干细胞发展领域初期的宽松监管致使国内部分医疗机构在缺少足够的研究基础时仓促进入干细胞临床应用，引来部分国内外的批评声音。鉴于此，2012 年卫生部叫停了在治疗和临床试验中试用任何未经批准使用的干细胞，并于 2012 年 7 月 1 日前停止接受新的干细胞项目申请，中国的干细胞临床应用研究就此趋于停止。

我国干细胞产业链可分为上游干细胞储存、中游干细胞药物研发和下游干细胞治疗三个主要环节。其中，上游干细胞储存产业链最为成熟，是现阶段干细胞企业现金流的重要来源，也是重要战略资源。中游干细胞药物研发产业链又包括干细胞增殖、制剂开发等干细胞技术及产品研发。由于目前我国尚无干细胞药物获批上市，该类企业以输出干细胞治疗技术为主，通过向医院提供干细胞技术体系并收取技术服务及技术使用权转让费获得收益，或者通过为患者提供个体化治疗，再按照一定的比例与医疗机构分享治疗费用。下游干细胞治疗产业链在临床治疗领域，以各类干细胞移植及治疗业务为主体，主要包括一些开展干细胞治疗的医院。2012 年以前，我国干细胞临床治疗市场虽然十分火爆，但不规范现象丛生，大量未经批准的治疗方案被运用于临床，收取高额费用，受到 *Science*、*Nature*

等国际权威杂志广泛批评。鉴于此，2012 年 1 月，卫生部下发《关于开展干细胞临床研究和应用自查自纠工作的通知》，明文规定"停止未经卫生部和国家食品药品监督管理局批准的干细胞临床研究和应用活动""2012 年 7 月 1 日前，暂不受理任何申报项目"等。至此，我国干细胞临床治疗研究及市场陷入一段时间的停滞，直到 2015 年 7 月，国家卫计委与 CFDA 共同组织制定了《干细胞临床研究管理办法（试行）》，明确了干细胞临床研究的机构条件和职责、干细胞临床研究的立项与备案、临床研究过程应遵守的原则，明确研究报告制度、专家委员会职责和监督管理制度等，让干细胞临床研究重新回归正轨，是干细胞临床研究新的出发点。

经过多年发展，我国干细胞研究已经在细胞重编程、多能性调控、遗传筛选和修饰、特色动物资源平台等方面处于国际领先水平，干细胞领域论文与专利数量大幅增长，部分研究机构和科研人员的国际影响显著提升。我国正在加快脚步积极开展一批干细胞临床试验，利用干细胞或结合生物材料治疗重症肝病、脏器缺损、视网膜色素变性、尘肺、脊髓损伤等，已在干细胞结合智能生物材料修复子宫壁治疗不孕不育症、干细胞改善重症肝病的肝功能等方面取得良好进展。市场上已经涌现出一批特色干细胞存储及产业化开发企业，一批基于成体干细胞的产品已经开展了临床试验。

干细胞在我国未来产业化的方向是基因诊断试剂、基因药物、干细胞产品及干细胞移植等，相关的公司有中源协和细胞基因工程股份有限公司、博雅干细胞科技有限公司、北科生物科技有限公司和北大未名生物工程集团有限公司等。

2）肿瘤细胞免疫治疗

我国肿瘤细胞免疫治疗主要用于肿瘤治疗方面，也可分为非特异性肿瘤细胞免疫治疗和特异性肿瘤细胞免疫治疗，前者包括 NK 治疗、CIK 治疗，DC-CIK 治疗、CTL 治疗，后者包括 CAR-T 治疗。其主要优缺点见表 2-35。

表 2-35 国内主要肿瘤细胞免疫治疗优缺点

国内主要的肿瘤细胞免疫治疗		作用机理	主要优势	劣势/技术瓶颈
非特异性	NK	人体防御体系的第一道屏障，释放穿孔素、细胞因子等杀伤肿瘤细胞，发挥调节免疫作用	①无免疫排斥，异体使用安全性较其他疗法更高；②单一细胞，方便质控	因NK细胞数量少、活性低，对扩增技术要求高
	CIK	将外周血单个核细胞在体外与多种细胞因子共培养后回输，释放穿孔素及颗粒酶而直接杀伤肿瘤细胞，或是通过分泌多种细胞因子而间接杀伤肿瘤细胞	细胞获取方便，培养技术简单	①没有抗原特异性；②没有持续性，体内存活时间短；③多数患者疗效相对不足
特异性	DC-CIK	DC 为抗原呈递细胞，不能直接杀伤肿瘤细胞，而是通过识别肿瘤细胞特异性抗原，将其信号呈递给T细胞进行杀伤；DC 和 CIK 细胞两者在抗肿瘤细胞中有一定的互补作用，联合应用将取得 1+1>2 的效果	安全性介于 NK 和 CAR 之间，效果较单独使用 CIK 好	①DC 不能被扩增，而是诱导分化，数量是固定的，而且很少。②DC 的制备成本高（细胞因子贵）、制备复杂（增加了很多工作量，很多医院的技术人员没有能力做）。③要做抗原负载，其中，关于抗原的来源，第一种是病人肿瘤块，但目前很多情况是等到做到生物治疗这步时肿瘤早都被切掉了，就算用肿瘤块，这些肿瘤细胞的抗原递呈本身是很差的，对 DC 的刺激作用有限；第二种是用 AAV 表达抗原，并不适合所有病人，需要做抗原筛查；第三种是表达 RNA，但表达效果具有不确定性
	CAR-T	通过转基因技术向 T 细胞转入能够表达 CAR 的基因，CAR 是T细胞表面的嵌合抗原受体，能够以非主要组织相容性复合体（major histocompatibility complex，MHC）限制性的方式识别和杀伤肿瘤细胞，目前已发展到第四代，各代都是理论上的差异，暂无临床证据，第三、四代还没有进入临床，就目前临床效果来看，第二代较好	①绕过抗原递呈，直接在病人 T 细胞上表达单链抗体或者一个配体，这个单链抗体是识别肿瘤表面的一个完整分子，是本身存在的，而不是加工递呈出来的；②解决了在体内的存活问题，CAR-T 会转化中心 T 细胞，能够存活的时间比较长；③抗原具有特异性，但相较不存在耐药性	①脱靶效应（靶向局限性）：治疗靶点不明确且很难找，基本上找不到绝对的肿瘤细胞表面特有的分子，乳腺癌患者是具有 HER2 靶点比例最多的，但也只有 30%，70%的患者是没有靶点的；但还可以接收，通过补充免疫球蛋白来提高机体免疫，其他分子也是一样，实体肿瘤问题更大，如 HER2 在正常细胞中、在肺部等也会表达，会对正常细胞产生很大副作用。②细胞因子风暴：早期患者反应不严重。③转基因技术：决定转染率。④抗体表达量（T细胞表达 PD-1 抗体）。⑤免疫细胞在体外扩增要达到指标，病人免疫功能要较好。⑥对实体瘤的疗效仍欠缺。

大部分国内公司集中在非特异性肿瘤细胞免疫治疗，普遍门槛低、规模小，全国性的公司很少，大多是区域性的。这些公司主要包括两种类型：一类是偏市场拓展的综合性公司，渠道资源+管理运维+技术更新；

另一类是技术研发型公司，利用免疫学或临床专家的课题项目，吸引高新技术企业跨界投资，整合资源。有研发实力的公司基本是通过上游产品销售（培养基、试剂盒、细胞培养仪等）和细胞治疗技术服务（非特异性治疗技术）、细胞存储来保证现金流，用以支持新技术的临床试验（特异性治疗技术）。管理运营能力和渠道资源将对技术的产业化起到重要作用，仍然是短期内公司保持及复制成功运营模式的关键，而如果想要扩大应用规模并获得长久的发展，具有临床疗效的产品和技术才是真正的核心。

可喜的是，在我国发展最快的是以 CAR-T 技术为代表的特异性肿瘤细胞免疫治疗。它同样以 CD19 治疗血液肿瘤为主，大多数也都是采用自体移植方法和第二代 CAR-T 技术。其中上海斯丹赛生物技术有限公司已完成了 26 例病人的 CAR-T 治疗和初步数据收集，其中 23 名病人达到了完全缓解，完全缓解率达 88.5%，试验数据接近美国同行的研究成果，技术与美国同步，并已经领先于欧洲和日本等其他国家和地区。西比曼生物科技（上海）有限公司的 CAR-T 临床研究主要与中国人民解放军总医院韩为东教授合作，其在血液肿瘤和多种类型实体瘤上取得了一定效果，研发进度处于国际领先地位。博生吉医药科技（苏州）有限公司也针对实体瘤 MUC1 靶点，对肝细胞癌、非小细胞肺癌、胰腺癌和三阴性乳腺癌等适应证进行临床研究。

在溶瘤病毒的研发方面，我国于 2006 年就批准了世界上第一个溶瘤病毒（重组人 5 型腺病毒 H101）上市，用于治疗晚期鼻咽癌。中山大学颜光美教授团队经研究发现，一种于 60 年代在海南岛发现的 M1 病毒具有溶瘤的特性；在体外实验中，M1 病毒能抑制癌细胞生长，而不影响正常细胞。

但是，目前我国在肿瘤细胞免疫治疗领域也面临一大困境：很多肿瘤细胞免疫治疗在医院中处于事实上的收费临床应用，没有任何临床有效性和安全性数据，导致肿瘤细胞免疫治疗在技术含量、信誉度、临床效果和规范程度上仍然同国际有不小差距。

5. 产业发展重点方向与关键技术

1）产业发展重点方向

在今后的五年，将有更多的细胞治疗从实验室走向市场，其覆盖领域将包括癌症、老年退行性疾病及先天性遗传病。我们需要加大对以 CAR-T 免疫疗法为主导的肿瘤细胞免疫治疗在各种肿瘤尤其是实体瘤方面的应用，以及干细胞介导的治疗老年退行性疾病的治疗方法开发，并加快细胞基因治疗产业化平台的搭建。

2）产业发展关键技术

细胞治疗和基因治疗在过去五年间已经有机融合，并在癌症、退行性和代谢类疾病及先天遗传性疾病治疗方面取得了突破性成果。今后，我们应该重点关注的技术将包括利用以 CRISP 为代表的基因编辑技术进行细胞治疗，但是在临床实验时需要注意可能出现脱靶效应；重点发展新一代 CAR-T 技术，以提高其药效和特异性并降低其毒性，或者减少不同个体间 CAR-T 细胞传输导致的免疫原性，寻找适合肿瘤细胞免疫治疗的联合治疗新方案和作用于不同肿瘤的新型溶瘤病毒并降低其免疫原性为目标。

6. "十三五"产业发展重大行动及实现路径建议

1）改变监管乱象

生物治疗是一种非常个性化的疗法，不同产品治疗手段区别较大，产品的供应方式和传统药物有着根本性的区别。因此，实现生物治疗产品的标准化，做到药效和风险可控是首要任务。国内监管部门职责不清，管理滞后，卫生部门强调创新细胞治疗技术不光要有技术属性，也要有产品属性，这就需要药监部门管理和审批。药监部门没有细胞技术的审批经验，需要建立新的理念、新的机制和新的方法。目前我国的创新细胞治疗技术没有审批路径，严重抑制创新，导致深入实施创新驱动发展战略目标无法实现。

一些生物治疗方案如干细胞治疗在疾病治疗、再生修复等方面都展现了不可估量的价值和潜能，这也是全球包括美国和中国众多医疗机构、医药企业竞相扛出"干细胞治疗"口号的主要原因。即便一些实验室正在进行相关的基础研究，但是 FDA 和 NMPA 并没有批准任何针对肌肉萎缩症、自闭症及脑瘫的干细胞治疗项目。在临床试验方面，我国注册的干细胞相关临床试验也多以较成熟的成体干细胞为主，在代表干细胞与再生医学发展趋势的多能干细胞转化应用方面较为欠缺。此外，我国干细胞治疗相关的技术规范、标准、伦理等研究相对滞后，特别是缺乏专门从事干细胞质控和标准研究的队伍和学术机构。这些都影响了我国干细胞及转化医学的健康发展。我国与细胞治疗相关的政策法规较少，涉及内容较简单，对在细胞治疗相关研究的过程中所涉及的法律法规问题没有做详细的说明和规定。各种政策法规的颁布时间、年代较为久远，滞后于国内细胞治疗临床研究的发展，也滞后于先进国家。就政策法规颁布的部门而言，管理机构较多，缺乏相对统一的部门，这样并不利于在管理上的统筹协调。

在免疫细胞治疗方面，建立规范的治疗方案，进一步提高生物治疗的临床疗效。肿瘤免疫治疗目前属于第三类医疗技术监管，生物治疗要求极高，药品和医疗技术只有在严格监管下才能作为标准疗法造福病患。我们需要在细胞治疗一些关键环节加入严格的质量监测。首先，要加强对临床研究组织结构、场地人员和实验室规范的质量管理，例如，提供自体免疫细胞制剂制备的实验室就要求具备省级以上药品监督管理部门和疾病预防控制中心检测合格且符合 GMP 要求的自体免疫细胞制备室，其无菌操作台内的洁净度要达到百级的水平。其次，我们还要强化细胞治疗临床研究中的质量管理，其中包括临床试验方案的设计、伦理监管、疗效和安全性评价和监测等。

2）推进定价与支付制度改革与完善

由于目前细胞治疗研发与给药方式成本较高，其治疗价格昂贵，随着细胞治疗技术等方面的发展，其价格会相应降低。就目前的观点来看，主要有三种潜在的支付方式：①一次性付费模式，这是医药企业最期望的支付方式，但是对患者来说费用过高；②分期付款模式，类似于目前的贷款消费，分期还贷；③依疗效付费模式，对于患者也许是最合理的支付模式。考虑到一些细胞治疗"一劳永逸"的特效，根据治疗后每年的确切疗效为当初的治疗分期付费，既分摊了治疗费用，减轻了患者当前的支付负担，也让患者在确切治疗效果面前愿意付费，但让医药企业担心的是如何有效保障支付者按期合理付款。因此，细胞治疗定价与支付制度的改革与完善是一大挑战，也是细胞治疗全面走向市场的必经之路。

（七）组织工程产品

　　随着中国社会发展，人口老龄化日益严重，骨和软骨缺损、心脑血管疾病、角膜疾病及神经损伤是目前临床常见疾病。目前，临床上自体器官衰竭与组织缺失的频繁发生是最具破坏性的大问题，同时花费往往十分昂贵。外科医生通过自体器官移植、个体间的器官移植、外科再造术等方法治疗器官和组织的缺陷。通过这种方法，到目前为止挽救或延长了成千上万的生命，但是这些治疗也存在很多不足。供体来源有限、缺乏生物活性等缺点限制了器官移植的进行，外科再造术还会留下诸多后遗症。人的器官和组织具有多种生物学功能，目前的外科再造术制作的机械装置不能替代某一器官的生物学功能，很难阻止其病情的进一步恶化。因此，具备生物活性和功能的组织工程产品是理想的治疗手段，有广阔的市场潜力。组织工程学是在细胞生物学和生物材料研究交叉与融合的基础上发展起来的新兴学科，主要应用具有特定生物学活性的组织细胞与生物材料相结合，在体外或体内构建组织和器官，达到维持、修复、再生或改善损伤组织和器官功能的目的。

　　组织工程学的基本原理和方法是从机体获取少量的活体组织，用特殊的酶或其他方法将细胞（又称种子细胞）从组织中分离出来在体外进行培养扩增，然后将扩增的细胞与具有良好生物相容性、可降解性和可吸收的生物材料（支架）按一定的比例混合，使细胞黏附在生物材料（支架）上形成细胞体-支架复合物；将该复合物植入机体的组织或器官病损部位，随着生物材料（支架）在体内逐渐被降解和吸收，植入的细胞在体内不断增殖并分泌细胞外基质，最终形成相应的组织或器官，从而达到修复创伤和重建功能的目的。生物材料（支架）所形成的三维结构不仅为细胞获取营养、生长和代谢提供了一个良好的环境，而且为组织工程学的发展提供了一种组织再生的技术手段，将改变外科传统的"以创伤修复创伤"的治疗模式，迈入无创伤修复的新阶段。所谓组织工程的四要素主要包括种子细胞、生物材料、细胞与生物材料的整合及植入物与体内微环境的整合。同时，组织工程学的发展也将改变传统的医学模式，进一步发展成为再生医学并最终用于临床。

1. 骨及软骨

1）国外发展状况与趋势

因先天性畸形、外伤、感染或肿瘤等原因造成的骨、软骨缺损是临床常见疾病。骨组织是世界上移植量第二大的组织，全球各种原因导致骨、软骨缺损的患者达到 2000 万～2500 万人。目前针对这类疾病的治疗方法，主要包括自体或异体组织移植、人工替代材料。2006 年全球骨科内植入产品市场规模为 288 亿美元，2012 年增加至 431 亿美元，到 2015 年全球市场规模近 500 亿美元。然而，这些治疗方法均存在供体来源有限、缺乏生物活性等缺点，具备生物活性和功能的组织工程骨、软骨产品是理想治疗手段，具有巨大的市场前景。

目前，已有多个组织工程骨、软骨产品获得 FDA 批准应用于临床，如美国 Genzyme Biosurgery 公司生产的 Carticel 软骨产品，德国更是有 Verigen 公司等五家公司的组织工程骨、软骨产品在近几年陆续打入国际市场。

2）国内发展状况与趋势

我国人口基数大、老龄化人口增长快，对骨、软骨内植入产品需求巨大。每年进行骨移植手术的患者约为 150 万人，可供使用的人工骨修复材料仅占需求量的 1/5。2012 年中国骨科内植入产品市场规模约为 101 亿元，2015 年近 170 亿元。据不完全统计，我国每年仅因关节疾病而需手术的病人就有近 400 万例，再加上先天性小耳畸形（发病率约 1/3000）、鼻缺损畸形及肿瘤、外伤等所造成的各种软骨缺损，每年总病例数超过 1000 万。

我国"十五""十一五""十二五"期间对组织工程领域大量的研发投入，使我国组织工程行业迅速发展，在我国，组织工程骨、软骨始终处于国际先进水平。特别是在完整人骨髓间充质干细胞（bone marrow stem cell，BMSC）规模化扩增与诱导分化的 GMP 质量控制体系构建，组织工程骨、软骨产品保存与运输体系及特殊形态骨、软骨体外构建技术体系，大动物模型组织修复，软骨体外构建和组织工程骨研究上，我国更是走在世界前列。组织工程骨、软骨的小规模临床试验已经在全国多家单位广泛开展，并验证了工程化组织临床应用策略的正确性。

目前，我国组织工程骨、软骨已全面进入临床转化和产业化阶段，然而在组织工程骨、软骨产品发展方面开发不足、转化不足，仍未实现突破，存在的主要问题包括以下三个方面。

（1）临床转化和产业化研发周期长，很多环节仍需进一步健全和完善，且在临床试验阶段不能对临床病例收取费用，所以仍需要大量的经费支持，然而国家并未适时加大支持力度。

（2）我国在组织工程产品方面的法律法规、行业标准均不健全，组织工程产品发展缺乏及时、有力的政策支持。

（3）组织工程是前景巨大的新兴产业，但缺乏宣传和推广，广大民众对该产业认识不足，一定程度上限制了产业发展。

3）需求分析、产业发展重点方向与关键技术

根据上述国内、外发展状况，"十三五"期间我国经济社会对组织工程骨、软骨产品市场需求巨大。针对我国组织工程骨、软骨产品在目前临床转化和产业化关键时期所存在的主要问题，接下来产业发展的重点方向与关键技术包括以下几个方面。

（1）建立完整的种子细胞大规模扩增与诱导分化的GMP质量控制体系，为组织工程骨、软骨产品提供标准化培养的种子细胞，并建立同种异体成体干细胞的种子细胞库。

（2）建立基于结构、生物微环境仿生模拟的组织工程仿生支架制备方法。

（3）建立成熟的组织工程产品体外构建技术体系，大力开发组织工程骨、软骨专用生物反应器。

（4）建立组织工程骨、软骨产品的生物安全性评价标准体系，制定产品注册标准，建立并完善生产技术流程及质量控制体系，确定组织工程产品的规格与适应证，建立并健全与组织工程产品发展相关的行业政策、法律法规与行业标准。

4）"十三五"产业发展重大行动及实现路径建议

组织工程是具有巨大前景的新兴产业，我国在"十五"至 "十二五"期间对组织工程领域投入巨大，使我国组织工程行业迅速发展并走在国际前列。目前，我国组织工程已全面进入临床转化和产业化的关键时期，为推动我国组织工程产业发展，"十三五"期间重要发展方向和目标

包括以下几个方面。

（1）加大经费支持，全力推动组织工程产品的产业化进程：建立完备的种子细胞、仿生支架制备及体外构建技术体系，开发可规模化生产的组织工程产品。

（2）建立并健全与组织工程产品发展相关的行业政策、法律法规与行业标准：建立并健全种子细胞、支架材料安全性检测，产品注册，产品规格与适应证，临床组织工程技术平台设置等与组织工程产品发展相关的行业政策、法律法规与行业标准。

（3）围绕组织工程产品产业化发展关键技术展开科技攻关：对包括种子细胞大规模扩增与诱导分化技术，建立通用种子细胞库，基于结构、生物微环境仿生模拟，组织工程仿生支架制备，3D打印及细胞3D打印，生物反应器研制等组织工程产品产业化发展关键技术展开技术攻关。

2. 人工心脏瓣膜

人工心脏瓣膜（heart valve prothesis，HVP）是可植入心脏内代替心脏瓣膜，具有天然心脏瓣膜功能的人工器官。当心脏瓣膜病变严重而不能用瓣膜分离手术和修补手术恢复或改善瓣膜功能时，则需采用人工心脏瓣膜置换术。人工心脏瓣膜分为机械瓣膜与生物瓣膜两大类。机械瓣膜的特点是强度好，但需终身抗凝，生物瓣膜的特点是无须抗凝，但寿命不及机械瓣膜。随着21世纪技术的进步，对于人工心脏瓣膜的选择偏好开始从机械瓣膜向生物瓣膜转换。与此同时，经导管主动脉瓣置换术（transcatheter aortic valve replacement，TAVR）在世界范围内的应用日益增多。与传统外科主动脉瓣置换术（aortic valve replacement，AVR）的高风险相比，TAVR有减少死亡率和发病率的潜力。TAVR作为一种创伤较小、风险较低的治疗方法给重度主动脉瓣狭窄患者，特别是不能开胸手术的患者，带来了新的希望。

1）国外发展状况与趋势

近年来，TAVR一直是国际心脏病学会议的热点内容，其前景被普遍看好。目前国外人工生物瓣膜领域知名企业包括美国爱德华生命科学公司（Edwards Lifesciences Corporation）（以下简称爱德华公司）、美国美敦力公司（Medtronic，Inc.）。FDA 于 2016 年 8 月批准了爱德华公司经导管心脏瓣膜 Sapien XT 和 Sapien 3 新的适应证，可用于心内直视手术死亡或并发症中度风险的主动脉瓣膜狭窄患者。此前，这两款心脏瓣膜仅获准用于心内直视手术死亡或并发症高风险患者。FDA 于 2015 年 6 月批准了美敦力公司心脏瓣膜器械新版产品 Evolut-R 上市。与先前产品相比，这款器械有一个较小的输送系统，这意味着它可用于治疗血管较小的患者。该器械的另一个特征是在手术操作期间，医生可以根据需要重新利用或重新调配这款器械。

2）国内发展状况与趋势

2013 年我国置换人工心脏瓣膜约 2 万例，其中进口瓣膜占 70%～80%。国内市场仍以机械瓣膜为主。国内北京思达医用装置有限公司和兰州飞行控制有限责任公司生产侧倾碟瓣。这两个公司和上海久灵医疗器械有限公司开发出双叶机械瓣膜，已进行了临床研究。西南交通大学进行了通过各向同性碳表面喷涂 TiN2 和 TiO 来提高机械瓣膜的抗凝血性能的研究。

国内生物瓣膜市场仅占约 5%。目前在国内应用的瓣膜既有进口瓣膜，也有自行设计的、具有完全自主知识产权的国产瓣膜。我国临床首先应用的是美敦力公司的 CoreValve，爱德华公司的第二代瓣膜 Sapien XT 已申请上市前注册研究。波士顿科学国际有限公司的 Lotus 瓣膜 2007 年开始上市前注册研究。国内自主研究的、具有完全知识产权的瓣膜也在不断研究和开发，其中，杭州启明医疗器械股份有限公司的 Venus-A 是国内第一个完成注册研究的瓣膜，该瓣膜应用猪心包制作，已于 2017 年完成上市。苏州杰成医疗科技有限公司的 J-Valve 是经心尖途径置入的瓣膜，已于 2017 年获批上市。上海微创医疗器械（集团）有限公司的 VitaFlow 是应用牛心包制作的瓣膜，已于 2017 年获批上市。

国内现有介入生物瓣膜系统产品开发在材料、设计、制备三个方面存在以下关键科学技术难题：①现有瓣膜的制备、保存和安装使用方式导致的适用人群范围受限和潜在的手术附加风险；②现行的生物瓣膜材料自身化学、物理拓扑结构不足造成的使用有效期限过短；③个体病变部位组织结构的复杂性导致介入瓣膜与置入部位的轮廓可能出现吻合匹配差异。

3）需求分析、产业发展重点方向与关键技术

"十三五"期间，我国经济社会对生物瓣膜产品发展的需求巨大。在2017年美国经导管心血管治疗学术会议上，Martin B. Leon主席预测，到2025年，TAVR全球的市场经济价值将超过冠脉药物支架。由于TAVR瓣膜的价格远高于冠脉药物支架，虽然在病例数上TAVR瓣膜少于冠脉药物支架，但在总市场价值上TAVR瓣膜将来可能超过冠脉药物支架。在2015的欧洲心脏病学会年会上，TAVR的创始人Cribier教授大胆地设想在2025年，TAVR将取代大部分主动脉瓣膜的外科手术治疗。针对中国病人瓣膜钙化程度及二瓣化畸形比例高的特点，迫切需要研发符合中国老年性主动脉瓣膜狭窄和关闭不全的介入治疗生物瓣膜产品，包括预装式介入瓣膜；突破防止瓣膜周漏的设计和技术，减小输送系统尺寸，开发手术和器械等；研究制定产品标准，进行动物和临床及临床应用技术研究。

4）"十三五"产业发展重大行动及实现路径建议

"十三五"期间，国家应重点发展经导管生物瓣膜相关产品的研发，其中包括新型瓣膜材料研发、抗钙化技术研究及新型输送系统设计优化研发。与此同时，革新瓣膜材料处理方式，控制介入治疗生物瓣膜中重度瓣膜周漏比例，开发可预装瓣膜系统，扩大适用人群范围，降低手术附加风险；提高瓣膜材料抗钙化性能，延长瓣膜的使用寿命。研究制定产品标准，完成临床前和临床试验，申报核心发明专利和NMPA生产注册证。

经导管生物瓣膜研发是一个涉及材料、机械、生物、医学等多学科交叉的医疗器械。在政策扶持下，相关领域的优秀科研院校、医院及企业应联合共同研发，加速产品研发，提高产品质量，促进行业相关技术发展。产品一旦获批上市，将会为我国乃至世界各国的患者带来益处和希望。

3. 心脑血管可降解支架

WHO统计显示，心脑血管疾病已成为人类的"第一杀手"。2017年我国心脑血管疾病患者高达2.9亿人，每年因病死亡近300万人，占所有疾病致死总人数的40%以上。微创、高效、安全的药物涂层支架介入治疗术已成为治疗心脑血管疾病的主要手段，在世界范围内形成了超过250亿美元年产值的介入医用材料和器件产业。目前，国内市场上的药物涂层支

架的主体模架部分均为非降解金属，长期存留的非降解材料与周围组织因化学组成、物理结构和机械性能的不良匹配可能诱发远期（植入 1 年后）血栓和再狭窄。实现植入支架从非降解材料向可降解材料发展，从单一机械支撑材料向具有原位再生修复功能的新型功能材料发展，成为心脑血管医用植入材料和器件发展的必然趋势。

1）国外发展状况与趋势

随着生物可降解高分子材料的合成、改性及加工技术的日趋完善，生物可降解支架应运而生。全降解支架在植入体内初期，与金属支架一样起到血管支撑作用，之后逐渐降解至完全吸收，避免永久支架引起的并发症和晚期血栓等问题。当前美国雅培、Elixir、Amaranth Medical、REVA Medical 及日本的 Kyoto Medical 等公司均积极开展了全降解聚合物支架研发，力争抓住这一重要产业领域创新转变的机遇。其中，雅培于 2012 年成功研制出第一代生物全降解聚合物支架，获得欧洲 CE 认证，在全球 100 多个国家销售，并于 2016 年 7 月获得 FDA 批准上市，成为新型支架研发和产业发展的里程碑。

以雅培的全降解支架产品为代表，虽然实现了支架的降解，但依然面临两大关键技术瓶颈：①降解过程中动态支撑性能和血管生理重建过程匹配度不够，难以提供血管组织再生修复的理想环境；②诱导血管组织再生修复能力不足，难以实现对病变血管结构和功能的快速原位再生修复。这也为我国进一步设计具有血管组织修复功能的新一代全降解聚合物支架提供了机遇。

2）国内发展状况与趋势

近年来，我国通过人才引进，政策支持，促进产、学、研、医全链条合作等创新手段，推动着可降解支架的研发。2015 年国务院印发的《中国制造 2025》中明确提出要提高医疗器械的创新能力和产业化水平，重点发展全降解血管支架等高值医用耗材。同时，可降解支架产品研发也被列入"十三五"国家重点研发计划"生物医用材料研发与组织器官修复替代"重点专项及"材料基因工程关键技术与支撑平台"重点专项等，标志着我国对开发国际领先的新一代全降解聚合物血管支架产品及改善千千万万心血管疾病患者生命健康的高度重视。

目前，我国在可降解血管支架的研发方面（包括新材料和新技术等）取得了特色性的研究进展。乐普（北京）医疗器械股份有限公司对全降解聚合物支架结构与工艺进行改进，相关产品已进入临床研究阶段。北京阿迈特医疗器械有限公司开发了一种具有独立知识产权的支架加工技术——3D 精密快速血管支架制造技术，该技术具有加工效率高、加工成本低、产品性能好等优点。上海威特生物有限公司也启动了国内可降解支架的临床试验研究。2016 年，由国家生物医学材料工程技术研究中心主任、国家"千人计划"特聘专家王云兵教授联合国内多家著名高校、医院、企业申报的"具有血管组织修复功能的新一代全降解聚合物支架"项目也获得了国家"十三五"重点研发计划立项支持。

3）需求分析、产业发展重点方向与关键技术

全降解支架具有良好的疗效和安全性，有望最终解决永久金属支架的少见却非常显著的晚期及末期事件，基于全降解支架的血管重建疗法有望重建自然血管的完整性及功能，可避免传统非降解支架引起的晚期血管再狭窄和血栓等问题，为病人提供更好的长期临床效果，这已成为血管支架领域的未来发展方向，同时也是我国"十三五"期间产业发展的重点方向。在"十三五"期间，我国应利用在血管组织原位诱导再生材料研发领域的基础和优势，大力研发具有优良血管组织修复功能的新一代全降解聚合物支架，并围绕这个目标，攻克一系列关键核心技术，其中包括新型全降解材料及支架设计、制备与生产中的关键技术，新型全降解支架原位再生修复功能关键技术，新型全降解支架逆转钙化修复功能关键技术等，分步实现从具有血管组织修复功能的新一代全降解支架到生物力学适配全降解支架，再到血管组织原位诱导再生全降解支架的研发，实现我国在全降解支架产业领域的阶段性跨越式发展。

4）"十三五"产业发展重大行动及实现路径建议

在心脑血管疾病微创介入治疗的第四次技术革命浪潮中，虽然国外暂时还处于领先地位，但只要我国的科研人员、工程技术人员、医学专家紧密合作，把握心血管植、介入材料与器械产业发展趋势和前沿，抢抓心血管支架由非降解向全降解转变的重大机遇，组成跨学科、跨地域、跨部门协同创新团队、基地，以领先的新一代全降解聚合物支架设计与制造技术

为切入点，从产业链的上游着手，产学研医结合，引领支架产业技术进步，建立具有自主知识产权的新一代全降解聚合物支架产品研发平台，取得一系列原创性的核心技术，创建一批新一代全降解支架示范企业和产业体系，培育一批具有国际竞争力的高集中度多元化生产的龙头企业及创新团队，为我国心血管支架产业引领国际发展奠定坚实的科学与技术基础。与此同时，在国家政策的大力支持下，引进国外优秀人才，培养出一大批掌握新型生物材料、精密机械加工和心脑血管微创介入治疗的学科交叉型研究人才，为心血管支架领域的长远发展提供坚实的人才储备基础。

新一代国际领先的全降解血管支架产品未来一旦获批上市，将会为国内外的患者带来希望。全降解支架的研发和产业化不仅具有重大的经济和社会意义，而且对我国参与国际经济竞争、占领技术制高点具有重要推动作用；有利于培育国内战略新兴产业，转变我国现有经济发展模式，对我国实现科技惠及民生具有重要的战略意义。

4. 血管

心血管疾病是发病率和死亡率最高的疾病之一。大、中口径人工血管等心血管修复材料已成功应用于临床。然而，心脏搭桥需要的小口径人工血管和治疗小儿先天性心脏病的相关心血管材料一直没有产品。通常采用病人自体血管组织进行治疗，不仅来源受到限制，而且用大隐静脉进行心脏搭桥，如果顺应性不匹配，远期再狭窄率比较高。此外，血液透析和下肢动脉闭塞等治疗需要的中等口径的人工血管（直径 6～8mm）也存在比较高的再狭窄率和钙化现象。

1）国外发展状况与趋势

国外的研究多集中在体外培养构建工程化血管组织，代表性的工作有美国耶鲁大学的 Niklason 和 Cytograft 公司的 Nicolas 等，其在大动物实验中获得一定成功，目前正在进行产业化。但其缺点是周期长，成本高。因此，一种"cell-free"（元细胞）人工血管研究思路应运而生，即不种植细胞，依靠体内细胞的迁移和分化重构血管内皮和平滑肌，实现人工血管再生。美国匹兹堡大学 Wang 教授实验室研究了可降解弹性体聚合物聚癸二酸甘油酯（poly glycerol sebacate，PGS）人工血管，在大鼠腹主动脉移植 3 个月以后，人工血管没有种植细胞，依靠机体自身的重塑能力，在 3 个月内得到了与天然主动脉相似的新血管。但目前还没有大动物实验结果。

2）国内发展状况与趋势

国内"十一五"和"十二五"期间没有立项针对人工血管或血管组织工程的重大项目。国内从事小口径人工血管研究的主要有：南开大学孔德领实验室，侧重人工血管材料的结构设计和功能修饰，侧重人工血管中膜即血管平滑肌的再生调控；北京航空航天大学樊瑜波实验室，侧重血管反应器和血管生物力学研究；东华大学莫秀梅和天津大学袁晓燕实验室，侧重人工血管的制备方法；中国人民解放军陆军军医大学朱楚洪实验室，侧重脱细胞基质人工血管及活性因子对血管再生的促进作用。存在的问题是研究力量分散，不能有效形成合力。血管组织工程是一项系统工程，需要产学研医多方面的合作和协同攻关。

3）需求分析、产业发展重点方向与关键技术

目前我国有超过 2 亿例心血管病患者，血管组织工程产品需求量巨大。人工血管（包括大、中血管）的市场大约为 10 亿元，目前国外产品占人工血管市场的85%。小口径人工血管和小儿先天性心脏病心血管材料产业化和临床应用的滞后源于相关基础研究的不足。这类心血管材料是以再生为特点，需要解决在疾病（动脉粥样硬化、糖尿病、肾病等）条件下的表面抗凝血、内皮形成、平滑肌再生与过度增殖的调控问题，以及血管外膜的血管化与神经网络构建，最终实现血管的长期稳态；此外，还需要解决材料降解、组织再生与患儿成长的匹配问题等关键技术问题。

4）"十三五"产业发展重大行动及实现路径建议

因此，我国迫切需要通过重大科学研究计划的立项，整合多学科研究力量，组建材料、工程、血管生物学和医学的交叉研究团队，围绕心血管修复与再生材料的关键科学问题和核心技术开展深入系统的研究，推动血管组织工程的临床应用。通过以上行动，在基础研究和临床转化两个方面取得实质性突破，建立具有自主知识产权的新一代具有诱导组织再生功能的小口径人工血管的关键技术，经过全面技术检测和临床前评价，1～2类人工血管能够应用于临床，并进行推广。

5. 角膜

1）国外发展状况与趋势

理想的组织工程角膜应包含角膜上皮、基质和内皮三部分成分，但从临床治疗和产品研发的角度考虑，组织工程角膜上皮、基质和内皮等组织工程角膜成分移植的科学性和可行性更高。在组织工程角膜上皮方面，采用体外培养的角膜缘上皮、口腔黏膜上皮移植治疗角膜缘干细胞缺乏症已在日本、意大利、韩国和台湾等国家和地区获得批准应用于临床，并取得了良好的临床效果，欧洲已有相关产品上市。脱细胞角膜基质产品于2015年4月已获得CFDA颁发的医疗器械注册证书。在组织工程角膜内皮方面，目前还没有已上市产品，国外主要利用其角膜来源丰富、质量高的优势，开发利用成体角膜内皮细胞扩增后构建组织工程角膜内皮，用于治疗角膜内皮相关疾病。

2）"十三五"产业发展重大行动及实现路径建议

我国现有角膜盲患者300多万人，每年新增10万人，但由于角膜供体极度匮乏，每年角膜移植数量不到1万例。近几年，我国已有两种自主研发的脱细胞角膜基质产品上市，解决了50%的角膜供体来源问题，但长期的有效性还需要进一步观察，同时，对于结膜功能破坏、角膜缘干细胞缺乏症，以及角膜内皮病变的患者还没有有效的替代治疗。因此，开发含细胞的组织工程角结膜产品是目前角膜病领域亟待解决的科学问题，具有极高的临床应用前景。

在国外早已获批的组织工程角膜上皮在我国还没有获得批准用于临床，但限于种子细胞是自体组织来源，产业化前景有限，采用胚胎干细胞、诱导性多能干细胞（induced pluripotent stem cells，iPS cells）或其他种子细胞来源还需要进一步的应用基础研究，宜通过第三类医疗技术实现临床应用。组织工程角膜内皮是未解决的世界性难题，我国角膜供体有限，采用体外扩增的成体角膜内皮细胞作为种子细胞进行产业化的前景十分困难，应着手于胚胎干细胞、iPS 细胞或其他具有产业化前景的种子细胞来源，尽早引入公司合作开展组织工程角膜内皮的研发和产业化工作，同时要重点加强我国重要的角膜临床科研单位的参与，提高研发产品的实用效果。

6. 组织工程神经

周围神经损伤导致的肢体瘫痪与功能障碍的治疗是当今医学世界性难题。目前临床周围神经缺损仍然采用传统的自体神经作为神经桥接物，但由于供移植用的自体神经来源有限、组织尺寸和结构不匹配及移植物供区长期失神经支配等，自体神经移植应用具有很大局限性。

1）国外发展状况与趋势

移植修复材料的匮乏与临床巨大需求的反差促使全球竞相研发用于修复神经缺损的移植材料。纵观目前国外神经修复材料的研发工作，正循着从基础研究到产业化的轨迹步步深入。目前制备周围神经移植修复材料的生物材料按来源可分为人工合成材料和天然材料两大类。这些材料制备的周围神经修复材料均显示了一定的修复神经缺损的作用，并都已研发成功上市可用于临床使用，现有的周围神经缺损修复材料主要包括：以合成或天然材料为原料通过不同的技术制备的导管（synthetic nerve conduits）和去细胞神经移植物（acellular nerve allografts，ANAs）两大类。前者主要由合成的聚乳酸、聚羟基乙酸（poly glycolic acid，PGA）、聚己内酯（polycaprolactone，PCL）等可吸收材料及天然来源的胶原（collagen）、壳聚糖（chitosan）等通过浇铸-浸渍法、静电纺丝及编织法等技术构建而成，导管具有单通道或多纵向通道结构。这类材料中已经商品化从事产品开发的包括美国 Integra 公司的"胶原管"、美国 Synovis 公司的"聚乙醇酸管"、美国 Salumedica 公司的"聚乙烯醇管"、荷兰 Polyganics 公司的"聚消旋乳酸-ε-己内酯管"（表 2-36）。

表 2-36　国外从事相关研究的主要机构

序号	机构名称	相关研究内容	相关研究成果	成果应用情况
1	Collagen Matrix Inc	I 型胶原	神经导管	NeuroMatrix/Neuroflex
2	Integra NeuroSciences	I 型胶原	神经导管	NeuraGen
3	Synovis	PGA	神经导管	Neurotube
4	Polyganics BV	PCL	神经导管	Neurolac
5	SaluMedica LLC	PVA（polyvinyl alcohol，聚乙烯醇）	神经导管	Salubridge

2）国内发展状况与趋势

国内通过 NMPA 批准的人工神经移植物公司较少，部分机构正在开展相关研究，发表了一系列研究成果并获得了相关专利许可。国内从事周围神经缺损替代性修复材料开发研究的有南通大学顾晓松研究团队研制的壳聚糖神经导管人工神经移植物，其将壳聚糖制成管壁多微孔的神经导管，内嵌纵行排列的聚乙醇酸纤维支架，构建成壳聚糖/聚乙醇酸人工神经。针对壳聚糖/聚乙醇酸人工神经移植物的前瞻性多中心临床试验正在开展，初步临床试验结果显示，该移植物修复人前臂 30～35mm 神经干缺损，患者受损神经功能恢复达到英国医学研究委员会（Medical Research Council，MRC）M4S3+的优良水平；中山大学附属第一医院刘小林团队采用低温注射-热致相分离相结合的原理制备出通道数可控、通道之间呈相互连通的可高效负载生长因子的具有纳米纤维结构的壳聚糖多通道导管支架及去细胞神经修复材料产品（神桥）；武汉理工大学李世普团队通过将可控降解的有机和无机材料复合构建得到了神经移植物；中国人民解放军总医院卢世璧研究团队的神经组织基质源性组织工程支架；北京大学人民医院姜保国研究团队开发的多糖基人工神经移植物；北京天新福医疗器材股份有限公司利用牛跟腱经提炼加工等专业技术处理，提取高纯度 1 型胶原，并经特殊工艺研发的具有神经生长方向的人工神经鞘管等（表 2-37）。

表 2-37　国内从事相关研究的主要机构

序号	机构名称	相关研究内容	相关研究成果	成果应用情况
1	江苏益通生物科技有限公司	壳聚糖/PGA 神经导管	医用神经移植物	完成临床试验
2	广州中大医疗器械有限公司	去细胞异体神经	神经移植物-神桥（商品）	临床使用
3	武汉华威生物材料工程公司	聚（乳酸-羟基乙酸-L-赖氨酸）-β-磷酸三钙	神经移植物	临床试验中
4	北京汇福康医疗技术股份公司	壳聚糖	小间隙套管	临床试验中
5	中国人民解放军空军军医大学	壳聚糖+胶原	神经移植物	临床试验中

然而，可降解吸收神经导管的机械性能与神经及周围组织的力学性能不匹配从而导致易塌陷；人工合成的神经修复材料（如聚乳酸等）降解产

物呈酸性，易产生无菌性炎症；神经再生速度与修复材料的降解速度不匹配等。这些不利因素，阻碍了神经再生。

另外，神经导管由于其结构相对简单，与人体神经的复杂结构相差甚远，临床修复范围和效果与自体神经移植修复存在较大的差距。目前合成神经导管在临床上主要用于套接、保护神经缝合口，或用于桥接短段小神经缺损（如3cm以内的指神经缺损），修复长段缺损和粗大神经的效果较差，仍为当今神经再生研究领域的瓶颈。

3）需求分析、产业发展重点方向与关键技术

周围神经损伤导致的肢体瘫痪与功能障碍的治疗是医学科学的难题，是我国社会经济发展的重大需求。WHO 流行病学的资料表明，在世界范围内创伤已经成为人类综合致死原因的第四位，是 45 岁以下青壮年致死原因的第一位，全球 70 亿人口中的近 1/4 都曾遭受到不同程度的意外创伤。创伤的患者中留下最多见、最严重的疾痛就是神经损伤造成的肢体残疾、功能障碍，这一数据的比例约为创伤患者的 5%。随着我国经济的快速发展，交通和生产事故等意外创伤导致的周围神经损伤患者亦逐年增加。截至 2015 年，中国周围神经损伤后存在功能障碍的患者数量接近 2000 万人，且以每年近 200 万人次的速度递增；此外，产瘫、肿瘤切除等疾病伴随的周围神经损伤又进一步增加了这类疾病的患者数量。

周围神经缺损修复存在着两大难题：一是对大段周围神经缺损的修复，即如何让更多的神经纤维更快地长过缺损区；二是神经再生的准确性，即如何让不同类型的神经纤维更准地长入靶器官，支配远端的肢体感觉和运动。因此，周围神经缺损的修复不是简单的"修补"，而是需要依靠"桥梁"引导近端再生神经纤维跨越缺损部位；这就需要为神经再生提供良好的"微环境"（微纳结构、化学组分、生物信号时空分布）。

因此，组织工程神经移植物的仿生设计（组成仿生、结构仿生、修复的分子过程仿生）应该是"十三五"期间组织工程神经的主要研发方向。其需要解决的关键技术主要包括：采用何种材料，如何模拟再生微环境，才能更加有效地修复周围神经缺损，使其长得更快，长得更准。

4）"十三五"产业发展重大行动及实现路径建议

基于仿生设计策略，研发可有效修复周围神经长距离缺损的组织工程

神经移植物将是"十三五"产业发展重大行动。建议从分子、细胞和组织层面阐明神经再生微环境特征；研究神经再生微环境对神经再生的影响及其分子生物学机制；建立微纳结构、化学组分、生物信号时空分布等仿生构建神经再生微环境的关键技术，研制出系列诱导型神经移植物用于修复长距离和粗大周围神经缺损；建立相应产品质量标准，完成临床前研究，开展临床试验研究；研究制定产品标准及评价神经再生和功能恢复的新方法，完成材料的体内安全性评价和有效性评价，建立生产线和质量保证体系，形成产品。

A. 神经再生微环境的仿生构建及其机制研究

研究微纳结构、化学组分、生物信号时空分布等仿生构建神经再生微环境的关键技术，以及上述因素对神经再生诱导与机体的生物应答；为诱导型组织工程神经的构建提供科学依据，为神经再生微环境重建学说提供新的理论支撑。

B. 诱导型神经移植物构建的关键技术

在研究神经再生微环境重建理论的基础上，以细胞外基质材料、天然生物材料、人工合成生物材料为主要原料，采用 3D 生物打印、静电纺丝、相分离等技术，构建微环境仿生的诱导型神经移植物。

C. 神经移植物标准制定、安全性和功能性评价研究

根据国家有关政策法规，以国家相关检测标准为参照，在稳定的生产工艺及产品基础上，对相关产品参数进行总结，根据神经再生修复的特点，完善协助制定神经移植物的生产标准及产品标准体系；包括系列特征指标及指标值的确定和验证，深入分析神经移植物桥接修复神经损伤后不同阶段相应的基因变化，确定特定阶段的特征基因，为安全性和功能性评价提供标准。

D. 临床疗效评价标准和临床试验

根据中华医学会手外科学分会制定的"上肢部分功能评定标准"，结合本系列研究产品的临床特点，制定相关的实施细则予以充实形成较完整的评价体系。

E. 规模化生产设计

系统设计组织工程神经规模化生产的技术，解决产品规模化生产中自

动化、标准化和在线监测的关键技术问题，建立标准规范的中试生产线和质量保证体系。

（八）罕见病生物药物

1. 中国的罕见病及其药物发展的状况

罕见病一般是指发病率低、患病人群较少的疾病，由于非常少见也被称为孤儿病。目前国际确认的罕见病大概有 7000 多种，占人类疾病的10%。其中，超过80%的罕见病是由基因缺陷引发的先天性疾病，有很多的罕见病在早期就会发病，30%患有罕见病的儿童无法活过五岁。

其实，罕见病的发病率迄今为止也没有一个统一的标准，由于很多罕见病具有区域性发病的特征，在某些区域可能有较低的发病率的疾病在有些区域可能就属于常见病，所以很多国家对罕见病都有着自己的定义。美国在 1983 年就发布了孤儿病药典，在其中将美国的罕见病定义为"在美国发病人群不超过 20 万例的疾病"或者有着小于 1∶1500 的发病率的疾病。而在日本这个范围则被定为影响范围小于 5 万位病人或者发病率小于1∶2500 的疾病。欧洲的定义则更为明确，特指那些"会有生命威胁的或是导致慢性衰弱、发病率低于 1∶2000、需要特殊对待的疾病"。比较遗憾的是，虽然中国在 1999 年出版的《新药审批办法》中就提到了罕见病和治疗罕见病新药这两个名词，但迄今为止官方还尚未对中国的罕见病进行一个明确的界定。这使中国的罕见病研究和诊疗缺乏理论和政策的支持，很难进行系统的科研，一定程度上影响了中国的罕见病医学研究和药物研发水平。

目前，根据中华医学会医学遗传学分会提出的中国罕见病定义，中国的罕见病为患病率低于 1∶500 000 或者新生儿发病率低于 1∶10 000的疾病。据估计在中国受罕见病影响的总人数已超过1680万人，对于罕见病的研究和药物研发已成为迫切的需要。近几年来政府部门也加大了对罕见病的关注和宣传力度，积极从政策方面帮助推动罕见病研究的发展。而随着"冰桶挑战"活动的全球展开，越来越多的普通群众也开始了解到罕见病和罕见病人群，这也在很大程度上帮助人们提高了对罕见病的认识。

对医药公司来说，罕见病病因复杂，研发难度高，而针对人群少，这使罕见病药物上市后销售收入很难抵消成本，因此很多医药公司并不愿意去从事罕见病药物的研发。而这也造成了罕见病无药可医的窘境，在7000 多种罕见病里有明确疗法的不足 3%，可以说在绝大部分的罕见病的治疗上都还是一片空白。而这仅有的 3% 有疗法的疾病中，还有很多药物由于政策因素迟迟无法进入中国市场，使中国的病人无法接受有效的治疗。就算是已有的药物，价格往往也非常昂贵，中国的普通家庭很难负担得起这样的诊疗费用。例如，中国预计有 8200 位 Gaucher disease（戈谢氏病）患者，截至 2015 年，采用药物治疗的只有 30 人；而美国的 2200 位患Gaucher disease 的病人中 1000 人得到有效的治疗。因而中国的罕见病药物发展还处在最初的起步阶段，前方既有艰巨挑战，也有蓬勃机遇。

2. 我国急需发展的罕见病药物

溶酶体贮积症（lysosomal storage disease，LSD）是一类罕见病的统称，它大概包含了近 50 种罕见遗传病。这种类型的罕见病的发病率已达到（1∶5000）～（1∶1000），属于发病率相当高的一个罕见病族群。在中国已有大概超过一百万例患有 LSD 的病人。这些病人会有各种各样不同的表征，如肝脾肿大、严重的骨类并发症或是肌痉挛等，很多病人在儿童时期就发病，很多人很难活到成年，是死亡率非常高的一类罕见病。

针对 LSD 这类病有数种治疗手段，截至目前最成功的疗法应当是酶替代疗法（enzyme replacement therapy，ERT）。尽管不同的 LSD 可能有不同的症状，然而究其根源，它们都是由某种基因突变引发的酶缺陷导致的，而这些酶功能的丢失引发溶酶体中大分子的堆积，最终导致溶酶体功能异常及各类不同的器官异常症状。ERT 这种疗法的思路就是将缺失的这种酶重新提供给病人，来替代它行使功能，减轻大分子堆积的症状从而达到治疗的目的。尽管 ERT 并不能修复基因组上的突变，持续的ERT 治疗还是能帮助恢复病人体内正常的蛋白酶水平，减轻甚至消除他们的症状。在美国和欧洲的市场上已经有不少 ERT 产品被批准治疗，如治疗 Gaucher disease 的 Cerezyme 是最早成功的一类 ERT 药物，由

Genzyme公司生产，可以将病人的肝脾肿大症状大大减轻，使肝脾的大小恢复近正常的水平。市面上其他针对 LSD 的疗法如骨髓移植或是底物降低疗法，都是理论上可行然而疗效上并不及 ERT。

尽管市面上已经有几个产品被批准应用于 ERT，但大多数的 LSD 疾病仍然没有一个有效的诊疗方案，对这些病的患者来说，可能只有维持疗法能稍微减轻他们的痛苦。如上述所提，较多的 LSD 疾病可以考虑应用 ERT 治疗，这个市场仍然是非常广阔且有着迫切需要的。而现有的几款 LSD 的治疗药物都是极度昂贵的，有些甚至需要每年超过 30 万美元的治疗费用。用于治疗 Fabry disease（法布雷病）的 Fabrazyme 就是这样一个例子，这款药物预期将在 2019 年达到 10 亿美元的销售额，而批准治疗 Pompe disease 的 Myozyme 的预期销售额甚至会超越这个值。治疗 Gaucher disease 的 Cerezyme 则需要每年超过 200 万元的治疗费用，而且患者需要终身服用这种药物以维持生命。所以如果能有可接受价格的新药物，对于这些饱受疾病折磨的病人来说将绝对是个福音。

尽管越来越多的制药公司已经开始着手开发针对 LSD 的治疗药物，这个领域在中国仍处在起步阶段。在中国有超过一百万的病人经受着 LSD 的病痛的折磨，然而他们只能选择接受无实际效果的维持性治疗，或是去选择价格昂贵且来源有限的进口药物。无论是哪个选择，对这些病人来说都是极其残酷的，还有很多的病人连选择药物的机会都没有，因为根本还没有针对这些病的药物出现。所以开发治疗 LSD 的药物对这些病人来说不仅能延长他们的生命，也可以降低医疗费用。而这一块的开拓也能有效地填充中国制药发展在这个领域的空白，帮助推动整个中国罕见病药物的研究和发展。

在对 LSD 的五十几类疾病类型做了机制和市场的筛选分析后，我们发现并不是所有的LSD都能成功运用ERT。由于ERT成功的一个重要因素是重组酶蛋白可以成功地运输到病灶发挥作用，对于有一些会引起神经系统并发症的 LSD 疾病来说，重组酶蛋白如何穿过血脑屏障来发挥疗效仍是一个难题，这也限制了ERT在这类LSD疾病上的应用。因此，在我们选择 LSD 中的目标疾病时也有意避开了这类需穿越血脑屏障发挥作用的疾病，而将注意力投向了这几个 LSD 疾病类型：Pompe disease（庞贝氏病）、Fabry disease、Gaucher disease、Niemann-Pick disease type B（尼曼-皮克病 B 型）。

Pompe disease 也叫Ⅱ型糖原贮积症，是由基因突变引发 alpha-葡萄糖苷酶的功能缺陷，进而导致溶酶体中大量糖原的堆积，这些糖原的堆积最终诱发了整个身体，包括心脏、肝脏及神经系统的肌无力。目前 Genzyme 公司有两款批准药物：Myozyme 和 Lumizyme。这两款药物都是在 CHO 细胞中生产。这两种药物都要求病人每年支付超过 30 万美元的药费并且需要终身服用。

Fabry disease 则是由 GLA 基因突变导致 alpha-gal A（alpha-半乳糖苷酶）这种酶的功能丢失，酶缺陷的后果直接导致了神经酰胺三己糖苷在溶酶体中的大量堆积，从而引发胃肠道的并发症。Genzyme 公司生产的 Fabrazyme 于 2003 年被 FDA 批准上市，每个病人的年均费用也是在 20 万美元以上。

Gaucher disease 是 LSD 家族中最早发现可以成功运用 ERT 疗法的疾病，市面上最早被批准的 ERT 药物 Cerezyme 就是 Genzyme 公司生产出来治疗 Gaucher disease 的。这类疾病的患者的 GBA 基因有着天然缺陷，导致他们的葡萄糖脑苷脂酶无法正常地去代谢葡萄糖脑苷脂，这些脂类会堆积在器官里造成患者的肝脾肿大、肝功能异常等严重的综合疾病。目前市面上一共有四个已批准上市的药物用以治疗 Gaucher disease，Genzyme 公司的 Cerezyme 在 1995 年被批准上市，他们是使用 CHO 细胞来生产重组蛋白。而 2010 年 Shire 的 Velaglucerase 则是利用了人纤维肉瘤细胞系，Pfizer 在 2012 年也成功受批了通过胡萝卜细胞生产的 Taliglucerase。2014 年 Genzyme 公司又推出了一款新的药物——Eligustat，这个药物的价格比之前的 Cerezyme 还要昂贵，超过了 30 万美元/年。

Niemann-Pick disease type B 是一类在犹太人群中比较高发的罕见病，这种病通常的诱因是 SMPD1 基因的突变诱发酸性鞘磷脂酶功能异常，导致溶酶体里的鞘磷脂无法被代谢掉，进而引起各个主要功能器官的病变。目前市面上还没有针对这类疾病的有效药物。

总体来说，LSD 在中国虽然发病率低，但也拥有着庞大的病患人群，同时还缺乏合理有效的治疗方法。这类药物的生产工艺和单克隆抗体类生物药具有一定类似性，我国已经有具有国际水平的技术平台开发这类创新药物。"十三五"期间建议国家利用目前生物药的研发优势，在这个近乎空白的领域上开始投资引导，帮助推进我国 LSD 药物研发的发展，实现社会和经济的双重价值。

3. 罕见病生物药物开发生产技术平台

ERT 这种治疗 LSD 行之有效的疗法是替代人体需要但病人不能自身合成的酶蛋白。这些酶蛋白结构较为复杂，通常都有很复杂的糖基化，因此要在哺乳动物细胞培养系统里表达生产。我国在动物细胞培养酶蛋白的表达、工艺开发、质量分析和 GMP 生产方面已经积累了大量经验，部分领头企业在从序列分析到细胞株构建，从灌流技术的放大生产到下游纯化，以及 GMP 生产上都拥有丰富的经验，这些技术平台已经具有开发和生产符合欧美标准的酶蛋白的能力。加上 ERT 的产物本身是人体内自然存在的酶，在产品序列和专利问题上就没有侵权的风险。发展罕见病生物药物不仅能够解决我国大量病人急需的药物供应，更有潜力让"中国制造"的高端生物药打开欧美市场，完成生物医药行业的重大突破。

4. 罕见病药物发展所需的政策支持

我们知道，任何药物的研发都离不开强有力的政策支持，特别是对于罕见病这样发病人群少、治疗费用昂贵的疾病，不仅需要给医药企业的研发在政策上开绿灯，还需要为患者建立一个有效的医疗保障系统，将罕见病治疗纳入医保体系，这样才能保障病人的健康权益。这两个方面在目前的中国都是需要大步往前迈进的方向。

在医疗保障方面，我们知道美国的罕见病患者都是借助有力的医保制度来支付高额的药物费用。而在中国，虽然现在还没有出台专有的罕见病法律，但我们已经欣喜地看到不少省市在罕见病政策上迈出了强有力的步伐。2011 年的时候，对于 Gaucher disease、Fabry disease、Pompe disease、Hunter syndrome（Hunter 症候群）〔也叫黏多糖贮积症 II 症（mucopolysaccharidosis II，MPS II）〕这四种 LSD 类型的罕见病，上海市少儿住院互助基金专门给予了每人每年不超过10万元的救助（在2012年这个数额提高到了20万元）。2012 年青岛市政府也出台了意见，第一次明确将罕见病纳入了大病医疗保障体系这个范畴中。2016年台州将包括Gaucher disease在内的三种罕见病特殊药品纳入了大病的保险支付范围。上海在 2016 年也出台了《上海市主要罕见病名录》，其中就包含了上文提到的 Gaucher disease、Pompe disease、Fabry disease 等，体现了政府对罕见病治疗的决心。而青岛模式中药物报销的资金是来自市政府专项资金，目前在这个模式下已经有近 20 个价格昂贵的罕见病药物可以得到各种形式的报销，昂贵的药物费用由政府、慈善机构和企业基金会共同承担，个人只需支付很少的一部分，大大减轻了患者的负担。我们可以期待随着罕见病相关政策的完善，无论是青岛模式，还是其他地方模式，都能够减轻患者的经济压力，保障他们的权益。

而在对罕见病药物研发的政策支持上，我们或可参考 FDA 为了推动孤儿药研发所采取的措施。如将Ⅲ期临床费用降为非孤儿药的一半来减少开发费用，再如推行各种有利审批政策缩短上市审批时间，在美国孤儿药平均获批时间约为非孤儿药的80%等。其实罕见病药物研发近几年来已经受到越来越多的重视，从地方政府到中央政府，不断有新政策的出台来鼓励罕见病药物的发展。从 2011 年的《医学科技发展"十二五"规划》到 2012 年的《国家药品安全"十二五"规划》，都在不断强调要鼓励罕见病药物的研发。2015 年 8 月国务院发布的 44 号令正式将防治罕见病的创新药审评审批列入加快审查流程。随后的 11 月，CFDA 又发布公告，明确将对罕见病创新药的申请实施"绿色通道"，加快审评审批的过程。2015 年底，为了加强罕见病管理，促进规范化诊疗及保护患者的健康权益和用药基本需求，国家组建了国家卫计委罕见病诊疗与保障专家委员会。在公函里明确指出委员会的职责将包括"研究提出符合我国国情的罕见病定义和病种范围，组织制定罕见病防治有关技术规范和临床路径，对罕见病的预防、筛查、诊疗、用药、康复及保障等工作提出建议"。可以预期在不远的将来，我国对罕见病的诊疗和药物研发将步入一个新的时代，而这对医药企业来说也是个充满机遇的时代。

据去年 EvaluatePharma 发布的报告预估，全球孤儿药销量将在 2020 年达到 1780 亿美元。中国的医药企业能否在这个巨大的市场里分一杯羹，取决于企业的魄力和决心，以及是否能把握好政策方向，积极利用审批优势，实现孤儿药研发的突破。上海药明生物技术有限公司凭借在这个领域积累的经验和自身的平台优势，必将走在孤儿药研发的前沿位置，在社会责任和企业效益上实现双赢。

5. 建议开发的罕见病生物药物

针对国内巨大的未满足的病患需求，我们建议"十三五"期间国家资助建立罕见病生物药物开发平台并开发治疗 Pompe disease、Fabry disease、Gaucher disease 和 Niemann-Pick disease type B 四种药物的开发工作。目前欧美已经有上市药物可有效治疗前三种罕见病，我国开发相关产品的风险也大大降低。Niemann-Pick disease type B 的药物开发风险更高，但也有望成为我国自主开发的首例罕见病生物药，走出国内为全球的患者造福。

（九）生物技术药物给药系统

生物技术药物主要包括多肽、蛋白、核酸及疫苗等，具有药理活性强、选择性高、疗效确切、毒性作用小等优点，在肿瘤、心脑血管疾病、神经退行性疾病、免疫性疾病、肝炎等重大疾病治疗中具有比小分子药物更大的优势，已成为 21 世纪新药研发的新领域。

然而，生物技术药物具有与传统小分子药物不同的理化与生物学特性，结构复杂，分子量大，稳定性差，生物半衰期短，难以跨膜转运，口服不易吸收，因此常需低温保存、冷链运输、注射给药、频繁给药，且到达作用靶点的药量少，难以发挥最佳治疗效果。

针对生物技术药物存在的问题，如何采用新颖的制剂技术，构建适合生物技术药物的给药系统，已成为当前生物技术药物研究的热点领域之一。生物技术药物给药系统要求：①避免体内酶降解与破坏，提高药物的体内外稳定性；②延长药物在体内滞留时间与生物半衰期；③促进药物透过各种生理屏障与跨膜转运；④选择性地将药物递送到靶部位；⑤按需要控制药物释放，从而延长药物的作用时间，提高治疗效果，改善用药顺应性。

目前研究较多的生物技术药物给药系统主要包括口服给药、经皮给药、黏膜给药、吸入给药、长效注射给药、靶向与智能化给药等，均有大量的专利申请和研究论文发表。然而，这些给药系统研究大多仍处于临床前或临床研究阶段，药物递送效率并不理想，安全性有待进一步评价，生产成本高，上市产品较少。迄今为止，仅有屈指可数的多肽类药物的可生物降解长效注射微球及鼻黏膜给药制剂产品上市。

1. 国外状况与发展趋势

1）注射给药是主流

由于生物技术药物的稳定性不佳，在胃肠道中易被降解破坏，且难以透过胃肠黏膜吸收，当前生物技术药物制剂仍然是由以冻干粉针为主的注射剂"一统天下"，非注射给药制剂产品仅占很小一部分。

2）生物技术药物新型注射给药系统

普通注射剂具有疼痛、给药不便、多次频繁给药、靶向性差等缺点，新型注射给药系统有望在一定程度上改善这一状况。适合生物大分子药物递送的新型注射给药系统主要包括可生物降解长效注射微球、注射用脂质体、纳米粒、胶束、主动靶向给药系统、可穿戴智能给药系统等，主要目的是提高药物在体内的稳定性、延缓药物释放、促进药物跨膜转运、提高药物靶向递送，从而提高药效，降低副作用，方便患者用药。其中主动靶向给药系统可通过对其他给药系统进行修饰来实现。

A. 可生物降解长效注射微球

长效注射微球不仅可解决频繁给药的不便，而且能提高疗效，降低药物副作用（避免体内药物浓度的波动）。可降解长效注射微球是将药物分散或包埋在可生物降解的不溶性高分子材料中，制成可供注射给药的微米级球形载体制剂，经体内逐步降解，缓缓释放其中的药物，维持平稳的体内药物浓度。通过对载体材料筛选和制备工艺优化，可获得缓释数天至数月的微球制剂，能极大地方便患者用药。

1985 年，FDA 批准了第一个多肽药物亮丙瑞林长效注射微球（Lupron®），仅需 1 个月注射 1 次；1998 年 FDA 批准诺华公司的乙酸奥曲肽微球（LAR®），每月注射 1 次；2011 年 6 月和 2012 年 1 月，FDA 分别批准了 Alkermes 公司和 Amylin 制药公司用于治疗 2 型糖尿病的艾塞那肽微球 Byetta LAR®和 Bydureon®，每周注射 1 次。

目前还有较多生物技术大分子药物长效注射微球处于临床前和临床研究阶段。

B. 注射用脂质体

注射用脂质体具有提高药物稳定性、延缓药物释放及靶向递送药物等特点；通过对注射用脂质体表面进行适宜修饰，还可使其具有长循环性、环境敏感性及主动靶向性，因而得到系统深入的研究，并在小分子药物给药系统中得到较为广泛的应用。

注射用脂质体是将药物包裹于纳米级脂质双分子层囊泡中形成的一种载体制剂，载体材料主要为磷脂和胆固醇，具有良好的生物相容性。亲水性药物可包裹于内水相，疏水性药物可包裹于脂质双分子层内。

2009 年，欧洲批准 IDM Pharma 公司的米伐木肽（mifamurtide）脂质体注射剂（商品名：Mepact®）上市，一周给药 1 次或 2 次，用于治疗非转移性可切除的骨肉瘤。

鉴于与细胞膜具有良好的亲和性与相容性，脂质体被广泛研究用作基因治疗药物的载体，并可望获得广泛应用。

C. 治疗性疫苗给药系统

a）乙肝治疗性疫苗

慢性乙肝的危害巨大，但目前针对慢性乙肝并无完全有效的治疗手段。虽然乙肝疫苗能够有效降低非感染人群感染，降低乙肝的发病率，但对慢性乙肝无治疗效果。目前对慢性乙肝治疗的主要手段包括干扰素治疗和核苷酸类似物治疗，其存在毒性作用较大、容易产生耐药性和容易复发等缺点。因此，开发新的慢性乙肝治疗药物是一个亟待解决的问题。

治疗性疫苗属特异性主动免疫疗法，已成为慢性乙肝病毒感染特别是慢性乙肝病毒携带者治疗研究的热点领域之一。1998 年国外开始用乙肝病毒基因转移鼠为动物模型研究乙肝病毒治疗性疫苗的抗病毒作用；1999 年美国研制了新的多肽治疗性疫苗，并对这种治疗性疫苗的免疫学作用进行了深入研究。经过近 20 年的研究和积累，治疗性乙肝疫苗可望成为一种新的疗法。

b）肿瘤治疗性疫苗

免疫治疗作为一种新的肿瘤治疗方法倍受重视，其中治疗性疫苗是重要组成部分。

HPV 相关肿瘤治疗性胶束疫苗：宫颈癌是一种严重危害女性健康的疾病，发病率位于妇科肿瘤的第二位，仅次于乳腺癌。全球宫颈癌每年发病例数约 50 万例, 其中死亡人数约 23 万人; 中国的宫颈癌发病率大约为十万分之十三。由于宫颈癌的发生与人乳头瘤病毒(HPV)感染密切相关, 肿瘤细胞特异表达 *HPV E6/E7* 基因, 成为肿瘤治疗性疫苗的主要治疗靶标。尽管 HPV 预防性疫苗已经上市, 但对已感染 HPV 的患者无治疗作用, 因此, 对治疗性疫苗的需求十分迫切。目前国际上已有多家大型制药企业、生物制药公司及研究机构在开展宫颈癌治疗性疫苗的开发。这些产品主要包括重组病原体疫苗、多肽类疫苗、蛋白疫苗、核酸疫苗、全细胞疫苗等。

利用聚乙二醇化磷脂胶束为载体, 包载 HPV16-E7 蛋白抗原和佐剂分子, 能够组成一种新的胶束疫苗制剂。动物实验结果表明, 聚乙二醇化磷脂胶束疫苗具有明显的抗肿瘤治疗效果, 单独使用疫苗进行三次免疫治疗取得了显著的治疗疗效, 大约20%的荷瘤小鼠肿瘤完全消失, 而且不再复发。肿瘤没有完全消失的小鼠, 其肿瘤生长速度明显得到控制, 生存期明显延长。此外, 将聚乙二醇化磷脂胶束疫苗与化疗和手术治疗相结合, 能够取得更加满意的治疗效果。与铂类化疗药物合用, 60%以上的荷瘤小鼠肿瘤完全消失, 而且不再复发; 相对应的, 单纯化疗组的小鼠虽在化疗初期肿瘤明显减小, 化疗结束后, 100%的小鼠肿瘤继续增大, 最终导致小鼠死亡。单纯手术切除肿瘤, 大约40%的小鼠肿瘤复发, 最终导致小鼠死亡。肿瘤手术切除后给予聚乙二醇化磷脂胶束疫苗治疗, 无一例小鼠复发肿瘤; 再次使其感染肿瘤, 全部的小鼠不再发生肿瘤, 而单纯手术组则100%发生肿瘤。与已进入临床试验的其他 HPV 相关肿瘤治疗性胶束疫苗相比, 聚乙二醇化磷脂胶束疫苗安全性更高(利用细菌、病毒或不完全弗氏佐剂), 质量更加可控, 疗效更加显著。

利用 MUC1 相关肿瘤治疗性胶束疫苗可以治疗某些恶性肿瘤, MUC1 是由 *muc1* 基因表达的一种高糖基化(糖基化大于 50%)、高分子量(Mr>200kD)膜蛋白分子, 又称附膜蛋白, 参与上皮更新与分化, 在维持上皮完整性和癌的发生与转移方面起着重要作用。MUC1 广泛分布并异常丰富地表达于癌细胞表面, 如非小细胞肺癌、乳腺癌、卵巢癌、前列腺癌、胰腺癌、肠癌、胃癌等, 由于肿瘤细胞表达的 MUC1 糖基化不完全, 暴露出正常情况下隐蔽的表位, 成为免疫细胞攻击靶点, 被公认为是一种重要的广谱肿瘤相关抗原。研究发现异常糖基化的 MUC1 的杀伤淋巴细胞对正常的 MUC1 的识别能力很弱，这样使得针对肿瘤杀伤的肿瘤特异性杀伤淋巴细胞对正常细胞几乎没有杀伤作用，可以显著降低自身免疫反应。

目前国外正在开发的针对 MUC1 设计的数种肿瘤治疗性胶束疫苗，多数处于临床Ⅰ期和Ⅱ期研究阶段，其中美国默克公司的 MUC1 脂质体治疗性疫苗 L-BLP25 已经完成了Ⅲ期临床试验，MUC1 脂质体治疗性疫苗Ⅲ期临床试验结果发现单纯采用脂质体治疗性疫苗治疗晚期（Ⅳ期）非小细胞肺癌病人，并没有取得明显的治疗效果，但与放疗相结合后肿瘤病人生存获益明显。脂质体治疗性疫苗不足之处在于难以打破肿瘤长期建立的免疫耐受环境，不能激活产生高效的肿瘤特异性杀伤淋巴细胞。

在充分收集、整理和分析了 L-BLP25 脂质体治疗性疫苗的动物试验与临床试验数据及相关性免疫指标的基础上，研制 MUC1 多肽胶束疫苗。利用已经构建完成的 MUC1 转基因小鼠，建立小鼠肺癌自发模型和表达 *muc1* 基因肿瘤细胞移植模型。在这些动物模型上系统地评价 MUC1 多肽胶束疫苗的治疗效果，结果表明，MUC1 多肽胶束疫苗（不但明显减少肺肿瘤结节数，而且40%的小鼠肺上无肿瘤发生）的治疗效果明显优于默克公司脂质体治疗性疫苗（默克公司脂质体治疗性疫苗在给予 16 次免疫后仅降低了肺上肿瘤的结节数，对比结果具有统计学差异）。

D. 主动靶向给药系统

主动靶向给药系统是将载体药物制剂通过靶头（配体或抗体）与靶部位的特异亲和作用，浓集于靶部位并释放出其中的药物，而在非靶部位的浓度低或不释放药物，从而提高治疗效果，降低毒性作用。这种给药系统设计理念好，但由于技术难度较大，且体内环境复杂，难以实现载体的跨膜转运，现有技术将药物靶向递送到靶细胞内的效率并不高，目前尚无主动靶向给药系统产品上市。但 FDA 已批准了数种小分子药物的主动靶向载体药物制剂进入临床研究。

E. 可穿戴智能给药系统

可穿戴智能给药系统集成了诊断、监测及控制给药功能，通过穿戴在患者身上的装置实时监测患者的相关体征变化，实现按需精准给药，兼具有长效、疼痛少、控制药物释放、使用方便等特点，对重大疾病的治疗和管理具有重要意义。

2008 年，Debiotech 公司和意法半导体（STMicroelectronics）公司开发了微型胰岛素输液泵原型产品，并通过了初期测试。这种微型设备的设计基于微射流微电子机械系统（micro fluidic micro electro mechanical systems）技术，这种微型设备可安装在一次性敷贴上，为患者连续输送胰岛素注射液，实现"无创测血糖"和无疼痛注射给药，且能实时提醒患者用药；同时，配合应用软件和网络传输，可使患者的亲人、医生远程监控血糖指数。

2014 年，Devina Kothari 开发了一种可穿戴胰岛素给药装置。该装置由微型针注射剂和血糖监测仪组成，使用闭环传递的方法，根据患者血糖水平的高低，智能化地为患者注射所需剂量的胰岛素。微型针使用显微针阵列，直径小，注射过程无疼痛。

韩国首尔大学化学和生物工程学研究人员尝试用纳米技术打造下一代生物医学系统，开发了一种能够携带一天药量的纳米药物贴片。2014 年，韩国首尔大学化学和生物工程学研究人员设计了一种具有柔性和延展性的电子贴片，包含数据存储、诊断工具及治疗药物。这种贴片能够检测出帕金森病独特的抖动模式，并将收集到的数据存储起来；一旦检测到帕金森病特有的抖动，其内置的热量和温度传感器就能自动释放出定量药物进行治疗。

以色列专家研制了一种防水的微型可穿戴装置，包括一次性容器和可重复使用的电子微型泵两部分，病患可以 24 h 佩戴在手臂上。电子微型泵通过电子闭合回路控制，根据需要智能注射，精度高。同时，这种装置可以通过智能手机进行监控。

最近，美国北卡罗来纳大学和北卡罗来纳州立大学的科研人员开发了一种能实时检测血糖，并据检测结果向机体释放适量胰岛素的智能胰岛素穿戴装置，可降低 I 型糖尿病鼠模型的血糖浓度，用一次可以持续 9 h 的疗效。

3）生物技术药物非注射给药系统

A. 口服给药系统

口服给药是应用最广泛也最易为患者接受的给药途径，因而也是生物技术药物非注射给药研究最多的给药途径。但由于生物技术药物在胃肠道中易被破坏和降解（如易被酶、微生物及酸性环境等破坏和降解），且由于分子量较大，通常难以透过肠黏膜被吸收，口服生物利用度通常很低；吸收进入体内的药物还要经受血浆中的代谢酶及肝脏首过效应，再经跨膜转运进入细胞内，实际能够到达靶部位的药量更少，通常难以发挥应有的治疗作用。通过在制剂处方中添加酶抑制剂或/和吸收促进剂，以及采用新颖的制剂技术，如生物黏附技术、纳米载体技术等，可保护生物技术药物免受破坏和降解，促进生物技术药物透过肠黏膜被吸收，从而提高生物利用度。

目前，已有数种多肽类药物口服给药产品上市，主要包括环孢素、醋酸去氨加压素、他替瑞林、谷胱甘肽、利那洛肽（linaclotide）、万古霉素、多粘菌素及短杆菌素（tyrothricin）。

研究用于口服给药的生物技术药物主要有胰岛素、鲑鱼降钙素、GLP-1类似物、奥曲肽、甲状旁腺激素、尿鸟苷（uroguanylin）类似物等。采用的提高生物利用度技术主要包括：①化学结构修饰；②运用酶抑制剂，如大豆胰蛋白酶抑制剂、抑酶肽等；③运用吸收促进剂，如乙二胺四乙酸（Ethylenediamine tetraacetic acid，EDTA）、癸酸钠、辛酸钠、胆酸盐、芳醇、pH 调节剂等；④设计适宜的制剂剂型，如脂质体、纳米粒、生物黏附纳米粒、固体脂质纳米粒等。

B. 鼻黏膜给药系统

a）多肽蛋白及核酸类药物鼻黏膜给药系统

鼻黏膜是多孔的薄内皮基底膜，血流丰富，代谢酶较少，药物吸收快，生物利用度高，是多肽类药物鼻黏膜给药制剂非注射给药最有应用前景的给药途径之一。同时，鼻黏膜给药可使药物通过鼻—脑嗅神经通路进入脑组织，避开血脑屏障，实现脑靶向，用于中枢神经系统疾病的治疗，同时降低药物全身暴露量，大大减少相关副作用。目前已有数种多肽类药物鼻黏膜给药制剂产品上市，剂型主要为溶液型和喷雾剂型（表2-38）。

表2-38　已上市的经鼻给药多肽类药物鼻黏膜给药制剂

药物名称	分子量/Da	剂型	商品名	制药公司	FDA批准日期
醋酸去氨加压素	1183	溶液、喷雾剂	Minirin	费林	2002
鲑降钙素	3432	溶液、喷雾剂	Miacalcin	诺华	1995

续表

药物名称	分子量/Da	剂型	商品名	制药公司	FDA 批准日期
醋酸那法瑞林	1321	溶液、喷雾剂	Synarel	辉瑞	1990
催产素	1007	溶液、喷雾剂	Syntocinon	诺华	1995
氰钴胺、VB12	1355	凝胶	Nascobal	帕尔	1996
氰钴胺、VB12	1355	溶液、喷雾剂	Nascobal	帕尔	2005

较多的多肽类药物鼻黏膜给药制剂已被批准进行临床试验研究。2010年，Zelos Therapeutics 公司开展了用于治疗骨质疏松的多肽药物甲状旁腺激素特立帕肽鼻喷雾剂研究；2013 年，Critical Pharmaceuticals 公司完成了生长激素鼻用粉雾剂的 2 项临床研究，证实了该产品的安全性和有效性；2015 年，国外研究机构分别开展了谷胱甘肽经鼻给药治疗帕金森病的 Ⅱ 期临床研究、赖谷胰岛素治疗阿尔茨海默病的 Ⅱ 期临床研究及治疗唐氏综合征的 Ⅰ 期临床研究。单克隆抗体类药物贝伐珠单抗（bevacizumab）鼻黏膜给药制剂已进行 Ⅰ 期、Ⅱ 期临床研究，用于治疗遗传性毛细血管扩张症（胃、鼻毛细血管出血）。其他正在进行临床前研究的鼻黏膜多肽类药物还包括神经毒素、胰高血糖素、水蛭素-2、艾塞那肽及奥曲肽等。

此外，各研发公司在多肽类药物鼻黏膜给药制剂领域进行了广泛的专利布局，如新型黏膜促透剂专利、多肽蛋白稳定性专利、用于鼻腔给药的微球与纳米粒等新型微粒载体专利等。

b）疫苗鼻黏膜给药系统

黏膜免疫是人体免疫系统的重要组成部分，其中鼻黏膜免疫近年来备受关注，成为新型疫苗的重要免疫途径。鼻腔是很多病原体入侵门户，鼻黏膜免疫可以从源头控制病原体入侵；鼻通道淋巴组织丰富，可以产生有效免疫应答，鼻腔 pH 和蛋白水解酶不会损耗抗原，与肠道相比颗粒容易被鼻组织摄取，同时产生黏膜和系统应答，低剂量抗原即可诱导免疫反应。

人类鼻咽部存在鼻相关淋巴组织（nasal associated lymphoid tissue，NALT），NALT 与淋巴结的生理学结构相似，由淋巴滤泡聚集体（主要是 B 细胞）、滤泡间区域（主要是 T 细胞），以及存在于松散网状结构中的巨噬细胞和树突状细胞组成，这些细胞都有吞噬抗原并诱导免疫应答的作用。同时，NALT 被一层主要由纤毛上皮细胞、黏膜杯状细胞和特殊无纤毛细胞组成的特异性上皮细胞覆盖，其中特殊无纤毛细胞类似于肠黏膜淋巴组织中派伊尔淋巴集结（Peyer's patch）上的 M 细胞，具有抗原递呈作用。

疫苗鼻黏膜给药后，可溶性抗原可自行穿过鼻黏膜上皮细胞，到达颈浅淋巴结，主要诱导系统免疫；而疫苗微粒大部分则会被 NALT 上的细胞摄取，经胞转作用穿过鼻黏膜上皮细胞，被上皮细胞下的 T 淋巴细胞、B 淋巴细胞及抗原递呈细胞（包括巨噬细胞、树突状细胞等）吞噬，最后通过 NALT 引流到颈深淋巴结，并经共同黏膜免疫系统诱导远端黏膜部位的免疫应答。

研究结果表明，鼻黏膜免疫比胃肠道免疫途径诱导出的黏膜免疫应答更强、更早，而且可在 NALT 及其引流淋巴结保持更长时间的免疫记忆。同时，疫苗微粒也可经细胞内吞作用穿过鼻黏膜上皮细胞进入淋巴系统，最后到达血液循环，诱导系统免疫应答。

国外首个成功上市的经鼻免疫疫苗是 FDA 于 2003 年批准的减毒流感活疫苗 FluMist（鼻腔喷雾剂），用于预防 A 型和 B 型流感病毒引起的流感，适用于 5 岁以上人群；后续又于 2013 年在欧洲上市了 Fluenz Tetra 流感病毒减毒经鼻疫苗，适用人群均为 2 岁以上；2016 年欧洲上市了 Pandemic influenza vaccine H5N1 MedImmune 流感疫苗，适用人群为 2～18 岁。

进入临床研究的疫苗包括 RSV 经鼻疫苗（临床 I 期），用于治疗呼吸道合胞病毒感染；BPZE1 百日咳经鼻疫苗，于 2012 年完成 I 期临床研究。

此外，研究较多的经鼻疫苗还有乙肝疫苗，已在古巴进入临床研究。日本国立感染症研究所采用黏膜黏附剂，开发了全病毒灭活流感疫苗，该疫苗已进入临床研究。

近年来，进行临床前研究的经鼻疫苗还包括流感疫苗、炭疽疫苗、链球菌疫苗、结核疫苗等。动物实验结果表明，灭活病毒、亚单位疫苗、减毒疫苗等经鼻接种均可产生良好的免疫效果；灭活的全病毒疫苗需要佐剂才能发挥免疫作用，而传统的佐剂用于黏膜免疫不能产生理想的免疫效果。

c）肺吸入给药系统

鉴于肺部生理结构特征与生物技术药物特有的理化特性，肺吸入给药是生物技术药物非注射给药最有应用前景的另一种给药途径。通过吸入给药装置和患者的呼吸，可将药物直接递送到支气管和肺部，发挥局部或全身治疗作用。

2006 年 1 月，FDA 批准辉瑞公司的胰岛素吸入粉雾剂 Exubera 上市，但由于各种原因于 2007 年 10 月宣布撤市，耗资 28 亿美元，被称为世界制药史上最惨痛的失败；2014 年 6 月，FDA 批准 MannKind 公司胰岛素吸入粉雾剂 Afrezza 上市，但该药也于 2016 年决定停止销售；诺和诺德公司也宣布终止了处于 III 期临床的速效吸入胰岛素产品 AERxiDMS 的研发。

尽管胰岛素吸入给药制剂面临绝境和巨大的挑战，但这并不意味着对其他生物技术药物吸入给药的全盘否定，其他生物技术大分子药物的吸入给药研究仍在继续，这些大分子药物包括干扰素、白介素等。毕竟，肺部不仅具有很大的表面积，而且代谢酶少，药物透过性高、吸收快，是生物技术药物非注射给药最有效的途径之一。胰岛素吸入给药产品的上市也证明了生物技术药物吸入给药的有效性和初步安全性。通过设计递送效率高、使用方便、可随身携带的吸入给药装置，用于非长期使用的生物技术药物非注射给药系统，可望实现生物技术药物的非注射给药，并可兼具高效和速效作用。

4）生物技术药物制剂非冷链运输给药系统

生物技术药物，尤其是疫苗，在众多疾病（尤其是重大传染性疾病）的预防中发挥了极其重要的作用。但迄今为止，除了个别口服疫苗外，绝大多数疫苗都采用注射给药，且需要在储存和运输的全过程保持低温。这种冷链运输费用高昂，尤其是偏远地区，疫苗的冷链运输成本可高达终端价格的 80%；对于电力资源受限的地方，冷链运输和低温储存难以普及；对于战争或灾难状态，可能难以保证全程冷链运输，这都将在很大程度上限制生物技术药物的应用。据统计，冷链的断裂大约导致全球一半的疫苗失活并且浪费。因此，冷链运输一直是生物技术药物科研人员努力克服的难题。

提高生物技术药物在常温下的稳定性，实现货架期内常温储存与非冷链运输；或者实现生物技术药物在限定期限范围内的非冷链运输，以便特定状况下生物技术药物的运输和存储，对生物技术药物的广泛应用，尤其是贫困地区或特殊条件下的使用，具有重要的意义。

美国 Tufts（塔夫茨）大学尝试采用蚕丝膜作辅料，提高疫苗和抗生素类药物的稳定性。研究比较了 4℃、25℃、37℃和 40℃ 条件下，MMR疫苗在 6 个月内的稳定性，结果显示疫苗稳定性良好。类似地，将抗生素用这种蚕丝膜包被后，60℃下存放 6 个月，活性未明显降低。

5）生物技术药物模块化制造给药系统

模块化制造是指当有新产品投产时，标准化的模块可以快速组装成一个新的制造系统；当产品生产完成后，组成制造系统的模块可以拆卸下来用于其他产品的制造。模块化制造系统能满足大批量定制生产的需要，具有高生产效率和高柔性的特点，是生物技术药物制造的发展趋势。

瑞典法玛度公司是全球制药和生物工程行业模块化工厂建设的领导者，自 1986 年以来，已成功交付了 60 多个制药和生物制药行业的模块化厂房。2011 年日本森松集团收购了瑞典法玛度公司。

2012 年 9 月，GE（General Electric，通用电气）公司旗下的医疗健康业务部门 GE 医疗集团宣布上市新的模块化生物制药工厂 KUBio，这是一种创新的即用型模块化工厂，建厂速度快、质量高、风险低，采用标准化、模块化车间与厂房设计，方案包含全部 GMP 相关工艺设备和系统，以及安装与运行验证，快速达到 GMP 等级生产；生产高度柔性，全部使用一次性工艺技术，实现多产品或高通量生产。

2016 年 5 月，采用 GE 公司模块化制造整体解决方案 KUBio 的喜康生物制药工厂在武汉光谷落成，是全球首个符合国际标准的模块化生物制药工厂。该工厂包含 62 个模块，统一在德国生产后运至武汉进行组装，建厂周期仅 18 个月，其相关一次性生物反应技术引领国际先进生物制药的发展方向，不需经历严格的清洗和灭菌，可有效消除工艺流程运行之间的交叉污染，大幅提高生产效率，降低生产成本，加速药品研发上市。预期该工厂可年产多达 80 个不同批号，总计 250kg 的单克隆抗体药物，预计到 2019年销售额可达 20 亿元。

2. 国内状况与发展趋势

我国非常重视生物技术制药产业的发展，并将其列为我国七大战略性新兴产业之一。近年来，生物技术制药产业发展如火如荼，行业收入及利润迅速增长。在2005～2011年，我国生物技术制药行业主营业务收入和利润总额复合增长率分别达到30%和33%，大幅超过行业平均水平。2014年，我国医药工业总产值25 798亿元，其中生物技术制药产业产值约2000亿元。

与国际市场相比，我国生物技术药物仍处于仿制阶段，绝大多数为普通注射剂；新型制剂与新给药系统基础研究较少，国际竞争力低。上市新制剂与新释药系统产品仅有数种，主要包括亮丙瑞林长效注射微球、鲑降钙素鼻喷雾剂、缩宫素鼻喷雾剂等。

国内曾有鼻用灭活流感疫苗申报临床研究，但未予批准。引进国外鼻用减毒活疫苗于2016年开展I期临床研究。

在可穿戴给药系统领域，国家自然科学基金委员会和国家863计划支持了多项可穿戴式智能设备相关技术产品研发项目，但距产品上市还很远。

不过，默克公司研发的全球第一款生长激素电子智能注射器Easypod已正式在我国上市。生长激素分泌不足的患儿可通过长期的家庭治疗，赶上正常儿童的生长速度，但必须每天注射生长激素并连续维持数年。Easypod是专为配合儿童内源性生长激素分泌不足的治疗而开发的创新产品，操作简化为装针头、注射、拆针头3个步骤，家长甚至患儿自己都能便捷、安全地操作。Easypod的超细针头使患儿在注射时基本没有疼痛感。与传统注射器相比，Easypod的技术含量主要体现在，它是第一款可以确认注射量的注射器，甚至还能保存患者每次注射的日期和剂量记录，帮助医生更方便地监控患者的用药情况。Easypod的外形也非常时尚化，有助于从生理和心理上最大程度地减少患者注射时的痛苦，提升治疗依从性。

国内的给药装置研究基本在无痛注射、准确推药、闹铃提醒等方面，未见可穿戴、监测、连续给药系统的研究。我国生物技术药物可穿戴给药系统还处于初级阶段，微电子机械系统（micro electro mechanical systems, MEMS）、穿戴用粘附材料等都需要改进。以MEMS为基础的药物释放系统还处于雏形阶段，还需要不断的探索。相信随着研究的深入及技术的不断革新，将会有不断完善的药物释放系统出现，商用化的可穿戴给药系统亦将成为现实。

目前，生物技术制药产业已被列为我国战略新型产业，在创新与转型的要求下，开发新型生产模式是一项重要而又紧迫的任务。模块化制造有可能为国内生物制药企业提供快速发展的机遇。

3. 产业发展重点方向及关键技术

随着生物技术药物的迅速发展，生物技术药物可及性逐步满足临床用药需求，开发疗效更高、副作用更小、使用更方便的新型制剂与给药系统，并高效率地实现产业化，是生物技术药物产业发展的重点方向之一，重点方向主要包括生物技术药物新型注射给药系统（包括胶束给药系统、主动靶向给药系统与可穿戴智能给药系统）、生物技术药物鼻黏膜给药系统、生物技术药物口服给药系统等的开发，以及生物技术药物制剂的非冷链运输、智能化生产与模块化制造等，具体表现在以下几个方面。

1) 生物技术药物新型注射给药系统

A. 胶束给药系统

胶束是表面活性剂或两亲性嵌段共聚物材料在水中自组装形成的以疏水基团为内核、以亲水基团为外壳的纳米大小有序分子聚集体。其中，聚合物胶束具有很好的稳定性，其疏水内核可包载大分子药物，并具有载药量大、载药范围广、延缓药物释放、体内滞留时间长等优点，通过改变聚合物的结构或者在胶束表面进行适宜的修饰后，还可具有主动靶向性，因此在抗肿瘤、抗感染、基因治疗、免疫治疗等领域具有非常广阔的应用前景。

与药物载体相比，聚合物胶束的最大特点是制备工艺简单、易于工业化生产、稳定性好，聚合物胶束是生物技术药物给药系统最有应用前景的载体之一。聚合物胶束重点研究方向包括：①聚合物胶束载体材料的筛选、制备及安全性评价；②载药胶束的设计、工艺及质量研究；③聚合物胶束给药系统产品开发，包括治疗性胶束疫苗产品的开发研究，特别是乙肝治疗性胶束蛋白疫苗、肿瘤治疗性胶束疫苗等产品的开发研究。

B. 主动靶向给药系统

主动靶向给药系统由于能将药物选择性地递送到靶器官、靶组织及靶细胞，极大地提高治疗效果，降低药物副作用，作为抗肿瘤药物载体受到极其广泛的关注。但现有的主动靶向给药系统难以实现跨膜转运，在靶部位富集的能力不足，靶细胞内的药物递送效率低。对于生物技术药物，主动靶向给药系统的重点研究方向包括：①保障药物在递送到靶部位前的稳定性；②提高载体的跨膜转运能力和体内靶向递送效率；③可控制药物在体内的释放；④载体制剂的制备工艺与质量研究。

C. 可穿戴智能给药系统

可穿戴智能给药系统是实现个性化医疗和精准医疗的重要组成部分。生物技术大分子药物以其高活性、低用量的特点，更加适宜采用穿戴式智能给药，从而更好地发挥其在治疗重大疾病中的独特优势。

可穿戴智能给药系统的发展趋势是微型化、集成化和智能化，重点发展方向包括微针、芯片、微泵及粘附材料等的开发，以及给药技术与信息技术、微机控制技术、工程技术的融合和集成。

2）生物技术药物鼻黏膜给药系统

A. 多肽类药物鼻黏膜给药系统

生物技术药物鼻黏膜给药具有给药方便、药物吸收快、生物利用度高等特点，将是成功实现生物技术药物非注射给药的重要突破口之一。生物技术药物鼻黏膜给药的关键技术主要包括以下几点。

a）开发高效低毒的吸收促进剂，促使大分子药物跨越黏膜屏障

分子量高于 1000 的药物通常不易透过鼻黏膜，需要借助制剂技术促进生物技术药物的鼻黏膜吸收。最新研究表明，分子量大于20 000的蛋白多肽如重组人生长激素可借助安全有效的黏膜促透剂跨越鼻黏膜，获得与皮内注射相近的血药浓度，并在猴的生长激素药效研究中证实了有效性（血清 IGF-1 升高）。开发高效低毒的吸收促进剂与给药系统，是实现大分子药物跨鼻黏膜转运与吸收的重要方向。

b）设计与制造鼻黏膜给药装置，满足溶液或干粉制剂的鼻腔定量给药

目前单剂量或多剂量的溶液型或干粉型鼻腔递药装置均有商业化产品，但大部分为进口或外企在国内生产。鉴于生物药物的特殊性，对微生

物等控制要求高，需要自主开发精准的给药装置，专门用于生物大分子鼻腔给药。

c）体内药代动力学与药效评价

由于鼻腔给药与注射给药不同的药动特征，需要进行动物和人体内药动、药效关系及安全性的评价，建立可靠的评价方法，阐明药动、药效关系，是保障最终产品成功开发的重要环节。

B. 疫苗鼻黏膜给药制剂

a）开发新型免疫佐剂或递送系统，提高经鼻免疫效果

黏膜免疫离不开佐剂或递送系统，疫苗大多为灭活的细菌病毒或者蛋白，因此递送这些灭活的细菌病毒或者蛋白至抗原呈递细胞，获得高摄取，才能激发免疫反应，诱导抗体及 T 细胞生成。安全高效的新型佐剂是开发鼻用疫苗的关键之一。

b）研究经鼻免疫机制，阐明免疫佐剂的作用

经鼻免疫以黏膜免疫为主，同时可诱导体液免疫、细胞免疫。对疫苗免疫机制的研究和论证是开发高效疫苗的基础。研究发现，经鼻免疫较注射免疫不仅可以提高黏膜免疫特有的黏膜抗体生成，适当的佐剂还可以提高系统抗体及中和抗体的水平，在动物攻毒实验中获得类似于注射免疫的效果。

c）建立动物评价模型，多指标评价鼻用疫苗效果

部分疫苗缺乏有效的动物评价模型，而单纯的系统抗体指标不足以代表黏膜免疫效果，无法在临床前进行有效评价。建立规范科学的动物评价模型，结合多项指标进行免疫效果评价，是开发鼻用疫苗的另一关键。

3）生物技术药物口服给药系统

口服给药是生物技术药物非注射给药最具挑战性的给药途径。

（1）开发高效低毒的肠黏膜吸收促进剂，并研究、阐释吸收促进作用的机制。

（2）设计适宜的生物技术药物载体给药系统，不仅能够保持药物在胃肠道和体循环中的稳定性，而且能促进载体对生物膜的跨膜转运，控制药物释放，提高药物递送效率；同时阐明跨膜转运机制。

4）生物技术药物制剂的非冷链运输

采用制剂技术提高生物技术药物，尤其是疫苗在常温下的稳定性，实现全货架期非冷链运输或有条件的局部非冷链运输，相关重点研究方向包括：①制剂处方优化，尤其是稳定剂的筛选；②制剂工艺的优化；③包装材料与容器的筛选。

例如，人凝血因子Ⅸ（hFⅨ）缺乏导致的乙型血友病，是一种遗传性出血性疾患，目前尚无根治方法。已有的国内外人凝血因子Ⅸ产品，价格昂贵，不能满足我国的市场需求。通过转基因奶牛乳腺生物反应器生产人凝血因子Ⅸ，已经完成实验室的分离纯化工艺研究，制成冻干粉针剂，常规在 2℃～8℃下贮存，稳定性良好。通过筛选不同的处方，制备常温下可贮存 45 天的冻干粉针剂；在 25℃下放置 6 个月，仍有 75%的活性保留。通过处方筛选进一步完善冻干稳定剂，如蚕丝膜、右旋糖酐、海藻糖及其他二糖类辅料等，可望提高制剂的稳定性，获得室温下可存放 6 个月的制剂，可有条件地摆脱冷链。

5）智能化生产与模块化制造

生物技术药物给药系统的产业化需要有别于普通制剂的全新的生产装备与生产线；模块化制造采用灵活的建厂方式，尤其适合高活性、小批量药品规模化生产，是生物技术药物产业化最有效和最经济的途径。

发展模块化生物制药原因：一是可以降低我国患者使用生物制品的费用，特别是很多生物药没有列入基本药物；二是做好生物制药产业孵化器和产业化准备，因为未来十年我国大约有 400 多种生物药进入临床研究，需要进行中试或者产业化；三是全部使用一次性工艺技术，便于再次生产；四是高柔性生产，便于一条生产线通过更换适当的模块后，能够转换生产另外一个生物药，因为生物药规模通常没有化学药需求大；五是建厂时间快、建厂成本低、投资可预测，可于 18 个月内完成符合法规规范的设施，符合生物制药朝着小型设施和设备方向发展的趋势。

模块化生物制药项目涉及基础建设、制药装备、生产工艺、在线监测、计算机控制、GMP 验证等多门类、多学科的专门知识，属于跨领域项目，为集成创新。

模块化制造的发展重点方向是将信息技术、网络技术及自动化控制技术应用于制造领域，实现各个模块的智能化运行；开发一次性反应与工艺技术用于各模块单元操作；将各个模块组装成完整的生产线。

4. "十三五"产业发展重大行动及实现路径建议

1）多肽蛋白类药物鼻黏膜给药制剂

（1）开发临床需求迫切且应用前景光明的多肽蛋白类药物鼻黏膜给药制剂，如治疗青少年生长激素分泌不足，需要长时间注射给药的重组人生长激素，需要长期用药的降血糖药物艾塞那肽，治疗骨质疏松的多肽药物甲状旁腺激素等，进行深入系统的制剂处方、工艺及质量研究。

（2）建立生物技术药物药代动力学研究技术平台，对生物技术药物进行系统的体内评价，为临床研究与应用提供药理基础。

（3）开发新颖鼻黏膜给药技术与给药装置，通过鼻黏膜给药，实现生物技术药物的脑内递送。

2）鼻用疫苗制剂

（1）开发呼吸道或黏膜途径感染的病原体鼻用疫苗，如麻疹、手足口病、流脑等鼻用疫苗，进行系统的处方、工艺及质量研究。

（2）开展鼻黏膜疫苗佐剂和递送系统研究，进行专利战略布局。

（3）建立规范的科学的鼻黏膜给药安全性与药效评价模型。

3）乙肝治疗性胶束蛋白疫苗

（1）建立小鼠慢性乙肝模型，其多项指标（包括病毒滴度、病毒相关蛋白表达谱）与人慢性乙肝相似，并作为慢性乙肝治疗的动物评价模型。

（2）开发乙肝治疗性胶束蛋白疫苗，并在小鼠慢性乙肝模型的验证下，将 HBV-PreS1 蛋白胶束疫苗和 anti-HBsAg 抗体联合治疗，确立新的慢性乙肝治疗策略，实现 HBV 抗原的血清学转换，并有效清除小鼠肝细胞中感染的乙肝病毒。

（3）建立治疗性胶束蛋白疫苗的质量标准，并进行中试研究。

4）肿瘤治疗性胶束疫苗

将肿瘤相关抗原（HPV16-E7、MUC1 等）和佐剂分子同时包载于具有淋巴系统趋向性和淋巴结滞留性的聚乙二醇化磷脂胶束中，构建新型胶束疫苗内容如下。

（1）HPV 相关肿瘤治疗性胶束疫苗的研发及质量标准的建立。

（2）MUC1 相关肿瘤治疗性胶束疫苗的研发及质量标准的建立。

关键技术包括：①胶束载体材料的制备和安全性评价；②胶束的制备工艺与质量研究，包括抗原和佐剂分子的包载率、稳定性；③胶束体内递送效率与药效评价；④胶束作为肿瘤治疗性胶束疫苗载体的作用机制研究。

5）可穿戴智能给药系统

（1）建立生物相容性材料的合成与评价（质量与安全性）标准。

（2）建立微泵、微阀、微针、微机电、微芯片等元件的设计、制造及生产标准。

（3）建立安全高效的压敏胶制备与生产标准。

（4）将网络信息技术应用于给药系统中。

6）生物技术模块化制造

建立生物技术药物给药系统模块化与智能化制造工程研究中心或重点实验室，由相关高校、科研院所及生产企业进行产学研联合攻关，开发模块化制造和智能制造的关键技术与设备，以及一次性制造工艺技术与相关装置，建立小批量生物技术药物给药系统模块化与智能化制造示范基地。

（十）生物医药产业相关关键原料及配套设备

1. 国内外产业发展状况与趋势

生物药大规模生产一直以来都是全球生物产业化的关键技术瓶颈。掌握规模化细胞培养工艺技术和人才是必备条件之一，但配套的关键生产工艺核心设备、关键的原料和耗材也同样必不可少。欧美国家已经建立了相对较成熟的配套支撑体系，大型生产工艺设备和原料供应不再是主要瓶颈，但仍是生物药规模化生产的主要成本之一。随着技术的发展，近年来不锈钢生物反应器和重复使用的各种容器已逐步被一次性生物反应器与一次性无菌袋所替代。

经过"十一五"和"十二五"期间新药创制重大专项的布局与我国"千人计划"等重大人才政策的实施，我国在生物医药领域的创新能力得到大幅提升，一批创新型的生物医药企业得到快速成长，一大批高端科技和产业人才回国创新创业，为我国生物医药产业在"十三五"期间取得重大突破奠定了扎实的基础。

在重组蛋白药物研发方面，经过 20 多年的仿制，我国已有比较扎实的原核细胞表达重组蛋白药物的技术能力和产业化经验，多个大肠杆菌表达重组蛋白药物在国内实现产业化，如胰岛素、alf-干扰素、白介素-2、白介素-11 等。目前针对大肠杆菌表达重组蛋白药物的 PEG 长效修饰也有不少产品处于临床研究阶段，有望实现产业化。但我国在技术门槛更高的真核细胞表达重组蛋白药物的研发和产业化方面与欧美国家的差距仍很大，目前国外已上市的真核细胞表达重组蛋白药物仅有少数几个用量较小，生产难度较低的品种（如EPO）实现了国产化，多个技术门槛高、临床需求大的重磅炸弹重组蛋白药物（如重组凝血因子IX蛋白、重组凝血因子VIII蛋白、重组凝血因子XI蛋白、重组 beta-干扰素蛋白等）仍未实现产业化。可喜的是，国内已有一些海外高层次人才创办的创新型生物技术企业已积累了比较扎实的真核细胞技术平台，突破了一些产业化难度大的大品种蛋白药物的生产技术，有望在未来几年实现产业化。

对临床用量特别巨大的单克隆抗体产品，欧美国家大型生物技术和制药企业通用的生物反应器是 12 000～15 000L 细胞培养规模的不锈钢搅拌式反应器，但由于需要在线清洗和高温灭菌，所需要的纯水、注射用水及纯蒸汽量很大，工艺管线非常复杂，因而清洗和灭菌验证存在巨大挑战，需要耗费大量的人力成本和时间成本。近年来，随着单克隆抗体产量的不断提升，以及对快速建立临床及上市生产能力的需求，欧美国家开始采用一次性生物反应器用于临床中试生产和临床需求量较小产品的上市生产。一次性生物反应器具有建造成本较低、建设速度快、车间验证快等优点，但其缺点是目前最大规模上限只能达到 2000L，而且日常运行成本高于不锈钢搅拌式反应器。

自 20 世纪 90 年代末开始，先灵葆雅公司的科学家创办了 Wave Biotech 公司，开启一次性生物反应器的先河。最初的设想是通过波浪式的方式解决氧气传输，从而可以在一个密闭的容器内完成细胞从冻存管复苏到小规模不锈钢搅拌式反应器的细胞扩增的传递，既可以大幅度减少无菌操作的感染风险，又可减少容器清洗或灭菌验证的烦琐工作量和成本。一次性

Wave 反应器成功解决了从几百毫升培养规模到几十升甚至 100～200L 规模的细胞培养需求，但进一步放大遇到了气或液质量传输的瓶颈。进入 21 世纪后，多个欧美企业如 Thermo Fisher Scientific 公司、Millipore（密理博）公司、Sartorius（赛多利斯）公司［收购了 B. Braun（德国贝朗）公司和 Wave Biotech 公司］和 GE 公司，看到了一次性生物反应器的市场需求和潜力，开始研制可进一步放大的搅拌式一次性生物反应器，并逐步停售 100L、200L、500L、1000L、2000L 规模的一次性生物反应器。目前，已经形成以上 4 家企业主导一次性生物反应器的格局，一次性生物反应器已在欧美国家的生物制药企业的临床中试生产，产品上市初期的首发生产等方面得到较广泛的应用，成为大规模不锈钢搅拌式反应器的重要补充。

我国生物制品的研发和产业化与欧美国家仍有较大差距，尤其是上市的动物细胞表达重组蛋白药物和抗体药物品种非常有限，生产规模普遍较小，目前还没有使用一次性生物反应器生产的上市品种。近年来，随着我国生物制药初创企业数目的大幅增加，临床前的蛋白和抗体候选药物数目呈指数性增长，不少企业已开始建造 1000～2000L 规模的生物反应器，大多数企业目前首选的是一次性生物反应器。

一次性生物反应器的设计、建造具有较高的技术含量和技术瓶颈，一方面，细胞培养对材质的要求很高，既不能吸附过多的培养基中的微量金属元素，又不能产生过多的溶出物，还需求有较高的强度和耐磨损或剪切应力的能力，通常需要采用多层不同材质的有机涂层；另一方面，一次性生物反应器还需要有很强的过程控制能力，既需要控制反应器的温度、pH、溶氧恒定而且均一，又需要控制气体的传输，还需要确保反应器内的混合效率。要实现以上目标，既需要各种控制元件，还需要良好的过程控制软件。同时，一次性生物反应器还需要在满足进料或出料、补料、取样等基本操作需求的前提下，确保培养过程的密闭性和无菌性。欧美企业经过十年的研发，积累了丰富的经验和知识产权（专利申请等）。

我国目前已有个别企业开始从事一次性储液袋或输液袋的研发和生产，但还没有企业从事一次性生物反应器的研发，因而目前全部依赖从国外企业进口。未来开始规模化生产后，我国将需要从欧美国家进口数目很大的一次性生物反应器，由于价格昂贵，又没有国内同类产品可以替代进口，与国外企业形成价格竞争，我国企业将面临生产成本过高、受制于国外企业的不利局面。

2. "十三五"期间我国经济社会对生物产业发展的需求分析

我国是一个人口大国，未来几年将逐步进入老龄化社会，各种疾病的发生率随着平均寿命和人口平均年龄的增加而快速上升。我国经济有望在"十三五"期间继续保持较高速度的增长，人均可支配收入的增长将进一步推高人民对生物医药产品的需求。

我国处方药品市场在过去十年保持持续的高速增长，占全球药品市场的份额已达到4%～5%，欧洲、美国、日本仍是全球药品销售的主要市场，只有参与全球市场的竞争，我国制药行业才可能引来真正的大发展。我国通过高端人才的引进和新药创制重大专项的扶持，已经有一些企业具备参与全球竞争的基础和能力，企业若要进一步发展，关键是要选择临床风险较低、临床需求明确、具有差异化市场竞争优势的个别大品种，率先突破欧美市场的临床、监管、生产和市场营销瓶颈，积累参与欧美市场竞争的经验，为未来大范围进军欧美发达国家高端药品市场奠定基础。

我国"十三五"期间将会迎来生物产业快速发展和扩张的阶段，同时，我国一批重点成熟品种将进入规模化的生产，部分具有国际竞争力的大品种将进入欧美国家的国际市场。目前，我国在建的动物细胞培养中试规模和工业规模生产线呈快速增长趋势。未来几年，我国生物制药行业将在以下几个关键原料及耗材出现较大的需求增长。

1）规模化生产所必需的细胞培养基

我国目前已实现规模化生产的生物药品种数目很小，而且单品种的生产规模也都不大，但未来5～10年将迎来一大批包括生物类似药和创新药的规模化生产需求。一方面是规模化生产的品种数目会呈指数性增长；另一方面是单品种的生产规模将大幅增加。而现阶段我国大部分企业依赖国外企业的进口培养基，一是价格比较昂贵，二是大批量培养基的低温运输、储存及生产规划都存在较大的挑战，三是长期稳定供应保障存在较大的不确定性和风险。因此，我国亟须培养拥有自主知识产权、价格合理、供应稳定的细胞培养基生产能力，以满足我国快速发展的生物药产业化需求。

2）规模化生产所必需的纯化介质

我国生物药产业化不仅需要细胞培养基的国产化，也需要用于重组蛋白药物和抗体药物下游的纯化介质，尤其是用于抗体药物纯化的蛋白A亲和介质。目前，美国GE公司是纯化介质的主要供应商，在全球生物制药行业占据主要市场。我国对进口纯化介质的依赖度非常高，国外厂家具有垄断价格。

3）规模化生产所必需的一次性耗材

由于药品GMP生产对工艺设备的清洗和消毒要求非常严格，工艺验证的难度和成本很高，而且非常费时，全球制药行业已经逐步开始大量使用一次性的袋子来代替不锈钢容器，包括一次性的细胞培养生物反应器、一次性的培养基储存袋、一次性的缓冲液配制袋、一次性的储存袋等，以避免清洗和消毒验证。一次性生物反应器等耗材的大量使用在GMP车间的建造成本、建造时间，以及GMP认证方面具有显著优势，但这些一次性的耗材目前主要由进口厂家垄断，价格昂贵，造成日常生产成本上升，对我国生物制药的长远发展不利，亟须实现国产替代。

3. 产业发展重点方向与关键技术

我国生物制药产业经过"十五""十一五""十二五"期间的长期积累，已经奠定了比较扎实的基础。"十三五"期间的产业发展重点方向应该从技术开发和技术储备转向重点产品的大规模产业化、创新品种的临床研究化、关键品种的国际化。我国目前已批准上市的生物药品种很少，生产及销售规模也不大，因此生物药的大规模GMP生产能力和经营严重不足。"十二五"期间我国已有一批生物药大品种进入临床研究阶段，有望在"十三五"期间完成临床研究并获批上市，实现产业化。因此，亟须建立大规模的GMP生产线，培养GMP生产能力，积累GMP的生产经验。我国目前已上市和在研的生物药品种还是以仿制为主，创新的品种较少，尤其是具有市场竞争力的创新品种稀缺。一些新分子的生物药尽管已经不再是直接仿制国外已上市或处于临床阶段的品种，但是我国生物制药企业的创新能力仍有待提高。一方面可能存在无法规避国外专利的风险，另一方面可能存在临床成药性的风险及是否具有市场竞争力的风险。提升我国企业的创新能力，开发出具有国际竞争力的创新品种是我国企业进入国际市场的基本要素，我国亟须在"十三五"期间推出一批既具有创新性（完全自主知识产权和国际专利保护），又具有国际市场竞争力（药效具有优效性或安全性更好、使用更方便）的真正意义的创新品种，为我国制药企业真正进入欧美发达国家医药市场奠定扎实的基础。同时，我国企业研发的个别具有国际竞争力的大品种已具备在"十三五"期间进入欧美发达国家市场的潜力，有望提前实现重点突破，为我国企业后续品种大面积进入国际市场积累经验。但欧美国家的临床研究和 GMP 生产线建设投入巨大、标准很高，需要国家重点支持。

在生物药大规模产业化关键原料和一次性耗材方面，我国未来需要培育一批能满足国际标准的原料和耗材生产企业，重点解决无血清细胞培养基、亲和纯化填料、一次性生物反应器、一次性无菌储液袋等关键消耗品的国产化问题，提升产品的质量，并通过与 NMPA 合作，建立符合 GMP 生产要求的生产管理体系。

4. 重点案例分析

重组凝血因子IX蛋白产业化和国际化：重组凝血因子IX是治疗甲型血友病的救命药，全球约有 36 万甲型血友病患者，目前主要靠输入凝血因子IX来防止出血造成的关节损坏甚至死亡。由于血浆中的凝血因子VIII含量很低，从血浆中提取的凝血因子VIII的总量很有限，而且从血液中提取凝血因子VIII存在潜在的病毒污染风险，凝血因子VIII已逐步被重组凝血因子IX所取代。然而，重组凝血因子IX的分子量很大，糖基化修饰很复杂，而且蛋白非常不稳定，是目前国际上公认的最难生产的生物制品。由于产量低、生产成本高，目前全球重组凝血因子IX的价格达到 1.5～2 美元/IU，发达国家一个患者的年均治疗费用达到 30 万美元。尽管全球已批准多个重组凝血因子IX产品和数十个血浆提取的重组凝血因子IX生产厂家，全球仅有30%左右的患者得到治疗，绝大多数患者因无法承受高昂的治疗费用而造成残疾或过早死亡（未治疗的甲型血友病患者的平均寿命约 15 岁）。在新药创制重大专项的支持下，神州细胞工程有限公司经过近十年的工艺开发和优化，目前已具备国际领先的重组凝血因子IX的生产工艺技术，产品的产量达到欧美发达国家上市重组凝血因子IX的100～200倍，投产后可以满足全球所有病人的用药需求，因而可以从根本上解决过去60多年来甲型血友病患者买不起、买不到重组凝血因子IX药物的困境。重组凝血因子IX的主要市场在欧美发达国家，目前已启动在欧美国家的临床申报准备工作，不过欧美国家的临床研究、国际标准的生产线建设及国际认证均具有极大的挑战性，而且前期投入巨大（数亿美元的投入），但一旦实现国际上市后将可以极大地推动我国高端生物制药进入发达国家市场，同时也能带来巨大的经济和社会效益。

生物药产业化关键原料国产化：我国目前已有数目较大的生物药品种（包括创新药和生物类似药）进入临床前和临床产业化转化阶段，目前已有十几条在建和计划建立的中等规模GMP生产线，未来几年将有更大规模的生物药GMP生产线建设，因而，解决生物药产业化关键原料国产化，实现进口替代变得十分重要。关键原料主要包括无血清细胞培养基、亲和填料介质、一次性生物反应器、一次性储液袋等。目前，我国从事关键原料研发和生产的企业很少，关键技术主要掌握在国外大型企业如GE公司、Thermo Fisher Scientific公司、Millipore公司等手中。我国北京义翘神州科技有限公司从事动物细胞无血清培养基与亲和填料研发多年，积累了大量的技术和经验，并已在生物药产业化中得到很好的应用。我国上海乐纯生物技术有限公司已研制出一次性的无菌袋，可用于生物制药生产过程中的液体储存，但我国目前还未掌握制造一次性生物反应器的关键技术和能力。已有基础的领域需要国家从研发和产业化资金方面给予支持，在GMP生产法规和应用中给予指导与支持；目前还没有基础的领域需要国家通过科研立项来鼓励和扶持企业开展研发，为未来进行大规模应用奠定基础，以免我国生物制药长期受制于人。

5. 重大行动计划与实施路径

1）重要发展方向

我国制药领域的重要发展方向是要在"十三五"期间全面提升我国企

业的创新能力和国际竞争力，一方面解决我国老百姓用不起最先进的进口药品的困境，实现替代进口，降低进口药品的价格，提高可及性；另一方面是要推动我国研发生产的药品能够进入欧美发达国家市场，参与全球竞争，分享中国之外更广大的 95% 的市场（中国仅占全球药品销售市场的 5%）。同时，要重点支持生物药的研发和产业化，紧跟全球制药行业从传统化学制药快速转向生物制药的趋势，抓住未来生物药成为主流的发展机遇。

2）重点发展指标

（1）在新药创新能力方面，我国不应盲目追求新药研发的数目，而应更关注新药的药效和安全性是否优于国外同类产品，是否具有市场竞争力和研发的价值，因而重点发展指标是能够进入欧美市场并提高具有市场竞争力的品种数目，而不是提高在国内能够开展临床研究的品种数目。

（2）在生物药产业化能力方面，重点发展指标是要提高我国大规模生产高质量生物药的产业化整体水平，提升药品生产质量管理的能力，在确保质量的前提下降低生物药生产成本。要实现这一目标，需要从多方面入手，一是通过工艺技术优化，提高产品的产量和收率；二是要提升我国生物药的生产规模，通过规模经济降低成本；三是要建立生物药规模化生产的关键配套支撑能力，替代一些昂贵的进口原料和耗材，降低规模化生产中关键原料和耗材的成本。

（3）在国际化能力方面，我国目前与欧美发达国家的差距较大，需要全方位提升我国企业的综合能力，包括研发出具有国际竞争力大品种的创新能力，国际标准的 GMP 生产能力和管理体系，国际规范的临床设计、方案执行和数据管理能力，以及国际药品注册的能力。重点发展指标是选择具有潜力的重点品种和企业，通过国家重点扶持，培养达到国际标准的新药研发、临床、生产、注册及管理水平的标杆企业和重点突破品种，实现 2～3 个重大品种"十三五"期间率先在欧美国家实现上市和销售，引领我国企业在未来全面进军欧美市场。

3）重大发展任务

A. 生物药的创新能力建设任务

我国已经在生物医药创新的各个关键技术环节部署了科研项目，但目前不同的关键技术分布在不同的科研单位和企业，而新药创新需要高度的协同合作，多个单位协同在效率上、商业模式上、利益分配上均存在较大的困难。欧美国家的重大品种的基础研究通常是在科研单位和大学完成，而候选药物的发现、临床前和临床研究及规模化生产则通常由企业完成。因此，我国未来创新能力建设应侧重于选择优势单位集中精力建立全产业链技术体系，解决单一创新单元缺失的关键技术瓶颈，实现新药从研发到产业化的集成创新能力的大幅度提升。

同时，我国需要避免出现单纯追求新药的数量而忽视新药的"质量"（指品种的市场竞争力优势），一大批"劣效"的新药既不能给企业和国家带来经济与社会效益，更不会提升我国的创新能力和国际竞争力，反而会造成巨大的人力、财力及临床稀缺资源的浪费，不利于我国提升制药行业整体创新能力。因此，我国未来生物药的创新能力建设应设立明确的目标和标准，应该把研发出具有"非劣效"和"优效"的创新品种作为重点任务，才有可能真正进入欧美发达国家的巨大市场，参与国际竞争。

B. 生物药产业化能力提升任务

我国生物药产业化目前存在实战经验不足、GMP 生产管理水平不高、生产规模较小等问题。目前我国生物药生产的最大规模还停留在欧美发达国家中试生产（2000L）规模的水平，与大型药厂的 15 000～20 000L 的生产规模仍有较大的差距，而生物药的生产成本与生产规模存在一定的比例关系，规模越大，生产成本越低。因此，我国未来 5 年应侧重于建立生物制药企业生物药规模化生产的整体能力，培育一批具备大规模生产能力的优质企业和优质大品种生物药。

C. 生物药的国际化能力建设任务

由于生物药的研发生产成本很高，药品价格普遍高于化学药，在现阶段很难使价格降低到普通老百姓能承受的水平并维持较好的利润。我国制药企业的利润水平普遍远低于跨国公司在我国市场的利润及国际市场的利润，因而导致企业无法大量投入研发，只能做仿制的不利局面。可见，研发具有国际市场竞争力的大品种生物药并建立符合欧美国家标准的产业化能力，包括国际标准的临床研究和管理能力、国际标准的 GMP 生产能力及管理体系、国际标准的临床和上市注册能力，以及国际水平的市场营销能力，是我国企业从根本上从仿制到创新的必备条件，只有这样才可能通过国际市场的放大效应，提高新药品种的投入产出比。生物药的国际化能力建设具有巨大的挑战性，但又十分必要。由于没有足够的前期技术储备、资金实力和工作基础，也没有足够多的品种具有进入欧美发达国家市场的潜力，全行业开始国际化能力建设既不现实也无必要。我国可考虑选择个别拥有高端品种、技术实力强，并已完成长期积累的优势企业，率先在个别领域突破，积累相关经验，树立标杆，为未来我国更多优质企业和品种进入欧美国家市场奠定基础。

D. 生物药的关键配套能力建设任务

我国目前生物药产业化规模较小，在生产成本上与大型跨国公司大规模生产成本相比已经没有太大的优势，加上我国生物药产业化过程中配套的关键设备和原料对国外进口的依赖度很高，由于没有质量可靠的国产替代产品，国外厂家对产品和价格形成了一定的垄断优势，价格逐年快速上升，对我国制药企业未来发展和产业化非常不利。因此，我国亟须重点解决生物药产业化中价格昂贵、用量很大、占生产成本比例较高的部分关键原料和一次性耗材（如无血清细胞培养基、抗体亲和纯化介质、一次性储存袋等），开展国产化来替代进口。

（十一）新一代生物工艺研发与制造的核心设备和关键技术

1. 国内外产业发展状况与趋势

近些年以来，随着烈性流行病的频繁突发及生物恐怖袭击的威胁，人们认识到快速的反应时间对成功应对上述挑战具有至关重要的作用。但是传统的生产工艺研发和生物制造技术，由于其漫长的研发和生产周期而无法有效应对上述挑战。为此，近年来以美国卫生部（U.S. Department of Health and Human Services，HHS）下属的生物医学高级研究与发展管理局（Biomedical Advanced Research and Development Authority，BARDA）为代表的机构提出并且开始践行新一代生物工艺研发与制造技术平台。这一技术平台的目标是极大地缩短工艺研发和生产的时间周期，核心要求是要在极短的时间内（12 周内）完成工艺研发与生物产品的生产，并能够在柔性的平台上生产多种产品，从而对突发的烈性流行病及生物恐怖袭击等威胁实施快速有效的应对，避免其大规模的扩散和暴发。同时，这一技术平台的实现也是美国应急和响应助理部长办公室（Office of the Assistant Secretary for Preparedness and Response，ASPR）快速应对包括化学、生物、辐射及核威胁的国家策略的重要组成部分。

美国为保持并巩固其在全球生物技术及制造方面的领先地位，不仅美国的医药公司投入大量的资金进行研发，美国政府也连年投入大笔资金促进新一代生物工艺研发与制造。2004年以来，BARDA在十年间投入了80亿美元从事相关的研究。例如，2009年美国猪流感暴发后，BARDA投入3.3亿美元用于新一代疫苗新型工艺研发与生产平台的研究；2012年BARDA投入4.4亿美元和美国的三家单位合作成立三个新一代技术与制造创新中心（center of innovation for advanced development and manufacture，CIADM）。

另外，2015年1月30日奥巴马正式推出"精确医学计划"，提议在2016财年向该计划投入2.15亿美元，以推动精准医学的发展。精准医学是指根据每个病人的个人特征，量体裁衣式地制订个性化治疗方案。精准医学提供了替患者量身定做药物的能力，但同时也带来了技术上的困难，特别是药物的工艺研发及生产。未来医药产品的工艺研发与生产形式一定会有所改变。未来的趋势将是采用精准的药物，针对每个个体或一小群人进行定制，因而要求产品从工艺研发到生产制备周期必须极大地缩短，同时，产品的种类将增加，产品的数量要求将减少；传统的大批次生产减少，而少量生产的多样性增加。新一代生物工艺研发与制造平台可以满足多品种、小型化、柔性化的要求，更为重要的是可以极大地缩短从工艺研发到生产的周期，满足精准医学的要求。

在生物医药领域，各大国际医药巨头为了能加快研发速度，缩短产品上市周期，均纷纷研发并开始采用新一代生物工艺研发与制造。大量高通量的筛选设备（如微小型生物反应器）、一次性设备及一次性技术和灵活工厂等在研发与生产制造中已经开始普遍使用，新一代生物工艺研发与制造相应的核心技术包括质量源于设计、在线分析、实验设计、工艺单元模块化设计，已成为开展新一代生物工艺研发与制造不可或缺的手段和工具。新一代生物工艺研发与制造已经开始给传统型生物医药行业带来颠覆性的变化。

新一代生物工艺研发与制造平台的实施关系到国家生物安全战略，将大幅缩短产品研发及生产周期，同时也会颠覆传统的生物产品的研发与生产模式，因而对生物技术领域带来广泛的影响。新一代生物工艺研发与制造将带来在设备及技术上的颠覆性更新。

相对而言，我国目前在传统型的生物医药行业的发展还远远落后于西方发达国家，而在新一代生物工艺研发与制造方面，我国的生物医药行业根本上还处于空白期，相关方面的知识及理解还非常匮乏。然而这其实也是我国的一次机遇。目前世界正处于新一代技术转型的时期，而新一代生物技术的发展可以是跳跃性的，而非渐进性的。虽然目前我国在生物技术方面大幅落后于发达国家，然而如果能大力开展新一代生物工艺研发与制造的研究，有望实现弯道超车，进而直接跨入世界先进技术行列。这是我们整合国家技术资源，实现跨越式发展，引领世界技术潮流的关键时机。

2. "十三五"期间我国经济社会对生物产业发展的需求分析

在我国的《"十三五"国家科技创新规划》中，将生物（创新）医药、传染病防治列为国家科技重点专项中的关键核心技术，并着力解决制约经济社会发展和事关国家安全的重大科技问题。新药、抗体、疫苗的研发与生产都涉及工艺研发和制造。

国务院的《"十三五"国家科技创新规划》指出，重点围绕重大新药的创新，重点针对恶性肿瘤、心脑血管疾病等重大疾病，重点支持创新性强、具有重大产业化前景的药物开发，基本建成具有世界先进水平的国家药物创新体系，新药研发的综合能力和整体水平进入国际先进水平，加速推进我国由医药大国向医药强国的转变。

我国是世界人口大国，同时也意味着我国是医药用量大国，预计我国在 2020 年将成为全球第二大医药产品市场。然而，我国普遍使用及能生产的药品主要还是中成药和传统型小分子药物，世界最新的在国内市场销售的生物医药产品都是依靠进口，价格非常昂贵。在未来的十年中，我国对生物医药的需求将飞速增长，大力振兴我国生物医药的发展将是解决我国对生物医药需求的唯一途径，唯有如此，才能让我国广大民众用上可负担得起的生物药物，并摆脱其他国家对我国生物医药的控制及垄断。

新药研发的综合能力的提高，并不是靠一两个新药的成功研发就能达到的，而是建立在整个研发与制造平台的建立及完善的基础上的。传统的研发和制造工艺由于研发周期长、生产灵活性差、过程鲁棒性不足而造成的产品质量不足在新时代已经无法满足要求，但在此情况下，新一代生物工艺研发与制造已成为不可抵挡的世界潮流。如果我们依然遵循传统研发及制造工艺，即使在花费了大量人力、物力和财力的情况下，用 8～10 年开发出 2～3 个新药，但是相比世界上采用的新一代生物工艺研发与制造的速度进展，我们与之的差距实际上反而会越来越大。采用新一代生物工艺研发与制造将大大加快生物医药的研发速度，大幅缩短产品上市时间，更重要的是能在整体上提升我国在新药研发及生产上的综合能力，推进我国由医药大国向医药强国转变。

自改革开放以来，我国早已成为世界的制造工厂，然而让人不可忽视的是我国的大部分制造产品处于产业链的低端。大量的工作却仅带来微薄的利润，同时对我国的生态环境还造成了很大的破坏。在"十三五"规划中，国家也明确地指出要提升产业水平，把我国的产业迈向中高端水平，"十三五"规划还指出，未来 10 年全球产业竞争将是价值链的竞争，价值链的竞争将决定我国产业竞争力和未来经济的前途与命运。加快全球价值链分工背景下我国产业的转型升级，是我国"十三五"时期推动产业结构战略性调整的关键所在。我国的生物产业大幅落后于世界先进水平，其落后是整体性的，从研发到生产制造的各个环节。我国大部分的产品的生产基本上都还在采用国际上已经濒临淘汰的技术。

目前，国内已有个别企业开始采用新型生物反应器，然而其实现手段为全盘引进国外整套最新设备，而对最新设备的知识理解程度仅为知道如何操作相关设备。与此同时，设备的保养、维修、升级，尤其是生产时所用的耗材全部为他人所控制，生产材料的供应链完全受制于人，生产安全无法保障。同时由于知识产权的保护，甚至无法找到竞争的供货商，生产命脉为设备厂商所控制。这种情况的持续发展将危害到我国的整体生物制造产业甚至国家安全。因而研发具有自主知识产权的新一代生物工艺研发与制造的设备和相关技术不仅是必需的，而且是刻不容缓的。

我国生物产业的提升需要的是整体技术的提升，目前国际上的生物工艺研发与制造技术正处于转型阶段，我国应抓住这个历史机遇，直接跳入新一代生物工艺研发与制造平台阶段，可望在较短时间内赶上国际先进水平。

3. 产业发展重点方向与关键技术

1）清楚认识与国际先进水平的差距

美国在 21 世纪初就开始意识到需要新一代生物工艺研发与制造，在过去的十年，不仅美国政府大力扶持相关项目，各大生物医药公司均纷纷投入大量人力、财力进行新一代制造工艺的研发与验证。高通量筛选、高通量研发、新型实验设计、质量源于设计、过程表征等研发手段及技术已被广泛使用，以一次性设备和产品为主导的新型灵活工厂也渐渐成为新建工厂的首选。新一代生物工艺研发与制造作为一个整体性产业在以美国为首的发达国家已渐渐走过摸索期，开始步入发展正轨。而我国在新一代生物工艺研发与制造方面整体上还处于基本空白，尽管在某些单独领域已有涉猎，如花巨资全盘引进 1~2 套国外新型生产线，但知识产权、核心技术、原料供给等各个方面始终被国外企业掐住喉咙。

2）新一代生物工艺研发与制造作为新型产业的发展计划、目标

新一代生物工艺研发与制造需要多个领域的共同发展才能实现，其中包括核心设备研发、传感器、自动化、一次性技术、材料、软件工程、工程设计、在线分析、大数据分析等。以新一代生物工艺研发与制造作为新型产业的发展，不仅能达到快速应对突发性传染病及生物恐怖袭击等国家安全战略需求，加快生物药物研发，缩短上市时间，加快生物医药产业发展，造福病患，还能带动其他相关行业的发展。

新一代生物工艺研发与制造产业在今后五年将达到以下目标。

（1）在 3 年内研发出有自主知识产权的新一代生物工艺研发与制造的核心设备，包括一次性生物反应器与微小型生物反应器，并在新的核心设备的基础上研发出相应的研发及生产技术。

（2）在实现（1）的基础上，在 2 年内进一步研发即插即用的模块化

生产操作单元，推进整体工艺的平台化，实现单一平台的多产品生产。

（3）新一代生物工艺研发与制造发展的重点方向为以下内容。

新一代生物工艺研发与制造发展的重点方向和主要瓶颈是其核心设备——新型生物反应器（微小型生物反应器及一次性生物反应器）。目前市场上已有的微小型生物反应器主要包括 SimCell、AMBR（Sartorius）、Micro-24（Pall）、DasBox（Eppendorf）和 Micro-Matrix（Applikon）。这些微小型生物反应器的主要特点是通量高（24 或 48 联装甚至更高）、自动化程度高（人员需求小）、数据信息量大（可实现实时自动监测与记录），并且结果具有可放大性（在毫升数量级上的结果与数升乃至数百上千升数量级上的结果可重复）。而生产一次性生物反应器（一次性袋子）面临从设计、材料、到灭菌等多个技术难关，目前市场上的一次性袋子主要还是由一次性生物反应器生产厂商提供，如 GE 公司、Thermo Fisher Scientific 公司及 Sartorius 公司等。

新一代生物工艺研发与制造是整体上硬件（设备）及软件（技术）的结合体，二者相辅相成，新的设备需要新的技术来支持，而新产生的技术需要在新的设备上才能发挥作用。由于新一代生物工艺研发与制造相比于传统的工艺研发和制造有一个质的变化，因而相关的各个过程环节中的重要技术及关键设备也必须得到同步提升。表 2-39 是根据新一代生物工艺研发与制造的特性对新一代的工艺研发和生产过程所需要的关键设备及相应的重要技术平台进行简单的归纳。

表 2-39　新一代生物工艺研发与制造的关键设备与重要技术平台

新一代生物工艺研发与制造的目标特性		关键设备	重要技术平台
工艺研发	高效的工艺研发过程、研发周期极大地缩短	微小型生物反应器	自动化及智能化、高通量筛选、高通量工艺研发、在线分析、实验设计、质量源于设计
	对工艺的要求：可预测性、易放大性、宽泛的适用性	微小型生物反应器	高通量工艺研发、实验设计、质量源于设计
生产过程	多品种、高效的生产过程，生产周期极大地缩短	一次性使用产品、一次性生物反应器	一次性使用技术、单元操作及工艺的模块化、整体工艺的平台化、柔性工厂、连续生产
	要求产品达到质量、有效性和安全性的要求	一次性使用产品、一次性生物反应器	单元操作及工艺的模块化、整体工艺的平台化即插即用的模块化、生产环境监控、原料的控制

4. 重大行动计划与实施路径

新一代生物工艺研发与制造技术是以新型生物反应器为核心，集成生物工程与工艺过程技术、新型传感器技术、分析检测器技术、生物材料技术、大数据分析技术、智能控制技术等多项技术的综合性的技术。

1）重大行动计划

首先从新一代生物工艺研发与制造的核心设备——新型生物反应器入手，研发硬件（微小型生物反应器及一次性生物反应器）及软件（配套的自动化及智能化系统、高通量技术）。

微小型生物反应器具有高自动化、高通量、实时监控及检测、可放大性等优点，能完成高通量筛选及高通量研发的工作，其高自动化及多通道检测能在更少的人员要求的情况下，获得更多的实验数据，加深对整个过程的理解。另外，由于各反应器之间的高度平行性，所得实验数据更准确。考虑到发酵与细胞培养在整个生物过程中的重要性及所占时间比重，新型生物反应器是达成新一代生物工艺研发与制造的核心环节。

项目的考核指标将以 2～3 年的时间研发出相应的微小型生物反应器及一次性生物反应器的原型机为主体目标，在随后的 1 年内进行大量测试及验证，通过后可以进行量产，填补国家在此方面的空白。研发出的新型生物反应器当具有与国际上其他广泛使用的新型生物反应器相近的质量和功能，甚至在某些方面能有所超越。

同时，新型生物反应器的价格应低于国际同类产品的价格，并能主动控制其供给，维持生命线。

2）实施路径

新型生物反应器的研发需要多领域的合作，除了作为主体的工程模块——反应器罐体的设计之外，还需要与自动化工程、材料科学、传感器领域的通力合作。计划用 3～5 年的时间，研制出具有自主知识产权的、作为新一代生物工艺研发与制造核心设备的新型生物反应器（包括微小型生物反应器及一次性生物反应器），并依此开发相关关键技术，集成构建综合平台。此项工作将填补我国在相关领域的空白。

新型生物反应器的研发途径将主要包括以下环节。

（1）微小型生物反应器的研发：①微小型生物反应器的设计和研发；②微小型控制器的设计与研发；③微小型传感器的设计与研发；④微小型生物反应器整体构建的设计与研发。

（2）一次性生物反应器的研发：①一次性生物反应器（袋子）的设计及研发；②一次性袋子支持罐体的设计及研发；③传感器的设计与研发；④控制器的设计与研发。

（3）与新型生物反应器配套使用的重要技术：①自动化及智能化；②高通量技术；③质量源于设计及实验设计；④一次性技术。

在实现新一代生物工艺研发与制造核心设备研发的基础上，以 2 年的时间，整合相关核心设备及关键技术，建立具有智能化、模块化、多功能、连续性的柔性生产平台，为生物医药工程化与产业化提供国际领先的整体解决方案。使我国在新一代生物工艺研发与制造领域能快速追赶到国际领先水平。

5. 促进我国产业发展的政策措施与建议

新一代生物工艺研发与制造产业对我国有重大的意义，上至国家安全战略，下至百姓民生健康，即便西方发达国家如美国，其政府亦数十年不断地拨款支持，因而在国家层面上对此产业进行支持是完全有必要的。同时由于此产业还会涉及相关的一些法规和标准的制定，因而政府参与也是必需的。

新一代生物工艺研发与制造产业发展的资金当由政府资助及企业自筹来实现。政府的资金支持力度及方式可参考美国的模式与力度。在相关政策的制定上本书对目前的国家政策有如下建议。

（1）尽快对新型生物反应器与下一代生物反应器进行项目立项。开展微小型生物反应器与一次性生物反应器的研究、开发；同时，开展下一代生物反应器的研发，实现跨越式发展，抓住历史机遇，成为新行业技术的引领者和规则的制定者。

（2）新一代生物工艺研发与制造平台的研发和建立涉及多种核心（关键）设备及关键技术，其中包括一些基础性器件、基础材料及基础工艺的研发，这些大大落后于世界先进水平的方面仅靠市场及企业行为基本很难在短时间内改变现状，需要国家层面上的支持。

（3）予以政策倾斜和资金支持。

（4）成立下一代生物反应器的研发制造中心。

（5）需要国家引导产业的发展和进行新行业规则的制定。

（十二）智能医疗

1. 全球智能医疗发展状况与趋势

1）全球智能医疗发展起源和概念

早在 2009 年，IBM 公司提出智能地球后，智能医疗的概念孕育而生。智能医疗指的是利用先进的物联网、互联网及智能分析技术，整合医疗相关的所有资源和数据，实现健康数据随处可得、随处可用，为人类提供更好的医疗服务（任菁菁等，2011）。

人工智能在医疗领域的最早应用是专家系统。专家系统在 20 世纪 90 年代兴起，模拟人类专家解决领域问题，知识库的改进与归纳是其重点。第一个人工智能的医疗专家系统早在 20 世纪 50 年代就出现了，当时为了模拟病人的症状和疾病之间的关系，就将医学领域的知识融合到专家系统中（董建华，2007）。

随着人工智能技术的快速发展，国内外已经有一些高科技企业将这些认知计算和深度学习等先进技术用于医学影像领域，并出现了"机器人医生"，以 IBM 公司的"沃森医生"最有代表性。在国内医疗信息化和分级诊疗的大背景下，人工智能与医学影像的市场空间在不断增长。

人工智能在提高健康医疗服务的效率和疾病诊断准确率等方面上具有天然优势。人工智能在医疗健康领域中的应用已经非常广泛，从应用场景来看主要分成了虚拟助理、医学影像、药物挖掘、营养学、生物技术、急救室及医院管理、健康管理、精神健康、可穿戴设备、风险管理和病理学共 11 个领域。目前，人工智能在医疗行业的应用主要包括医疗诊断、辅助治疗与健康管理、药物研发。

我国将智能医疗定义为：使用现代信息、诊疗技术及设备等手段，通过信息化技术平台，建立核心为个人健康档案的区域医疗卫生协作模式；

通过先进的信息化技术以改善疾病预防、诊断及研究，从而实现对人群健康的科学管理，最终让医疗生态圈的各个组成部分受益（管吉等，2014）。

国内学者认为，智能医疗的发展分为七个阶段：一是业务管理系统，包含医院收费、药品管理系统；二是电子病历系统，包含病人信息、影像信息；三是临床应用系统，包括计算机医生医嘱录入系统；四是慢性病管理系统；五是区域卫生信息交换系统；六是临床支持决策系统；七是公共卫生系统。目前，我国处在第一阶段、第二阶段向第三阶段发展的时期，发展非常迅速，如在远程医疗方面，比较先进的医院在智能医疗技术方面的应用其实已经走到了前面。比如，可实现病历信息、病人信息、病情信息等的实时记录、传输与处理利用，使得在院内和院间通过联网，实时、有效地共享相关信息，这一点对实现远程医疗、专家会诊、医院转诊等可以起到很好的支撑作用（聂彩辉和徐寒梅，2014）。

2）全球智能医疗产业关键技术发展

A. 数据融合技术和云计算技术

数据融合技术是指对各种信息源给出的有用信息的采集、传输、综合、过滤及合成，以便辅助人们进行态势和环境诊断、判定、验证、预测。其中预测是核心，所以数据融合技术在智能医疗的应用使智能医疗在利用数据进行医疗服务管理特别是以预防为核心的健康管理时占据巨大优势（罗伟等，2005）。

云计算技术是基于互联网的相关服务的增加、使用和交付模式，通常涉及通过互联网来提供动态易扩展且经常是虚拟化的资源，包括三大模块，即云物联、云安全和云存储，分别起到搭建产品与用户互动桥梁、监测和处理恶意程序、存储信息的作用。所以云计算技术在智能医疗的应用使医疗机构能在线上快速对病患"对号入座"，进行精准诊断并对症治疗（詹庆，2013）。

借助云计算技术，将交付模式从线下转移至线上，搭建标准化、精准化、个性化的医疗数据库，帮助医疗机构更加高效、快捷地分析不同病患的基因数据，进行高效的精准医疗服务。

B. 机器学习与人工智能技术及人机交互技术和其他机器人技术

机器学习是指计算机系统无须遵照显式的程序指令而只是依靠暴露在数据中来提升自身性能的能力。人工智能是指对计算机系统如何能够履行那些只有依靠人类智慧才能完成的任务的理论研究。所以机器学习与人工智能技术在智能医疗的应用减轻了医疗健康工作者的工作负担，避免重复性工作（陈慧灵，2012）。

借助自然语言处理技术来阅读和理解大量医学文献，通过假设自动生成来完成自动诊断，借助机器学习可以提高准确率。未来机器学习与人工智能技术还可应用于采用自动语音识别来帮助医生自动完成医嘱抄录、机器视觉系统自动完成乳房 X 光检查和其他医学影像的分析、预测生物数据和化合物活动的因果关系从而帮助制药公司识别出最有前景的药物。

人机交互技术是指通过计算机输入、输出设备，以有效的方式实现人与计算机对话的技术。所以人机交互技术在智能医疗的应用能帮助有语言和行动障碍的患者向外界传达信息。

利用外部感应器来截获患者大脑发出的神经信号，然后将信号编码传递至电脑进行分析，合成语言或形成菜单式操控界面，以此表达患者的想法。

C. 传感技术、可穿戴技术与物联网技术

传感技术是指从自然信源获取信息，并对之进行处理（变换）和识别的一门多学科交叉的现代科学与工程技术。所以传感技术在智能医疗的应用能将复杂的生命活动或生物标记转化为简明扼要的临床或健康信息，便于识别个体健康情况（任菁菁等，2011）。

如临床上测定尿素、葡萄糖、乳酸、天门冬酰胺等生化指标可以采用酶传感器；基因传感器如 DNA 传感器，主要用于结核杆菌、艾滋病毒和乙肝炎病毒等的检测，从而达到诊断疾病的目的。

可穿戴技术是指探索和创造能直接穿在身上或是整合进用户的衣服或配件的设备的科学技术。所以可穿戴技术在智能医疗的应用能方便医生、个体及其家人等对健康指标进行实时监测。

物联网技术是指通过射频识别、红外感应器、全球定位系统、激光扫描器等信息传感设备，按约定的协议将任何物品与互联网相连接，进行信息交换和通信，以实现智能化识别、定位、追踪、监控和管理的一种网络技术。所以物联网技术在智能医疗的应用能快速匹配病患信息，节约治疗时间。

D. 体外诊断技术及基因检测技术

体外诊断技术是指在人体之外，通过对机体包括血液、体液及组织等样本进行检测而获取相关的临床诊断信息，从而帮助判断疾病或机体功能的技术。体外诊断技术是医疗中诊断治疗重要的依据。体外诊断技术的客观性和专业性决定了体外诊断技术成为整个医疗信息化中最为关键也最有价值的信息来源。而医疗信息化是智能医疗发展的基础。此外即时检验技术不断使得医疗检验、检测更加快捷、方便，信息更为精准，也是推动智能医疗发展的关键技术。

其中，基因检测技术是精准医疗和智能医疗发展的关键元素。基因检测技术应用已逐渐从单纯的疾病诊断逐渐向前（早期诊断和风险评估）和向后（治疗指导和预后评估）延伸，可用于代谢性疾病、心血管疾病、肿瘤等重大疾病的早期预防、早期发现、用药指导、疗效监测、预后判断及健康监测等。近十年来，随着新靶标的发现和技术的发展、质控体系的规范和临床应用的推广，基因检测技术在医疗卫生服务活动中的普及程度不断提升；自动化、高通量、超高灵敏、多重检测及无创检测等技术是未来发展方向。

E. 远程医疗及互操作性技术

远程医疗是指通过以计算机技术、遥感技术、遥测技术、遥控技术为依托，充分发挥大医院或专科医疗中心的医疗技术和医疗设备优势，对医疗条件较差的边远地区、海岛或舰船上的伤员、病员，进行远距离诊断、治疗和咨询，也可用于远程抢救、远程会诊及护理、远程学术交流、远程医疗信息服务等所有医学活动。互操作性又称互用性，是指不同的计算机系统、网络、操作系统和应用程序一起工作并共享信息的能力（董建华，2007）。这两部分技术将终端的触手和信息相互连接，为智能医疗打造发展和建设基础。

F. 其他前沿技术

a）3D 打印技术

3D 打印技术是一种以数字模型文件为基础，运用粉末状金属或塑料等可粘合材料，通过逐层打印的方式来构造物体的技术。所以 3D 打印技术在智能医疗的应用能精确地根据实际需要制造出理想的生物组织或医用材料（管吉等，2014）。

b）虚拟现实技术

虚拟现实技术是一种可以创建和体验虚拟世界的计算机仿真系统，虚拟现实技术利用计算机生成一种模拟环境，是一种多源信息融合的交互式的三维动态视景和实体行为的仿真系统，使用户沉浸到该环境中。所以虚拟现实技术在智能医疗的应用有助于远距离遥控外科手术、复杂手术的计划安排、手术过程的信息指导、手术后果预测乃至新药研制等方面（罗伟等，2005）。

3）全球智能医疗发展状况

国内外资本巨头及科技巨头都在积极布局人工智能和医疗健康行业。大批专注细分领域的初创公司也蓄势待发。

A. 智能诊断与风险预测

人工智能和大规模数据处理平台赋予机器洞察数据内在联系及价值的能力。结合专业医疗知识库，通过洞察数据可以找到更合适的诊疗方案及医疗服务流程中的高效策略。

Zephyr Health 公司从多个来源整合数据，建设平台，从而使医疗专业人员能为患者找出合适的治疗方案，同时提供预测、分析药品的销售等服务。

Apixio 公司通过自然语言处理技术，分析医疗文本数据，让医疗服务商更好地了解患者状况。与 IBM 公司 Watson 平台主要依据医学文献将症状与结果关联起来不同的是，Apixio 公司的 Iris 平台则是利用医生诊断时的记录和笔记。

Lumiata 公司是首家利用大数据技术构建医疗知识图谱的人工智能公司，公司通过图谱分析的方式，找到合适的诊疗路径，提高诊疗的精确性，更迅速地提出诊疗方案，节约医生的诊疗时间。

IBM公司Watson平台的肿瘤治疗项目能够为医生提供基于数据支持的诊疗计划。通过对病历中结构化或非结构化的数据及报告进行整理，Watson 平台结合病人的资料及临床专业知识，制订出病人所适合的治疗计划。一名60

岁女性患上的罕见白血病曾被（医院）误诊，Watson 平台通过比对 2000 万份癌症数据报告中不同患者的基因变化，仅用了 10 min 时间便得出了结果，Watson 平台不仅有精确的病症诊断，还提供了适当的治疗方案。

其他还有通过大数据分析提高处方准确性，避免不必要的病患风险和资源浪费的 MedAware 公司，帮助癌症患者制订个性化放疗方案的 Oncora Medical 公司。同样专注于辅助诊断的公司还有 Deep Genomics 公司、Entopsis 公司等。

B. 可穿戴设备

人们对医疗卫生更好、更快服务的需求，迫使新的医疗设备具有更强大的数据收集和分析能力。可穿戴设备是智能医疗的触手，是数据的来源，将会是智能医疗终端的主要表现形式，其中包括检测类设备、健康管理类设备及辅助治疗类设备。国外风险大致有 15 个分类，包括：体温、运动、睡眠、血压、血糖等。大家都知道，国外可穿戴设备应用起步早，早已步入成熟化阶段。

在检测类设备方面，Helius智能药丸是由初创公司Proteus数字医疗公司研发的一种可吞服性智能药丸，Helius 智能药丸实际上是可消化性微芯片，该芯片随着药物被吞食，可以被人的肠胃吸收，配合外部贴在皮肤上的贴片，Helius 智能药丸就可以在人的体内实时监测各种人体体征，如心率、呼吸、是否服药等。收集到的数据会被传送到用户的手机上，医生可以随时观察患者的身体状态和用药的依附性，方便观察病情，制订更个性化的医疗方案，建立高效的目标疗法。一开始，Helius 智能药丸被用于心力衰竭和高血压患者。目前，Proteus 数字医疗公司打算进一步把 Helius 智能药丸应用于更复杂的病情中，如精神分裂症和老年痴呆症。

BodyTel 系统为慢性病用户提供便捷的家庭诊断服务，BodyTel 系统包括一个血糖仪、血压计和一个中心模块，所有的设备都通过蓝牙相连接。而 WristOx2 腕式脉冲血氧仪是一款应用非常广泛的血氧仪，是专门为哮喘、充血性心力衰竭和慢性阻塞性肺疾病患者设计。

在健康管理类设备方面，美国 Empatica 公司推出一款专门为患有癫痫的病人设计的智能腕带——Embrace 腕带，其可以检测患者的心理压力、睡眠、身体活动，在患者癫痫发病时，可以发出警报，警报会发送给家庭成员或者身边的护理人员。Scanadu 公司研制出一款专门为检测孕妇的身体健康状况而研发的尿检设备，后被广泛应用于肾脏疾病和糖尿病的检测。Cyrcadia Health 公司为女性研究开发了专门检测乳腺癌的智能内衣 iTBra，通过检测乳房的温度和血流量来判断用户是否有患有乳腺癌的风险。

在辅助治疗类设备方面，瑞士 Hocoma 公司研发了一款背部可穿戴医疗设备 Valedo，通过进入游戏平台，根据游戏中给出的示范，完成相应的动作，从而进行背部锻炼来缓解患者的疼痛并预防疾病。

TMG-BMC 公司是一家新兴的生物机械学和人体运动学的科技公司，主要通过医疗机械设备来帮助人们更好地实现运动或者医疗康复训练，优化训练、康复过程。该公司最好的产品就是 MC 肌肉传感器，专门为专业运动员设计，来检测他们的肌肉力学在不同力度的压力和锻炼中的运动变化，来优化训练过程。

人工胰腺系统 MiniMed 530G 是由美国医疗科技公司美敦力（Medtronic）研究开发的，该系统由三部分构成：血糖监测仪、胰岛素泵、安全控制器。整个系统能模拟胰腺分泌，持续注射胰岛素。当血糖监测仪测到佩戴者的血糖水平升高后，指示胰岛素泵注射相应剂量的胰岛素；当血糖水平达到安全控制器的预设值后，注射将自动停止，该系统目前已经获得 FDA 批准。

C. 健康管理

除院内诊疗外，院外的健康管理和生活方式管理是提升健康水平的重要途径。与智能医疗巨头 IBM 公司 Watson 平台合作的 Welltok 公司，主要关注个人健康管理和生活习惯提升。Welltok 公司通过打造大健康平台，提供数据分析服务，并接入其他服务商，包括保险公司及硬件、内容、应用等相关服务商。

而 AiCure 公司是一家帮助用户按时用药的智能健康服务公司。通过手机终端，帮助医生知晓，提醒患者用药，从而达到降低健康风险的目的。Wellframe 公司通过 App 提供医患双向通信、自动吃药提醒、活动跟踪、短消息教育等慢性病管理服务，甚至包括患者要描述当天最后一餐是什么及一些非诊断性的心理健康问题。

医疗保健主要的问题之一就是不能坚持治疗计划和医生的嘱咐方案。Alme Health Coach 主要服务于患有慢性病的患者，因此整个治疗周期非常漫长，所以使用之前患者需要充分了解 Alme Health Coach 这款应用的目的，并与其建立信任关系。

Medtronic 公司利用 IBM 公司 Watson 平台的认知解决方案进行糖尿病管理，共同为消费者打造一个私人健康管理专家，Medtronic 公司通过相关的实时洞察与训练功能，来帮助糖尿病患者更好地了解日常活动对病情的影响，并做出相应调整。通过应用 IBM 公司 Watson 平台的认知计算能力，处理来自 Medtronic 公司可穿戴设备及其他情景化来源的数据，并提供个性化的糖尿病管理服务。

其他还有专注于心血管疾病、偏头痛、失眠、中风的 Healint 公司，专注于肥胖、糖尿病管理的 Suggestic 公司，专注于预防早产儿的 Lucina Health 公司，专注于术前准备的 PeerWell 公司等。与国内相比较，国外的健康管理领域产品更细分、更垂直，前进脚步也更快一些。

D. 虚拟助手

随着人工智能的迅速崛起，已经有越来越多的机器人投入到医疗工作之中，达芬奇手术机器人系统是其中的代表，达芬奇手术机器人系统是以麻省理工学院研发的机器人外科手术技术为基础的，Intuitive Surgical 公司随后与 IBM 公司、麻省理工学院和 Heartport 公司联手对该系统进行了进一步开发，达芬奇手术机器人系统是一种高级机器人平台，其设计理念是通过使用微创的方法，实施复杂的外科手术。这类智能化的硬件设备及软件系统已经开始在全球范围内投入使用。

Modernizing Medicine 公司致力于医学现代化，该公司使用电子医疗助手（electronic medical assistant，EMA）来提供整个综合服务和解决方案。整个系统界面非常直观，并且可以根据每个医生的风格自主调整，同时 EMA 基于云端存储，可以实时保存数据。就像我们平时使用手机一样，系统自带指尖绘图功能，医生可以通过快速触摸和滑动屏幕来建立每个病人的图表、账单等医疗数据。通过电子医疗助手系统，医生通过触摸屏幕就可以了解病人的病史。Modernizing Medicine 公司目前已与 IBM 公司 Watson 平台的人工智能系统进行结合，号称 Modernizing Medicine 公司的 EMA 与一般的 EMA 系统可大不一样，Modernizing Medicine 公司的 EMA 将提供合适人们的工作方式。

Molly 是 Sense.ly 公司推出的一款虚拟平台的虚拟护士，脸上永远挂着亲和微笑的 Molly 能够帮助患者更好地接受治疗。患者的慢性病管理需要定期复诊，患者需要和医生长期保持沟通，系统能够以机器学习的方式不断更新患者的情况，并给出个性化的护理建议。

英国的 Babylon Health 公司推出了一款远程医疗移动应用，并计划将深度学习技术中的人工智能技术整合到自己的移动应用中，在患者同医生进行文字、电话或视频交谈前，就提前预审清楚自己的健康状况。这种方式比单纯地依靠医生诊断弹性更大。Babylon Health 公司平台上目前约有 100 名医生，拥有 25 万人左右的活跃用户群。

E. 医学影像辅助诊断

随着数据库技术和计算机通信技术的发展，数字化影像传输和电子胶片应运而生。人工智能在医学影像的应用主要分为两个部分：图像识别和深度学习。这两个部分都是基于医学影像大数据所进行的数据上的挖掘和应用。

2012 年，Hinton 教授的研究团队参加了斯坦福大学 Fei-Fei Li 教授等组织的 ImageNet ILSVRC 大规模图像识别评测任务。该任务包括 1000 个类比，共计 120 万张高分辨率图片。Hinton 教授团队使用了全新的黑科技多层卷积神经网络结构，突破性地将图像识别错误率从 26.2% 降低到 15.3%。

以 Enlitic 公司开发的恶性肿瘤检测系统为例，恶性肿瘤检测系统通过使用肺癌相关图像数据库（lung image database consortium，LIDC）和美国国家肺癌筛查试验（national lung screening trial，NLST）进行验证，结果发现，Enlitic 公司开发的系统的肺癌检出精度比一名放射技师检查肺癌的精度高 50% 以上。

Butterfly Network 公司创造的便携式的医学成像装置让超声波和核磁共振检查的速度更快、精准度更高、成本更低并且变得更加智能。同样专注于医学成像并朝着人工智能发展的还有 MetaMind 公司、VisExcell 公司等。

F. 新药挖掘和疗法革新

人工智能为人们提供了一个检测药物的人工智能安全专家。首先，在新药筛选时，可以获得安全性较高的几种备选药物；其次，对于尚未进入动物试验和人体试验阶段的新药，也可以利用人工智能来检测其安全性；

最后，利用人工智能还可模拟和检测药物进入体内后的吸收、分布、代谢和排泄、给药剂量—浓度—效应之间的关系等，让药物研发进入快车道。目前人工智能药物挖掘主要在四大领域：抗肿瘤药、心血管药、孤儿药及经济欠发达地区常见传染病药。

Adverse Events Explore 浏览器主要提供 FAERS（FDA Adverse Event Reporting System）批准的药物作用的数据，以及通过自由信息法（freedom of information act，FOIA）访问专有信息的权利，能够帮助医生获得实时的药物安全性和成本资料，该浏览器核心分析算法 Rxsuite 主要包括 RxFilter、RxCost、RxSignal、RxScore。RxFilter 通过 17 步算法完整优化了 FAERS 的数据集，使之能够被完全访问和检索；而 RxCost 则是一种通过确定药物不良反应事件的直接成本，使决策能够依据医疗总成本进行的标准化的方法；RxSignal 是一种预测算法，能够提醒用户新出现的和以前未知的药物所产生的副作用，这些副作用在未来可能引发 FDA 的质问；RxScore 是首个药品安全评分系统，可以迅速总结全面批准后的药品安全问题，就像 FICO（fair isaac corporation）信用评分系统一样。

Atomwise 公司采用超级计算机从药物的分子结构库溯源研发具有针对性的药物。去年，Atomwise 公司基于现有安全药物，成功通过算法寻找到能够控制埃博拉病毒的两种药物。以往要做一个能得到类似结论的研究，需要耗费数月甚至是几年的时间，而现在 Atomwise 公司只用了不到一天的时间。

BERG Health 公司也是一家利用大数据协助病人管理的公司，系统针对以往大量的诊断数据及患者的体征资料，通过对成功疗法的分析，结合人工智能，为同样患有此类疾病的患者提供诊疗方法参考，甚至创造出一种新的疗法。

在荷兰，97% 的医疗发票可以被轻松检索到，且隐藏着大量就诊信息。一家本地的分析公司 Zorgprisma Publiek 使用 IBM 公司 Watson 平台的云端服务分析发票数据，并指出医生是否因为在诊断特定疾病时总是采用某种疗法而导致失败。

G. 基因检测及精准医疗

人工智能甚至能够为基因治疗提供极大的帮助。Deep Genomics 公司旨在通过海量的遗传信息及医疗诊断数据集，寻找遗传信息及疾病的联系。Deep Genomics 公司采用的新一代计算系统能够对 DNA 进行判断，告知医生可能出现的变异。

而人类基因组学之父 Craig Venter 同样也看好人工智能对基因组学的前景，他创立的 Human Longevity 公司能够为用户提供完整的基因序列，并在早期就指出因先天基因可能导致的患癌风险。

2. 国内智能医疗发展状况与趋势

1）国内智能医疗发展状况

我国现处于智能医疗七个阶段中由第二阶段向第三阶段过渡的时期，部分较为先进的医院已走在智能医疗技术前列。比如，一些先进的医院实现了病历信息、病人信息及病情信息的实时记录、传输及处理利用，并通过互联网在院内及院间有效共享相关信息，这一点对实现智能医疗、专家会诊、医院转诊等可以起到很好的支撑作用。

然而当前我国智能医疗仍欠缺长期运作模式，产业未实现规模化与集群化发展，另外还有成本高、安全性低等一系列问题。而由于缺乏有效数据和统一的数据标准，国内仍没有建立真正意义上的 CPOE（computerized physician order entry，计算机化医生医嘱录入系统），而且供应商临床专业背景不足，导致智能医疗技术成果转向实践应用方面缺乏标准引导，也限制了我国智能医疗产业向下一阶段进行发展。目前，我国智能医疗主要应用在慢性病健康管理和家庭健康管理、医学检验和临床决策支持、远程医疗和区域卫生、医联网及智能城市等方面。

A. 健康管理

国内以百度、阿里巴巴、腾讯为首的互联网巨头已用实际行动印证了潮流风向。腾讯、丁香园、众安保险三方合作打造的互联网医疗生态链已初现雏形，智能血糖仪糖大夫是大数据和服务的承载终端，阿里巴巴旗下的阿里健康和"医疗云"服务，也彰显阿里巴巴做大互联网智能医疗的意图；而联手复旦大学发布医院排行榜，百度则又抢到一个互联网医疗的入口。从百度北京健康云、腾讯微信医疗到阿里"未来医院"，三大巨头都希望占领这个万亿元大市场甚至引领智能医疗互联网行业变革。

阿里健康联合阿里智能，以及三诺生物、海尔生物医疗、掌上糖医、鱼跃医疗、罗氏医疗、拜安进、欧姆龙等近20家知名智能健康设备和服务厂商，启动"智能关爱计划"，将这些智能化的健康管理服务带给我国消费者。"智能关爱计划"涵盖了智能血糖仪，智能血压计，智能体温监测计，生理期备孕、避孕基础体温计，智能体脂秤等，健康管理领域几乎覆盖到家庭的每个成员，从而为我国人民提供全面的智能健康增值服务。

北京市政府倡导、百度牵头，与智能设备厂商和服务商联手打造北京健康云，其目标是建设统一的健康云平台，在2015年建成10个市民体验中心，接入100家智能设备厂商，并在3年内覆盖1000万市民，帮助老百姓建立数字健康档案，持续跟踪和服务他们的健康情况。北京健康云就是基于互联网的思维，采用可穿戴设备、云计算、大数据等先进产品和技术，汇聚国内外健康服务资源，形成的一套全新的健康服务模式。北京健康云是全球范围内首家落地的智能健康管理项目，它标志着百度已经率先把软硬件结合的智能健康管理从概念变成了现实。

B. 可穿戴设备

相比国外的15个监测类别，国内可穿戴设备很少具有肌肉活动监测、皮肤温度监测、眼球活动监测、智能药丸监测功能，但与此同时比国外可穿戴设备多出了胎心监测和体围监测功能。在国内的13个类别中，以运动监测居首，占到了32.9%的市场份额，随后是睡眠监测、体温监测。

从整体各个监测类别产品分布情况来看，不同类别产品的种类及数量分布不均。比如，运动监测、睡眠监测等监测类别领先于其他监测类别平均近10倍；而体围监测、呼吸率监测、大脑活动监测等监测类别成为冷门，比例不到1%。这种分化现象也就造成了市场上运动类产品过剩，同质化现象极为严重，因此导致了竞争的加剧。这也从侧面说明了运动监测类别正在进入"僧多粥少"的境况，竞争最为惨烈。另外，国内尖端技术缺乏，导致研发产品普遍集中在基本的产品功能阶段。

在可穿戴设备表现形式上，统计到监测身体状况的可穿戴表现形式有15种，其中手环居多，以运动、睡眠追踪监测运用最广。此外，手环、小型设备、手表、贴片4类远远超过其他表现形式，而鲜少涉及的笔、颈环等似乎给这个领域注入了一池活水，如用于防止儿童近视的姿势纠正笔——YBPOO 防近视智能笔。

在可穿戴设备中，几乎有近半老牌企业和科技巨头涉入。比如，百度的 dulife 智能健康设备平台，其中涉及身体状况监测的有 MUMU 血压仪、特特心电仪、fashioncomm 动动手环；华为的 TalkBand 系列手环；中兴的 Grand Watch 等。

C. 医学影像

图像识别是深度学习等人工智能技术最先突破的领域，已经广泛用于图片搜索、自动驾驶、人脸识别。而在医疗健康领域，目前看来医学影像领域也会是人工智能与医疗结合中最可能先发展起来的领域，涉足医学影像领域的公司有北京羽医甘蓝信息技术有限公司（Deep Care）、北京推想科技有限公司（以下简称推想科技）、图玛深维医疗科技有限公司（以下简称图玛深维）等。同时，以医学影像云平台起家的公司也逐渐涉足人工智能领域，如医渡云与汇医慧影。

医学影像智能诊断公司大致可以分为两类。第一类公司主要利用人工智能技术来提供影像分析与诊断服务，其中以 DeepCare、推想科技、图玛深维、北京雅森科技发展有限公司（以下简称雅森科技）等为代表，且一般成立时间较短。

DeepCare 主要研发医学影像检测、识别、筛查和分析技术，为医疗器械厂商和基层医疗中心提供影像识别服务，对新录入数据库的病例，可以进行算法匹配，寻找出与影像数据相似的案例；雅森科技则专注医学影像分析应用，基于医学影像定量分析，用数学模型和人工智能技术提高诊断精确性。

第二类公司原先提供医学影像云服务，而后将服务延伸到智能诊断领域，其中以汇医慧影、医众影像、医渡云为代表，成立时间一般为 2～3 年。汇医慧影是一个独立第三方的医学影像咨询平台，早期专注基于云平台的线上影像中心，如今开始着重向人工智能领域发力，辅助影像的筛查；医渡云主要提供医疗大数据和医疗云平台解决方案，同时利用机器学习的方式，挖掘临床数据中的文本数据和影像数据。

从提供的产品与服务上看，医学影像智能诊断公司又可分为两类：第一类专注于医学影像服务，如影像云平台及影像智能分析；第二类是搭建医疗大数据平台，其中包涵了医学影像数据的分析处理，如连心医疗、医渡云。连心医疗专注于肿瘤大数据平台搭建和医疗数据分析，其系统会对接治疗过程中各环节产生的数据，其中就包括医学影像的处理、分割和配准等，以此优化放疗。如上所述，医渡云的临床数据中还包括病例这种文本数据。

D. 医联网、智能医疗及大数据应用建设

对智能医疗来说，智能的核心在于大数据技术，突破点在于如何对关联数据进行深度挖掘。在过去，国内大数据技术可能仅停留在关注感冒、流感或演化病理特征的层面，如何深度、高效地挖掘潜在的病理特征，进行预测和预防成为医疗界亟须攻克的难题，而学会"思考"的人工智能系统将会成为智能医疗的突破口和发展方向。

这个整合过程就是一个"由点到面"的过程。首先，是医院内信息系统的整合，通过整合医院内的 PACS（picture archiving and communication systems，影像归档和通信系统）、RIS（radiology information system，放射科信息管理系统）、电子信息病例系统，实现这些系统的互联互通、数据共享，是实现医院内智能医院的基础。其次，在医院内的信息系统，信息及数据的整合是在各个系统之间流动。比如，一级科室可以自动获取临床科室电子申请单和病例信息，临床科室可以获得一级科室的检查数据。目前，国内仅有部分地区及医联体能够做到信息的互相流动，大部分仍为信息孤岛。但是目前各个平台正在逐步建立。作为医疗改革的重要突破口，我国智能医疗的发展已经渐行渐近，上海、杭州等地的智能医疗走在全国前列。随着多项医卫信息化政策的密集出台及医疗改革的不断深入，人们惊喜地发现，无论是传统的医疗管理理念抑或是传统的就医模式正在或将要发生深刻变革，智能医疗被视为是实现我国医疗行业战略性转变的重要手段。

东软集团股份有限公司（以下简称东软集团）目前的医疗业务主要有四块，即医疗信息化、医疗器械、健康管理、医保控费。其中，医疗信息化是东软集团的传统优势领域，合作医院已基本覆盖全国。特别是健康管理与医疗器械、医疗信息化有协同效应，东软集团通过医疗器械和医疗信息化采集的数据建立健康管理服务中心，与医院合作开展健康管理平台建设方面有优势。

万达信息股份有限公司（以下简称万达信息）在全国范围内的区域卫生信息化市场占有率约50%，业务所涵盖的区域卫生、区域诊疗中心、区域心电信息系统、区域病理信息系统、远程医疗服务平台，以及为社区和个人所提供的远程健康监护与管理平台，总共为超过 3.6 亿人建立了电子健康档案。目前，万达信息已完成了大卫生、大健康的战略布局，医卫产业链不仅包括医疗、医保、医药等服务政府、机构的平台；同时还涵盖了移动医疗、食药健康等惠及民生的创新产品和举措。至此，万达信息已经完成了全国首创的提供医疗卫生闭环服务，实现全过程健康管理。

此外，还有包括卫宁健康科技集团股份有限公司（以下简称卫宁健康）、银江股份有限公司（以下简称银江股份）、东华软件股份公司、创业软件股份有限公司、天健科技集团、用友医疗卫生信息系统有限公司、西安华海医疗信息技术股份有限公司及方正国际软件有限公司等一系列企业快速布局医疗信息产业，形成医疗信息网络和区域中心，不断采用智能技术优化院内外业务流程。

无论是始终专注于智能医疗领域的东软集团、银江股份，还是从医疗软件、医疗器械转向智能医疗服务公司的万达信息、卫宁健康，在"互联网+"飓风狂袭的推动下，智能医疗已经成为多方力量争夺的"战利品"，竞争相当的激烈。2014 年以来，苹果、谷歌、三星分别推出了各自的智能健康平台，国内百度、阿里巴巴、腾讯三大巨头也疯狂角逐互联网医疗市场。从百度北京健康云、腾讯微信医疗到阿里"未来医院"，三大巨头都希望争抢这个万亿元大市场甚至引领互联网变革。

伴随着移动互联网、物联网、大数据技术的深入发展与应用，医疗正在加速借助互联网走向真正的智能化，各方积极推动与电视、网络、电信运营商的合作，利用云计算技术，研发、搭建全国统一的电子医疗平台，将包括个人病史、疫苗预防、基因情况等方方面面的个人健康信息纳入其中，并实现健康信息在各个医院之间的共通、共享，从而构建从医疗机构到社区、再到家庭的全方位健康管理网络。除此之外，移动医疗、个人保健、远程监护等新兴医疗照护需求正在迅速膨胀。

2）国内智能医疗存在问题和发展方向

A. 专业壁垒与学科融合

长期以来医疗机构形成了条块固化模式；网络集成与服务商结构也颇为复杂；资源分配方式、技术协调对接、服务协同管理等缺乏有效的手段；市场、技术资源分配缺乏有效的约束与管理。以上四点都在一定程度上制约了智能医疗产业的发展。

B. 个人健康信息安全与隐私

智能医疗涉及患者电子病历、会诊信息、影像数据、健康档案等隐私资料，倘若发生泄露，则可能对智能医疗的发展带来毁灭性的打击。智能医疗应该有效地保护患者隐私，确保用户医疗及健康数据安全，但目前因为欠缺统一的智能医疗相关隐私规范或法律，导致智能医疗的推广存在诸多困难。

C. 标准化与规范化

现行通用的国际卫生信息标准主要是表达标准和交换标准，具体包括SNOMED、ICD-10、ICH、HL7、DICOM 3.0 等（詹庆，2013）。当前，我国卫生信息标准和国际标准存在很大差距，而且现有的标准在信息系统中也未被广泛使用，导致我国医院信息系统成为信息社会发展的孤岛，严重影响了信息共享和利用。

D. 生命伦理与医疗法律

我国目前对智能医疗的生命伦理与医疗法律仍未做出相关界定，其需要界定但还未界定的主要内容集中在以下三个方面：①有无提供医疗服务的许可资格，包括互联网企业雇佣的医生的医师资格和执业资格及互联网企业自身的医疗机构许可；②既然提供的是医疗服务，那么患者发生人身损害时，适用《中华人民共和国侵权责任法》关于医疗损害赔偿责任的规定；③智能医疗涉及患者的隐私权和数据的准确性，前者可能导致侵犯患者隐私权的法律责任，后者可能导致侵害患者生命健康权的法律责任。

E. 基于商业模式创新的产品化与市场准入

目前国内智能医疗产业缺乏高标准的门槛和市场准入，出现良莠不齐的现象，智能医疗目前尚未形成标准化的高水准产业链。商业模式目前偏向于轻资产运营。产品表现形式无论是手机端 APP、O2O 平台还是其他系统方案，本质上都为软件产品，而以硬件形式存在的也多为可穿戴设备、小型智能硬件设备，相比传统医疗设备制造成本确实是大幅降低了。在早期阶段，甚至仅需要三五个人做好规划设计，采购少量关键元件，通过 IT 外包团队或代工工厂都可以短期内快速做出产品原型。

3. 智能医疗发展方向及政策建议

1）国内智能医疗发展方向

随着人工智能的发展，渐趋成熟的 AI（artificial intelligence，人工智能）技术正逐步向"AI+"进行转变。智能医疗应朝以下五个方向延伸发展。

A. 智能医疗产业趋向区域化融合

智能医疗的发展将推动公共卫生、医疗保障、新型农村合作医疗、医疗应急指挥、药品监督等各个医疗卫生业务领域跨省合作，实现信息、流程、业务和服务的整合与共享，形成智能医疗区域化融合系统，该系统不仅可以解决系统分割、重复建设和信息孤岛的弊病，而且该系统可以多重利用，节约大量资金。

B. 智能医疗产业趋向与医学专业深度结合

未来大数据、移动互联网、可穿戴式设备等新一代智能医疗技术将与医学深度结合，细分医疗各个领域，诊断、治疗、康复都将全面开启一个智能化的时代，并将与商业医疗保险机构、新型医院、患者等紧密结合，形成多方共赢的商业模式，把个性化医疗推向一个前所未有的空间。

C. 智能医疗产业趋向个性化和精准化

未来智能医疗将能精密地监控医疗服务情况，不仅可以界定相当一部分不合理用药和过度医疗的情况，从而给问诊者更好的建议，而且能够获得问诊者多维度的健康数据，及时提供预警服务，同时根据个体特征，推荐问诊者最合适的家庭医生或者医院进行就诊。

D. 智能医疗产业趋向推动医药卫生"重心下沉，关口前移"

2015 国务院印发了《国务院办公厅关于推进分级诊疗制度建设的指导意见》，提出以提高基层医疗服务能力为重点，以常见病、多发病、慢性病分级诊疗为突破口。智能医疗将给实现以上政策提供技术支持，实现医生多点执业、在线远程咨询，辅助临床决策、药物配送，引导个体定期前往基层医院进行体检，让优质医疗资源下沉，实现基层医生与上级医院之间的双向转诊，将健康管理落实到社区。

E. 智能医疗产业趋向形成医疗服务闭环

智能医疗产业的商业模式将从独立环节向重度闭环服务转型，提升医疗双方的体验，为患者异地就诊或转诊提供所需要的临床陪护、居家陪护、健康咨询，以及相应的交通、食宿等一系列服务，并通过将以上线下服务对接至线上平台，解决独立环节服务割裂性、效率低等特点，使用户体验大幅改善并使服务方获得高黏度、高频次的用户，以便构成基于智能技术的完整闭环医疗服务。

2）国内智能医疗发展的政策建议

A. 智能医疗产业重大行动计划建议

a）完善医疗卫生信息化软硬件建设，确保发展条件

进行整体规划和顶层设计，完善医疗卫生信息化软硬件协同发展，以促进医疗卫生行业发展和全面实现健康管理为目标，科学制定整体框架。智能医疗的发展框架应该坚持三个面向：一是面向公众，为公众提供方便可得的卫生信息服务；二是面向行业，促进业务规范和提高工作效率；三是面向管理者，为卫生部门、科研院所、公共卫生机构等卫生事业管理者提供及时、全面、准确的决策依据。

b）加快智能医疗核心技术研发转化，奠定发展基础

支持研发智能医疗相关产品，加快研发成果转化，提高数字医疗设备、物联网设备、智能健康产品、中医功能状态检测与养生保健仪器设备的生产制造水平，促进健康医疗智能装备产业升级。

c）加大智能医疗关键应用领域投入，提升发展速度

加快建设统一权威、互联互通的人口健康信息平台，推动健康医疗大数据资源共享开放，推进公共卫生大数据应用等，实现卫生管理者进行科学管理和决策，医院通过有效控制医疗费用不合理增长，来提高医疗服务质量，推动医务人员能更好地开展医疗卫生服务，推动公共卫生人员做好疾病预防和控制工作，促进居民参与自我健康管理等。

d）强化创新有效商业模式示范推广，形成产业链条

积极鼓励社会力量创新发展智能医疗产业，促进智能医疗与大数据技术深度融合，不断发展居家健康信息服务，规范网上药店和医药物流第三方配送等服务，推动中医药养生、健康养老、健康管理、健康咨询、健康文化、体育健身、健康医疗旅游、健康环境、健康饮食等产业的发展。

e）促进智能医疗专业技术联盟成立，促进专业融合

实施国家健康医疗信息化人才发展计划，强化智能医疗专业学科建设和"智能医疗医生"培育，着力培育高层次、复合型的研发人才和科研团队，培养一批有国际影响力的专业人才、学科带头人和行业领军人。创新专业人才继续教育形式，完善多层次、多类型人才培训体系，推动政府、高等院校、科研院所、医疗机构共同培养人才，促进智能医疗人才队伍建设，成立专业技术联盟。

f）促进智能医疗产业规范标准形成，加强产业监管

对智能医疗产业设立准入门槛，出台相关统一的标准，对市场进行规范。建立党委政府领导、多方参与、资源共享、协同推进的工作格局，充分发挥国家卫生健康委员会、NMPA 等部门的联动作用，促成智能医疗产业标准的制定和完善，从严监管，促进智能医疗产业健康发展。

B. 智能医疗产业实施路径与阶段性目标

a）加强顶层设计，建立智能医疗应用基础

典型引路，逐步推广。国家和行业主管部门应加大指导力度，研究下发智能医疗发展规划等深化医药卫生体制改革的配套文件，研究智能医疗标准，制定相关行业规范，开展智能医疗建设试点，鼓励各地积极探索，积累经验，典型引路，逐步推广。同时加大财政投入，整体规划，统一标准，整合各方力量，打破业务领域壁垒，从源头上统筹协调卫生信息化建设与发展，避免重复建设和短期行为。

实施全民健康保障信息化工程。按照保护隐私的原则，充分利用现有设施资源，全面建成囊括医疗服务、医疗保障、公共卫生、计划生育、药品供应、业务管理等在内的互通共享的人口健康信息平台。加快建设和完善以居民电子病历、电子健康档案、电子处方等为核心的基础

数据库。建立国家卫生健康委员会、农业农村部、国家质量监督检验检疫总局、国家市场监督管理总局、公安部、民政部、人力资源和社会保障部等跨部门合作的医疗健康数据共享机制。逐步推进智能健康电子产品、移动应用、可穿戴设备等产生的数据接入人口健康信息平台的规范化和标准化。

b）推进智能医疗开发和应用

推进智能医疗应用于临床实践。依托现有资源集成基因组学、蛋白质组学等国家医学大数据资源，构建临床决策支持系统。推进基因芯片与测序技术在遗传性疾病诊断、癌症早期诊断和慢性病检测方面的应用，加强人口基因信息安全管理，推动精准医疗技术发展，建设一批临床医学数据示范中心。围绕重大疾病临床用药研制、药物产业化关键共性技术等需求，建立药物副作用预测、创新药物研发数据融合共享机制。实施健康中国云服务计划，建设医疗健康服务集成平台，提供远程影像、远程病理、远程心电诊断、远程会诊服务，健全诊断、结果、治疗方案互认共享机制。推进大医院与基层医疗卫生机构、全科医生与专科医生的数据资源共享和业务协同，健全基于智能技术的分级诊疗信息系统。支持研发智能医疗相关的 3D 打印、医用机器人、大型医疗设备等技术，促进智能医疗装备产业升级。

推进智能医疗应用于管理和专业决策。加强居民健康状况等重要数据的精准统计和预测评价，为健康中国建设规划和决策提供数据参考。组织开发基于医院的 HIS（hospital information system，医院信息系统）的信息集成平台，以其作为院内信息平台实现 LIS（laboratory information system，实验室信息系统）、RIS、PACS 等多个信息系统的互联互通，从而整合和优化院内医疗服务的流程，真正实现面向服务架构（service-oriented architecture，SOA）的产品理念。

c）深化智能医疗保障体系建设

加强法规和标准体系建设。制定完善智能医疗产业发展的法律法规，明确居民健康信息管理职责和使用权限，切实保护各方合法权益。完善技术开放共享支撑服务体系，建立"分级授权、分类应用、权责一致"的管理制度。从宏观层面开展智能医疗的相关标准研究和制定工作，建立统一的临床医学术语、疾病诊断编码、药品应用编码、检查检验规范、信息数据接口和传输协议等相关标准，并对国内智能医疗开发商予以指导，规范智能医疗应用领域的准入标准，建立诚信机制和退出机制，促进智能医疗产品、服务流程标准化。

加强医疗健康数据安全保障。强化医疗健康数据安全体系建设，建立数据安全管理责任制度，制定科学分类、标识赋码、风险分级、安全审查规则。开展大数据平台及服务商的可靠性、可控性和安全性评测，以及应用的安全性评测和风险评估，加强大数据安全监测和预警，建立安全信息通报和应急处置联动机制。确立个人健康信息的隐私保护和使用规范机制，确保个人健康敏感信息（如性病、艾滋病、心理病、遗传病等）的管理和安全。

（十三）生物医药国际化

近年来，我国的生物医药产业发展迅猛，自 20 世纪 90 年代以来，一直保持年均 15%～30% 的快速增长，远远高于全球医药行业年均不到 10% 的增长速度，其中疫苗行业产值从 2010 年的 90 亿元增长到 2014 年的 200 亿元，年均增长率达到 22%。2015 年我国生物药市场规模达到 1212 亿元，占整体药品市场的 8.8%。但是，国内市场已无法容纳快速发展的生物医药产业，"走出去"已成为摆在我国生物医药产业发展面前的问题。

本节从国内外生物技术药物和疫苗的发展状况入手，对当前我国生物医药产业发展中存在的问题进行深入分析，同时对我国生物医药产业走向国际化的可行性和实施策略进行了探讨。我国疫苗国家监管体系通过 WHO 评估，中国食品药品检定研究院生物制品检定所被纳入 WHO 生物制品标准化和评价合作中心，为我国的生物医药产业国际化提供了前提保障和技术条件，我国生物医药产业的技术创新为国际化奠定了良好的基础，积极参与 WHO 预认证和联合国儿童基金会等国际机构的集中采购是我国疫苗产业走向世界的主要途径。特别是，"一带一路"发展战略的实施，必将为我国的生物医药产业国际化提供难得的历史机遇。最后，本节对我国"十三五"产业发展的重大行动和实现路径提出了建议，包括建立适应新时代发展需要的生物医药标准化评价体系，通过 WHO 生物制品标准化和评价合作中心的平台积极介入生物药物国际标准化；建立国家级生物药物质量评价与标准化实验室，为参与国际标准化发展，加大对产业共性技术、关键技术和前沿技术问题的攻关力度，提供平台与科技支撑作用；建立生物制药完整产业链生态圈，打造高水平生物制药产业园；重点促进多联、多价联合疫苗和成人疫苗的产业发展，促进重大新发传染病疫苗和新型疫苗佐剂的研发；加大对生物医药企业的扶持力度，提高企业获得 WHO 预认证的积极性，由此可以促进我国传统疫苗的新发展；加快仿制药的发展和管理等。以上内容对我国生物医药产业的国际化提出了宏观的战略构想和切实可行的实施手段。

生物医药产业是以现代生命科学理论为基础，利用生物体、细胞、亚细胞和分子的组成部分，采用组合工程学、信息学等手段，开展研究及制造产品，或改造动物、植物、微生物等，并使其具有所期望的品质、特性，进而为社会提供商品，建立服务手段的综合性技术体系，其内涵包括生物医药产品研制、规模化生产、流通、服务等。传统生物技术药物是指运用传统工艺对动物、植物、微生物等进行加工处理，制造市场可流通药品的经济实体的总和。现代生物技术药物是指将基因工程、抗体工程或细胞工程技术等现代生物技术的研究成果应用于制药行业，制造市场可流通药品并规模化生产的经济实体的总和。目前现代生物医药产业的主要代表产品有"人用重组单克隆抗体制品""人用重组 DNA 蛋白制品""人用疫苗""血液制品"等多个创新药物品类，同时在新型生物医疗技术上还包括"细胞治疗技术"和"3D 打印技术"等。

1. 生物技术药物领域国外发展状况与趋势

1）国外生物技术药物领域市场状况与发展趋势

近年来，生物技术药物以其特异性高、副作用少、疗效明显及可定向改造等优势，在整个医药市场增长迅速且稳定，在全球销售额排名前 100 位药物中的占比持续增加，为严重危害人类健康的危重疾病如肿瘤、糖尿病、自身免疫病、血液病，以及影响国家公共卫生安全的烈性、传染性疾病的预防、控制及治疗提供了有力的手段。生物技术药物从 2006 年占比

21%，到 2013 年占比 44%，预计 2020 年占比将超过 50%，达到 54%[①]。IMS Health 统计表明，2014 年全球生物技术药物市场规模已达到 2140 亿美元，市场占有份额也从 2001 年的 10.5%增长至 2014 年的 21.3%，以高于全球制药市场增长的良好态势蓬勃发展。美国、德国和日本位列生物制药市场前三名，其中具备绝对优势的美国，市场份额从 2010 年的 45.4%增至 2014 年的 49.4%。

2）国外生物技术药物巨头的标准生产体系

在生物技术药物领域，目前欧美医药巨头之所以处于绝对领先地位，除了市场需求拉动、起步早、技术储备雄厚等因素外，更多的可以归因于配套的审评监管体系、先进的管理理念及完整的标准生产体系。

FDA 已发布的药品技术指导原则多达 470 余个，涵盖药品从研发到申报、从申报到审批、从审批到上市的各个环节，使企业在进行各方面工作时都有据可依、有章可循，避免了不必要的困惑和无意义的重复，提升了生产效率。此外，完整的标准生产体系也必不可少，这包括但不限于对 GMP 要求的深刻理解、对全过程进行完整的质量控制、对质量体系文件进行实时的更新与跟踪、对环境进行严苛的监测、对关键工艺参数进行过程控制与评估、对生产过程中的问题进行系统的调查并及时解决、对人员进行严格的培训与资质考核、定期接受监管机构的审核并整改不符合项等。全方位的标准配套体系是生物技术药物国际化的先决条件，也是列入联合国采购计划的准入证，保证了生物技术药物在国际范围内流通和交易的畅通。

3）"一带一路"沿线国家生物技术药物领域的市场需求及状况

"一带一路"是"丝绸之路经济带"和"21 世纪海上丝绸之路"的简称，涉及 65 个沿线国家和地区，包括东亚的蒙古、东盟 10 国、西亚 18 国、南亚 8 国、中亚 5 国、独联体 7 国、中东欧 16 国。虽然这些国家和地区有各自的地域特点，但这些国家和地区的重大疾病谱也随着经济的发展，与全球的疾病谱呈现重叠和交叉趋势，如肿瘤发病人数的增多等。因此，随着人们对健康的重视程度及对生活质量要求的提高，这些国家和地

---

① 来源于 EvaluatePharma 发布的数据。

区对生物技术药物的需求也会有增无减。然而，"一带一路"沿线国家和地区在医药、农业、工业、食品四大生物技术领域总体上进口大于出口，其中医药生物技术占据进出口额的绝大部分，俄罗斯、波兰和土耳其在生物技术领域的进口额位居"一带一路"沿线国家和地区的前三甲。由此可见，这些国家和地区生物技术药物的内部供应存在着无法满足市场需求的态势。

2. 生物技术药物领域国内发展状况与存在的问题

1) 国内生物技术药物发展状况

我国政府一直高度重视生物医药产业发展，积极采取各项政策措施大力推进产业发展进程，"十二五"以来，国家为促进生物医药和医药产业的创新发展先后出台了《医药科学技术政策》《生物产业发展"十二五"规划》《医疗器械科技产业"十二五"专项规划》《医学科技发展"十二五"规划》等多个生物医药相关的国家级规划纲要。此外，我国也针对新型急需的生物药如各类新型治疗性抗体和新型疫苗等进行立项与资助，开展综合质量评价方法深入研究，为我国特需生物药建立符合国际标准的质量控制技术平台，以使应急需求及时得到安全性评价，进而对突发公共卫生事件的社会危害进行有效控制，保障国家战略安全，提高我国重大疾病与烈性传染病防疫能力，以便对生物医药产业进行技术和资源储备。

通过近几十年的技术累积与研发，目前我国生物医药产业在布局上以产业关联为基础、以地理靠近为特征，形成了环渤海、长三角、珠三角三大重点发展区域，除此之外东北地区、中部地区等区域生物医药也具有较好的基础。20 世纪 90 年代以来，我国生物医药产业一直保持年均 15%～30% 的快速增长，远远高于全球医药行业年均不到 10% 的增长速度。其中，2015 年我国生物药市场规模为 1212 亿元，占整体药品市场的 8.8%，2013～2016 年生物药年均复合增长率达 11.14%（图 2-10）。根据 Thomson Reuters（汤森路透）2015 年生物类似药发展报告中的统计数据，我国在研的生物药数量已达 1823 项，仅次于美国（图 2-11）。在生物类似药方面，我国已是研发数量最多的国家，这反映出业界对我国生物类似药发展的强烈预期（图 2-12）。

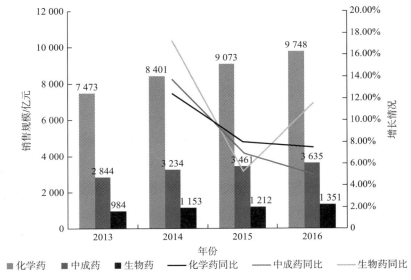

图 2-10　2013～2016 年不同成分药品销售规模及增长情况

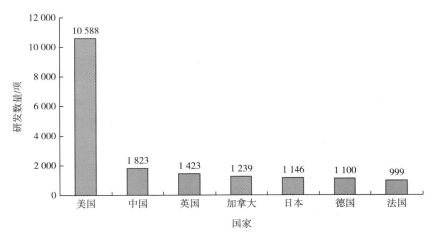

图 2-11　全球生物药研发数量国家排名

　　抗体药物是生物制药的发展趋势，也是国内未来最具潜力的领域。截至 2016 年 3 月 15 日，CFDA 公开受理的抗体药物品种共有 280 个，其中进口品种 132 个，国产品种 148 个，进口品种多为在欧美等市场已经上市的品种。截至 2017 年，CFDA 共批准了 23 个抗体药物上市，其中 12 个是

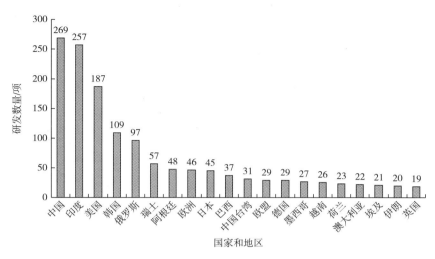

图 2-12 全球生物类似药研发数量国家和地区排名

进口抗体药物（表 2-40），销售额占国内抗体药物市场的 80%，其余 11 个为国产抗体药物。

表 2-40 国内上市进口抗体药物

序号	名称	抗体类型	抗原	公司名称	中国上市时间
1	莫罗单抗	小鼠免疫球蛋白	CD3	奥多	1999 年
2	利妥昔单抗	嵌合免疫球蛋白	CD20	罗氏	2000 年
3	曲妥珠单抗	人源化免疫球蛋白	HER2	罗氏	2002 年
4	巴利昔单抗	嵌合免疫球蛋白	IL-2R	诺华	2004 年
5	达利珠单抗	人源化免疫球蛋白	IL-2R	罗氏	2000 年
6	西妥昔单抗	嵌合免疫球蛋白	EGFR	英克隆/礼来	2005 年
7	英利西单抗	嵌合免疫球蛋白	TNF-α	山淘克/强生	2007 年
8	阿达木单抗	人免疫球蛋白	TNF-α	雅培	2011 年
9	贝伐珠单抗	人源化免疫球蛋白	VEGF-A	罗氏	2010 年
10	雷珠单抗	人源化免疫球蛋白	VEGF-A	诺华	2011 年
11	依那西普	人免疫球蛋白	TNF-α	安进	2010 年
12	托珠单抗	人源化免疫球蛋白	IL-6	罗氏	2013 年

现阶段国内企业抗体药物研发策略包括自主研发和合作并购两类，但真正意义的国产创新型抗体药物匮乏。国内抗体药物研发以生物类似药为

主，因而靶点也比较集中。除去已经上市的 11 个抗体药物，在研的、已受理的有 137 个抗体药物，靶点以 TNF-α、EGFR、VEGF、HER2 为主，即以全球最畅销的几个抗体药物：Humira、Enbrel、Rituxan、Herceptin、Avastin 等为主。上述靶点合计在研的抗体药物为 85 个，占总数的 62%，可见我国的抗体药物研发品种覆盖面较窄，具有较大的局限性，亟须从政策和经费上支持临床急需的创新抗体药物的研发。

2）国内生物技术药物存在的问题

A. 产品质量和产业化基地与国际标准尚有差距，限制了国际采购

我国生物医药的开发能否成功，除了依靠一系列原始创新的技术外，还必须建立完善的质量控制标准及相应的检测分析方法。到 2015 年，我国制造的生物医药还没有进入欧美发达国家的市场，而通过 WHO 认证进入联合国采购疫苗的生物医药目前仅有乙脑减毒活疫苗和流感疫苗。制约我国药品打入欧美市场的瓶颈是标准问题，生物医药生产的质量标准、管理标准、标准物质，以及配套产业化基地设施、装备建设都须与国际先进标准接轨，才能有望实现国产生物医药出口广度和深度的突破。

B. 低层次仿制，自主创新能力较弱

我国制药企业生产的生物制品除了传统的生物医药外，现代生物制品多数属于仿制药。根据 2014 年统计数据，我国市场上仿制药占据了 97% 的市场份额，仿制药的安全性及有效性没有足够的数据加以证明。另外自主创新方面比较薄弱，全球生物技术专利中，美国、欧洲和日本分别占到了 59%、19%、17%，而包括我国在内的发展中国家仅占 5%，我国已批准上市的 13 类 25 种 182 个不同规格的基因工程药物和基因工程疫苗产品中，只有 6 类 9 种 21 个不同的规格的产品属于原创，其余都是仿制[①]。

C. 规范化管理尚处于发展初期

技术壁垒高，仿制药研发在质量、安全、疗效及监管上存在一系列的问题。根据 CFDA 的信息，2015 年核查品种共 1622 个，除免于临床试验品种外，1429 个自查核查品种中只有 5 个通过核查，企业撤回和不通过品

---

① 杨明秀，刘雅兰：《生物医药产业发展现状及对策研究》，《经营管理者》，2015 年第 33 期，第 246~247 页。

种高达 90%[①]。

3. 国内外疫苗产业的发展状况

近年来，全球疫苗市场一直保持着快速增长，2015 年全球疫苗市场销售总额约占全球药品市场的 3.4%。据 EvaluatePharma 估测，到 2020 年全球疫苗市场年销售总额将达 347 亿美元。截至 2015 年，全球上市的疫苗种类约 68 种，可覆盖 34 种疾病，其中我国除腺病毒感染疫苗、HPV 疫苗和带状疱疹疫苗外，其他品种疫苗均有上市。

从全球范围来看，疫苗产业发展呈现出典型的寡头垄断趋势。2014 年前，全球疫苗生产五大巨头即葛兰素史克、赛诺菲、默克、辉瑞和诺华垄断了全球疫苗市场的 80% 以上。这些疫苗生产巨头每年在研发上投入巨额资金，凭借创新达成并加强其垄断地位。据 Vaccines Europe 估计，仅 2010 年，各大医药企业在欧洲投入的研发经费就超过 13 亿欧元。虽然疫苗种类有数十种之多，但不同种类销量明显不均，其中 Prevnar13（13 价肺炎球菌结合疫苗）、Gardasil（4 价 HPV 疫苗）、Fluzone（流感疫苗）、Pentacel（无细胞百白破-脊髓灰质炎-Hib 五联苗）和 Pediarix（无细胞百白破-脊髓灰质炎-HepB 五联苗）是全球最畅销的 5 种疫苗。

我国是全球最大的人用疫苗生产国，每年签发疫苗 5 亿~10 亿瓶。2015 年，国内具有疫苗签发的企业共 43 家，其中国外企业 5 家，国内企业 38 家。过去，国内的疫苗生产由中国生物技术股份有限公司下的北京、长春、兰州、上海、成都和武汉生物制品研究所（俗称"六大所"）主导，近年来，民营企业发展突飞猛进，涌现出一批像华兰生物工程股份有限公司、重庆智飞生物制品股份有限公司、云南沃森生物技术股份有限公司、辽宁成大股份有限公司、北京民海生物科技有限公司、天津康希诺生物技术有限公司等优秀的疫苗生产企业。虽然国内疫苗生产企业数量众多，但在研发能力和生产能力等方面与上述跨国巨头相比都有较大差距，一些企业只能生产少数几种，甚至一种产品，企业投入研发的资金不足，

---

① 刘昌孝：刘昌孝院士：2016 中国生物医药产业发展预测，http://news.sciencenet.cn/htmlnews/
2016/3/341709.shtm，2016 年 3 月 29 日。

创新能力不足。

由于疫苗的发展，婴幼儿的接种针次不断增多，增大了疫苗接种实施的困难，因此应用联合疫苗是疫苗发展的必然趋势之一。然而，在联合疫苗方面，我国与世界先进水平存在 10 年以上差距，以以无细胞百白破为基础的联合疫苗为例，欧美等发达国家已普遍应用无细胞百白破-脊髓灰质炎-Hib 等组分的四联、五联甚至六联疫苗，而我国自主研发的四联疫苗仅有无细胞百白破-Hib，于 2013 年批准上市。另外，我国 HPV 疫苗也较发达国家落后，直到 2016 年才有葛兰素史克公司的 2 价 HPV 疫苗被批准进口，而带状疱疹疫苗国内目前仍为空白。

近年来，我国创新疫苗研究取得显著成绩。例如，在全世界率先研制成功肠道病毒 71 型疫苗，可有效预防手足口病；在全球首次成功研制戊肝疫苗；Sabin 株脊髓灰质炎疫苗成功研制，已服务于我国脊灰预防接种；2015 年，自主研制的埃博拉疫苗在塞拉利昂启动了 Ⅱ 期临床试验。

4. 我国疫苗走向国际参与国际竞争的基础和策略

1）我国疫苗国家监管体系通过 WHO 评估是我国疫苗走向世界的前提

疫苗行业属于高度行政监管行业，研发、生产、流通、销售和使用等各个环节都受政府主管部门的严格监管。相对于中药和化药行业，疫苗（生物制品）行业整体技术水平较先进，法律法规更严格，生产条件也更为严苛。在遵守 GMP、GCP、GSP、《中华人民共和国药典》、《中华人民共和国药品管理法》和《药品注册管理办法》等管理体系的基础上，疫苗产品还要遵守《生物制品批签发管理办法》《疫苗储存和运输管理规范》《疫苗流通和预防接种管理条例》《预防接种工作规范（2016 年版）》《预防接种异常反应鉴定办法》等的控制管理。

功能健全的疫苗国家监管体系是持续保障疫苗质量的基础；疫苗质量的保证不能单独依靠生产商，适当的政府监督在确保疫苗质量方面起到关键作用。WHO 对疫苗国家监管体系的评估是一项世界范围内公认的，可以科学、全面地评估一个国家对疫苗监管水平的国际考核，主要包括六项功能：①上市许可和发放许可证；②监管检查；③临床试验；④批签发；⑤实验室检定，应建立国家质控实验室，有实验室质量管理系统，有监督系统，实验室需经认证；⑥上市后监管包括接种后不良反应监测。2011年3月，我国疫苗国家监管体系首次通过 WHO 评估，我国疫苗首次具备申请 WHO 预认证的资质；2014 年 4 月，WHO 对我国疫苗国家监管体系再次评估，我国疫苗国家监管体系的各个板块均以高分通过。这说明我国疫苗国家监管体系达到或超过 WHO 的全部标准。

2）WHO 合作中心是我国疫苗走向国际的助力

WHO 合作中心（WHO Collaborating Centre）是由总干事长指定或任命的机构，作为国际协作网络的组成部分开展工作，以对 WHO 各层级的项目或规划提供支持。目前在超过 100 个国家中有 900 多个协作中心，其中与疫苗质量评价和标准制定及修订有关的为 WHO 生物制品标准化和评价合作中心，通过提供科学建议及从事必要的研究工作来支持 WHO 生物制品标准物质的工作规划。目前全球共有 8 个 WHO 生物制品标准化和评价合作中心，中国食品药品检定研究院生物制品检定所是全球 8 个 WHO 生物制品标准化和评价合作中心之一，也是本领域发展中国家唯一的 WHO 生物制品标准化和评价合作中心。我们应充分利用这个平台，积极参与国际生物制品标准的制定工作，参与甚至主导国际标准的制定、修订，促进我国生物制品标准的国际化，助力我国生物医药走向国际市场。"十三五"期间，中国食品药品检定研究院与英国国家生物制品检定所合作，共同主导肠道病毒 71 型中和抗体国际标准品的研制，实现了我国疫苗国际标准品研制零突破。下一步，可从我国具有国际领先地位的疫苗如基因工程戊肝疫苗、手足口病疫苗等产品入手，力争主导我国优势品种的国际标准制定、修订工作，参与并逐渐主导国际标准物质的研制，建立并推广相关产品的质量评价方法。同时，也要积极参与其他生物医药标准化工作，增加在相关领域的话语权。

3）我国疫苗产业的技术创新为国际化奠定了良好的基础

新疫苗的开发取决于以基因组学、反向疫苗学、高通量 DNA 测序、新型植物及昆虫基表达和生产系统，以及新型更有效的疫苗佐剂等为基础构建的战略平台。这些开发有可能迅速生产出新型、最优的成本节约型疫苗靶点，这些靶点在临床开发计划里具有比较大的成功概率。"十二五"以来，通过 863 计划和两个重大专项的支持与引导，我国疫苗研发技术产业取得了较好的成绩，为"十三五"规划的实施打下了坚实的基础，尤其表现在基因工程疫苗技术、灭活病毒疫苗技术、重组病毒样颗粒技术、新载体疫苗技术、疫苗递送系统与剂型技术、疫苗临床评价技术等方面。

2012年世界上首次成功研制出戊肝疫苗。2015年，Sabin株脊髓灰质炎疫苗上市，标志着我国哺乳动物细胞规模化培养、灭活病毒疫苗等方面达到国际先进水平。2015年，全世界率先研制成功肠道病毒71型疫苗，在疫苗临床评价的国际化标准等多个方面具有领先优势。同年，我国研制以复制缺陷型人5型腺病毒为载体的重组埃博拉病毒包膜糖蛋白基因的埃博拉疫苗，此疫苗具有三大优势：①针对性强，是目前全球唯一进入临床的2014基因型疫苗；②稳定性好，全球首创冻干粉针剂型，37℃环境下可稳定存储2周以上，适合在疫苗冷链条件难以保障的西非地区被广泛使用；③安全性好，临床结果表明其具有很好的安全性和免疫原性。2016年，该疫苗在塞拉利昂开展的Ⅱ期500例临床试验，其结果在《柳叶刀》杂志上发表。

此外，还有一批具有发展价值的新型疫苗，如新型水痘减毒活疫苗、F基因缺失型腮腺炎减毒活疫苗、基于腺病毒的治疗用EB病毒疫苗、基于CpG佐剂的乙肝和结核疫苗等都取得了较好进展，部分疫苗已进入临床研究。这些新成果不仅提升了主要传染病疫苗的质量，并且还为针对其他新兴疾病（包括过敏症、自身免疫紊乱和癌症）的基础治疗的疫苗开发奠定了基础。

目前，国内疫苗企业应更加关注新疫苗研发的最新进展、高质量的法规要求和产业化等实践细节，为疫苗进军国际市场做好准备。

4）积极参与WHO疫苗预认证与联合国儿童基金会等国际机构的集中采购是走向世界的主要途径

WHO通过疫苗预认证系统为联合国儿童基金会等国际机构所采购疫苗的可接受性提供建议。WHO疫苗预认证的目的主要包括两个方面：一是确保备选疫苗的质量、安全性及有效性满足WHO要求，如应符合《药品生产质量管理规范（2010年修订）》《药物临床试验质量管理规范》；二是符合联合国相关机构的操作规范，如对产品包装和说明书的具体要求等。这样做能确保由联合国提供给不同国家免疫机构的疫苗是安全有效的。

截至 2017 年，我国已有两家公司的两种疫苗通过 WHO 疫苗预认证，包括华兰生物工程股份有限公司流脑疫苗和中国生物技术股份有限公司下属成都生物制品研究所有限责任公司生产的乙型脑炎减毒活疫苗。2013年我国自主研发的乙型脑炎减毒活疫苗通过 WHO 疫苗预认证，这是中国首个通过 WHO 疫苗预认证的疫苗产品，实现了中国疫苗国际化的突破。通过联合国儿童基金会的采购招标程序，中国生物技术股份有限公司下属成都生物制品研究所有限责任公司生产的 178.9 万人份乙型脑炎减毒活疫苗已于 2015 年 2 月 15 日完成了对老挝的交货发运工作，成为联合国儿童基金会采购的第一个中国疫苗，也是全球疫苗免疫联盟第一次采用来自中国的疫苗以推动中低收入国家进行流行病控制。此举标志着中国疫苗产品的监管、研制和生产获得了国际的广泛认可，中国制造进入全球疫苗供应商名单。

WHO 每年均会在其网站上公布第二年需要采购的疫苗目录，根据等级分为高度优先采购、中度优先采购和低度采购。截至 2017 年，联合国系统每年采购的疫苗金额较大（约为 8 亿美元），主要用于非洲、拉丁美洲等缺乏疫苗生产和监管能力国家的计划免疫项目。现阶段联合国系统优先采购的品种包括 OPV、IPV、百白破+乙肝+Hib 联合疫苗、部分流脑疫苗、多价肺炎苗、轮状病毒苗、黄热病疫苗等品种，而流感疫苗（含H5N1 禽流感疫苗）、百白破+乙肝+IPV 联合疫苗等品种也具有一定采购可能性。我国生产的疫苗除了部分多联、多价疫苗外，基本覆盖了需采购的疫苗品种。说明我们国家的疫苗产业有能力更大规模地进入相关的领域。

这是我国疫苗行业走向世界的发展机遇，WHO 疫苗预认证打开了我国疫苗出口的大门，对于常用疫苗特别是广泛传染病产品，由于其公共卫生安全意义，WHO 和全球疫苗免疫联盟出于整体考虑，往往会向发展中国家转移生产技术。通过 WHO 的疫苗预认证，联合国采购机构可将此产品列入采购目录。更重要的是，因中国产疫苗的质量、产能和价格优势，其将为发展中国家儿童免于相关的疾病危害提供有力支撑。

5）通过"一带一路"加强与周边国家的合作和发展，促进经济融合，是疫苗产业国际合作新模式的积极探索

我国生物医药产业经历了快速发展时期，已呈现产能过剩状态。例如，疫苗生产企业数量众多，但存在低水平重复现象，并形成市场恶性竞争，既不利于产品质量的控制，又危害了产业的发展。在当前大力倡导和实施"一带一路"重大倡议的背景下，我国生物医药产业走出国门，迎来了历史性机遇，这也是解决我国生物医药产能过剩问题的一大契机。我国疫苗企业除了积极参与 WHO 集中采购，还可以通过药品注册、双边合作等形式积极参与"一路一带"国家的市场竞争。

我国自主研发的乙型脑炎减毒活疫苗在通过 WHO 预认证之前，已出口到东南亚十余个国家；2016 年 8 月 16 日，北京民海生物科技有限公司生产的无细胞百白破 b 型流感嗜血杆菌联合疫苗取得了乌兹别克斯坦共和国的药品注册证，迎来了中国多联、多价疫苗的第一个国际注册证。

现今世界上建立较为完善的生物医药产业体系的国家寥寥无几，且大多为欧美等发达国家及地区。"一带一路"的沿线国家，如中亚、西亚、中南半岛等地区的国家，大多生物医药产业发展落后，既缺乏产能，又缺乏监管能力，但人口稠密，需求相对较大。在我国疫苗监管体系已通过 WHO 评估，一些生物制品生产企业已通过 WHO 疫苗预认证的前提下，具备了"走出去"的条件，而上述地区正是我国生物医药产业"走出去"的良好目的地。以疫苗为例，针对不同地区传染病的流行特点制定相应的疫苗输出策略。比如，湄公河流域国家的疟疾、登革热、流行性乙型脑炎、鼠疫、流感，中亚地区的鼠疫，西亚地区的脊髓灰质炎等。其还需继续加强与 WHO 等国际组织的交流与合作。"一带一路"沿线国家分别位于东南亚区域、东地中海区域、欧洲区域及非洲区域，进一步开展同这些区域组织的合作尤为重要。

针对沿线国家生物制药监管能力薄弱的特点，我国应加强与沿线国家生物制药监管人才的培养合作，帮助沿线国家提高生物制药监管能力。食品药品监督系统可以与对方相应部门开展多种形式、长短期结合的进修、培训项目和交流活动。通过提高沿线国家生物制药监管水平的方式，可以间接提高我国监管机构在生物制药监管方面的话语权。同时，建立互联互

通，双边、多边互认机制，这对于我国疫苗进入"一带一路"沿线国家的市场具有重要意义。

国家管理当局或国家质控实验室核发的批签发证书可通过相互认可协议被其他国家管理当局或国家质控实验室认可。建立相互认可机制可以促进管理当局的国际化合作，保持生物制品质量安全可控，减轻国家管理当局或可视化数据库负担，提高生物制品全球化流通水平。特别是我国疫苗国家监管体系已经通过了 WHO 评估，中国食品药品检定研究院生物制品检定所也是 WHO 合作中心，证明了我国在疫苗监管、疫苗质量控制领域已经获得了国际的认可，这为建立双边、多边的互联互通打下了良好的基础。

5. "十三五"规划产业发展重大行动及实现路径建议

1）建立适应新时代发展需要的生物医药标准化评价体系

标准是制高点，以标准助力创新发展、协调发展、开放发展、共享发展；深化与 WHO 的合作，积极参与药物国际标准制订、质量控制指导原则编纂、国际标准物质制备、药物检定方法的标准化，积极实施标准化战略，为我国生物医药产业与国际的协同发展、互联互通打下基础。

A. 通过 WHO 生物制品标准化和评价合作中心的平台积极介入生物药物国际标准化

标准已成为世界通用语言，世界需要标准协同发展，标准促进世界互联互通。国际标准是全球治理体系和经贸合作发展的重要技术基础。药品因其自身的特殊性会对公众健康产生极大影响，因此在全球规范市场，药品从市场准入到流通的各个环节，都受到严格监管。中国医药生产企业正在大步迈向国际，应首先建立严谨、科学的质量标准，形成与买、卖双方共同进行语言交流和交易对话的基础，这是中国药企进入全球药品市场的必修课。

中国食品药品检定研究院生物制品检定所是国际上 8 个 WHO 生物制品标准化和评价合作中心之一，也是本领域发展中国家中唯一的 WHO 合作中心。我们应充分利用这个平台，积极参与国际药物标准的制定工作，参与甚至主导国际规则的制定，促进我国药物标准的国际化，为我国生物医药走向国际市场奠定良好的基础。"十三五"期间，首先从我国在国际上具有领先地位的基因工程戊型肝炎疫苗、手足口病疫苗等产品入手，力争主导国内优势品种的国际标准与修订工作，最终逐步参与和主导研制国际标准的产品，建立并推广相关产品的药物检定方法。同时，要积极参与其他生物医药标准化工作并增加在相关领域的话语权。

B. 建立国家级生物药物质量评价及标准化实验室

质量标准、标准物质与标准化的检验检测技术是新药研发成果能否转化到临床的关键技术门槛，在保证药品安全有效方面发挥着重要作用。习近平总书记在第 39 届国际标准化组织大会上提出"车同轨、书同文"，就是标准化的生动实践。因此，建立国家级生物药物质量评价标准化实验室是大势所趋，势在必行。标准化水平的高低，反映了一个国家产业核心竞争力乃至综合实力的强弱，通过建立国家级的相关实验室，主导国家标准制订、国家标准物质制备和分发、检测能力验证等重要工作，指导其他药物评价实验室的工作；还要合作开展重大科技攻关，共同提升科技创新能力，整体提升我国生物药物质量控制的检验检测技术能力，充分发挥其引导、指导作用。

C. 建立生物制药完整产业链生态圈，打造高水平生物医药产业园

中国生物药要提高质量、走出国门，必须建立符合国际标准的研发、生产质量控制体系，引进国际上这方面的人才，掌握质量控制体系建设的思路和技术。在药物研发过程中，应充分理解与运用质量源于设计的理念，将过程分析技术与风险管理综合应用于药品开发，建立可以在一定范围内调节偏差来保证产品质量稳定的生产工艺。这一理念应结合中国、美国、欧盟药品监管当局的监管要求，贯穿于产品设计、开发、厂房设计、建设与研发，产品工艺放大与技术转移、生产管理、质量管理和人员管理等的全过程，这是我们的弱项，也是提升空间很大的一个方面。此外，政府应持续 2017 年的质量整改政策，继续加大药品质量监管力度，实行药品质量零容忍制度，帮助企业提升 GCP、GMP 质量水平，保证用药安全，打造中国生物药质量品牌。

加强生物药质量标准国际合作研究，与我国先进企业共同建立符合国际标准的生物药质量标准，研发出种类齐全、供应充足的国家标准物质以

满足生物医药产业快速发展的需求，推动我国生物药的质量标准达到国际先进水平，推动生物技术药物企业和产品通过相关国家或国际组织的认证，提高产品国际市场份额。

在上述基础上，鼓励我国的生物制药企业积极开展与联合国、WHO等国际组织和团体的合作，按照 WHO 生物药指导原则生产国际化产品，参与 WHO 等国际组织的药品招标，利用 WHO 国际化平台进入国外市场，推进产品的国际化进程，从而提高国际影响力。

D. 严格执行 GCP 对生物药进行管理

我国要对生物制品质量、安全、疗效加大监督和监管力度，要遵守 GCP 进行临床试验的严格管理，保证药品临床试验过程规范、结果科学可靠，保护受试者的权益并保障其安全。GCP 参照国际公认原则制定，内容涉及临床试验全过程的标准规定，包括方案设计、组织、实施、监察、稽查、记录、分析总结和报告，凡药品进行各期临床试验，包括人体生物利用度或生物等效性试验，均须按本规范执行，因此，临床试验应严格按照 GCP 进行核查、规范和管理，为生物药的质量把好关。

2）重点促进多联、多价联合疫苗及成人疫苗的产业发展

我国是世界疫苗产品的最大生产国和使用国，我国有疫苗生产企业43 家，生产 63 种疫苗，预防 23 种传染病，基本上覆盖了国际上已上市的疫苗品种。尽管我国是疫苗生产大国，但还不是疫苗强国，从新研发的品种比较，我国与发达国家还有距离，尤其是在多联、多价疫苗和成人疫苗领域，差距更大。多联、多价疫苗的优势是显著降低了预防接种针次，降低疫苗不良反应发生概率，提高受试人群对疫苗免疫接种的接受度，还可以减少疾控系统在疫苗接种、贮存、管理等方面人力及物力费用的支出。在成人疫苗领域，我国的发展更是缓慢。近年来，麻疹、流感、百日咳等疾病的持续高发，主要原因是成人疫苗接种率偏低，甚至缺少成人疫苗，造成疫苗未覆盖易感人群，引起疾病局部暴发。

现今，在 WHO 194 个会员国的扩大免疫规划（expended programme on immunization，EPI）中使用的多联、多价疫苗约 26 种，WHO 及诸多国家的政府都在大力倡导研制及使用多联、多价疫苗产品，提高其使用占比。在现有的国际单品种疫苗市场中，多联、多价疫苗的销售额占绝对

统治地位。2015年，多价肺炎疫苗系列、百白破系列多价联合疫苗、MMR-水痘-带状疱疹系列联合疫苗的销售额位居疫苗销售额的前三位，分别为72.88亿美元、27.83亿美元和22.54亿美元，主要是青少年及成人使用的人类乳头瘤病毒疫苗、流感疫苗系列分列第四、第五位。而在我国，联合疫苗、成人疫苗的使用占比仍然较低。

《中国制造2025》提出，坚持"创新驱动、质量为先、绿色发展、结构优化、人才为本"的基本方针，多联、多价疫苗及成人疫苗应该是生物医药在《中国制造2025》中的优先发展领域。让人欣喜的是，在脊髓灰质炎疫苗已经取得成功的基础上，以拥有我国自主知识产权的MMR疫苗和无细胞百白破疫苗为基础，正在加速研发我国的无细胞百白破-脊髓灰质炎病毒等系列联合疫苗和多价肺炎系列疫苗等联合疫苗，进一步加快我国联合疫苗的研发速度，提升联合疫苗的研发能力。

但是疫苗生产产业的发展仍需要在计划免疫程序修订、药品注册政策配套、企业研发技术突破等方面进行改善，鼓励和促进产业的发展。主要包括以下几个方面。

A. 联合疫苗、成人疫苗的免疫接种程序与现有EPI的对接

我国现有的EPI程序主要是针对儿童使用单一疫苗制定的，而联合疫苗由于是多种疫苗的联合，EPI程序中并没有相关规定，多联、多价疫苗的临床研究如何开展，可能需要NMPA和卫生部门共同研讨，提出切实可行的办法。另外，我国免疫策略缺少成人疫苗接种程序，不利于成人疫苗的推广使用。

B. 药品注册管理办法的配套改革

我国现行的《药品注册管理办法》（修订稿）规定生产企业必须具备联合疫苗中各个组分的注册许可才能申报联合疫苗注册，这造成一个企业从申报联合疫苗中各个组分的注册许可到最终获得联合疫苗的注册需要大量的资金投入和几年甚至十几年的研发时间，严重影响企业研发联合疫苗的积极性。现今，欧美国家的通用方法是一个企业可以购买使用其他企业已获得注册许可疫苗原液用于联合疫苗的生产及研发，也就是疫苗行业中所说的疫苗原液转移，这样可以大大缩短联合疫苗研发的资金和时间投入，提高企业研发新产品的积极性和创造性。

C. 联合疫苗研发、生产、质控和临床评价需要更深入的研究

联合疫苗研究的主要目的是减少接种针次，但这应以不增加安全性风险、不降低有效性为前提。因此，联合疫苗的研发通常应以成熟的单价疫苗为基础，临床评价通过与单价疫苗比较而得出结论。另外，联合疫苗的研发应考虑到我国流行病学特点、将来使用的目标人群、联合疫苗的有效性和安全性评价等因素。

3）促进重大新发传染病疫苗、新型疫苗佐剂的研发

研发针对不同病原体的通用型疫苗技术，推动通用型疫苗的研制，主要是通过筛选不同病原体存在共性的致病因子，研发针对共性致病因子的疫苗，同时防护多种病原体的袭击，可以快速、有效地预防新发传染病传播。充分利用好我国的病毒性减毒活疫苗资源，利用反向遗传学技术建立基于疫苗株的病毒活载体技术平台，形成人用疫苗的反向遗传学技术系统；针对我国艾滋病、肝炎和结核疫情特点，加强我国艾滋病、肝炎和结核病疫苗研制能力；继续做好登革/乙脑嵌合病毒疫苗的同时，研发呼吸道合胞病毒嵌合病毒疫苗等新疫苗；加快提升我国基于反向遗传学的流感病毒疫苗株构建技术能力，提高我国流感疫苗的国际认可度和研发速度。

重点选择研发能够提高现有疫苗免疫效果，或促进现有疫苗剂型（递送途径）改进的疫苗佐剂；研发有利于促进老年人和幼儿等免疫力低下人群疫苗免疫应答的新型佐剂，积极推动我国自主知识产权疫苗佐剂的研究和应用。

4）加大对生物医药企业的扶持力度，为其走向国际市场创造良好环境

中国是疫苗生产大国，尤其在传统疫苗领域，可生产的疫苗品种和产量都居国际领先水平。总体来说，我国传统疫苗生产企业多、生产能力过剩，造成疫苗价格偏低，企业对传统疫苗的技术改造和升级投入不足。但是，国际上对一些传统疫苗的需求缺口很大。例如，由于很多国家伤寒病不断暴发，相关机构预测，2018～2020 年国际上对伤寒结合疫苗需求达到 5100 万剂/年，2021～2025 年将更上升到 8500 万剂/年；对黄热病疫苗的需求量为 5500 万剂/年。由于国际上大型疫苗生产企业制定的高昂价

格，WHO、联合国儿童基金会等组织没有能力大量采购传统疫苗用于非洲等不发达国家计划免疫接种，上述组织将目标转向中国和印度，这为我国传统疫苗领域的发展提供了很好的机遇。中国疫苗生产企业要想走向国际、参与国际竞争、落实"一带一路"的基本要求，首先需要通过 WHO 疫苗预认证，获得疫苗采购的资格。我国疫苗监管体系在 2011 年和 2014 年分别通过了 WHO 国家监管体系的认证，这为我国疫苗生产企业获得 WHO 预认证奠定了坚实的基础，"十三五"期间，应通过政策、资金等方面的支持，力争有五到六家企业的多个疫苗品种通过 WHO 疫苗预认证工作，使我国疫苗生产企业真正参与到国际竞争中，提高我国疫苗行业在国际上的地位，这对我国参与国际标准的制定并增加国际话语权也有推动作用。

5）抓住国家"一带一路"发展新机遇，开展生物医药多边合作，走进周边发展中国家

我国生物制药领域中大部分企业以仿创结合的模式逐步涉入高端生物药（如单克隆抗体）领域，但在质量上仍然与原研药存在较大差距，由于这些专利即将到期的原研药疗效好，临床缺口巨大，在很短的时间内生物类似药的研发成为我国生物药研发的热点。然而质量和疗效与原研药相似仍然是关键，2015 年 CFDA 出台了《生物类似药研发与评价技术指导原则（试行）》，这是一个提高我国药品质量很好的途径，在"十三五"期间，我国应大力鼓励高质量（质量和疗效与原研药相似）生物类似药的开发，突破技术壁垒，避免低质量、低水平重复的药物批准，保证医疗资源在药品方面投入的有效性。

随着高质量生物药问世，以及近几年我国抗体生物类似药强劲的发展趋势和可能出现的产能过剩预期，我们应积极顺应国家"一带一路"倡议，积极与沿线国家开展合作，特别是与亚洲、中东欧国家等医药大国的合作，包括在这些国家的国际多中心临床研究与国际优势企业和高等学校院所开展技术合作，建立合作研发机制等，将合作的阶段迁移，在"十三五"期间重树我国药品质量的国际形象，包括药品本身质量及药品监管，并建立一批能在国际市场中具有较高知名度的自主品牌，在亚洲及中东欧国家形成一定的影响力，为生物药出口市场的占领打下基础。由于生物药

研发、创新投入大，以及风险高、周期长，国家应该从顶层设计的角度考虑企业创新和国际合作的回报途径，充分发挥国家政策对促进生物药企创新的引导作用。

二、应急疫苗产业重大行动计划

疫苗是指基于机体特异性免疫反应的用于预防和治疗疾病的生物制剂，包括主动免疫的传统疫苗和被动免疫的抗体等。应急疫苗特指当国家生物安全（生物战、生物恐怖等）和国家公共卫生体系（新发、突发传染病等）受到威胁时，供特定人群（军人、医护人员等）及广大民众使用的预防或治疗性药物（疫苗、血液制品和抗体）及相关产品。

（一）应急疫苗产业的战略性地位

从国家安全战略角度，国家应急疫苗体系的建设及产业的发展，事关国家安全和社会稳定；有助于有效应对全球不断出现的新发、突发传染性疾病；有助于高效应对近些年由于生物恐怖袭击技术门槛降低所带来的越来越大的国家生物安全威胁，提高我国生物防御能力；有助于我军应对时有暴发的传染性疾病威胁，保证军队战斗力；有助于促进军民融合并助推国内生物医药产业链的发展，有效降低研发成本，促进生物医药产品数量和质量双提升，提高我国综合国力与国际竞争力。

从生物医药产业化的角度，国家应急疫苗体系的建设及产业发展，将显著提高我国生物医药产业创新性，有效降低生物医药研发成本，大幅提高我国生物医药产品质量，使我国不仅在生物医药品种数量上与西方发达国家看齐，在质量上也能与其并驾齐驱。

1. 应急疫苗研发是各国生物安全战略部署的重要组成部分

针对国家安全威胁（生物武器和生物恐怖），美国等发达国家加强了战略性生物防御措施部署。美国在2001年"9·11事件"及炭疽邮件事件后，先后发布了《21世纪生物防御》和《应对生物威胁国家战略》，并签署了《公共卫生安全以及生物恐怖主义的警戒和应对法》和"生物盾牌计划"法案，将对生物威胁的应对提高到前所未有的高度，并拨付大量经费用于扶持生物防御药品、疫苗的研发。欧盟、俄罗斯、日本等国家和地区近些年也都加强了生物防御医学应对产品的研发部署。

新发、突发传染病所特有的突发性和不确定性及缺乏相应的应对措施对经济发展、社会稳定和国家安全构成严重威胁。2013 年开始的西非埃博拉出血热疫情引起了国际社会的广泛关注。2016 年，德国、日本、挪威、美国比尔及梅琳达·盖茨基金会、英国惠康基金会等国家和机构资助成立了流行病防范创新联盟，主要目标是提前布局开发和储备疫苗来应对潜在新发传染病的威胁。2017 年 1 月，在瑞士达沃斯世界经济论坛上，该联盟宣布将投入 4.6 亿美元进行中东呼吸综合征冠状病毒、拉沙热病毒和尼帕病毒疫苗的研发。美国卫生与公众服务部及国防部均对新发、突发传染病应对药品和疫苗研发高度重视，反映在其发布的多项战略报告中，并投入了大量研发资金。

我国同样面临生物武器、生物恐怖，以及新发、突发传染病的潜在威胁。截至 2017 年，我国对很多生物威胁病原体，还没有有效的预防手段，这对国家安全和经济发展构成了很大威胁，迫切需要加强应急疫苗产业的发展。同时，应急疫苗研发带动的技术发展对整个生物医药产业发展具有重要的辐射作用。

2. 应急疫苗研发是快速、有效应对新发及突发传染病的重要手段

从 2003 年 SARS 在我国暴发以来，全球范围内有 H1N1、H5N1、H7N9 等新型流感病毒，以及中东呼吸综合征冠状病毒、奇昆古尼亚病毒、寨卡病毒等暴发流行。随着中国经济的发展，"一带一路"倡议的提出，对外往来人口的更加频繁，国外暴发的新发传染病对我国也构成巨大威胁，如 2015 年就有多起在国外工作和旅行人员感染黄热病病毒并携带入境的报道。

2015 年 12 月，WHO 公布了一份在未来有可能大面积暴发并造成重大损失的最危险传染病清单，包含 8 种感染性疾病：埃博拉出血热、马尔堡病、SARS、中东呼吸综合征、尼帕病毒病、拉沙热、裂谷热、克里木-刚果出血热，以及 3 种次危险病原体所致疾病：奇昆古尼亚热、发热伴血小

板减少综合征、寨卡病毒病。

在当前新发、突发传染病的危害趋势不断加大的形势下，应急疫苗研发体系显得尤为重要。无论从国际援助或国内生物防御角度出发，都需要建设符合生物安全要求的、成体系的，从病原体分离、疫苗株鉴定、疫苗规模化制备、疫苗保护性效果评价到疫苗临床效果评价等的疫苗研发、规模化制备及供应保障体系，并形成完整的支撑产业链。尤其是关乎国家安全的疫苗绝不能单纯依赖国外产品，必须建立自主的研发及生产体系。

3. 应急疫苗研发可提高我国传染病暴发防控能力

一直以来，我国处置突发烈性传染病以物理防范为主，2003 年 SARS 期间，全民武装口罩，隔离疑似病例；2013 年 H7N9 禽流感流行期间，采取禽类屠宰的对策，重创家禽养殖业，虽然疫情最终被控制，但这种被动的应对方式有其弊端，极易造成国民经济损失、民众心理恐慌。截至 2017 年，还有一些重大传染病的发病率在我国青少年及成年人中一直居高不下，如手足口病。同时，腺病毒在中国军队频繁暴发。安全有效的新发及重大传染病预防或治疗用应急疫苗是国家保卫人民健康的利器。而只有实施战略性技术与产品储备，才能在疫情出现后的防控黄金 12 周内提供民众信任的、安全有效的国产应急疫苗。

4. 应急疫苗产业化将辐射整个生物医药产业

应急疫苗产业发展有五个方面的突出作用。第一，可显著提高我国生物医药产业链上、下游的有效衔接，进一步推进生物医药产业的高速发展；第二，系统化地推进生物医药产业新型、关键、共性技术和核心规模化制备装备的产业化，实施核心共性技术的原创性开发及高效率、低成本生物医药过程工程开发的平台建设；第三，促进生物医药产业化过程中需使用的一系列的关键设备和原辅料的产业化进程，特别是各种规模的生物反应器、培养基、细胞基质、纯化介质等的国产化水平；第四，加速新技术，如基因编辑、合成生物学、新型制剂给药系统和新型疫苗研发及制备系统的研究应用和创新能力建设；第五，推动国家监管体系水平、新型生物医药技术产品标准提升，建立生物医药和创新药物快速审批通道，为国内生物医药产业的发展提供契机。

以关键设备和原辅料为例，截至 2017 年我国生物医药产业化规模较小，生产成本与大型跨国公司相比，无明显优势。我国在生物医药研发的多个领域已接近或达到国际先进水平。但是我国生物医药产业化过程中配套的关键设备和基础原材料对国外进口的依赖度很高。一方面，国外企业的垄断优势导致价格持续快速上升，对我国制药企业未来发展和产业化非常不利；另一方面，一些关键设备和原辅料被个别国家列为限制出口清单，尤其是在生物防御和应急疫苗等领域，我国生物医药的供应链受制于人，供应无法保证。因此，亟须促进国产化来替代进口，形成我国完善的生物医药产业链。国产化的重点在于生物医药产业化中的核心装置与耗材，包括高效生物医药过程工程开发技术装备、一次性细胞培养生物反应器、下游纯化介质、无血清细胞培养用培养基、各类一次性生产过程耗材。这些生物医药过程工程产品进口价格昂贵，但用量很大，这些产品的生产与开发可构成一个完善的生物医药产业分支，而应急疫苗产业发展有助于形成一个完整的产业链条。

（二）应急疫苗技术的成长性和成熟度

疫苗市场和产业是科技创新和技术驱动型的，应急疫苗的研发通常需要综合利用分子生物学、细胞生物学、遗传学、药学、免疫学、生物信息、纳米技术、组合化学等多学科知识，以及基因工程、抗体工程、细胞工程等多领域技术。

以非应急疫苗为例，2007～2017 年，疫苗巨头葛兰素史克利用新型佐剂技术相继研发成功了人乳头瘤病毒疫苗、疟疾疫苗；巴斯德公司利用病毒载体技术研制成功了登革热疫苗；诺华公司利用大规模抗原筛选技术研制成功了 B 群脑膜炎球菌蛋白质疫苗；美国康涅狄格州的蛋白质科学公司利用昆虫杆状病毒系统成功研制了基于基因工程表达的流感疫苗。这些疫苗都说明了新技术对新品种研发的促进作用。并且这些公司正在利用这些新技术研发其他新型疫苗，预期在 2027 年左右将会取得更大的突破，推动更多新品种上市。

此外，国际疫苗巨头纷纷利用新技术对现有疫苗进行改进，如改进肺炎链球菌多糖蛋白结合疫苗的蛋白质载体，用大规模细胞培养技术生产流感疫苗等。一些新技术和方法，如基因编辑、合成生物学、高通量克隆与分子筛选、高通量抗原、抗体筛选技术、新型细胞培养基及规模化生产系统、一次性生物过程工程研发与规模化生产技术、新型疫苗佐剂方法、生物制剂技术和给药系统、基于动物法则等的安全性研究不断发展，使得应急疫苗和抗体药物快速制备成为可能。

在应急疫苗研发制备方面，为应对新发传染病的频繁发生及生物恐怖袭击的威胁，以美国为代表的发达国家有关机构通过加大对新一代先进工艺研发与生物制造和加速药品制备等技术的投入，极大缩短了应急疫苗工艺研发和生产周期，可以在极短的时间内（12 周内）完成工艺研发与产品的生产，能够在柔性的过程工程平台上生产多种产品，并已成功应用于 H1N1 流感疫苗研发。

"十二五"规划以来，我国疫苗研发产业取得了较快发展，常用疫苗生产研发技术平台，包括灭活疫苗、减毒活疫苗、嵌合体疫苗、载体疫苗、结合疫苗、重组疫苗，以及相应的质量控制与评价体系等都已基本建立，天花疫苗、鼠疫疫苗、布氏疫苗、炭疽疫苗、出血热疫苗、钩端螺旋体疫苗等 6 种疫苗被列为国家安全储备疫苗。

（三）应急疫苗研发与国际先进水平的差距

1. 应急保障能力建设存在差距

截至 2017 年，国际社会已经普遍认识到，为了应对 SARS、埃博拉出血热、寨卡病毒病疫情所暴露出来的各种问题，用于控制传染性疾病暴发所需产品的研发需要增加相应的投入，需要更先进的开发与制备能力，需要加强研发与供应端对端的合作。国际上，流行病应对创新联盟与 WHO 密切合作，开展传染病疫情暴发应对的疫苗研发。在国家立法和机构设置方面，美国 2004 年通过了"生物盾牌计划"法案等法案和计划，支持药品和疫苗等研发用于应对生物和化学恐怖袭击，划拨专项经费用于支持国家战略储备；2006 年成立了 BARDA 支持研发药品、疫苗，以及其他与国家健康安全相关产品；2006 年成立了公共卫生应急医学应对措施企业管理局对生物防御药品、疫苗研发、采购的整个环节进行管理和协调；授权

FDA 特殊情况下通过动物法则批准新疫苗；颁布法案允许未经批准的产品应急使用。当前，美国炭疽疫苗、天花疫苗已获得 FDA 批准并进行了国家战略储备，肉毒毒素疫苗、马脑炎疫苗、裂谷热疫苗、土拉菌疫苗等可应急使用。尽管我国依靠部分科技重大专项的实施，个别新型应急疫苗产品，如以腺病毒载体疫苗技术平台为基础制备的埃博拉病疫苗已进入产业化阶段，但总体上我国应急疫苗技术体系远远落后于发达国家，多数战略储备疫苗是 20 世纪 60 年代技术生产的产品。另外，虽然我国的基础免疫普及率较高，但是针对医护人员及部队等特殊群体的免疫体系尚待完善。

2. 应急疫苗共性关键技术存在差距

目前我国已经形成比较完善的疫苗研发技术体系，其中病毒类灭活疫苗已经进入了国际第一梯队，与全球主要发达国家并驾齐驱。主要技术成果有：哺乳动物细胞培养技术、细菌多糖蛋白结合疫苗技术、基因工程重组疫苗表达体系等。截至 2017 年，我国联合疫苗研发技术基本成熟，疫苗质量控制能力显著提升，个别疫苗品种研发局部领先。但应当看到，与发达国家相比，在疫苗产业共性关键技术应用和创新疫苗技术的研究转化与资金投入方面我国存在明显的差距。

1）应急疫苗共性关键技术应用有待推广

生物恐怖防御及新发、突发传染病应对是未来生物医药产业一个重要领域，而我国可应用于应急疫苗制备的共性关键技术整体落后于发达国家，并存在重复开发、创新不足、共享程度低等问题。在基础性技术开发和应用方面，特别是高表达细胞株或细胞基质、高通量抗原、抗体筛选技术、新型药物载体构建、新型佐剂、高密度流加和连续灌注细胞培养技术、高通量和能够实施在线分析检测的技术、新型疫苗制剂研究（如非冷链运输）、给药系统（如黏膜给药系统）、疫苗安全性研究及有效性评价等没有明显突破。

这些共性关键技术成为应急疫苗制备和产业化健康快速发展的瓶颈，造成 2017 年疫苗行业的哺乳动物细胞培养工艺规模较低；微生物表达及纯化技术不足；细胞基质较为单一；真核表达系统不完善；佐剂相对单一；腺病毒疫苗等特殊疫苗产业较美国等发达国家落后。

对可用于应急疫苗制备的前沿共性关键技术，如合成生物学的国内重视程度有待加强。合成生物学及新一代生物工艺研发与制造等新技术的使用将会对应急疫苗生产制备产生颠覆性影响，并极大地促进生物医药产业的发展。例如，2013 年 H7N9 禽流感暴发期间，美国克雷格·文特尔研究所和诺华公司合作在 5 天内利用合成生物学技术快速研发制备了流感病毒种子株。

2）应急疫苗快速制备技术资金投入不足

在经费投入方面，"9·11 事件"后美国经过多年的发展，已形成较为完善的生物防御应急疫苗研发机制，但仍持续投入大量的经费。例如，2016 年美国国立卫生研究院预算中，过敏与感染性疾病研究所预算 46 亿美元中针对生物防御与新发感染性疾病的有 13 亿美元；2010~2013 年，美国卫生与公众服务部支出了大约 36 亿美元用于研发和采购针对化学、生物、放射、核威胁及流感相关的医学应对措施。2001~2013 年，美国国防部投入了超过 43 亿美元用于研发针对生物威胁的医学应对措施。

为应对烈性传染病的频繁突发及生物恐怖袭击的威胁，近年来美国国防部和 HHS 均对疫苗快速制备技术投入大量资金，并且连年投入大笔资金促进新一代生物技术及生物制造技术的研发。以美国 BARDA 为代表的机构提出并且实践新一代先进工艺研发与生物制造技术。2009 年美国 H1N1 流感暴发后，BARDA 投入 3.3 亿美元用于疫苗新型工艺研发与生产平台的研究；2012 年 BARDA 投入 4.4 亿美元与美国三家单位合作成立三个新一代技术与制造创新中心。与美国等发达国家相比，我国就可应用于应急疫苗制备的新一代先进工艺研发与生物制造或加速药品制备相关技术的研发投入明显不足。

此外，近些年 DARPA 每年投入 3 亿美元进行生物技术相关的研究，部署了一些与疫苗研发相关的项目，如免疫佐剂、药物快速制备、RNA疫苗、芯片上的器官疫苗评价等。这些具有颠覆性的共性关键技术的实施关系到国家生物安全，可大幅缩短产品研发和生产周期，同时也会颠覆传统的生物制品的研发与生产模式，会对生物医药产业带来广泛的影响。

3）应急疫苗配套与管理方面存在差距

应急疫苗产品的成功上市，离不开国家、疫苗研发生产企业、供应商、政府监管机构等的有效协调。我国突发传染性疾病监测、诊断、防控与技术支持体系仍有待建设；在注册审评和标准制定环节，药品注册法规配套建设有待进一步完善，对应急疫苗产品质量评价和药效评估等标准制定存在缺失，相关指南文件有待补充。

在产业化能力环节，需要改变在应急疫苗和抗体规模生产领域重要设备、耗材基本依赖进口的局面。否则未来应急疫苗和抗体规模生产的成本居高不下。

在应急疫苗等药品监管环节，可适当借鉴美国经验。2016 年，美国通过了《21 世纪治疗法案》，其核心是加快新药研究、开发和审评，主要包括两个目标：一个是进一步改革药品监管流程，缩短应急药品的审批时间；另一个是加强基础研究，鼓励创新。此外，FDA 已发布的药品技术指导原则多达 470 余项，涵盖从药品研发、申报、审批、上市的各个环节，使企业在研发各阶段都有据可依、有章可循。2012 年 FDA 根据人体 I 期临床安全性数据和动物模型的药效学数据正式批准了炭疽抗体药物 Raxibacumab，该药物成为第一个根据相关动物药效规定获批的生物安全防护类抗体药物。另外，美国具体承担生物防御项目的机构多是其国内一些中小型的生物技术公司，这些公司利用其掌握的技术平台和品种，与政府和军方签订合同，我国可借鉴其军民融合的做法。

全方位的标准配套体系是应急疫苗快速上市及生物技术药物国际化的先决条件，也是被联合国列入采购计划的准入证，有利于包括应急疫苗产品在内的中国制造药品在国际范围内流通。

（四）我国应急疫苗研发与产业化的主要瓶颈

1. 应急响应机制不完善

我国成功应对了几次重大传染病疫情，但是相比发达国家，我国尚未建立有效的从疫苗研发到产业化的快速响应体系。从威胁评估、基础研究、疫苗研发到有效性评价、监管机构审批、产业化生产的整个链条缺乏联动机制。特别是尚未建立有效的应急监控和响应体系，传染病监测预警水平偏低，在突发、新发传染病监控、诊断、疫情评估、有效应对等方面尚未形成有效运作机制；尚未实现前瞻性的应急传染性疾病的预防准备、技术储备和生产能力储备；应急疫苗国家储备品种数量偏少，应对疫情大规模暴发的手段薄弱，一旦出现突发传染性疾病，国家安全和正常经济运行将遭受巨大影响。

2. 共性关键技术开发与应用不足

包括合成生物学在内的共性关键技术有待进一步提升；新型疫苗制备技术，如新型佐剂技术、病毒载体技术、大规模抗原筛选技术、昆虫杆状病毒系统等共性关键技术在国内的成功应用并不普遍；新一代工艺研发及制造技术或应急疫苗快速制备技术研究尚未有效开展；疫苗制剂研发不足，如新型注射给药系统、黏膜给药系统、新型口服给药系统和制剂的非冷链运输等关键技术尚未取得突破。

3. 产业化支撑能力有待进一步提升

目前大部分关键原材料及核心设备，如无血清培养基、新型生物反应器、纯化系统、纯化介质等关键设备、原材料和试剂等严重依赖进口，特别是关键纯化介质、新型生物反应器（微小型生物反应器及一次性生物反应器）等核心生产材料和关键设备的供应无法保证。与此同时，国内相关关键原材料和核心设备的产品质量无法保证，相应的产业化支撑能力有待进一步提升。

4. 疫苗质量及效果评价支撑体系不完善

近年来 NMPA 在提高我国食品药品监管水平、推动中国技术标准与国际接轨方面取得了重大进步，疫苗国家监管体系多次通过 WHO 的评估。总体来说，我国对临床研究申请所需提交的资料要求相对严格。随着生物医药产业迅速发展，国内技术标准和指南的更新难以保持与产业发展相同的节奏，往往导致部分技术标准相对滞后，甚至部分技术指导原则针对性不强，使得一些应急产品试图通过快速批准机制、动物法则等的审批路径受阻。

5. 价格形成与补偿机制有待完善

相比美国由政府引导支持和购买，学术科研机构和私营部门共同参与的组织模式，中国对应急疫苗研发的快速立项补贴不及时，缺乏订单补偿机制，企业持续参与积极性不能维持。

此外，绝大部分应急疫苗产品属于创新药物、罕见病药物的范畴，目前国内在创新产品的保护方面仍存在不足，应急疫苗产品暂无政府定价等配套鼓励政策。

（五）实施应急疫苗产业重大行动计划的理由及可行性

1. 需要国家作为重大行动来安排的理由

应急疫苗研发是提升国家生物安全保障能力，推进军民融合式发展战略的重要组成部分和体现。应急疫苗针对的不是通常健康相关病原体，而是生物威胁病原体，因此需要国家政策和战略支持。应急疫苗重大行动计划不仅包括疫情发生后快速研发和生产有效应对产品，而且包括提前布局、战略储备、能力建设等。应急疫苗研发带动的技术发展对整个生物医药产业的发展具有重要的辐射作用，具有国家重大行动的意义。

面对防治重大、突发传染性疾病，有效防范生物安全威胁和应对国际医药产业竞争的严峻形势，与医药卫生体制改革、拉动内需、调整产业结构及培育战略性新型产品的新需求相结合，我国亟须加强应急疫苗和抗体产业投入力度，着眼重点问题，将其上升为国家重大行动。在以全产业链共同发展为目标，建立有效生物防御体系的同时，加快我国应急疫苗产业发展速度，提升国际竞争力，加速形成新的经济增长点，促进我国产业结构的战略转型，为国家经济可持续高速发展提供科技支撑。

应急疫苗产业与国家战略和国家安全密切相关，须克服一定的困难。例如，对可能出现商业失败的、发病率低的应急产品，企业和研究单位开发的意愿不强，需要国家引导；部分毒种、评价模型的实验室生物安全等级要求比较高；部分传染病暴发位置在国外，菌毒种难以获得，需要国家出面；生物威胁评估、产品研发和生产等应急防控体系的建立不是一个单位、一个部门就可以完成的，涉及多个领域、多个部门，需要国家统一协调。此外，部分应急产品从研发到上市，周期较长，需要国家作为重大行动安排以提前储备相应的技术和资源，并确保项目的连续性。

因此，只有通过重大行动计划来安排，才能快速、有效、有序地建立应急疫苗体系，满足可能严重威胁国家安全、干扰正常经济社会运行的突发及重大传染性疾病的防控需要。

2. 作为重大行动计划的可行性

一方面，我国在重大项目组织上有成功经验，如在疾病防控领域，SARS、禽流感等重大传染病得到有效防控；新产品研发领域中，我国有成功研发疫苗或者药物的经验，如乙肝疫苗、乙型脑炎减毒活疫苗、脊髓灰质炎疫苗等。

另一方面，可借鉴美国和国际社会生物防御医学产品研发体系建设经验，包括从早期研发到产业化各阶段的协作机制和应急响应体系，从威胁评估、预防准备、基础研究、疫苗研发到有效性评价、监管机构审批认证、产业化制造等各个环节的联动机制。

此外，多年来我国 863 计划、国家重点基础研究发展计划（以下简称 973 计划）和国家科技重大专项等研发经费的投入为应急疫苗重大行动计划的实施奠定了坚实的研发和产业化基础。中国综合国力的提升，同样为国家快速组建经验丰富的专业团队和快速应急体系提供了保障。

更为关键的是，通过重大项目的组织，可进一步加强产、学、研结合，促进军民融合，并为引进和合理利用国际先进技术和实践经验提供基础，从而引导生物医药产业的资源投入，促进国内生物技术的发展，提升国际竞争力。

依托国家战略的明晰定位，顶层设计的体制优势，产、学、研合作，责、权、利合理界定的重大行动计划，可有效避免国家资源的浪费，保证应急疫苗研发体系建设及时、有序地进行。

3. 与国家已有项目的关联度

与应急疫苗研发体系建设相关的已有国家项目包括国家自然科学基金、863 计划、973 计划、重大新药创制国家科技重大专项、重大传染病防治国家科技重大专项等，并取得了一定的成绩，如埃博拉出血热和寨卡病毒病的防控等。其中部分项目支持了流行病学调查、发病机理、药物治疗、疫苗预防等多个方面。但是需要强调的是，目前这些课题都是在疾病暴发，明显可能危及民众安全的情况下设置的，今后需要主动作为，提前设置课题，提早准备预防措施。

（六）应急疫苗产业重大行动计划方案

通过应急疫苗重大行动计划的引领，以有效防控应对突发传染性疾病和突发公共卫生事件为出发点，统筹布局、系统提升，建立健全我国应急疫苗响应体系，针对生物威胁病原体，实现已知有手段，未知有能力，进一步促进整个生物医药产业的发展。

1. 提前布局重要应急疫苗的研发与生产

针对 WHO 确定的 8 种危险病原体和 3 种次危险病原体、美国公布的 A 类生物剂（炭疽杆菌、鼠疫杆菌、肉毒毒素、天花病毒、土拉杆菌、埃博拉病毒等出血热病毒）及流感病毒，并结合国家安全战略储备需要，立足国内生产，提前布局，加强应急疫苗相关领域关键技术能力建设和技术储备，应用国内外先进技术，加快实现现有应急疫苗品种升级换代，积极支持新型应急疫苗及抗体的研发和产业化。

2. 建设应急疫苗国家工程中心

通过应急疫苗重大行动计划，建立推动军民融合式发展的应急疫苗国家工程中心，开发快速构建、快速生产、快速评价等技术平台，进行新技术的验证，提供技术支撑，使其作为应急疫苗产业化的承接，并支持定点企业提高应急产能等。该中心军队与地方协作、需求对接、资源共享，着力增强应急疫苗研发、生产、供应、免疫接种等环节的衔接配套和有效激励，努力形成统一领导、军队与地方协调、顺畅高效的组织管理形式，以及国家主导、需求牵引、市场运作相统一的工作运行方式，强化应急疫苗研发和生产现有基础，重点攻克、突破制约国内生物医药行业长远发展的应急疫苗共性和关键技术难题，切实提高核心竞争力，缩小与国际先进水平差距，为军队和一线医护人员及广大民众提供应急疫苗产品。

3. 扶持核心设备与关键技术平台建设

在应急疫苗生产快速制备核心设备与共性关键技术方面，重点扶持新型生物反应器的研发、高通量细胞克隆与分子筛选和评价技术装置开发、新型细胞培养基和生产系统的研发、病毒载体疫苗产业化制备技术的研发、生物药新型给药系统及新型佐剂的研发；重点扶持基于新型人源抗体技术的抗感染类疾病抗体制备技术、高通蛋白质分析检测技术、高通量纯化工艺技术等技术手段的研发；重点扶持基于抗原表位确定技术的疫苗有效性评价体系和基于动物法则的快速评价体系的建立。打造基于病毒载体、微环 DNA、mRNA、合成生物学、快速制备等应急疫苗技术平台，形成科学合理的应急疫苗安全性和有效性评价模型。

上述技术平台的开发与建立，将极大推动我国生物医药产业链的形成与发展。

4. 实现保障供给并形成市场激励机制

国家完善应急疫苗供应体系，统筹能力储备与实物储备。提升部分现有应急疫苗最大产能，增列实物储备品种，达到与发达国家同步应对突发和重大疫情的水平。国家确保常态和应急产品供应数量和质量，品种进一步增加，安全性、有效性及产品质量进一步提升，储备品种和规模合理，运输和使用更加便利。采取恰当的市场激励机制，如订单驱动、产能预订等方式，支持相关企业建设生产线、增加产能并有效维持应对疫情暴发时的峰值产能。

5. 提升行业装备水平和产业支撑能力

着力提高行业装备水平、原材料供应及产业支撑能力，加强应急疫苗生产关键原辅料及核心关键设备的开发应用，积极推动关键技术的引进和再创新；重点突破规模化疫苗生产和快速制备等技术及装备瓶颈，促进新型生物反应器（如一次性生物反应器）、关键纯化介质、一次性使用产品（如无动物血清培养基）等核心生产材料和关键设备的国产化供应。

6. 完善监管体系，促进产业发展

提高监管水平、监管效能，完善应急疫苗及相关产品注册审批程序，加快注册审评速度，建立规范、系统的质量评价体系，形成基于动物法则的评价方式。

7. 扶持国内应急疫苗及相关产业进入国际市场

结合"一带一路"倡议，扶持国内应急疫苗及相关产业发展壮大，使企业进一步做大、做强。支持企业进行国际注册，从而获得 WHO 认证进入国际市场，实现产品输出；鼓励企业通过技术引进、海外并购等方式，提高核心竞争力，缩小与发达国家技术差距，提升整个产业链的竞争优势。

（七）推行应急疫苗产业重大行动计划后能达到的技术水平与产业发展水平

"十三五"期间，通过应急疫苗重大行动计划的实施，我国应急疫苗响应体系将基本达到与发达国家同步应对重大、新发、突发传染病的水平，建立较为完善的共性关键技术平台和应急疫苗储备机制，技术储备、产能储备、实物储备可满足国家常态和非常态的生物安全保障需要，我国疫苗创新发展能力得到较大提升。

1. 共性关键技术与支撑能力显著提升

通过实施应急疫苗重大行动计划，将有效克服应急疫苗类产品相关的制约国家经济发展和产业转型的重大技术瓶颈，加快应急疫苗制备所需关键共性支撑技术的开发，以及规模化生产核心设备、耗材及相关领域获得较快发展有助于构建完整的产业链并促进其产业发展。

通过重大行动计划可大幅提高我国疫苗开发的总体技术水平，缩短和欧美国家之间的差距，部分技术可达到国际领先水平。例如，通过实施高效率的质量源于设计导向过程工程开发，提高我国哺乳动物细胞培养表达水平、开发效率与培养规模，实现核心装备与核心耗材的国产化；扩大细胞基质种类；完善真核表达系统；完善病毒载体等疫苗的构建、制备和质量控制体系；提升国内疫苗和抗体快速制备与制剂给药系统整体水平；实现快速制备和新型口服制剂、黏膜免疫给药、疫苗非冷链运输等技术突破。

在规模化生产成套装置设备与耗材等支撑能力建设方面，解决关键原材料及核心设备依赖进口、受制于人的问题，促进无血清培养基、生物反应器、纯化系统、纯化介质等关键设备、原材料和试剂出口创汇，向"中国智造"转变。

2. 重点产品产业化和技术储备不断增强

在重点产品产业化和技术储备方面，将通过加强自主创新，扩大国际合作交流，提高应急疫苗国际化水平，完成 WHO 确定的 8 种危险病原体和 3 种次危险病原体、美国所公布的 A 类生物剂，以及流感应对的技术储备，实现包括埃博拉病疫苗在内的可用于突发传染性疾病防控的疫苗、抗体药物研发及产业化，带动基因工程药物、新型血液制品、诊断试剂、生物治疗产品、生物孤儿药、组织工程产品、智能医疗产品的研发和产业化。国家完善应急疫苗产业化制备所需的关键原辅料和耗材产品、新一代工艺研发与制造的核心设备等支撑能力建设，建立军队和医疗卫生人员等特殊人群应急产品防护线，完成以腺病毒、水疱性口炎病毒、痘病毒等为载体的多个应急疫苗研发和产业化，保障腺病毒疫苗、应急抗体和类毒素等应急产品的供应。

通过应急疫苗产业重大行动计划，提升国内疫苗和抗体等生物制品监管能力和国际标准制定的话语权，提升生物医药行业的创新能力，鼓励参与应急疫苗产品研制的协作企业和机构通过独立开发、合作开发、授权转让等方式积极开展国际多中心临床试验和国际注册，进入国际市场，实现国产疫苗产品在国外成功上市。

3. 应急疫苗及生物医药产业获得较快发展

通过实施应急疫苗产业重大行动计划，可以促进两个生物医药产业分支的发展：一是应急疫苗产业；二是新一代生物技术与生物医药新型核心设备与辅助材料生产产业。这两个产业分支的发展壮大，将完善我国生物医药产业链的构建，整体提高我国生物医药产业的质量水平。

1）应急疫苗产业

通过应急疫苗重大行动计划的实施，完成重组埃博拉病疫苗、重组破伤风疫苗的产业化，实现 30 万人份的应急储备；完成抗炭疽单克隆抗体、抗埃博拉抗体、抗蓖麻毒蛋白抗体的临床研究；完成重组鼠疫疫苗、重组马尔堡疫苗、重组寨卡疫苗的临床前研究；维持峰值 500 万人份的应急产能。对新发、突发疫情，实现主动防御与被动防御的无缝衔接，通过高效、高通量生物过程工程开发，在 12 周内获得应急防控产品。

应急疫苗产业的发展，将对我国疫苗产业产生巨大的推进作用，对整个疫苗产业实现间接产值贡献超过 500 亿元。

2）新一代生物技术与生物医药新型核心设备与辅助材料生产产业

通过实施应急疫苗产业重大行动计划，一方面可以解决疫苗在研发与生产过程中的快速制备与产业化的问题；另一方面，生物医药领域中，由于其中用于生物医药产业化过程的关键技术的通用性与普适性，新型关键设备与关键技术会极大促进我国现代生物技术与生物医药领域的发展。

截至 2017 年，在该产业领域的核心设备——生物反应器完全依赖进口，导致我国疫苗和抗体生产企业的研发与生产成本居高不下。生物反应器是实现生物技术药物产业化的核心装置，决定着生物医药产品的质量与成本。国外发展已进入细胞培养生物反应器的规模化、模块化、一次性化、微型化和高通量化等技术阶段，我国在细胞培养生物反应器技术与制造方面的全面落后，将成为制约我国生物医药产业未来快速发展的一个极其严重的问题。

在生物反应器方面，将培育 2 至 3 个具有一定规模和原创核心技术的生物反应器及其配套装置的领军型生产企业；实现生产各类一次性细胞培养生物反应器和多种形式的创新刚性生物反应器，满足规模化生产和符合国际标准的生物过程工程研究需求。确保我国生物医药产品质量和生产质量保障体系与国际接轨，在 2022 年前，直接产值超过 200 亿元/年，间接产值超过 4000 亿元/年；推动微流控微型生物反应器、高通量生物反应器的研发并取得实质性进展。形成高端生物反应器及其配套设备的成套生产能力，基本满足国内生物医药产业发展的需要；在我国建立质量源于设计导向的细胞培养过程优化策略与可执行方案。

在关键原辅料和耗材产品方面，将培育 3 至 4 个具有一定规模和原创核心技术的无血清培养基、一次性生物医药生产过程耗材、生物纯化介质等方面的领军型生产企业；实现能够生产各类无血清培养基、一次性耗材和蛋白质纯化介质，满足规模化生物医药生产和实现高效生物过程工程开发的需求，确保我国生物医药产品质量与国际接轨。

（八）应急疫苗重大行动计划资金需求及筹措渠道

建议国家借鉴美国和国际社会对应急疫苗和抗体等生物安全与应急疫情防控产品的投资规模，结合国内现实状况，投入 10 亿～20 亿元用于应急疫苗产业化专项。同时投入部分资金用于疫情监控系统建设和保证军队急需的产品及技术的投入，如腺病毒疫苗、DNA 疫苗、病毒载体疫苗、新型给药技术等。

在研发阶段，国家可通过招标或定向委托的形式吸纳社会资源，通过多种机制，引导科研机构、企业留出足够的资源承担应急疫苗的开发，使国内企业和机构积极参与应急疫情控制产品的研制，鼓励军民融合；在产业化阶段，通过订单驱动，尝试通过国家购买企业服务的方式促进应急战略储备疫苗的研发和生产，解决企业研发和生产成本不足问题，建立国家应急疫苗储备管理规范和应急储备清单，使应急疫苗储备制度化、规范化。

（九）应急疫苗重大行动计划政策需求

1. 完善法规和标准体系建设

在基于风险-效益评价的基础上，通过科学评估改进有关管理措施、制度、标准及规范，提高应急疫苗产品的整体审评效率。例如，解决部分应急疫苗产品因急性暴发的传染病流行期结束不能完成完整的Ⅲ期临床试验的药品审评问题。此外，部分生物威胁病原体所致疾病病例较少，其有效性评价也存在一定的难度，在药品审评上可以采用动物法则等突破性的审批方式。

2. 加大政策支持力度和科研经费投入

将军队生物威胁医学应对措施研发提高到战略高度，通过专项资金来保证相关项目的研究。提供专项资金来进行应急疫苗及抗体等产品的升级和储备。

通过科技重大专项、国家科技计划、产业化专项和减税、鼓励民间投资等途径，加大对应急疫苗关键技术攻关、产业化及重要平台能力建设等方面的投入力度；鼓励企业通过 WHO 认证等，走出国门，积极参与国际化竞争。

3. 加强应急疫苗供应体系建设协调

将应急疫苗供应体系建设提高到国家战略的高度，建立海关、疾病预防控制中心、医院等多方位的监控体系；构建政府、军队、企业联合攻关小组；组建应急疫苗国家工程中心；增强应急保障能力，建立健全应急疫苗研发、审批、生产、流通、储备、调用、接种等快速响应联动机制。从技术储备、产能储备和实物储备等方面，完善通常市场较小的应急疫苗研发、生产资源占用和库存产品的预定、应急征用和补偿制度。

参 考 文 献

包国峰，张喜雨，季克峰. 2000. 人工智能技术在医疗领域中的应用探索//山东医学会医疗器械专业委员会第八次学术年会. 济南.
北京生物医药产业发展报告编辑委员会. 2015. 启航：2015 北京生物医药产业发展报告. 北京：科学出版社.
陈慧灵. 2012. 面向智能决策问题的机器学习方法研究. 长春：吉林大学.
陈薇，曹诚. 2014. 生物技术发展年鉴（2013）.北京：军事医学科学出版社.
陈卓信，严碧泳. 2016. 基于大数据的智能医疗系统分析与研究. 科技经济导刊，（12）：22-26.
董建华. 2007. 走向互操作的中国医疗信息网络——如何借鉴美国经验加快发展过程. 成都：中华医院信息网络大会.
谷泓铮，朱建英，周斌. 2016. 中美创新药注册制度的比较研究. 中国医药工业，47（5）：656-659.
管吉，杨树欣，管叶，等. 2014. 3D 打印技术在医疗领域的研究进展. 中国医疗设备，（4）：71，72，135.
国家食品药品监督管理总局药品审评中心. 2015. 2014 年中国药品审评年度报告. 药学进展，39（4）：241-250.
国务院. 2010. 国务院关于加快培育和发展战略性新兴产业的决定. 国发〔2010〕32 号. http://www.gov.cn/zhengce/content/2010-10/18/content_1274.htm.
国务院. 2015-05-08. 国务院关于印发《中国制造 2025》的通知. 国发〔2015〕28 号. http://www.mof.gov.cn/zhengwuxinxi/zhengcefabu/201505/t20150519_1233751.htm [2018-08-21].
焦鹏，陈必强. 2016. 新一代生物工艺研发与制造技术及高通量微小型生物反应器. 中国工程科学，18（4）：44-50.

金奇. 医学分子病毒学. 2001. 北京：科学出版社.

李明. 2011. 智能医疗在中国发展现状、问题和对策分析. 北京：中国科学技术大学.

李琼，刘文君，姚东明，等. 2016. 我国医疗体制改革中药品注册及生产政策回顾与解读. 世界最新医学信息文摘，16（34）：295，296.

罗伟，李珊珊，田夫，等. 2005. 虚拟现实技术在医疗中的应用. 中华医院管理，21（12）：837，838.

毛开云，杨露，王恒哲，等. 2015. 生物技术药物市场现状与发展趋势. 中国生物工程，35（1）：111-119.

聂彩辉，徐寒梅. 2014. 多肽类药物的发展现状. 药物进展，38（3）：196-202.

任菁菁，何前锋，金瓯，等. 2011. 感知健康、智能医疗——物联网在医疗健康领域的应用. 中国信息界（e医疗），（3）：46-48.

沙玉申. 2016. 对我国药品审评审批制度的观察与思考. 医学与法学，8（2）：56-61.

石光，刘芳瑜. 2016. 我国生物医药产业发展的现状与对策. 中国卫生政策研究，9（3）：16-19.

汤森路透. 2015-12-01. 全球生物药物研发进展及市场概览（2015）汤森路透数据库. https://max.book118.com/html/2017/0623/117598109.shtm.

田德桥. 2016. 美国生物防御药品疫苗研发机制与项目资助情况分析. 生物技术通讯，27（4）：535-541.

杨利敏，李晶，高福，等. 2015. 埃博拉病毒疫苗研究进展. 生物工程学报，31（1）：1-23.

曾照芳，安琳. 2007. 人工智能技术在临床医疗诊断中的应用及发展. 现代医学仪器与应用，（5）：22-25.

詹庆. 2013. 云计算与智慧医疗系统建设. 信息系统工程，（12）：145，146.

赵铠. 2013. 疫苗研究与应用. 北京：人民卫生出版社.

中华人民共和国国务院新闻办公室.《中国的医疗卫生事业》白皮书. 2012-12-26. http://www.scio.gov.cn/zxbd/nd/2012/document/1262122/1262122.htm.

Boddie C，Sell T K，Watson M. 2015. Federal Funding for health security in FY2016. Health Security，13（3）：186-206.

Butler D. 2017. Billion-dollar project aims to prep vaccines before epidemics hit. Nature，541（7638）：444，445.

Dormitzer P R，Suphaphiphat P，Gibson D G，et al. 2013. Synthetic generation of influenza vaccine viruses for rapid response to pandemics. Science Translational Medicine，5（185）：185ra68.

Frischknecht F. 2003. The history of biological warfare：human experimentation modern nightmares and lone madmen in the twentieth century. EMBO Reports，4（Spec）：S47-52.

GSK Annual Report 2015. 2015. https://www.gsk.com/media/4697/gsk-annual-report-2015.pdf.

Hart M K，Saviolakis G A，Welkos S L，et al. 2014. Advanced Development of the rF1V and rBV A/B Vaccines：Progress and Challenges. Advances in Preventive Medicine，2012：731604.

Kontermann R E. 2016. Half-life extended biotherapeutics. Expert Opinion Biological

Therapy，16（7）：903-915.

Malkevich N V，Basu S，Rudge T L Jr，et al. 2013. Effect of anthrax immune globulin on response to Biothrax（anthrax vaccine adsorbed）in New Zealand white rabbits. Antimicrobial Agents and Chemotherapy，57（11）：5693-5696.

Marzi A，Halfmann P，Hill-Batorski L，et al. 2015. An Ebola whole-virus vaccine is protective in nonhuman primates. Science，348（6233）：439-442.

Migone T-S，Subramanian G M，Zhong J，et al. 2009. Raxibacumab for the treatment of inhalational anthrax. New England Journal of Medicine，361（2）：135-144.

Minang J T，Inglefield J R，Harris A M，et al. 2014. Enhanced early innate and T cell-mediated responses in subjects immunized with Anthrax Vaccine Adsorbed Plus CPG 7909（AV7909）. Vaccine，32（50）：6847-6854.

Mire C E，Matassov D，Geisbert J B，et al. 2015. Single-dose attenuated Vesiculovax vaccines protect primates against Ebola Makona virus. Nature，520（7549）：688-691.

National Institute of Allergy and Infectious Diseases. 2016. Fiscal Year 2016 Fact Book. https://www.niaid.nih.gov/sites/default/files/FY16FactBook.pdf.

Paddon C J，Keasling J D. 2014. Semi-synthetic artemisinin：a model for the use of synthetic biology in pharmaceutical development. Nature Reviews Microbiology，12（5）：355-367.

Regulation and licensing of biological products in countries with newly developing regulatory authorities. WHO TRS No.858.

Saito T，Fujii T，Kanatani Y，et al. 2009. Clinical and immunological response to attenuated tissue-cultured smallpox vaccine LC16m8. The Journal of the American Medical Association，301（10）：1025-1033.

Synbioproject. 2015-9-16. U.S. trends in synthetic biology research funding. https://www.wilsoncenter.org/sites/default/files/final_web_print_sept2015_0.pdf.

The National Academies Press. 2004. Giving full measure to countermeasures：addressing problems in the DOD program to develop medical countermeasures against biological warfare agents. National Academies Press. http://www.nap.edu/catalog/.

Turecek P L，Bossard M J，Schoetens F，et al. 2016. PEGylation of biopharmaceuticals：a review of chemistry and nonclinical safety information of approved drugs.Journal of Pharmaceutical Sciences，105（2）：460-475.

United States Government Accountability Office. 2018-08-24. DOD has strengthened coordination on medical countermeasures but can improve its process for threat prioritization. http:// www.gao.gov/products/GAO-14-442.

Vollmar J，Arndtz N，Eckl K M，et al. 2006. Safety and immunogenicity of IMVAMUNE，a promising candidate as a third generation smallpox vaccine. Vaccine，24（12）：2065-2070.

Strohl W R. 2015. Fusion proteins for half-life extension of biologics as a strategyto make biobetters. BioDrugs，29（4）：215-239.

Zahn R，Gillisen G，Roos A，et al. 2012. Ad35 and ad26 vaccine vectors induce potent and cross-reactive antibody and T-cell responses to multiple filovirus species. PLoS

ONE, 7（12）: e44115.

Zhu F-C, Hou L-H, Li J-X, et al. 2015. Safety and immunogenicity of a novel recombinant adenovirus type-5 vector-based Ebola vaccine in healthy adults in China: preliminary report of a randomised, double-blind, placebo-controlled, phase 1 trial. Lancet, 385（9984）: 2272-2279.

第三章 生 物 农 业

一、生物农业产业发展重点方向与关键技术

随着人民生活水平的提高，我国对粮食和农产品量与质的要求都将有所提升，动植物健康及绿色治理产业将有巨大的市场需求。但传统的农药和兽药很难满足动植物健康产业的发展，必须有重大突破和颠覆性技术来引领该产业的发展。近年已显示出良好前景的 RNA 干扰技术、植物免疫诱导技术和昆虫信息素很可能促进动植物健康治理向绿色治理转型。

（一）植物免疫诱导技术

植物免疫诱导剂是指药物或其代谢产物没有直接的杀菌或抗病毒活性，药物或代谢产物能够诱导植物免疫系统使植物获得或提高对病菌的抗性及抗逆性。这类植物免疫诱导剂一般分为两类：植物免疫诱导子（蛋白质、寡糖、生物代谢产物或有机活性小分子）和植物免疫诱导菌（木霉菌、芽孢杆菌）。

诱导子是指一类可以诱导寄主植物产生免疫抗性反应的活性分子，这种免疫抗性反应涉及植物生理生化、形态反应、植保素积累及抗病基因表达等方面。诱导子从来源上可分为生物源和非生物源活性分子。生物诱导子是指微生物、动物、植物活体及其代谢产物，或寄主植物与病原菌互作产生的活性小分子，根据化学性质，生物诱导子可分为寡糖类诱导子、糖蛋白或糖肽类诱导子、蛋白类或多肽类诱导子及脂类诱导子。这些诱导子通过与植物细胞表面的受体结合，激发植物的防御反应，使植物产生系统

抗性。植物在生长过程中，会受到各种生物的和非生物的胁迫。为了生存和繁殖，植物必须对这些胁迫做出及时的和相应的反应。在植物受到病菌侵害时，过敏反应（hypersensitive response，HR）将被激活，造成病菌感染处的细胞死亡，从而能够抑制病菌的扩散和营养的流失。同时，植物还通过系统获得抗性的机制来保护自身。这种抗性远离一级、二级免疫反应的位点，以便保护植物免于病原菌的再次攻击。植物免疫所产生的信号传导主要包括水杨酸、茉莉酸、乙烯和脱落酸途径，调控植物抗病基因（resistance gene，R-gene）的表达，能够有效地防御大部分的病原菌。由于植物免疫代谢过程是由一个网络系统进行调控的，在这个网络调控中，植物抗性和植物生长的代谢也有交互影响，在植物免疫诱导的过程中，除了抗性反应外，植物还会根据胁迫的种类和程度，主动调节自己的生理进程，包括发育和开花等。

近年来，植物免疫诱抗剂的研发与应用在以绿色生物防治手段防治植物病、虫害的基础上又有了新的突破。利用免疫诱导技术提高植物自身抗性，是有害生物绿色防控的新技术和新方法，能大幅度减轻病、虫害发生，减少或免用化学农药，是解决环境污染问题，实现农产品安全、农药零增长的有效途径，成为作物健康问题解决方案的重要基础，在作物病、虫害综合防治，以及增产、增收计划中发挥越来越重要的作用。随着全民对食品安全、粮食安全和环境安全问题的逐渐重视，以及政府对化学农药的限制使用政策，免疫诱抗剂不仅在粮食作物、果蔬等作物病、虫害综合防控中的需求逐渐增加，而且广大用户的接受程度也在不断增强，由此带动了免疫诱抗剂产业的迅速发展。

植物激活剂能刺激植物自身系统获得抗病性能，是今后植物保护的新方向和新领域，商品化的植物激活剂有苯并噻二唑、噻酰菌胺、2，6-二氯异烟酸、N-氰甲基-2-氯异烟酰胺、烯丙异噻唑、茉莉酸甲酯、异噻菌胺等。合成了含有苯并噻二唑阳离子结合阴离子的新盐衍生物来改变了所得产物的物理性质和抗菌性能，同时保留了系统获得抗病性的诱导性能。该药剂由于生产成本高昂而未在全球普及。噻酰菌胺是稻瘟病防治药剂，能诱导烟草植株抗性基因的表达，并能代谢产生具有诱导抗病活性的4-甲基-1，2，3-噻二唑-5-甲酸。异噻菌胺可激发水稻的天然防御机制防治稻瘟病。这两个品种仅在日本应用较多，在其他地区的应用受到种植结构等因素的限制。此外，美国生物农药公司的虎杖提取物也具有很好的诱导抗病活性，该药剂 2017 年由先正达公司在全球销售。

作为一类新型的多功能生物农药，已有部分产品（如蛋白诱导子、寡糖、脱落酸、枯草芽孢杆菌及木霉菌等）在国内管理部门登记注册，并得到大面积的推广应用。这些免疫诱抗药物的共同突出特点不同于传统的杀菌剂，它们并不直接杀死病原菌，而是通过调节植物的新陈代谢，诱导植物自身的免疫系统和生长系统，增强植物产生广谱性的抗病、抗逆能力。由中国农业科学院植物保护研究所根据植物免疫诱导技术最新研究成果开发出来的全球第一个抗植物病毒病蛋白质生物农药——阿泰灵，于 2014 年获得农药登记证上市以来，受到了广大农户的好评，经田间试验示范表明：阿泰灵对农作物病毒病的防控效果达 70% 以上，抗农作物病毒病的效果比市场上现有的抗病毒剂药物提高 30%～40%；提高粮食作物、蔬菜、水果和茶叶产量 10% 以上。植物免疫诱导剂农药的研发正在成为当今国际新型生物农药的重要发展方向，并迅速成为具有巨大发展前景的新兴战略产业。该领域的研究将对国际植物保护重大基础理论研究做出重要贡献，并将大大提升我国在植物免疫领域的地位和实力，对我国农业的可持续发展、生态环境保护、粮食和食品安全具有十分重要的意义。

（二）RNA 干扰技术

RNA 杀虫剂就是利用 RNA 干扰技术暂时性关闭害虫生长发育过程中的关键基因，阻碍其正常的生长发育，从而导致害虫发育停滞或死亡。RNA 干扰技术没有改变害虫的基因组，不会对生态系统产生影响；该技术还可以针对某种害虫自身的特异基因而设计，不会影响包括天敌在内的任何其他生物，从而实现目标害虫的精准防控。同时，也可以利用几种害虫共有的靶标基因设计多种害虫种间广谱性杀虫剂，提高害虫防治的效率。

由于每种作物都可能会受到多种病、虫的危害，我们只可能对作物上的某个重要农业害虫进行提前的转基因预防，不可能让每种作物同时表达对付所有病、虫危害的双链 RNA。因此，将双链 RNA 制成针对不同种类病虫、害虫的杀虫剂，根据实际情况灵活应用显得更加可行。孟山都公司可能不是最早有这种想法的公司，但该公司却将这种想法最早进行了实施。2015 年，该公司已经研发出了针对科罗拉多马铃薯甲虫的第一个 RNA 喷雾剂，该产品有望在 2020 年问世。利用 RNA 干扰技术开发 RNA 杀虫剂不论从技术上还是应用上，在国际上都已经有了大量的研究报道，也为利用这项技术开发高效、低毒的 RNA 杀虫剂提供了大量的理论依据。

由于 RNA 作为杀虫剂的天然优势，目前国际上众多大学、研究机构和农药生产厂商均投入巨资进行研发。例如，为了解决螨虫导致的蜂群崩溃综合征，2011 年美国的孟山都公司收购了以色列 Beeologics 公司，后者发明了一种只要给蜜蜂喂糖水就能应用的 RNA 干扰技术。此外，英国国家蜜蜂单位（U.K.'s National Bee Unit）与阿伯丁大学合作，研发用于保护蜜蜂的基因沉默技术。在其他农业领域的应用方面，孟山都公司于 2012 年与阿里拉姆公司合作投入 2920 万美元用于农业 RNA 干扰技术的开发。并于 2013 年与陶氏化学公司互相授权了 RNA 干扰在玉米抗虫、抗除草剂研究和应用方面的合作，并启动了一项称为 smartstax 的计划，大约每年投入 2000 万美元。其他的农药公司在 RNA 杀虫剂方面也有大量投入，如瑞士的先正达公司于 2012 年投入 4.03 亿欧元收购了比利时的 Devgen 公司，后者主要从事 RNA 干扰技术在害虫防治方面的研究与应用，其开发的相关产品已经进入田间实验测试阶段。杜邦先锋（DuPont Pioneer）也于 2011 年启动了关于大豆和玉米的 RNA 干扰抗虫研究，2012 年宣布投入 3000 万美元进行前期的基础研究。

（三）昆虫信息素

利用昆虫信息素的监测与测报方法灵敏度高、操作简便、费用低。可指导适时用药，并有效减少化学防治次数。利用昆虫信息素及配套诱捕器，可调查害虫发生的世代，诱捕各时期的害虫，掌握发生规律，从而使虫害发生区根据捕到的害虫数量，及时准确地监测害虫发生期、发生量、发生范围和消长动态，为防治害虫提供可靠的依据。

昆虫信息素防治害虫的方法主要有大量诱捕法和迷向法两种。大量诱捕法是利用性信息素引诱昆虫交配，集中诱杀，降低下一代虫口密度；或应用聚集信息素和植物源引诱剂大量诱捕雌、雄成虫，降低虫口数量，以减轻害虫的危害情况。迷向法通过释放信息素来干扰昆虫交配和通信，降低害虫交配机会，以降低下一代虫口密度。

昆虫信息素主要有性信息素、聚集信息素、示踪信息素、报警信息素、疏散信息素及植物源诱导剂等。其中研究及应用最多的是昆虫性信息素、聚集信息素及植物源引诱剂。昆虫信息素只对昆虫同种间个体起作用，具有不伤害天敌的特性，对人畜、野生动物等通常无毒性问题。由于其高度专一性、用量少，而且在种群密度低时效果更好，长期使用不产生抗药性，受到人们的信赖。截至 2017 年，昆虫信息素主要用于虫情监测调查和防治抑制害虫，降低虫口密度。1999 年，我国农业部颁布的《生产绿色食品的农药使用准则》中指定昆虫信息素是 AA 级和 A 级绿色食品生产中唯一允许使用的动物源农药。

2017 年，国外已经有许多成熟的昆虫信息素产品及几十种诱捕器产品，所有信息素产品的发展主要有几个方向：性信息素引诱剂、植物源引诱剂、迷向剂及趋避剂等。美国、日本、德国、法国、巴西在植物及森林保护的综合治理中都采用了信息素方法，降低了杀虫剂的用量。欧美等国家及地区对小蠹虫的监测非常重视，经过三十多年的研究和应用，其监控和防治技术已经相当成熟。例如，欧洲常年用于监测的小蠹虫聚集信息素及诱捕器约有 88 万套，仅捷克一个国家就有 18 万～25 万套。1991 年美国在宾夕法尼亚 2331hm^2 的林地上空投了 14 000 个含有 20μg 舞毒蛾性信息素的诱捕器大量诱捕该虫，并在轻度危害的林区获得了成功。有关数据显示，仅 2006 年利用迷向剂防治苹果蠹蛾的总面积约为 15.7 万 hm^2，其中北美洲 7 万 hm^2，南美洲 1.55 万 hm^2，欧洲 4.3 万 hm^2，澳大利亚 0.45 万 hm^2；防治梨小食心虫的总面积为 5 万 hm^2，其中北美洲 1.7 万 hm^2，南美洲 0.4 万 hm^2，欧洲 1.3 万 hm^2；防治葡萄螟蛾总面积为 10.2 万 hm^2；防治棉红铃虫、棉铃虫总面积为 5.5 万 hm^2；北美洲防治舞毒蛾的总面积为 29 万 hm^2。到 2009 年，梨小食心虫和苹果蠹蛾两种害虫在全球的迷向防治面积达到 70 万 hm^2，占迷向法防治害虫面积的 85%以上。

二、主要动植物种业行动计划

生物种业是国家战略性、基础性核心产业，是保障国家食物安全的根本，事关我国人民的饭碗。生物种业是基于基因工程、细胞工程和胚胎工程等现代生物技术，充分挖掘、利用生物基因资源，培育和推广一系列性能优良的动植物新品种而形成的新兴产业，包括农作物种业，林、果、花、草种业和农业动物种业等。

（一）主要动植物种业创新的战略性地位

1. 保障国家粮食安全的战略选择

2003～2015 年我国粮食生产取得了十二连增的可喜成绩，但人口大国的基本国情决定了粮食安全始终是农业生产与现代化建设的首要任务。在收入增加和结构调整等因素的带动下，我国人均粮食消费量将在 2030 年前保持快速增长。居民对肉、蛋和奶制品需求的不断增长，又进一步推动对饲料谷物的需求。据预测，到 2030 年，我国粮食总需求量将攀升至 7.2 亿 t，之后还将进一步增长。这与我国 2016 年 6.16 亿 t 产量相比，缺口 1.04 亿 t。为了调结构、转方式、保生态，我国届时即使保持 85%左右的自给率水平，总产量也需达到 6.1 亿 t 以上，仍需在十二连增的较高基数上继续稳中有增。这在当前资源环境硬约束日益趋紧的形势下，任务十分艰巨。此外，保障我国农产品供应，依靠国际市场仅能调剂余缺，因此以我为主的方针不能动摇。

良种是粮食生产各要素的核心。通过种业技术突破，进一步提升单位面积产量（以下简称单产），已成为保障粮食安全的根本。2017 年我国农作物良种对增产的贡献率已达 43%，但创新驱动的潜力仍然很大。在农业发达国家，良种对农业增产的贡献率已超过 60%。根据联合国粮食及农业组织预测，未来全球粮食总产增长的 80% 将依赖于单产水平的提高，而单产提高的 60%～80%有赖于种业科技进步。

2. 提升生态修复能力的重要举措

我国资源与生态环境承载能力日益脆弱，农产品质量问题频发，农业比较效益下降，生态安全面临较大威胁。

构建环境友好型农业需要新型良种支撑。2007～2017 年，我国因异常气候、极端天气，农业受灾面积年均 3 亿亩以上。我国农药、化肥每年的使用量分别为 180 万 t 和 5800 万 t，均居世界第一，但化肥利用率仅在 30%左右，并且造成了严重的环境污染。发展可持续农业，迫切需要依靠种业自主创新，从源头上培育多抗广适、资源高效、高产优质的新型品种。

生态治理需要林木良种创新。我国森林覆盖率 21.63%，生态环境脆弱区面积占国土面积的 60% 以上，生态灾害不断，碳排放总量近世界 1/3，生态治理的任务艰巨。我国平均每公顷森林蓄积量只有 89.97m³，不到日本的 1/2、德国的 1/4，差距很大。我国政府已对国际社会做出承诺，力争到 2020 年森林面积增加 4000 万 hm²，森林蓄积量增加 13 亿 m³，全国 5300 万 hm² 可治理沙化土地一半以上得到治理。要完成上述目标的核心是通过自主创新培育速生、优质、抗逆林木新品种。

3. 发展我国种业产业的核心要素

种业是国际农业竞争的战略高地。发达国家对全球农产品市场的主导权，建立在以强大种业为支撑的农业产业基础上。美国是世界种业强国，也是农业强国。截至 2015 年，美国玉米出口量占全球 30.4%，大豆出口量占全球 35.7%；丹麦种猪业的发展使其成为世界第一畜牧强国；荷兰花卉贸易额占全球 40%；挪威三文鱼占世界三文鱼市场 50%以上，成为国家支柱产业。我国通过种业技术创新，自主选育的农作物品种占据了主导地位，水稻、小麦、大豆、油菜等几乎全部为我国自主选育的品种，有效保障了我国农业产业安全。

自主创新对我国种业产业的发展至关重要。我国通过以杂种优势利用为代表的自主技术创新，推动了农作物种业的快速发展，水稻、小麦等口粮作物实现自主品种全覆盖。自 1976 年开始推广杂交水稻，到 2016 年累计推广 80 亿亩，增产超过 7.5 亿 t。在畜禽方面，通过蛋鸡品种创制与推广，自主品种在国内市场的占有率从 2004 年的 25%提升到 2013 年的 50%。水产育种发展迅速，自主创新的新品种达 156 个。因此，确保谷物基本自给、口粮绝对安全，把 13.9 亿（2017 年）中国人的饭碗牢牢端在自己手中，关键是要实现主要动植物种业的科技创新发展。

（二）主要动植物种业创新的成长性和成熟度

动植物育种的基础是数量遗传学，而传统的动植物遗传学主要以孟德尔遗传学为基础，运用统计学的方法，研究数量性状的遗传和变异规律，主要包括数量性状的数学模型和遗传参数估计、选择原理和方法、近交和杂交的遗传效应分析。20 世纪 80 年代以来，人类基因组计划的启动和顺利实施推动了动植物分子遗传学的进步，包括动植物结构基因组学、功能基因组学、比较基因组学、蛋白组学，以及生物信息学的产生和蓬勃发展，为动植物遗传改良奠定了更加坚实的遗传学基础。以此为基础，传统动植物育种理论有了较大飞跃，2017 年结合全基因组关联分析、标记辅助选择、全基因组选择等分子数量遗传手段的育种新领域的开辟，标志着动植物育种进入了一个新的时代。利用动植物全基因组标记信息结合生物信息学分析，动植物分子育种技术平台已经开始建立，并在育种实践中不断完善。

卵母细胞资源开发、体外受精、体细胞核移植、干细胞建系，以及锌指核酸酶、类转录激活因子效应物核酸酶、成簇规律间隔短回文重复与 Cas9 蛋白（CRISPR\Cas9）和结构引导内切酶等基因操作技术已取得了长足发展。将其与传统动植物育种技术相结合将对动植物种业创新产生重大影响。

初步构建种业科技创新体系。先后经历了优良农家品种筛选、矮化育种、杂种优势利用、分子育种等发展阶段，形成了较完善的育种技术体系。建立较完整的种质资源收集保存、繁殖更新、评价与创新体系，安全保存农作物种质资源 47 万份。初步解析动植物产量，以及品质、抗性、育性等性状形成的分子基础，促进了品种改良方法和理论进步。据统计 2012～2013 年全球发表水稻产量相关高水平论文（IF>9）25 篇，其中中国 17 篇，占 68%。中国在水稻功能基因组、杂交稻育种等方面居国际领先地位。

初步建立了种业科技联合攻关机制。以科技计划为载体，以项目为纽带，在不断推出动植物新品种的同时，也推动了良种科技计划组织机制创新，逐步探索建立起多种富有成效的产、学、研紧密结合的协同攻关模式。这种模式的关键是在品种选育阶段，由科研单位与企业协同攻关，快速培育优良新品种，将企业作为产业化阶段的主体，科研单位和种子管理部门深度参与，加快品种推广速度。这种产、学、研结合模式在推动大品种的选育与产业化方面，发挥了极为重要的作用。

初步形成了中国特色的种业科技创新组织体系。通过科技体制改革及科技计划实施，推动了我国种业科技创新组织体系建设，形成了以各级科学院、涉农院校等为主体的基础研究体系，以国家级农业科学院、涉农大学和涉农企业参与形成的关键技术研究体系，以省级农业科学院、农业大学为主体的区域创新体系，涵盖国家和省部级重点实验室、工程技术研究中心、农作物改良中心等平台体系。

总体上，在理论研究与前沿技术基础方面，已经开发出农作物高通量育种芯片，构建起具有独立知识产权的 60K 水稻单核苷酸多态性芯片和 3K 玉米单核苷酸多态性芯片、玉米真实性鉴定指纹数据平台和水稻简单重复序列指纹数据平台，单核苷酸多态性分子标记辅助选择、基因芯片技术与常规育种技术初步结合应用，强杂种优势利用、远缘杂交、农作物单倍体育种、理化诱变、育种信息化系统等技术相对成熟并不断升级；在动物领域，开发出智能化奶牛、生猪发情监测预警系统及家禽、奶牛全自动性能测定系统，基因组选择技术规模化应用于奶牛、猪品种培育，动物体细胞培养技术、胚胎生物技术与性别控制、繁殖调控技术已部分规模化应用；在林木领域，倍性育种、强化育种技术已经初步产业化应用。

（三）主要动植物种业创新研发与国际先进水平的差距

动植物领域的国际跨国企业纷纷进入中国市场，我国自产农产品中外国品种的比重越来越大，本土市场已成全球竞争的焦点。2015 年外国玉米品种在我国推广面积已达 6955 万亩。美国的白羽肉鸡占据了我国几乎全部的快大型肉鸡市场，英国的樱桃谷鸭占据了我国 80%以上的肉鸭市场。上述产品的关键技术与核心资源均不在我国，我国不仅需要支付巨额使用费，同时也加剧了我国种业的疫病风险、引种风险，提高了农业的对外依存度，造成我国潜在的政治经济风险。因此，必须狠抓源头，在种业自主创新的竞争中实现超越，牢牢掌控农业产业的主动权。

传统育种只能在同种或亲缘关系很近的物种之间进行，且自发性突变作为选种的前提，其发生概率相当低。转基因技术则可克服上述问题，通过导入外源基因，改造动植物的基因组，加快生长速度，增强抗病力和抗逆性，提高产量及品质，并带动了许多相关学科的快速发展。国际转基因生物产业发展迅猛，转基因作物种植面积持续扩大，转基因三文鱼进入消费市场。2015 年，全球 28 个国家种植了转基因作物，种植面积达 1.797 亿 hm²。美国是最大的转基因作物种植国，2015 年种植面积达到 7090 万 hm²，占全球转基因作物种植面积的 39%。全球转基因种子市值已占据 1/3 商业种子市场。2015 年美国批准首个转基因动物，即一种生长更快的转基因三文鱼，作为商业化食品用于人类消费，转基因三文鱼是世界上第一种商业化生产的食用转基因动物。近 10 年来，通过实施转基因重大专项，我国转基因技术研发与产业化进入快速发展期，在转基因动植物新品种培育、基因克隆与功能验证及规模化转基因操作技术、转基因生物安全技术、转基因生物新品种中试推广等领域取得显著进步。整体达到国际先进水平，部分领域国际领先，但在转基因产品产业化方面，我国与发达国家的差距正逐步拉大，目前仅转基因棉花实现了产业化。我国在基因克隆和转基因操作技术方面自主创新能力显著增强，但有重大育种价值基因的克隆与育种利用研究、转基因核心技术的源头创新能力不足。

总体判断，我国生物种业科技历经几十年的发展，具备了从基础研究、应用研究到成果推广等创新与应用能力。尽管如此，我国与发达国家之间仍有较大差距。主要表现在：一是技术自主创新不足，点片式创新突出，系统集成不足；科研与产业仍未紧密结合，资源、技术流动转化不足，企业技术创新能力弱。二是产品自主创新需求迫切，农业供给侧结构性改革对品种提出更新换代的新要求，而目前品种不能完全满足产出高效、产品安全、资源节约、环境友好的需求。我国的玉米、大豆、奶牛单产水平和性状指标与欧美国家相比差距很大，缺乏竞争力。三是企业自主创新亟待强化。产业化运营历程相对较短、商业化育种体系刚刚起步、现代化生产体系亟待升级、集成式推广体系尚未建立，使得我国企业在产业链各环节与跨国企业相比差距较大。四是产业自主创新挑战形势严峻。全球动植物领域的跨国企业巨头进入中国市场后，对我国种业造成了巨大冲击。我国玉米15%、高端花卉20%种业市场被跨国种业公司品种占领，规模化养殖的良种种源基本依赖进口。

（四）主要动植物种业创新研发与产业化主要瓶颈

随着经济、科技发展的全球化，发达国家跨入了国家育种体系和公司育种体系并重时代，国际动植物种业企业集中度日益提高，更向规模化、集团化发展。与之相比，我国动植物种业面临着一系列瓶颈。

原始创新、集成创新能力不够。我国目前在动植物分子生物学研究方面，对于重大科学问题缺乏原始创新；研究方法上往往是套用国外现成的技术；科研部门之间比较独立，集成创新的能力不够。为了高效地实现对重要农艺性状的改良，必须加强对复杂性状的基因调控网络研究，构建并完善具有自主知识产权的生物育种体系，促进理论研究与育种实践的紧密结合，推动我国生物育种研究扎扎实实地走上自主创新的发展轨道。

研究内容重复、研究深度不够。我国许多研究机构均已投入大量人力、物力，广泛加入到生物育种行列中来，但是由于相关研究的基础较为薄弱、科研人员力量分散，因而许多研究内容表现为低水平重复，缺乏研究深度，有重大科学发现或有重要应用前景的成果非常缺乏。这种现象在短期内很难有质的改变，这在很大程度上影响了我国生物育种技术的健康、快速发展。

我国动植物种业人才队伍建设也存在不足，具有国际影响力的领军型人才偏少。基地、平台数量相对较少，专业领域相对狭窄，还没有发挥对科技创新的支撑作用。

随着相关基因工程技术的快速发展，以基因组编辑技术为首的转基因技术已成为主要动植物育种的重要手段。但目前，缺乏相关的产业化政策，需加紧制定转基因、基因组编辑主要动植物的相关检测标准，相关品系（种）认定标准等。

（五）主要动植物种业创新发展工程的理由及可行性

主要动植物种业创新是提高我国农业科技创新能力的关键措施，对保障我国粮食安全、提高现代农用种业科技竞争力至关重要。只有加大科技创新力度，跻身技术研发的前沿，才能抓住战略性新兴产业的发展契机，推进动植物种业跨越发展。因缺乏市场激励机制，企业积极性不足，需要国家政策和战略的支持。通过专项的实施，依靠国家战略进行明晰定位，顶层设计带来体制上的优势，产、学、研的合作，责、权、利的合理界定，可保证主要动植物种业体系建设及时有序地执行，有效避免国家资源的浪费。

实施主要动植物种业创新发展工程具备良好的前期工作基础：一是建立了完善的国家种质资源保护体系。长期保存作物种质资源总量超过49万份，居世界第二，其中含有大量具有抗病虫、抗逆和优异品质性状等突出育种价值的种质。2001～2017年我国共审定农作物品种约2万个，授权新品种权近5000件，其中大量品种有待进一步开发。我国成功培育并推广的杂交水稻、杂交小麦、京红系列蛋鸡、中林46杨、三倍体毛白杨、双系杂交杉木等部分动植物品种处于国际先进水平。二是在种业理论研究与前沿技术探索方面取得进展，开发出高通量育种芯片，单核苷酸多态性分子标记辅助选择、基因芯片技术与常规育种技术初步结合应用。动物基因组选择技术规模化应用于奶牛、猪品种培育，动物体细胞培养技术、胚胎生物技术与性别控制、繁殖调控技术已部分规模化应用。三是公共创新平台不断完善。种业相关领域已建立7个国家科技基础条件平台、38个国家重点实验室、28个国家工程实验室、69个国家工程（技术）研究中心、30个农业部重点实验室、50个现代农业产业技术体系、122个农作物改良中心（分中心）、226个国家林木良种基地。四是产、学、研协作创新不断发展，已组建企业与科研单位共同参与的种业产业技术创新战略联盟，集聚驱动创新要素的国家农业科技园区协同创新战略联盟，逐步探索产、学、研紧密结合的协作攻关模式和种业成果托管交易平台。国际合作向纵深发展。我国与全球146个国家和地区建立了种子贸易关系，国际合作从单纯的种子贸易向海外制种、本土化研发转变。

（六）主要动植物种业创新发展工程方案

本工程以《中共中央 国务院关于深化体制机制改革加快实施创新驱动发展战略的若干意见》《中共中央 国务院关于加大改革创新力度 加快农业现代化建设的若干意见》《国务院关于加快推进现代农作物种业发展的意见》《国务院办公厅关于深化种业体制改革提高创新能力的意见》等重大政策为指引，基于粮食安全、生态修复和产业创新等国家需求，根据《全国农业可持续发展规划（2015—2030 年）》和《全国现代农作物种业发展规划（2012—2020 年）》等规划，综合考虑未来转方式、调结构，以及农民增收对农业生物结构性、多样性需求，覆盖农业植物、动物、林木等领域，重点突破分子设计育种、细胞工程与染色体工程、性状定向改良、干细胞育种等非转基因生物技术，远缘杂交、杂种优势利用、人工诱变等常规育种技术，以及表型自动测定、工程化育种、高效制繁种、种子精深加工、全程信息化等现代种业关键技术，并进行系统集成，从而以自主创新的科技研发为支撑，有力推动民族种业做大、做强，建设种业强国。

在"十三五"期间，首先选择提高粮食生产能力的主粮作物，具备抗逆境、耐盐碱、资源高效利用等绿色性状的主要农作物，适应机械化等农业生产方式变革及推进农业结构调整的物种，在保障我国食物消费需求方面存在"卡脖子"问题的畜、禽、水产，以及国家生态修复、环境治理急需的物种领域，优先部署专项行动。

实施策略上，在现代种业的技术创新、品种创新、企业创新和产业创新的各环节，推进一二三产业融合、全链条增值和产业化、品牌化发展的新模式。将企业作为主体，依托国家级农业科技园区及农业技术推广体系，整合利用国家现有科技资源与创新平台，进一步发挥科技特派员制度的优势，形成品种培育、高效制繁种、示范推广等种业自主创新基地，以及三大行业性平台（支撑种业转型升级的高通量科技服务平台，利用云计算、物联网、大数据、移动互联网等新一代信息技术的智慧种业平台，以及引入种业科技产权和品牌交易、种业基金、银行、保险等的金融与交易平台），并与科研院所、高等学校及新农村发展研究院、职业院校、科技特派员队伍合作，推动形成新型种业服务体系，共建品牌种业。

2020年的具体技术与经济指标：实现种业自主创新能力显著提升。育种及产业化关键技术实现重点突破与集成应用；打造产业带动作用强的核心骨干企业，重点建成商业化育种体系，自主创新能力大幅提升，成为国家种业自主创新的中坚力量，健全国内种业管理与监测体系；我国种业的自主保障能力显著提升；启动国际市场拓展战略，争取两家以上领军企业进入全球种业前10强。推动主要农作物单产较当前整体提升8%，良种对增产贡献率超过50%；主要畜禽自主品种整体市场份额达30%以上，部分畜禽自主品种市场占有率达55%以上，主要水产养殖种类自主品种良种覆盖率达45%以上，养殖成活率提高20%以上；通过种业创新推动林木良种使用率达70%以上；食用菌自主品种的占有率达20%以上。

（七）推行主要动植物种业创新发展工程之后能达到的技术水平与产业发展

通过主要动植物种业创新发展工程的实施，大幅度提升我国生物农业科技创新能力，颠覆性高新技术研发、产业重大技术突破、关键核心技术与重大产品创新达到世界领先水平；建立完善的以重点龙头企业为创新主体，产、学、研相结合的创新技术平台和技术集成体系，从而提升技术创新和成果转化能力，推动生物农业的快速健康发展，强力支撑和保障国家粮食安全与农产品有效供给。

建成工程化全产业链技术创新体系，推动民族种业实现创新驱动的跨越式发展。在杂种优势利用领域突破产业化应用的瓶颈因素，进一步扩大领先优势，引领全球技术发展。突破分子设计育种、单倍体育种、性状定向改良、性能自动测定、大规模高效繁育加工及信息技术等关键技术的集成应用，加速形成产品领先优势。集成全球创新要素，突破机械化程度低、资源利用率低等"卡脖子"问题，实现关键物种核心技术"弯道超车"。以绿色、营养、安全、高效为切入点，显著提高我国种业的附加值。

良种在粮食增产中的贡献率达 50%以上，适宜全程机械化作业的绿色、优质作物品种推广面积占总播种面积的 30%以上。

培育畜禽特色新种质及配套系 5～10 个，主要选育畜禽品种生产性能提高 10%～15%，国内市场占有率平均提升 20%～25%，良种在畜禽养殖中的增产贡献率达 30%以上。

水产领域良种覆盖率达 40%以上，遗传改良率达到 35%，良种增产贡献率达到 30%。

主要用材树种材积生长量提高 10%，人工林碳储量提高 15%，主要木本粮油新品种单产提高 15%，重要草种子平均单产增加 10%以上。

（八）主要动植物种业创新发展工程资金需求及筹措渠道

主要动植物种业创新是一个系统工程，涉及政府管理部门、行业协会、技术推广机构、育种企业、科研单位等多个组织。纵观动植物种业发达国家的育种历程，在初期大多是以国家扶持为主，政策上给予倾斜，资金上给予补贴，提高科研机构、育种企业和个人的积极性，从而建立系统的国家育种体系。在取得一定育种成效之后，国家更多从宏观层面上进行政策导向，具体事务交由公司化的育种组织进行。在完全进入良性循环之后，育种企业和养殖户、种植户紧密结合，政府在国家育种体系中的角色逐渐弱化，更多由育种组织履行其职能。

本工程总实施周期设计为 15 年，总投资概算 260 亿元。其中，中央财政拨款约 130 亿元，占工程总概算的 50%；地方政府财政投入约 30 亿元，占工程总概算的 12%；种业企业自筹资金约 52 亿元，占工程总概算的 20%；基金等社会资金投入约 47 亿元，占总概算的 18%。

"十三五"期间（2016～2020 年）是工程关键实施期，投入概算占总概算的 35%。其中，中央财政拨款约 49 亿元，占期间工程总概算的 54%；地方政府财政投入约 11 亿元，占期间工程总概算的 12%；企业自筹资金约 17 亿元，占期间工程总概算的 19%；基金等社会资金投入约 14 亿元，占期间工程总概算的 15%。

（九）主要动植物种业创新发展工程政策需求

1. 根据国家科技计划改革要求组织实施

根据国务院《关于深化中央财政科技计划（专项、基金等）管理改革的方案》的精神和《国家科技重大专项管理暂行规定》的要求，由部际联席会和战略咨询与综合评审委员会负责该工程的组织论证，并依托专业机构管理。做好该工程与国家重大需求、"十三五"规划的衔接。

2. 构建集成式协同创新模式

推进政、产、学、研、用相结合，在种业产业技术创新战略联盟的基础上，充分吸纳企业技术中心、国家重点实验室、国家工程（技术）研究中心、国家工程实验室、国家农作物改良中心（分中心）、农业部重点实验室等已有条件平台，实现大型科研设施市场化开放共享；重组整合我国在技术研发、品种创制、繁育生产、转化推广等各环节的优势资源，构建支撑产业核心竞争力的国家新型种业创新平台及区域性创新企业集群，带动大众创业、万众创新；通过跨领域、跨区域、跨学科的联合、兼并，推动创新资源向企业聚集、向产业聚集，并转化为生产力；将种植大户、专业合作社、家庭农场等新兴经营主体及农产品加工流通企业作为需求方和使用方纳入种业创新，推进互联、互通，实现科技入户。

在主要动植物种业创新发展工程任务实施中，坚持以企业为主体，公益性科研院所和高等学校为支撑的原则，选择有一定基础、成长性好、对我国种业自主创新和参与国际竞争起到引领作用的企业作为重大工程实施主体，优势科研单位承担基础性、共性研究任务，形成企业和科研单位协同攻关体系，共同支撑该工程的实施。

3. 引入动态可控的工程管理机制

建立市场化决策的资源分配机制。从战略契合度、投入产出比、技术可行性和知识产权合规性等维度综合评价各项任务投入。建立参与单位遴选与绩效考核机制。在实施关键节点进行绩效考核与闸门式控制，对异常课题进行预警和调整。建立知识产权管理与收益分配机制。对参与单位提供的资源材料进行确权登记，签订技术转移保密协议和预期成果所有权与收益权分配协议。

4. 建立技术和产品快速转化与应用机制

充分发挥互联网+、云平台、万众创业的创新活力，加快技术与产品的辐射推广。加强种业科技服务，利用种业成果托管平台、成果价值评估和评价平台、产权交易平台和农业科技金融平台，推动技术成果入市。打造一批具有广泛行业美誉度和农户认知度的种业企业品牌、产品品牌和服务品牌。结合新型绿色品种的推广，通过网络营销、直销、产销对接、农超对接、种粮结合、种肥结合、种药结合、综合对农服务等方式创新商业模式。

5. 建立多元化投入机制

发挥政府投入资金的带动作用，建立先投入与后补助相结合、可调节滚动补助的财政投入机制。鼓励育、繁、推一体化种业企业增加研发投入。创新金融模式，支持种业基金、种业银行、种业保险和国际资本以适当方式进行投资，充分发挥金融杠杆的能动作用。

6. 加强国际化能力建设

结合国家"一带一路"倡议和新丝绸之路创新品牌行动，实施种业企业走出去和引进来策略。重点在东南亚、中亚、南亚、非洲和南美地区建立动植物新品种的培育和示范推广基地，加强海外知识产权保护，开拓国际种业市场，为创建中国种业的国际品牌奠定扎实的基础。在全球范围内整合创新要素，推进国际资源交流，引进先进技术装备、优秀专业人才、高效管理模式。

三、动植物营养和健康产业行动计划

动植物营养和健康产业的产品主要应用于种植业及养殖业，是我国农业产业的重要组成部分，在确保我国粮食安全、农产品质量安全、农业生态环境安全，以及支撑农业可持续发展等方面起着重要的支撑作用。

（一）动植物营养和健康产业的战略性地位

动植物营养和健康产业是农业的重要组成部分，是发展种植业和养殖业、改善人民膳食结构、提高人民生活和健康水平的重要产业。

农药是重要的农业生产资料和救灾物资，对防治农业有害生物，保障农业丰收，以及控制卫生、工业等相关领域有害生物起着不可或缺的作用。

兽药作为养殖业发展的三大支柱（品种、饲料、兽药）之一，是保障养殖业和宠物保健业健康发展的物质基础。

推进农业科技发展和创新早已成为世界各国的战略共识。实现农业发展方式转变，既要依靠传统产业技术和装备的换代升级，也要以先进新兴产业颠覆、替代传统产业。

随着我国人民生活水平的提高，以及国内对粮食和农产品量和质要求的提升，传统的农、兽药很难满足目前的需求，必须有重大突破和颠覆性技术来引领产业的发展，动植物营养和健康产业是保障粮食安全的重要手段。

（二）动植物营养和健康产业的成长性和成熟度

动植物营养和健康产业的技术体系涉及动植物免疫学，以及基因工程、生物信息学、分子生物学等技术。经过 2007～2017 年的发展，我国在这些领域中已经取得了积极的成果。

植物免疫诱导技术：植物免疫诱导剂能够诱导植物免疫系统使植物获得或提高对病菌的抗性及抗逆性。植物免疫诱抗剂农药的研发正在成为当今国际新型生物农药的前沿领域，其作为战略性新兴产业具有巨大的发展前景。

RNA 干扰技术：RNA 杀虫剂的杀虫原理是利用 RNA 干扰技术将害虫生长发育过程中的关键基因暂时性关闭，使其无法正常地生长发育，进而导致死亡。RNA 干扰技术还可以对某种害虫的特异基因进行针对性设计，不会对包括其天敌在内的其他生物造成任何影响，从而实现对目标害虫的精准防控。

昆虫信息素：将昆虫信息素配合诱捕器共同使用，可诱集害虫、集中防控，利用趋避、报警、行为信息素等控制病、虫害发生，对处于不同生长期的害虫进行诱捕进而掌握其发生规律，及时、准确地监测害虫发生期、发生范围和消长动态，为病、虫害的防治工作提供科学的依据。

药物靶标技术：确定靶向特定疾病有关的靶标分子是现代新药开发的基础，如 DNA、RNA 或蛋白质。药物靶标开发包括确定基因顺序和变化、表达产物分子的功能、表达的调节和控制、相关的组织细胞特异性，以及确定靶标有效性和获取靶标技术等。

药物分子设计技术：现代兽药研发倾向于精准、无抗性、无公害、无生态环境威胁的新趋势，基于靶标的计算机辅助农、兽药分子设计技术就成为农、兽药研发的最新方向。基于靶标的药物分子设计，除了把活性作为主要评价指标外，还要综合考虑环境因素。例如，建立毒性预测体系、环境代谢预测模型，以及致癌、致畸、致突变的预测模型，构建上述模型有利于从源头上降低农业药物创制的风险。

先导化合物与合成生物学技术：先导发现是生物农、兽药创制的核心技术。针对已有兽药和农药，根据药物靶蛋白构效关系，通过组合生物合成、合成生物学和生物转化等生物技术进行新结构的衍生和改造，也逐渐成为农、兽药创新的途径之一。

药物靶向传输技术：利用液晶、液膜、脂质、类脂质蛋白、生物降解型高分子等物质作为载体，药物通过局部或者全身血液循环运送并浓集于疾病靶区，使靶区药物浓度提高数倍乃至数百倍，最大限度地增强药物的疗效，减少药物的用量，降低不良反应，降低药物在非靶组织中的残留，达到高效、低毒、低残留的目的。

细胞悬浮培养技术：细胞悬浮培养技术是在生物反应器中，人工条件下高效率、大规模培养动物细胞用于生物制品生产的技术。不断成熟的大规模动物细胞培养技术也将更有力地推动兽用疫苗规模化发展。

抗体工程药物研发技术：抗体工程是指利用重组 DNA 和蛋白质工程技术，对抗体基因进行加工改造和重新装配，经转染适当的受体细胞后，表达抗体分子，或用细胞融合、化学修饰等方法改造抗体分子的工程。大力发展抗体的筛选、改造与大规模生产技术，研发动物用抗体药物也是兽药创新的重要途径。

新型诊断试剂研发技术：疾病的快速、准确诊断对于疾病的防控具有重要的意义。随着免疫学、生物学与化学科学的发展，采用多学科交叉的方法，研发动物用分子诊断试剂。重点发展基于免疫学、电化学、量子点等学科交叉的高通量、多病原快速诊断与鉴别诊断试剂，提高疾病诊断的准确性、敏感性。

在生物饲料方面：目标是在5～10年时间内实现生物饲料核心资源利用、关键技术和技术平台建设的突破，研制一批拥有自主知识产权的生物饲料产品，以保持我国饲料业和环境可持续发展为共同目标，以饲料用酶为拳头产品，饲料用抗菌肽、益生素等为后续产品，推进我国现代生物制剂产业群的形成、发展和壮大。

在生物肥料方面：研究功能微生物菌株与有机物料适配技术，研发不同外源功能微生物的营养特征及其与不同有机物料的复配技术和二次固体发酵工艺，研制功能微生物在产品储存过程中的活性保持技术。研发全元生物有机肥的复配技术与工艺，实现提高肥料效率、降低化学肥料施用量，以及增产、增效的综合效益。

土壤健康修复技术：解决土壤破坏的根本途径是增加土壤功能微生物的种类和数量，通过添加土壤有机质来维持庞大的功能微生物群体，抑制病原微生物的发生和发展，保障和促进植物健康生长。

通过微生物修复技术与产品的创制，着力改善我国农作物土壤结构。

土壤连作障碍：利用微生物在土壤中的生命活动，能促进作物产量提高，还能产生植物生长刺激素和拮抗某些致病微生物，可减少作物土传病、虫害的发生。

（三）与国际先进水平的差距

1. 具有自主知识产权的新品种的创制尚处于起步阶段

国际跨国大公司仍保持很大的技术优势，不断推出高效、低毒、对环境及生态友好的新一代绿色农、兽药品牌，基本上垄断了全球新农、兽药市场。

2. 产业交叉领域存在差距

兽药与农药、卫生药行业巨头正在利用资金、技术和市场多方面的优势强化现有产品和在研产品的拓展应用，以期实现利益的最大化。同发达国家一样，我国的动植物营养产业正在逐步向规模化、集约化方向发展，但目前仍处于起步阶段。

国际大公司积极收购生物农药公司先正达、拜耳、巴斯夫等 6 家公司，2015 年销售额达 450 亿～460 亿美元，占全球农药市场的 80% 左右，在发展战略性新兴产业中全球农药行业的大公司正在积极组织收购、并购新型战略性团队、技术与产品，具有前景的战略性新型技术与产品正在这些大公司中孵化、培养和壮大。

（四）动植物营养和健康研发与产业化主要瓶颈

1. 基础研究偏弱，新药创制平台不完善

研发投入不足、研究机构不完善、研发人员偏少是造成目前我国农、兽药产业研发和创新能力弱的主要原因；我国自主创新能力和关键技术装备国产化水平低。

2. 农、兽药企业规模小，产业结构不合理

我国农药和兽药行业在发展战略性新兴产业中单打独斗，缺乏优势企业支撑；我国农、兽药产业产品结构仍不合理、战略性新兴产业与产品的发展缓慢，市场占有率一直在 5% 左右。

3. 自主创新能力和关键技术装备国产化水平低

我国农、兽药产业出现了竞争加剧、利润下降之势；我国农、兽药行业市场集中度较低；高消耗与重污染问题严重，特殊污染物缺乏有效处理手段；动植物健康治理系统集成度不够，缺少从生产到销售全流程的大型企业。

（五）实施动植物营养和健康重大行动计划的理由及可行性

我国单位面积化学农药用量比世界平均水平高 2.5～5.0 倍；每年仅因

蔬菜农药残留超标导致的中毒人数就达 10 万人次；我国每年遭受农药残留污染的作物面积达 12 亿亩，海南发生过毒豇豆、毒节瓜事件，青岛发生过食用韭菜有机磷中毒事件；实施动植物营养和健康重大行动计划是保障我国农业可持续发展的需求，是保障人民健康和社会稳定的需求，还是保障食品质量与安全的需求。

1. 需要国家将其作为重大行动来安排的理由

我国农业生产中的动植物健康问题已成为国民食品安全的第一要素。我国农作物常发性病、虫害达 1000 余种，每年潜在损失粮食约 8000 万 t，每年防治病、虫害需使用化学农药 100 万 t 左右。农业生态污染严重。我国已成为农药生产和使用的第一大国。

我国是畜牧业生产大国，猪肉、羊肉、禽蛋产量居世界首位，禽肉产量居世界第二位，牛肉产量居世界第三位，奶类产量居世界第五位。畜牧业已成为我国农业的支柱产业，动物传染病的不断发生给我国畜牧业造成了巨大的经济损失。同时 SARS、动物流感、猪链球菌、动物结核、乙型脑炎等的发生与流行，不仅严重影响了畜产品的质量安全，同时还威胁到人民健康和社会安定。

通过绿色产品创制关键技术、最新研究成果的产业化与集成应用，是解决目前农产品越来越严重的质量安全问题的必要措施；是实现农、兽药产业结构调整的技术支撑；是保护环境，农民增收，农业稳产，实现农业可持续发展的必然要求。

2. 作为重大行动计划的可行性

我国开发的相关动植物营养与健康产品已达数十个品种，已成为一个较大的产业。在"十二五"期间，我国动植物营养生物产业的年发展增速达 10%以上。

"十三五"期间，通过技术创新已开发出安全、绿色的生物饲料添加剂产品，植物免疫诱抗剂、新型动物疫苗和全元生物有机肥等全球领先技术与产品，培育出 100 多家大、中型有关企业，引领我国生物产业的发展。

从市场需求来看，2015 年全球动物保健品市场市值 300 亿美元，研制更安全、高效、广谱、廉价、便于鉴别诊断的新型疫苗是基因工程疫苗发展的总体趋势，在不远的将来有望逐步取代传统疫苗，形成动物基因工程疫苗新型产业。

3. 与国家已有项目的关联度

在国家"十一五"规划和"十二五"规划指导下，有关动植物营养和健康在国家 863 计划、973 计划、重大新药创制科技重大专项等支持下，有关研究取得了积极进展，为项目的开发与产业发展打下了坚实的基础，如植物免疫诱导技术、动物基因工程疫苗等。其中部分项目的研究与发展已经达到了国际先进水平或国际领先水平。

但以前这些课题都是在病害或虫害暴发，对粮食安全生产造成较大影响的情况下设立的，有关基础研究还不够厚实，今后需要主动作为，未雨绸缪，从国家战略发展出发布局有关基础研究，加强课题导向，提早进行病、虫害防治工作。

（六）动植物营养和健康重大行动计划方案

动植物营养和健康重大行动计划的目的是通过 10～20 年的计划实施，形成我国动植物营养和健康及绿色治理创新技术体系，解决目前我国动植物生产过程中过量投入化学农、兽药，造成农产品农、兽药残留超标等质量安全和环境破坏等难题。

通过动植物营养和健康重大行动计划的实施，带动我国绿色农、兽药创制技术提升，促进农、兽药产业结构调整。建立一支自主创新能力强、有国际竞争力的动植物健康和绿色治理、研发队伍。

通过5～10年，重点在植物免疫诱导技术、RNA 干扰精准控害技术、土壤健康修复技术、基因工程疫苗、动物诊断试剂和生物诊疗试剂等方面取得突破，形成动植物健康和绿色治理新产品创新体系，促进我国绿色农药和兽药的发展。

1. 植物免疫诱导技术的培养

植物免疫诱导技术的各种类型激发子不断被发现，诱导作用的分子靶标、作用机制研究不断深入，研究诱导免疫反应的信号通路、植物体相关抗病、虫生理指标和相关基因的表达差异等。研发诱导植物抗病、抗虫的新技术和新产品。

2. RNA 干扰精准控害技术培育

通过在植物中表达病虫基因的双链 RNA，诱导产生小分子干扰 RNA，干扰或沉默病、虫害关键基因，从而抑制病、虫的生长、发育及致病性，实现作物对病、虫害的抗性；我们也可以体外合成和喷洒病虫基因小分子 RNA，干扰或沉默病虫关键基因，达到控制病、虫害的目的。

3. 土壤健康修复技术培育

目前全世界作物损失的 1/3 由土壤病、虫害引起，人工增加土壤中功能微生物的种类和数量是解决土壤问题的根本方法，添加过有机质的土壤适合功能微生物群体数的增长，进而抑制病原微生物，促进各种植物的生长。

4. 动物基因工程疫苗

采用现代分子生物学、生物信息学和基因工程技术，针对危害养殖业发展的重大疫病，创制安全、高效的基因工程疫苗及活载体多价疫苗，迅速形成一批具有市场竞争力的重大产品。

5. 新型化药、现代化中兽药及动物生物诊断与治疗制剂

我国相关科研机构从天然化合物中筛选、发掘并研制动物用新型化药；实现药物靶标和化合物的高通量筛选及新型化药的分子设计。利用现代制药工艺，开发具有自主知识产权的中兽药新制剂，实现中兽药的现代化。重点发展用于不同畜禽的干扰素、防御素、抗菌肽等治疗性生物制剂，创制快速、准确、使用方便的动物疫病新型诊断试剂，培育动物生物诊断与治疗制剂新兴产业。

6. 农、兽药研发原始创新与技术突破及新兴产业培育工程

围绕农、兽药研发原始创新与技术突破及新兴产业培育等重大科学问题，实施农、兽药研发原始创新能力提升工程，大力推进农、兽药研发领域的基础研究，不断增强我国农、兽药研发的原始创新能力，解决我国农、兽药创制中的技术问题。

（七）推行动植物营养和健康产业重大行动计划之后能达到的技术水平与产业发展水平

"十三五"期间，通过推行动植物营养和健康产业重大行动计划，在关键技术突破，重大产品创制，产、学、研平台建设，人才队伍建设等方面实现我国生物药物领域科学和技术发展的实质性跨越，积极抢占一批生物药物的前沿技术制高点，创制一批具有自主知识产权和国际竞争力的生物药物，建设一批生物药物中试基地，建立国际先进的产、学、研有机结合的产业化平台，加大产业化规模和速度，使我国生物药物创制和应用水平总体跨入国际先进行列，在重大关键技术和产品方面达到国际领先地位，使生物药物成为生物经济中增长速度快、质量效益好、带动效应强的战略性新兴产业，力争跨入生物药物产业强国行列，引领世界生物农业产业的发展。

我国的研发水平与世界水平相当，植物免疫生物诱抗药物研制等领域国际领先；我国在饲用酶制剂、植物提取物等方面的研究处于国际领先地位，饲用维生素和氨基酸产品取得了自主工艺，技术和市场突破较大，在国际市场整体处于优势地位。自"十二五"规划以来，动物营养相关生物产业概念有所延伸，也扩展了微生物及酶制剂等产品的应用领域。研究和发现新型先导化合物和明确新型药物作用靶标已经成为新型生物农药创制与开发的重要基础性工作。

在生物兽药方面，突破大规模悬浮培养、抗原浓缩等兽用疫苗制造关键技术。大规模悬浮培养、抗原浓缩、免疫佐剂与增强剂是当今疫苗生产的关键、核心技术，这些关键、核心技术的突破，打破了国际跨国公司的技术垄断，并且快速在我国一些大型兽用疫苗企业推广、应用，提高了口蹄疫疫苗的质量，极大地增强了我国兽用疫苗的市场竞争力，促进了产业的发展。

（八）动植物营养和健康产业重大行动计划资金需求及筹措渠道

建议国家可以结合国内动植物营养和健康产业发展现状，投入 10 亿～

20 亿元用于动植物营养和健康产业化专项。投入部分资金用于动植物营养和健康产业新技术〔如目前处于国际领先水平的技术和产品（植物免疫诱导技术、RNA 干扰技术、动物基因工程疫苗等）〕的研发。

通过与大型企业进行产品研发合作，以企业自筹方式筹备研发资金；以招标或定向委托的形式吸纳社会资源，引导科研机构、企业留出足够的资源承担动植物营养和健康产品研发。

（九）动植物营养和健康产业重大行动计划政策需求

动植物健康不仅关系到国家粮食安全和农产品质量安全，而且关系到家禽、家畜、伴侣动物及野生动物的生命健康，与人们生活质量、人类健康和生命安全及国家声誉息息相关，因此应从战略高度和全局角度，推动我国动植物健康及绿色治理产业的发展。将动植物健康及绿色治理新兴产业纳入国家优先发展的产业领域；建立科学合理的农药、兽药管理体系；培育重点企业，加快产业化升级；建立多方投入研发的机制；促进区域规划，完善创新人才培养和考评体系；加强区域规划，促进产业健康发展。

1. 将动植物健康及绿色治理新兴产业纳入国家优先发展的产业领域

政府相关部门应协同制定动植物健康及绿色治理新兴产业发展的国家中长期发展规划，将其纳入国家优先发展的产业领域，创制一批具有自主知识产权和国际竞争力的动植物健康治理产品，将产、学、研有机结合起来进而建立国际一流的产业化平台，扩大产业化规模，提高产业化发展速度，培育一批在国际市场有较强竞争力的动植物健康及绿色治理企业，全面推动动植物健康及绿色治理战略性新兴产业发展。

2. 建立科学合理的农、兽药管理体系

建立科学合理的农、兽药行业管理体系，从研究开发、生产流通到储存使用等全过程都要强化管理。重点在于加大知识产权保护、三废排放、经营流通、农技服务等方面的管理力度。加强农药行业知识产权保护力度，在农药行业准入及产品生产许可等环节的审核中注重知识产权保护，维护企业合法权益。

3. 培育重点企业，加快产业化升级

企业是培育和发展现代农业战略性新兴产业的主力军，着力建设以企业为主体，市场为导向，产、学、研相结合的技术创新体系。加速重大企业的培育，加强产、学、研对接，促进新技术、新产品的产业化。

4. 建立多方投入研发的机制

建立和完善以政府为主体、社会力量广泛参与的多元化投入机制。合理配置国家科技资源，加大对公益性农业技术的研发投入，不断拓展农业技术研发范围和研发深度。同时，积极吸纳社会资源投入到技术研发领域中来。

5. 促进区域规划、完善创新人才培养和考评体系

探索建立相对稳定的支持渠道和资助途径，加快研发进程、减少资源浪费。挑选和培育一批优秀创新人才和团队，给予长期稳定支持；对于研发优势明显的团队，可采取非竞争性委托方式承担项目。完善以竞争机制、激励机制、评价机制和监督机制为核心的运行机制，建立滚动支持、动态调整、择优支持、快速反应的灵活管理机制，提高管理效率。

6. 加强区域规划，促进产业健康发展

制定相关产业的全国性区域布局规划，既要调动地区发展现代农业战略性新兴产业的积极性，又要防止一哄而上、过度发展对产业发展造成不利影响。在安全环保、企业登记审核、技术研发平台资助等方面采用行政手段进行重点引导，促进国内产业发展优势集中。增强农药产业内部的分工与协作，增强优势企业集团与中小企业的合作，大力推进组织结构调整，促进动植物产业健康发展。

四、促进我国生物农业产业发展的政策措施与建议

（一）针对生物农药产品

保证产品的商品性和质量；丰富生物农药种类，针对靶标开发相应产

品和使用技术；准确定位，培育市场。目前大农户、农业公司、高端农产品、高端种植户对生物农药需求旺盛，因此企业和经销商需提高市场服务能力，以此加强生物农药的推广和应用。

（二）针对政策层

制定国家层面的生物农药发展战略、宏观支持政策；对生物农药防治技术实施补贴政策，将对化学农药的补贴转变为对生物农药、生物防治、生态保护、预防措施的补贴；推动生物农药科研、生产、推广、应用协同公关；对生物农药的登记管理、税收政策，生产、流通等实行最优惠政策。

（三）针对应用技术层面

转变传统的药剂选择标准，把选择性、生态安全性、农产品质量安全等作为选择药剂的主要指标，注重宣传生物农药的优点和特性，逐步提高生物农药在整个防治中的比重；优先使用生物农药，制定以生态、生物农药为基础的作物综合防治技术体系，并通过示范、宣传、培训活动加以推广；与科研、生产企业开展协作；为农民提供生物农药与病、虫害防治技术服务和信息服务。

（四）针对使用层面

对农药残留严格管控，对农残超标产品不姑息；开展针对性的技术培训，为农药提供生物农药信息、技术、产品；转变观念，培养可持续发展、容忍、质量优先的理念；对非化学农药、生物防治农产品实行补贴；鼓励小规模农户成立农民协会、社区服务组织、互助组织等，规模化应用生物农药，提高种植效益。

第四章　绿色生物制造产业

一、重点发展方向

（一）生物制造的发展状况与趋势

1. 生物制造的定义、范畴和分类

1）定义

生物制造是指以生物体机能进行大规模物质加工与物质转化、为社会发展提供工业商品的新行业，是以微生物细胞或以酶蛋白为催化剂进行化学品合成或以生物质为原料转化合成能源化学品与材料，促使能源与化学品脱离石油化学工业路线的新模式，主要表现为先进发酵工程、现代酶工程、生物炼制、生物过程工程等新技术的发明与应用，其典型特征是低碳循环、绿色清洁。

2）范畴和分类

广义的现代生物制造产业包含两类重点领域：①以可再生的生物质为原材料，进行大规模物质加工与物质转化，将其变成消费者、化工工业和能源工业可利用的产品和物质材料；②运用生物工艺，包括发酵工程、现代酶工程（以酶蛋白为催化剂）或其他生物催化剂等技术，实现绿色生物工艺对传统化学工艺路线的替代。

2. 生物制造产业发展状况与趋势

作为生物产业的重要组成部分，生物制造是生物基产品实现产业化的

基础平台。据美国农业部的报告，2012 年美国生物基产品市场经济产值达到 3530 亿美元，超过 GDP 的 2.2%。美国农业部预测，到 2025 年占 22% 的全球化学产品将由生物基原料制造。经济合作与发展组织在《面向 2030 年的生物经济》报告中预计，至 2030 年，35% 的化学品和其他工业品将出自生物制造，生物制造在生物经济中的贡献率将达到 39%，超过生物农业（36%）和生物医药（25%）。截至 2017 年，我国从事生物制造的相关企业有 5000 多家，总产值规模约 15 000 亿元，现代生物制造产业超过 4000 亿元。全球生物制造依然还处于行业发展的早期阶段，随着工业生物技术的突破，以及下游商业化应用的不断开拓，预计 2030 年前均将加速增长，年均增速将超过 15%。

3. 各国的政策措施和对我国的启示

生物制造产业将成为继信息产业之后世界经济中又一个新的主导产业，正引发世界经济格局的重大调整和国家综合国力的重大变化，抢占生物制造技术和生物制造产业的制高点已成为世界各国科技竞争的焦点。美国、欧盟、日本等发达国家和地区都把生物制造放在重要的战略地位。美国、欧盟、日本等全球主要发达国家和地区纷纷将包括生物制造在内的生物产业纳入国家发展战略，制定积极的产业促进政策，使其成为解决国家提升人民健康、加强环境保护、解决保障资源等一系列关键难题的重要手段。

1）美国

美国把生物制造确定为 11 项颠覆性制造业技术之一，2012 年 4 月美国发布《国家生物经济蓝图》，2014 年 4 月又发布《生物工业化：加速化学品先进制造的路线图》，把生物经济列为优先发展的政策领域，积极推进工业生物制造战略的制定。为促进生物技术发展，美国成立专门的组织领导机构来跟踪生物技术的发展，研究、制定相应的财政预算、管理法规和税收政策。

此外，美国政府也出台多项政策，支持、鼓励生物基化学品市场开拓。2011 年美国农业部正式推出生物优先认证的生物基产品标签计划，为再生资源制造的产品提供认证。该标签计划有助于促进生物基产品的商业化和消费市场销售。2012 年政府又推出生物基产品优先采购计划，旨在扩大、创造生物基可持续产品市场。根据生物优先认证，目前大约5100 种产品已经具备联邦机构的采购资格。

美国一直十分重视工业生物技术领域的科研投入。目前其在工业生物技术领域的研发投入是欧盟各成员国投入总和的十倍，每年达到数百亿美元。目前美国生物制造行业有世界一流科研机构、大型生物化工企业与新创企业参与其中，结合美国联邦政府巨大的研发投入、及时规范的立法、雄厚的资本市场等国家竞争优势，生物制造水平世界领先。

2）欧盟

2012 年 2 月欧盟通过欧洲生物经济战略，2013 年欧盟启动科研创新计划——《地平线 2020》，2015 年欧盟又发布了《推动生物经济——面向欧洲不断繁荣的工业生物技术产业路线图》，采取一系列措施建设有竞争力的生物产业，为欧洲的经济增长和就业提供创新驱动。工业生物技术被确定为欧盟的六大关键势能技术之一，生物基产品被列为重点发展领域。根据欧盟发布的《欧盟生物炼制 2030 愿景》报告，到 2030 年欧盟将实现30%的化学产品由生物基制造，其中精细化学品比例达 50%，大宗基础化工原料比例达 10%。

目前欧盟主要通过立法、行政、财务等手段支持生物基产品的发展。通过加强综合污染预防控制一体化的相关立法，支持生物基产品的使用和促进新技术的扩散。要求欧盟各国中央和地方政府的采购办公室采购包括生物基产品在内的新产品。推广生物基产品标签，突出欧盟生物基产品概念，以吸引更多的消费者。

此外，欧盟一直持续对生物基产品的研发进行投入，其资金主要来源于公共财政的投资。其中欧盟第七研发框架计划是欧盟层面工业生物技术研发创新活动的最重要资助提供方。在一系列的政策支持和推动下，欧盟一直保持着酶技术及酶生产的世界领先水平，在生物化学、生物中间品和生物高聚合物领域保持优势。

3）日本

日本政府 2002 年提出"生物技术立国"的口号，并成立专门的生物技术战略委员会，日本政府倡导和推进政府研究机构、民间企业与大学间的合作和交流。据日本生物技术产业协会资料显示，政府研究机构与民间企业合作是日本生物技术产业的主要形式，共同推进生物技术及其产业化，且民间企业为生物技术的发展起着支撑作用。日本科研投入的80%以上来自民间企业，科研人员的65%以上也在民间企业。日本政府为了推进生物塑料等可再生资源使用，出台了《生物技术战略大纲》和《日本生物质综合战略》，计划在2020年，将日本20%的塑料改用可再生资源制造。

目前日本的生物技术及产业发展居于全球前列，在发酵工程、生物医药等多个生物技术产业领域均具有独特优势，拥有日本味之素公司、东丽株式会社等一批生物化工领先企业。

4. 合成生物学的进步将加速生物制造产业化

截至目前，合成生物学的一些特定应用价值已经逐步显现，但在工业生物技术、生物能源等工业部门的长期潜力依旧尚待开发，具体应用将会包括废物处理及降低可再生化学品、材料和燃料的成本等。据经济合作与发展组织预计，合成生物学的进步将推动生物基化工产品制造业加速发展，并促进强大的全球生物经济的发展。全球有超过4万亿美元的产品由化工转换而来，据最近的多项调查研究结果，至2030年，至少将有20%的石油化工生产可被生物产业化所代替。除了替代效应，生物产业化将带来化学、燃料及材料的应用中新分子的产生，这是目前通过化石燃料来源或传统制造所不能达到的。传统植物化学药物与保健品的植物提取将被逐步淘汰，转向生物合成制造，对珍稀自然资源的过度依赖和破坏局面将得到逐步缓解。

鉴于巨大的市场规模和增长率，各国政府和跨国企业在合成生物学技术开发领域投入了巨大的精力，国际竞争的态势逐步浮现。BCC的一项研究表明，截至2016年，通过合成生物学生产的化工产品市场规模增长到110亿美元。此外，麦肯锡全球研究院的研究也表明，合成生物学和生物产业化有望对现有生产技术产生颠覆性影响，并在2025年前，产生至少1000亿美元的经济影响。因此，一个强大的和颠覆性的新产业生态系统正在形成。在2009~2013年这一早期阶段，美国合成生物学商业公司的数量已经从54家增加到131家。因此，先进化工产品制造在能源、医疗、先进消费产品、农业、食品、化妆品和环境等领域的应用有望在可溯源的全球市场机会中带来数万亿美元的收益。

（二）生物制造对我国经济社会发展的战略意义

十八届五中全会通过了中共中央关于制定"十三五"规划的建议，首次提出把绿色发展作为五大发展理念之一，推动建立绿色低碳循环发展产业体系。践行绿色发展理念，首选是绿色制造。我国是世界第一制造大国，绿色制造的突破口是生物制造。2015 年 11 月，习近平在巴黎出席气候变化巴黎大会演讲中郑重承诺，2030 年左右使二氧化碳排放达到峰值并争取尽早实现，2030 年单位 GDP 二氧化碳排放比 2005 年下降 60%～65%，非化石能源占一次能源消费比重达到 20%左右[①]。兑现中国承诺，要有具体行动。生物质是自然界唯一含碳的可再生资源，具有特定单元结构，可减少或避免石油化工 C-C 键断裂过程及 C1 化学中 C-C 键成键过程，生物质高含氧特性使其适宜创制含氧化学品，同时全生命周期内不产生 CO_2。发展绿色生物制造，生产生物燃料，以及各种化学品和可降解生物材料是其最佳途径，也是化石资源节约和二氧化碳减排的关键手段。

1. 我国发展绿色生物制造资源丰富、潜力巨大

我国拥有丰富的、可利用的生物质，未利用的资源量包括：农作物秸秆 33 200 万 t，林业剩余物 15 220 万 t，农产品加工废弃物 5800 万 t，畜禽粪便 54 000 万 t，城市生活垃圾 4700 万 t，餐饮废弃油、棉籽油 535 万 t，工业废水、生活污水 43.23 万 t；我国还有宜农后备地 2787 万 hm^2，宜林后备地 5704 万 hm^2，薪炭林、油料木、灌木林、经济林 5675 万 hm^2，盐碱地 15 000 万 hm^2。我国可用于绿色生物制造的资源丰富、可支撑绿色发展的原料需求，若合理利用，集中替代有限类别产品，具有解决千万吨级化工产品的能力及潜力，关键在于科技创新，突破产品结构、关键技术及核心装备瓶颈。以纤维素燃料乙醇为例，未利用秸秆加上可利用的林业废

---

① 习近平在气候变化巴黎大会开幕式上的讲话. http://www.xinhuanet.com/world/2015-12/01/c_111 7309642.htm，2015-11-30.

弃物资源量超过 4 亿 t。只需利用其中 1/3，即可生产燃料乙醇 2000 万 t 以上。据不完全统计，目前各国已有数十个不同规模纤维素燃料乙醇项目在运行或建设，意大利贝塔公司年产 6 万 t 的生物秸秆、芦竹纤维乙醇装置已进入长周期商业化运转阶段，美国杜邦公司年产 7.5 万 t 的纤维素燃料乙醇装置也已经投入运行。我国建成了多套纤维素燃料乙醇的不同规模的中试和工业性试验装置，处于产业化示范阶段，预计商业化瓶颈将会很快被突破。

由于原料匮乏和缺少核心技术，我国大宗化学品面临产品结构不合理，低价值、高污染产品产能过剩，高附加值及关键化学品产能严重匮乏的现状；部分产品长期自给不足、对外依存度高。例如，PX 是我国最重要的芳烃品种之一，70%以上纺织行业原料及 80%以上食品、饮料包装瓶与 PX 直接相关。2014 年我国 PX 消费量约 2000 万 t，由 PX 生产的纤维相当于约 2.3 亿亩土地产出的棉花。然而，由于发展受限，我国 PX 长期自给不足，高度依赖进口。2014 年我国 PX 进口约 1000 万 t，约占消费量的一半，进口额约 126 亿美元，75%来自美、日、韩等发达国家。如果不能新建产能，我国 PX 供需缺口到 2020 年将达到 1500 万 t，严重危害国家经济和国防安全。

以生物质等绿色资源为基础，能够为 PX 等急、特需化学品提供新的可选原料。从农林废弃物出发制备 PX 是世界生物质利用技术开发的热点，在该领域我国与世界发展处在同步阶段，一旦在技术和产业上取得突破性进展，就有可能在生物基 PX 生产工艺方面处于世界领先地位，并节约数千万吨轻质石脑油原料，同时为生物航煤、生物橡胶等重大化工产品的技术开发、突破提供可借鉴的经验，抢占战略制高点，助力保障国家经济安全与国防安全，同时促进产业由中低端向中高端迈进，创造一个全新的化工产业链和经济增长点。

2. 生物制造有利于缓解粮食库存压力、保障食品安全

据有关方面提供的数据，我国每年至少有 3000 万 t 玉米超期储存，每年因霉变造成的粮食产后损失高达 2100 万 t，重金属超标粮食约 1200 万 t。扩大粮食燃料乙醇生产并推广应用是消化当前问题粮食的唯一现实可行途

径。初步估算我国利用问题粮食至少可生产燃料乙醇 1000 万 t，调制 E10 汽油 1 亿 t，同时可节约玉米储存的财政资金 30 亿元。2014 年农业部调查报告显示，我国污水灌溉区域面积约为 140 万 hm^2，其中重金属污染面积占 64.8%。利用植物提取法是土壤修复的有效手段，将重金属污染农田产生的生物质和问题粮食通过绿色生物制造进一步加工转化成生物燃料，不但能降低土壤中重金属含量，而且也能保障产品不进入食物链中，对于土壤修复、环境保护和食品安全具有一举多得的功效。

3. 绿色生物制造有利于延伸农业产业链，是解决"能源、环境、农业"三大难题的最佳结合

发展绿色生物制造可实现工业反哺农业，可以增加就业岗位，对于发展农村经济，具有十分重要的意义。绿色生物制造产业的发展，是将秸秆就地焚烧、畜禽粪便、生活垃圾等产生污染的负能量，转化成车用生物燃料或化学品，形成正能量，既改善能源结构，又减少环境污染，具有一举多得的效益。将农作物秸秆资源优先用于生产纤维素燃料乙醇，有助于解决汽油标号提升缺辛烷值难题，同时减少汽车尾气污染物排放，有利于治霾；油料作物种植和生产的油脂用于生产生物航煤，有助于解决航空液体燃料替代及碳减排难题；畜禽粪便、生活垃圾主要通过甲烷化生产生物燃气，有助于满足农村能源需求、解决环境难题。

4. 绿色生物制造有利于治霾，可以减碳，可为改善生态环境提供重要科技支撑

生物燃料在全生命周期内总体上具有节约化石能源、减排温室气体效果，生物燃料可降低汽车尾气中 CO、多环芳香烃、颗粒物等污染物排放量，已被发达国家作为主流减排手段。美国克莱斯勒汽车公司对使用 E10 汽油和普通汽油车辆的尾气排放测试结果表明，与普通汽油相比，使用 E10 汽油汽车尾气中 NO$_x$ 降低了 57.5%，CO 降低了 83.3%，非甲烷总烃（non-methane hydrocarbon，NMHC）降低 40.23%，有利于减少城市雾霾。生物柴油的推广应用不仅有助于减少机动车 PM[①]排放，同时找到了

---

① PM：particulate matter，颗粒物。

消纳地沟油的好办法，有利于解决地沟油回流餐桌的问题。飞机的污染物排放对雾霾的影响往往被人忽视。一架中型飞机起降过程的污染物排放量大约和 300 辆汽车相当，而且主要排放在逆温层，逆温层的形成是雾霾形成的主要气象条件。国际航空运输协会报告称，生物航煤在污染物减排，特别是二氧化碳减排方面具有巨大优势，生物航煤可以减少最高达 96% 的温室气体排放，因此生物航煤受到世界各国高度重视，生产技术研发与产品应用已接近商业化。

5. 发展绿色生物制造有利于带动制药、纺织、造纸等十多个重点污染行业的绿色工艺替代，实现节能减排

生物制造与传统高污染产业相结合，可根本改变产业发展方式，降低环境污染。例如，生物工艺应用于高耗能和高污染的重点行业——纸浆和造纸过程中，能在漂白过程中降低 40% 的能耗，减少 10%～15% 的氯排放。以纺织工业为例，由于发达国家纺织印染工业整体产值与规模较小，废水排放量较少，利用先进生物酶技术实行 3E 系统（效能 "efficient"、经济 "economy"、生态 "ecology"），已经实现了真正意义上的绿色印染加工。我国的纺织印染工业产值约占全球的 75%，同时也是排污大户，据统计，纺织工业废水在我国工业废水总排放量中占比 7.5%，位居工业行业第 5 位，而其中印染废水占到了整个纺织印染行业的 4/5，约占全国工业废水排放量的 6%。每天排放量在 300 万～400 万 t。生物工艺应用于纺织过程中，能使棉染整加工过程的综合成本下降 40.5%，能耗下降 42.9%，废水减排 32%。若在棉纺织全行业推广，在节省能源和减轻环境污染方面将产生 1350 亿～2000 亿元的经济效益。发展具有中国特色的纺织用酶工业，对我国建立生态纺织工业具有重要的推动作用，最终彻底改变产品输出国外、污染留在国内的局面。

（三）生物制造产业重点发展方向

1. 产业发展目标

建立先进的工业生物制造创新体系，培育战略性新兴产业以实现生物技术在化工、材料、制药、食品、纺织、能源、采矿、环保等国民经济诸

多领域中的渗透，提高生物能源、生物化工、生物材料、生物发酵、生物食品等生物产业技术水平，促进化学工业生产过程的节能减排和结构调整，提高工业产品生产效率，减少工业发展对化石资源的依赖，在节能减排、低碳经济、食品安全、产业进步与国际竞争力提升等方面做出重大贡献，促进我国工业经济增长方式的重大转变。

2020 年生物制造产业（不包括生物医药）总值将达到 1 万亿～1.1 万亿元的产值规模，10%～12%的化学产品将实现生物基制造，其中精细化学品中生物基产品替代率将达到 20%，产值 9000 亿元（含传统大宗发酵产品）。大力开展生物质原料和废物的深度利用，化废为宝，保护环境。详细的预计情况见表 4-1。

表 4-1　2020 年生物制造产业产值规模

项目	2020 年产值规模/亿元	生物基比例	2020 年生物基化学品产值/亿元
精细化学品	48 000	20%	9 000～10 000
大宗化工原料	22 000	2%	400～500
聚合物	26 000	3%	700～800
总计	96 000	10%～12%	10 100～11 300

预计 2020 年中国生物液体燃料的消费总量约为 1100 万 t。其中粮食（含受污染的粮食）燃料乙醇 500 万～600 万 t，木薯燃料乙醇 100 万～200 万 t，纤维素燃料乙醇 200 万～300 万 t，生物柴油与生物航煤 100 万 t。并充分利用国际市场，将进口生物燃料乙醇作为国内生产的一个补充。到 2020 年，生物燃料乙醇将占全国汽油名义消费量的 7%（与 2013 年全球平均水平相当，比所预测的 2020 年全球 12%的平均水平低 5 个百分点），生物航煤占全部航煤消费量的 2%～3%。

2. 产业重点发展方向

1）生物基化学品的制造与应用

根据产品附加值高低，以及产品产量规模（间接决定化石或生物基原料需求量），化工产品一般可以分为三类：①精细化学品，主要包括食品、饲料和医药添加剂、日用化学品、溶剂、表面活性剂、高性能材料等；②重要的化学单体、中间体及专用材料，主要包括具有重要下游应用或生产相对受限的重要化学单体和中间体，如多元醇、合成橡胶的中间体等；③大宗基础性化学品和大宗材料，主要指产量规模极大、价格较低的大宗基础性化工原料，如甲醇、乙烯、丙烯等。

精细化学品离终端消费者最近，附加值最高，代表了化学工业的技术先进程度，通常利润率最高，但技术创新和最终解决方案营销与服务能力要求也很高，中国在精细化学品领域的发展长期落后于欧美国家，是化工工业需要追赶发达国家的关键领域（提高精细化率）。

大宗化学品和材料的产量规模大、同质化程度高，是重要的基础工业原料。对中国而言，尚有许多天然资源依赖进口，包括石油、天然橡胶等，突破生物基合成路径、多元化化工原料，对于保障国家资源安全有非常重要的战略意义。

近期欧美等国的生物基产品的发展重点主要集中于精细化学品领域，其商业应用最为成熟且产品附加值高，使得生物基产品相对石油基原料成本高的劣势不再明显，且存在消费者在与人体健康密切相关的领域购买生物基产品的可能性，最为凸显生物基产品的社会效益和经济效益。在欧盟、美国、日本，此部分产业化进程顺利，商业模式成熟，主要以市场为主导，由研发实力强大的精细化工及农、粮、生、化企业为推动主力。而对于大宗的生物基化学品和生物材料而言，鉴于其成本竞争力仍明显弱于石油基路径（尤其对于美国，在获取大量低价的页岩气后，基础化工原料的成本进一步下降），经济效益欠佳，除少数具有成本优势的产品，极少实现大规模商业化，总体以学术机构或者研发型企业的技术储备和中小型试制为主。

基于以上分析，我们建议中国发展生物基产品可重点把握两大战略方向：①实现生物基精细化学品技术、产业化追赶；②实现重点生物基化学品和材料的技术、产业化超越。

A. 大宗生物基化学品

以重大化工产品生物制造及制造业改造升级为切入点，在与国民经济密切相关的高端和大宗化学品领域积极推动绿色生物制造的工艺路线形成，在高原子经济性的生物质转化路线、高效催化剂设计，以及生物炼制的引领性技术与核心装备等方面开展生物制造全链条协同攻关，攻克生物基产品的经济性瓶颈，使纤维素燃料乙醇实现商业化应用示范，推动纤维素糖工程炼制和装备技术的集成应用；形成具有国际领先水平的 PX、航煤等重大化工产品的生物制造路线，抢占产业的战略制高点。建立具有带动性的绿色生物制造示范区，培育出新型化工产业链和新的经济增长点。

B. 生物基精细化学品

大力推动特种食品、医药和添加剂、酶制剂等具有高附加值的生物基精细化学品的产品研发、工艺改进和大规模产业化进程；推动下游食品、保健品、医药、化妆品、饲料等企业的终端产品的竞争力提升和产业转型升级。

2）绿色过程替代

"十二五"期间，我国已经在纺织（印染、脱胶）、造纸（制浆、漂白、脱墨）、制革、采矿和勘探、生化合成等行业建成一系列绿色生物工艺的示范项目。"十三五"期间，国家应推进我国化工、食品、造纸、制革等传统工业过程绿色转型升级，以节能、减排、降耗的可持续发展为导向，加强重点行业的环保监管力度，推广绿色生物工艺。在化学工业、轻纺工业和食品工业领域中使用绿色生物工艺进一步提高生产效率，缩短生产步骤，并使废料、废液的产出量大幅度减少，提升相关行业的绿色制造水平。

建立生物印染、生物漂白、生物制革、生物制药等生物工艺技术，形成产业化工程示范，减少相关工业过程的水资源消耗、能量消耗、化学品使用量、污水排放量，实现节能减排30%以上。通过系统生物学和合成生物学技术重构与优化营养化学品的合成路线，建立生产效率高、污染排放少的生物制造过程，形成产业化工程示范，实现节能减排35%以上。

国家通过示范项目宣传和绿色工艺补贴制度等在主要高污染行业大力推广示范项目与相关工艺，进一步加强环保监督和排污处罚机制的落实到位，促使企业综合考虑污染物后处理成本及工艺改造成本，主动寻求生物工艺改造方案。为绿色化学产品和生物基产品的制造制定标准和标准化的评估方法并支持规模化生产以推动新市场扩张，并提倡健康可持续的生活方式。

3. 重点产品

1）纤维素乙醇

以纤维素（如秸秆、甘蔗渣、农林废弃物等）代替粮食作物作为原料来生产生物燃料，是 2017 年国际上公认的最具吸引力的下一代生物液体燃料的原料，并已经处于商业化前期阶段。酶水解是 2017 年全球最为看好的技术路线，美国纤维素乙醇生产成本已经从 2009 年的 2600～2700 美元/t 下降到了 2017 年的 1100 美元/t，其中酶制剂成本从 1000 美元/t 下降到了 180 美元/t，转化效率从每吨纤维素燃料乙醇需要 8～9t 生物质下降到了 4～5t。根据美国能源部的预计，在 2030 年前纤维素乙醇的生产成本有望进一步降到 700～800 美元/t，与美国玉米燃料乙醇处于同一水平线。

2017 年我国纤维素乙醇项目也同步进入商业化前期阶段。2017 年中粮集团有限公司、山东龙力生物科技股份有限公司（以下简称山东龙力）、河南天冠企业集团有限公司（以下简称河南天冠）等已经建立了或正在建设相关的中试和商业化装置。2017 年国内商业化的纤维素乙醇项目的生产成本为 8000 多元/t，与粮食燃料乙醇的销售价格基本持平，但比玉米燃料乙醇要高出 1000～2000 元/t。随着国内预处理技术、酶制剂和发酵技术水平的进一步提升，其成本在未来几年有望降到玉米燃料乙醇的水平，甚至可能更低。但国内企业在核心的纤维素酶制剂和戊糖发酵方面与国际领先企业（杜邦、DSM[①]、诺维信公司等）还有一定差距，需要重点突破。

另外，以农林生物质废弃物为原料，发展纤维素乙醇比 2017 年的生物发电能够创造更多的价值。2017 年每吨农林生物质废弃物能够生产约 0.18t 纤维素乙醇，实现 1500 元的产值。相比之下，生物发电大约只能有 800kW·h，实现 600～700 元的产值，不到纤维素乙醇的一半。因此，国家要对全国农林生物质废弃物的用途进行系统规划，优先考虑给未来纤维素乙醇项目预留一定的发展空间。

---

① DSM：Royal DSM，荷兰皇家帝斯曼集团。

在纤维素乙醇发展所建立的纤维素糖的基础上，集成各类糖工程技术，进一步向更高附加值的先进生物液体燃料、生物基精细化学品和生物基材料的开发是 2017 年国际上一个前沿趋势。杜邦、巴斯夫、Abengoa①、ZeaChem 等企业积极推进纤维素乙醇的商业化，但同时积极布局"生物炼制"技术的储备，并期望在纤维素乙醇商业化后，以其纤维素糖为平台，通过装置升级与集成，来生产丁醇、有机酸、表面活性剂、PX、PMMA［poly（methyl methacrylate），聚甲基丙烯酸甲酯］等更高附加值的产品，以最大化生物质的价值利用。

2）生物航煤

生物航煤有利于减少污染物的排放，更有利于减少二氧化碳排放，受到世界各国高度重视。从油脂原料出发制备生物航空燃料的技术已基本成熟，国内中国石油化工集团有限公司（以下简称中石化）、中国石油天然气集团有限公司（以下简称中石油）等单位均进行了验证性生产。生物航空燃料发展的真正制约因素为其较高的价格，由棕榈油等原料制备的生物航空燃料价格为 13 000～15 000 元/t，高于石化航煤价格。在原料稳定供给的基础上通过生产技术的改进降低其生产成本，实现原料（精制油脂到地沟油等餐饮废弃油及木质纤维素生物质）、技术（非选择加氢断键到化学键可控断裂）、副产品（油品及 LPG②）到 α-烯烃、聚合物前驱体等高附加值化学品）的全面升级，将生物航空燃料制备的综合成本降低到与石化航煤成本（随原油价格波动，一般为 4000～10 000 元/t）可竞争的水平，使生物航空燃料真正成为我国航空产业的现实推动力。

3）生物基 PX

2014 年我国对 PX 需求量超过 2000 万 t，而我国 PX 采用石油化工产品苯为原料生产，因 PX 生产及后续氧化工艺造成的环境问题而经常遭到地方百姓的抗议，我国每年进口的 PX 已超过 1000 万 t。如果采用生物制造新工艺，以低值生物质，如秸秆等为原料生产 PX，形成新的绿色 PX 生产工艺，不但可以解决 PX 生产的环境和安全问题，而且可以促进产业由

---

① Abengoa：Abengoa Solar，阿文戈亚太阳能公司。
② LPG：liquefied petroleum gas，液化石油气。

中低端向高端迈进，形成新型化工产业链和新增长点。由秸秆等生物质制PX 等芳烃，主要有生物质催化裂解、液相重整及催化转化和呋喃化合物双烯合成等代表性技术。其中前两条技术路线已有中试及产业化示范装置，美国 Anellotech 及 Virent 公司实验结果表明其生产成本分别为 836 美元（原料生物质成本 88 美元）/t 和 1498 美元（原料糖类成本 318 美元）/t，与石化 PX（1242 美元/t）处于可竞争水平。我国也已开发相应技术，若以秸秆等农林废弃物为原料，现有技术水平具备在农林废弃物集中区域进行中试及产业化示范的可行性。呋喃化合物双烯合成技术仍处实验室开发阶段，但其有望直接合成对苯二甲酸类产品，可实现 PX 合成及氧化步骤的完全替代，同时具有技术的先进与绿色环保等特性。

4）生物基增塑剂

增塑剂，又称塑化剂，是我国工业聚氯乙烯（PVC）制品的重要塑料助剂，在一般中性硬度的 PVC 制品中添加量为 25%～30%，软性 PVC 制品中可达 60%～70%。我国是世界上最大的增塑剂生产国与消费国，产能达 528 万 t/年。根据中国增塑剂行业协会的统计数据，2014 年我国增塑剂表观消费量399 万 t，其中邻苯二甲酸酯类增塑剂占66.4%，被广泛应用于人们生活中，如输液器、呼吸用具、儿童玩具、化妆品、地板、保鲜膜、包装袋等制品中，食品药品工业生产过程中接触物料，如工业橡胶管、塑料容器、瓶装饮料和食品瓶盖密封圈等产品中也可能存在邻苯二甲酸酯类增塑剂。据有关研究，邻苯二甲酸酯类塑化剂是一类具有生殖毒性和发育毒性的环境雌激素的邻苯类增塑剂，存在致癌、致畸、致突变的潜在毒性。欧盟、日本首先在食品包装、医疗用品、儿童玩具及其他与人体密切接触的 PVC 用品上限制邻苯类增塑剂的使用，美国、德国和丹麦等发达国家也通过立法逐步淘汰邻苯类增塑剂的使用。近几年我国 PVC 用品出口在国际市场上被欧美国家扣压、退货，造成巨大的经济损失，其主要原因就是增塑剂不达标。开发安全无毒的生物基增塑剂已成为行业可持续发展的关键，目前我国在该类产品上与欧美等发达国家处在同步发展的阶段，一些以植物油为原料的新型产品的综合成本降低到与石化邻苯类产品可竞争的水平，有望在未来五年内替代邻苯类产品40%左右，直接市场价值近 200 亿元，带动下游产业链包括儿童玩具、食品包装、医疗器械、特种纺织、生物可降解材料、农用薄膜、电子化学品、涂料、汽车配件、电线电缆等十几个行业 3000 亿～4000 亿元的产值。由生物基增塑剂的使用带来的食品安全、卫生用品安全等社会效益，更是不可估量。

5）新型生物基大宗化学品及其衍生物

丙烯酸是制造胶黏剂和密封剂及婴儿尿布等与消费者密切相关的产品的重要原料。2013 年全球仅丙烯酸市场就有 110 亿美元（不包括其衍生物），预计到 2020 年将达到 190 亿美元。消费者由于对环保和健康越来越看重，愿意为生物基的胶黏剂和密封剂及婴儿尿布等产品付出更高溢价。巴斯夫、诺维信、嘉吉、陶氏化学、Metabolix 等国际企业也不断增加对生物基丙烯酸的研发投入。中国企业在传统石化基丙烯酸方面已经落后于大型国际企业，生物基丙烯酸给中国企业赶超国外技术提供了一个好的契机。

多元醇是聚氨酯的一个重要原料，而聚氨酯则主要用于生产胶黏剂、密封剂和发泡材料等与消费者接触较多的产品。2020 年全球多元醇和聚氨酯市场将分别达到 230 亿美元和 700 亿美元。与生物基丙烯酸类似，出于健康、环保的原因，消费者也愿意为生物基多元醇和聚氨酯付出一定的溢价。因此，巴斯夫、陶氏化学、嘉吉、拜耳等企业也积极开发生物基多元醇和聚氨酯。"十二五"期间中国在石化聚氨酯方面已经取得了突破，未来在生物基多元醇和聚氨酯方面要继续保持优势。

异戊二烯是合成异戊橡胶（性能接近天然橡胶）的主要原料。一方面，在目前全球许多乙烯装置采用乙烷作为原料的情况下，异戊二烯全球石化产量受到限制。另一方面，天然橡胶是涉及国家国防安全的战略性资源，但全球产量集中在南美和东南亚，并且每年产量有限。因此，各国（美国、日本、法国）都十分重视生物基异戊二烯的开发。我国是天然橡胶的消费大国，但 2017 年自给率只有 25%，因此生物基异戊二烯的开发对我国的国防安全也至关重要。

此外，其他国际商业化和研究热点有生物基琥珀酸与 PBS（polybutadiene-styrene，聚丁二烯-苯乙烯）、丁二烯、聚乳酸、生物基丁醇、PHA（polyhydroxyalkanoates，聚羟基脂肪酸酯）、生物基环氧氯丙烷、生物基己二酸等领域。目前这些产品在应用领域或成本方面还有一定的缺陷，或者还处于商业化早期阶段，但相关研发机构应该及时关注其领域的发展动向。

6）现有大品种有机酸和氨基酸的衍生物

目前中国部分大宗有机酸（如柠檬酸）、氨基酸（如赖氨酸）低端同质化产品竞争严重，行业利润水平低，中国企业可充分利用剩余产能，开发更高附加值的衍生物产品，包括表面活性剂、生物基材料等。预计2020年全球表面活性剂市场将达到400亿～500亿美元，其中生物基的表面活性剂将占到1/3。中国是全球最大的大宗有机酸和氨基酸生产国，具有原料和成本优势。

氨基酸基生物材料，如尼龙 5x 是目前尼龙 6x 的一个潜在替代品。2012 年全球尼龙 6x 的市场规模 87 亿美元，到 2020 年预计将达到 140 亿美元，其中 2/3 用于尼龙纤维制品。包括中国在内的亚太地区是全球最大的消费地区，占到全球消费量的50%以上。目前化工合成的高性能、差异化的尼龙 6x 主要被 DSM、巴斯夫、霍尼韦尔、Ube 和 Capro 等公司所垄断。因此，通过赖氨酸生产尼龙 5x 将是打破国际垄断的一个重要途径。国际上，味之素与东丽也在共同推进利用赖氨酸生产尼龙 5x 的开发和商业化的尝试。中国同样是赖氨酸大国，目前国内已经实现了通过赖氨酸生产戊二胺和尼龙 5x 的初步开发，为产品进一步的商业化奠定了良好的基础。

7）特种食品、饲用和医药添加剂

2013 年全球特种食品、饲用和医药添加剂市场规模 4300 亿元，其中中国市场规模 1300 亿元。预计到 2020 年，全球和中国的市场规模将分别增长到 5600 亿元和 2300 亿元。特种食品、饲用与医药添加剂具有高毛利、小批量、多品种的特点，其利润空间能够达到 20%～40%，远高于传统大宗发酵产品（利润空间<10%）。另外，特种食品、饲用和医药添加剂对下游食品、保健品、医药、化妆品、饲料企业的终端产品的竞争力具有重大影响，因此也是推动未来中国下游相关产品进行转型升级的基础。目前国际上这个领域的大多数细分子行业都被欧美企业所垄断，中国企业主要在附加值相对较低的黄原胶、维生素、酸味剂、甜味剂领域能够占到一定的份额。

目前在消费者对更健康、更自然、更多口味的需求下及发酵等生物技术不断发展的驱动下，行业也正在经历变革。我国应该重点抓住以下几方面的发展机遇：①珍稀天然动植物资源等其他营养保健产品的生物合成，如虾青素、人参皂苷、白藜芦醇、罗汉果皂苷、甘露糖-6-磷酸等。②代糖、代盐类健康功能性产品，如功能性糖醇和风味酵母等。③生物法取代原本由化学法生产的大品种营养化学品，如氨基葡萄糖、核苷酸、人乳脂肪代用品、植物甾醇酯等。

8）工业酶制剂

虽然酶制剂在整个生物制造行业中规模不大，但对于国家整个生物制造产业的发展影响至关重要。2013 年全球酶制剂行业总体规模 450 亿元，其中工业酶制剂 280 亿元，特种酶制剂 170 亿元。预计到 2020 年整个酶制剂市场将达到 680 亿元，其中工业酶制剂 430 亿元。2017 年这个行业主要被诺维信、杜邦和 DSM 所垄断，前三家占到全球酶制剂市场的 74%。虽然中国企业在低端的饲用酶制剂领域实现了重大突破，已经占到全球饲用酶制剂市场的 14%，但在关系到整个生物制造产业核心的工业酶制剂上，还落后于国际领先企业。

建议结合国际酶制剂趋势及我国技术研发实力，"十三五"期间重点发展工业酶制剂，包括：①生物液体燃料中作用于非粮可再生原材料水解的酶品种，具体品种如纤维素酶、木聚糖酶、木质素酶等。②化工、制药等领域的重大酶制剂和生产菌株。

（四）我国生物制造产业研究基础

1. 生物制造产业规模增长快速，社会效益显著

我国生物制造产业规模快速增长，生物发酵制品、生物基精细化学品及生物基材料等产品的产值和产量快速增加，2017 年从事生物制造的相关企业有 5000 多家，总产值规模约 15 000 亿元，现代生物制造超过 4000 亿元。除了 2014 年，近十年来的年均复合增长率都超过两位数，总体产业规模世界第一。

"十二五"期间，生物技术在发酵、化工、制药、纺织、造纸、饲料等行业的应用，实现了污染物产生量减少 15%、化学需氧量（chemical oxygen demand，COD）产生量减少约 200 万 t、排放量减少约 20 万 t、能耗降低 10%以上、节约用水 10%以上。例如，中国农业科学院开发的饲用酶生产技术已获突破并实现产业化，技术、经济指标居国际领先水平，促进了我国养殖业发展和食品安全性提高，显著降低了三废排放和环境污染。南京工业大学等团队开发的高效膜分离过程关键技术已获突破并实现了大规模应用，在发酵产品澄清、浓缩和精制，以及多种天然产物生产加工中取得了节能 30%以上，减少三废排放 50%以上的优良效果。可降解生物塑料等环保材料的生产与应用已粗具规模，2014 年中国生物降解地膜的示范用量已达到 1000t 以上，云南、新疆等省区形成了规模化示范应用。

2. 新技术不断突破，产业结构逐步优化

随着代谢工程、合成生物学、基因组工程、酶分子工程等的不断进步，生物制造产业的关键核心技术不断取得突破。一批新的生物制造工艺已经或即将实现产业化。我国已率先实现了 L-丙氨酸的一步生物法生产，成本大幅下降，在与德国巴斯夫、日本味之素等传统国际巨头的竞争中取得明显优势，已占领超过 60%的国际市场。多个食用有机酸、营养健康产品、手性药物实现了产业化，经济、技术指标达到国际先进水平。基于细胞生理和反应器流场特性相结合的发酵过程优化与放大技术成功应用于红霉素等多个产品发酵生产，并在多个企业应用推广，使我国相关产品及企业在国际竞争中处于优势地位。全生物法生产琥珀酸、D-乳酸等大宗化工产品已在山东建成示范装置，技术指标领先国际。酯化脂肪酶生产技术及连续酶法转化废油生产生物柴油技术获得新突破，酯化脂肪酶的生产成本不到国外同类产品价格的 1/10。我国在微藻生物技术领域，如种质资源和大规模培养技术等方面具有较好的研究工作基础，且微藻产业粗具规模，集"微藻能源、微藻固碳、高附加值产品"一体化技术已完成中试，有望在国际上率先实现微藻能源与微藻固碳的产业化，其中的部分成果已实现产业化。

企业布局已由中小企业为主体转变为大企业、大集团占主导地位的格局，形成了一批跨地区、跨行业且具有较强竞争力的优势企业。产业基地

正在成长，区域分布逐渐成形，在山东、江苏、湖南、安徽、浙江、河北、内蒙古、云南等主要生物产业集聚区，生物制造产值超过 2000 亿元。同时受原料供应、环境保护和生产成本等因素的影响，生物制造的产业布局由沿海港口等经济发达地区向原料产地转移的趋势明显。

3. 创新体系初步成形，创新能力明显提高

生物制造领域 2017 年已建有近 40 家国家工程技术研究中心、国家工程研究中心或国家工程实验室等，以及近 50 家国家认定企业技术中心。企业创新投入明显增加，据不完全统计，"十二五"期间，国家 863 计划投入研发资金 10.42 亿元以上，企业投入超过 100 亿元，社会投入超过 50 亿元。

工程菌育种、工业酶分子改造、生物过程控制与优化、生物产品分离等核心技术能力不断取得突破，技术创新活跃，获得专利成果数量也逐年递增；生物炼制、生物催化等生物制造技术体系不断取得重大创新和产业应用。

目前中国的生物制造产业正处于技术攻坚和商业化应用开拓的关键阶段，提升技术创新能力和加快产业化进程至关重要。应该在重大生物基产品、基础化工产品和精细化学品、微生物农药与微生物肥料、微藻大规模培养等生物工艺技术与研究方面有所突破；从合成生物学到生物过程产业化对接的科学问题解决和技术有重大进展；在过程优化与放大技术、节能减排和三废治理的生物过程强化技术上有解决问题的工程化能力。在上述几方面的基础上形成核心共性技术，由此推动整个绿色生物制造业的发展。

（五）发展方向

1. 总体目标

贯彻党的十八届五中全会和中央经济工作会议精神，围绕"创新、协调、绿色、开放、共享"五大发展理念，紧抓新一轮技术革命和产业变革机遇，深入实施创新驱动发展战略，以生态文明建设与工业发展相互促进、和谐发展为目标，实施绿色生物制造重点研发计划，通过 5～10 年的

时间，70%的生物制造核心关键技术（包括关键酶、菌种和装备）力争实现自主保障，部分达到国际领先水平，实现我国工业生物技术创新能力从"跟跑、并跑"向"并跑、领跑"。

建立较为完善的产业创新联盟和技术服务平台，形成成熟的可支持绿色生物制造的技术体系。在工业生物技术领域获得一批原创性的基础研究成果，在原料路线、装备水平等方面突破工程化、产业化瓶颈，取得十项左右颠覆性技术成果，打破国外技术壁垒。遴选十个左右重点污染行业推广实施绿色工艺替代，实现节能减排30%以上。在与国民经济密切相关的高端和大宗化学品领域实现自主的绿色生物制造，在能源领域实现纤维素乙醇的商业化应用示范，推动纤维素糖工程炼制和装备技术的集成应用；在化工新材料领域实现生物基增塑剂及生物可降解材料的应用示范，推动供给侧结构性改革和新经济增长点形成；生物基 PX、生物航煤突破具有自主知识产权的生物制造路线并实现中试示范，为实现全球第一套生物基PX 产业化装置奠定技术基础。

建立 3~5 个具有带动性的绿色生物制造示范区。形成我国重大化学品生物制造、原料药绿色生物合成、糖工程和微藻生物炼制基地等战略性新兴产业集群，培育出新型化工产业链和新的经济增长点，推动生物技术支柱产业的形成。

2. 发展战略——实现"生物基精细化学品技术/产业化追赶"，"重点生物基化学品和材料的技术/产业化超越"

根据产品附加值高低及产品产量规模（间接决定化石或生物基原料需求量），化工产品一般可以分为三类（图 4-1）：①精细化学品，主要包括食品、饲用和医药添加剂，日用化学品，溶剂，表面活性剂，高性能材料等；②重要化学单体/中间体及专用材料，主要包括具有重要下游应用或生产相对受限的重要化学单体和中间体，如多元醇、合成橡胶的中间体等；③大宗基础性化学品和大宗材料，主要指产量规模极大、价格较低的大宗基础性化工原料，如甲醇、乙烯、丙烯等。

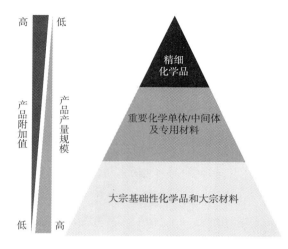

图 4-1   化工产品金字塔

精细化学品离终端消费者最近，具有最高的产品附加值和利润，是化学工业技术先进程度的衡量指标，但对技术创新、最终解决方案营销和服务能力也具有很高的要求，中国在精细化学品的发展上长期落后欧美国家，精细化学品是化学工业需要追赶发达国家的关键领域（提高精细化率）。

大宗基础性化学品和大宗材料的产量规模大，同质化程度高，原料供给和成本控制是主要的竞争来源，它的利润水平低，却是重要的基础工业原料。2017 年我国的石油、天然橡胶等许多天然资源严重依赖进口，突破相关化工原料的生物基合成路径，对实现化工原料多元化、保障国家资源安全具有非常重要的战略意义。

结合国际发展趋势来看，目前欧美等国在生物基产品的发展上重点集中于精细化学品领域，这得益于该领域成熟的商业应用和产品的高附加值，这就使生物基产品相对于石油基原料的高成本劣势不再明显，同时消费者更乐于在与人体健康密切相关的领域选择生物基产品，最为突显生物基产品的社会效益和经济效益。在欧盟、北美洲和日本等发达国家和地区，生物基产品产业化进程顺利，商业模式成熟，在市场的主导下主要以研发实力强大的精细化工及农粮生化企业为推动主力。相比而言，对于大宗的生物基化学品和生物材料，由于其成本竞争力仍明显弱于石油基路径，经济效益处于劣势，除了少数具有成本优势的产品，大多停留在技术储备和中小型试制阶段，无法大规模商业化生产和销售。在这一领域，尽管杜邦、巴斯夫等大企业在部分产品上取得了一定的先发优势和产品独有专利，但总体而言，国内外尚未形成明显的技术和产业化差距，只要中国抓紧技术研发投入，加快产业化准备的步伐，就有可能在中长期的相对更大宗的生物基化学品替代的新一轮竞争中弯道赶超。而在中短期内，综合考量经济效应，可以重点突破具有重要下游衍生物应用（人体健康、环境保护、国家安全等）或石油基生产相对受限（如对 PX）的重要化学单体、中间体和材料。

总之，中国在生物基产品发展战略中主要把握两点：①实现生物基精细化学品技术/产业化追赶；②实现重点生物基化学品和材料的技术/产业化超越。

3. 发展目标

2020 年和 2030 年中国生物制造产业（不包括生物医药）将分别有 10%～12%和 20%～22%的化学产品实现生物基制造，其中精细化学品（此处精细化学品包含食品添加剂、医药用精细化学品、日用精细化学品、溶剂、表面活性剂等，但不包含生物材料）中生物基产品替代率将分别达到 20%和 40%。此外，绿色生物工艺在纺织、造纸、皮革行业应用的普及率将超过 30%，采矿与勘探行业应用的普及率将超过 40%。

二、生物燃料产业行动计划

随着我国工业化、城镇化的高速发展，化石能源短缺、环境污染加剧、温室气体减排压力增大对我国国民经济持续健康发展的限制作用逐渐显现，大力发展以生物燃料为代表的清洁能源业已成为国家战略选择。

（一）生物燃料产业战略研究背景

1. 生物燃料是减排克霾，保护生态环境的有效手段

2015 年 12 月 12 日，《联合国气候变化框架公约》近 200 个缔约方在巴黎气候变化大会上达成《巴黎协定》。2016 年 9 月 3 日，中国全国人大

常委会批准中国加入《巴黎气候变化协定》，中国则成为第 23 个完成了批准协定的缔约方。按照协定，我国要从"相对强度减排"逐步过渡到"碳排放总量达峰"，再到"碳排放总量绝对减排"，自主贡献目标将不断加大。近年来，雾霾问题更成为举国之痛，已影响到我国 25 个省份，受影响人口达 6 亿。大气污染治理已到了刻不容缓的地步。

生物燃料乙醇是一种优良的无毒辛烷值改进剂和增氧剂，乙醇含氧量高达 35%，在汽油中添加 10%（V/V）能提高辛烷值 2～3 个百分点，减少芳烃等高辛烷值组分，显著降低机动车的污染物排放。国内外研究表明，添加生物燃料乙醇的乙醇汽油可减少初级 $PM_{2.5}$ 排放 6%～40%，减少非甲烷碳氢化合物排放 16%～42%，减少 CO 排放 14%～34%。生物燃料乙醇由生物质原料生产，全生命周期生物燃料乙醇的温室气体排放显著低于普通汽油，根据原料和工艺不同，温室气体的减排效果在 19%～76%。

生物燃气的使用对保护生态环境的作用十分显著。瑞典以乙醇和生物燃气提纯的生物天然气作为车用燃料，可减排 90% 的尾气颗粒物和 CO_2。2010 年斯德哥尔摩城区公交车全部使用生物燃料乙醇和生物燃气提纯的生物天然气，减排了 11.45t 颗粒物、114.5t 氮氧化合物和 4.58 万 t CO_2，该市空气质量可经常保持在 $PM_{2.5}$ 颗粒为 $10\mu g/m^3$ 左右的水平上。

航空喷气燃料在飞行器中燃烧产生的温室气体基本排放在大气的逆温层，产生温室效应的能力及危害远远大于其他行业，航空业减排已成为全球应对气候变化的焦点之一。据测算，航空生物燃料在生产及使用的全生命周期中，温室气体排放量仅为 0.5～1.8kg/kg，远低于传统航煤的 3.15kg/kg。航空生物燃料为解决航空业温室气体排放难题，提供了一条现实的最具潜力的解决途径，此途径将是我国航空业温室气体减排的重要突破口。生物柴油全生命周期 CO_2 排放量比化石柴油大约少 50%。

2. 生物燃料是缓解能源短缺，维护能源安全的重要途径

我国已是世界上最大的能源消费国、生产国和净进口国。国家统计局数据显示，2016 年我国能源消费总量 43.6 亿 t 标准煤，比上年增长 1.4%。2016 年原油表观消费量达到 5.56 亿 t，对外依存度达到 65.4%，同比增长

迅速。"推动能源生产和消费革命，坚决控制能源消费总量"[1]已成为我国长期的能源发展战略。

我国自推广乙醇汽油以来，累计生产生物燃料乙醇 2000 多万吨，2017 年我国平均每生产一吨汽油需消耗原油 4.87t，仅从汽油消耗角度计算，这些年总计替代原油 9740 万 t。2020 年我国规划燃料乙醇使用量将达到 1000 万 t，可节省原油进口 4870 万 t，仅从汽油消耗角度计算类推可减少近 13% 的石油进口。能源替代效果显著。

2012 年，我国的能源消费量约 27.35 亿 t 油当量，天然气表观消费量为 1471 亿 m^3，2015 年天然气消费量达到 1932 亿 m^3，进口 600 亿 m^3，对外依存度 37%。农业部颁布的《农业生物质能产业发展规划（2007—2015 年）》曾预计，到 2015 年中国农作物秸秆产量将达到 9 亿 t，折合约 4.5 亿 t 标准煤，能转化当量沼气约 3000 亿 m^3，折合天然气 1800 亿 m^3，生物燃气的发展将有可能使中国气体能源消费的比重提高到 8% 左右，可有效缓解和补充能源供应紧张的缺口。

伴随着我国民航业迅猛发展，民用航空喷气燃料需求量激增，从 2002 年到 2010 年，我国民用航空喷气燃料表观消费量年均增长幅度达到 14.2%，是世界平均增长速度的 7 倍以上，到 2016 年我国民用航空喷气燃料的表观消费量已超过 3000 万 t。以生物质为原料生产的航空生物燃料，可以有效补充国内民用航空燃料市场需求，促进能源多样化，减少原油进口压力。

3. 生物燃料是推动农业现代化的重要力量

中共中央、国务院《关于落实发展新理念加快农业现代化 实现全面小康目标的若干意见》提出，推进农业供给侧结构性改革。2017 年东北三省和内蒙古自治区将玉米临时收储政策调整为"市场化收购"加"补贴"的新机制，中国农业供给侧结构性改革正式启动。目前国内玉米深加工行业各种产品产能普遍过剩，唯有生物燃料乙醇因绿色环保、市场容量

---

① 《十八大报告：推动能源生产和消费革命 控制能源消费总量》. https://smartgrids.ofweek.com/2012-12/ART-290009-8480-28655846.html[2012-12-05]。

大等特点一枝独秀，成为化解玉米库存压力的有效手段。经验表明，发展粮食燃料乙醇不仅不会对粮食安全产生危害，反而促进粮食生产，粮食燃料乙醇是粮食生产的调节阀、平衡器，可以显著拉动粮食需求，防止谷贱伤农而影响农民种粮积极性，保证了粮食产量稳定，并降低粮食多余的库存，真正确保了粮食安全。

农村能源、环境、经济一直是新农村建设和城镇化的主要问题，农村能源需求增长将快于城市能源需求增长，而我国农村能源系统存在投入和统筹规划滞后、能源基础设施薄弱、用能方式粗放等问题。生物燃气产业能从根本上改变传统村镇废弃物和粪便的利用方式，推进农民生活用能从主要依靠秸秆、薪柴向高品位生物燃气能源转变，同时培育以生物燃气技术为核心的种植—养殖—生物燃气—种植—养殖、商品—垃圾—生物燃气—商品等农业产业链。

发展航空生物及生物柴油燃料产业，解决原料来源问题十分关键，目前主要以从小桐子、亚麻荠、海藻、荒山（坡）种植的油棕和盐生植物等油料植物中提取的油脂与餐饮废弃油脂（俗称地沟油）为原料，利用油脂精炼和加氢工艺制备产品，将有力驱动能源与农业协同发展。

（二）生物燃料技术的成长性和成熟度

生物燃料乙醇是全球使用量最大的生物液体燃料，2016 年全球产量达到 8000 万 t。我国生物燃料乙醇发展迅速，2000 年起试点运行，2012年使用量突破 200 万 t，世界排名第三。根据 2016 年底我国发布的《生物质能发展"十三五"规划》，要求"十三五"期间生物燃料乙醇使用量达到 400 万 t，2017 年仍有近 200 万 t 的缺口。根据我国《可再生能源中长期发展规划》中要求的 2020 年生物燃料乙醇使用量达到 1000 万 t，有近800 万 t 的缺口。鉴于大气污染治理和去粮食库存的要求，在全国范围推广生物燃料乙醇已列为国务院督办事项，要求 2017 年底前在京津冀实现封闭运行，2020 年实现乙醇汽油全国范围推广。可以预期，2019 年生物燃料乙醇行业将迎来产业发展新机遇。我国生物燃料乙醇行业自 2001 年起，经过十余年发展，通过消化、吸收、再创新，技术水平不断提升，在半干法脱胚、喷射液化、同步糖化浓醪发酵、新型酶制剂、清液回配、蒸馏热能耦合等方向上取得了巨大进步，形成了具有自主知识产权的玉米乙醇、非粮木薯乙醇和纤维素乙醇成套技术，建设了多套工业化装置，达到世界先进水平。

生物燃气利用在我国有着较长的发展历史和广泛的应用基础。我国生物燃气工程建设起步于20世纪70年代，已有40多年的发展史，引进和消化一批德国、瑞典、丹麦等国外先进技术与设备，并借助"十一五"、"十二五"和"十三五"期间国家的大力投入，通过技术攻关和财政支持，在发酵原料拓展、原料预处理、发酵工艺研发、生物燃气高值化利用等方面都取得了巨大的进步，形成了一批具有自主知识产权的新技术和新设备，启动建设了一批高效率的大型、特大型热电肥联产沼气工程。在科技支撑及各方政府部门的联合推动下，生物燃气工程已进入到产业化阶段，形成北方"四位一体"、南方"猪—沼—果"、西北"五配套"等卓有成效的生物燃气能源生态建设经验，迄今已经形成一个完整的技术推广和服务体系。规模化生物燃气工程在处理工业废水废渣、畜禽养殖废弃物、污泥等方面也发挥了重要作用。

航空生物燃料技术目前存在多种工艺技术路线，如天然油脂加氢脱氧-加氢裂化/异构技术路线（加氢法）、生物质气化-费托合成-加氢提质技术路线、热裂解技术路线、催化裂解技术路线和生物异丁醇转化为航空燃料技术路线等。2009年由被列入 ASTM D7566 标准中的有天然油脂加氢法和气化-费托合成的两种技术生产的航空生物燃料。生物柴油生产技术以酯交换法和加氢法为主。在国内，我国已实现了酯交换法生产生物柴油（第一代生物柴油）工艺、设备及技术的自主化，具有较高技术成熟度。

（三）生物燃料产业与国际先进水平的差距

目前我国生物燃料乙醇主要原料是陈化粮（玉米、小麦、水稻）和木薯等淀粉质非粮作物。以玉米为原料的生物燃料乙醇产量占据主导地位，在干法脱胚、低温液化、新型酶制剂、生料同步糖化浓醪发酵、高比例清液回配、蒸馏热能耦合等方向上取得了长足进展，并且在全行业得到广泛推广和应用。我国生物燃料乙醇行业自 2001 年起，经过十余年发展，消化和吸收了美国玉米燃料乙醇的先进技术和经验，技术水平不断提升，但在生产装置的集成化、工艺设备管理的先进性等方面存在差距，主要体现在综合能耗、水耗、发酵成熟醪乙醇浓度等技术指标上。

2017年，美国生物燃料乙醇企业已经开始逐步推广生料发酵，并且推进使用选择性粉碎SMT（surface mount technology，表面组装技术），采用Avantec Amp等新型酶制剂、无糖化酶酵母技术、新型装置除垢技术，开发高蛋白含量DDGS（distillers dried grains with solubles，干酒糟及其可溶物）和纤维饲料新产品。因此，我国现有生物燃料乙醇企业更应当借鉴国外先进工艺技术，加大研发力度，开发新工艺和新设备，清洁生产，节能降耗，提高企业生产效益的同时，整体提升我国生物燃料乙醇生产水平，促进产业健康可持续发展。

纤维素乙醇是第二代生物燃料乙醇，工艺复杂，工程难题众多，还处于工业示范阶段，需要充足的资金和稳定的政策支持，才能顺利向前推进。但是，近年来石油价格偏低，政府部门对纤维素乙醇技术研发的资金投入和政策支持力度相对较弱，导致该技术开发受限，有些项目的研究甚至处于停滞状态。相关研究机构和生产企业也纷纷改变计划，甚至放弃了纤维素乙醇的研发，这也使纤维素乙醇的商业化进程变得十分缓慢。从国际来看，美国能源部和欧盟各国在纤维素乙醇方面都陆续投入了大量的资金，并给予明确的政策支持，这也是纤维素乙醇示范工厂在美国和欧盟地区落地的重要原因之一。我国政府在山东龙力纤维素乙醇项目运行后，对该项目给予每吨酒精800元/t的补贴（后降至600元/t），一定程度上推进了该项目的顺利进行，支持了纤维素乙醇行业的发展。但是，由于我国政府对整个纤维素乙醇工业行业缺乏明确的补贴政策，其他企业缺乏研发投入动力，这也限制了行业的发展。

我国生物燃气产业发展迅速，但在推进商业化模式形成过程中，产业化发展与国际先进水平存在三点主要差距：①规模化生物燃气工程技术和装备滞后。生物燃气制取效率较低、生物燃气净化输配技术落后、生物燃气利用方式单一。燃气工程装备整体效率较低、配套性较差、不能稳定运行，部分关键设备还依赖进口，未形成标准化、规范化、系列化设备及标准。②科技持续创新体系与平台不健全。生物燃气产业缺乏整体科技规划，没有有效整合农业工程、生物工程、化学工程、机械加工、仪器制造、过程控制等相关学科集成，未形成完善的技术体系和独立的学科系统，工艺研究及装置制造技术的创新人才和产业人才缺乏。同时，生物燃气在促进科研与实践、产业和商业模式结合方面仍需要技术持续创新体系及平台的健全与支撑，进行协同创新，完善产业链。③商业模式的支持政策条款缺乏，落实不到位。与瑞典、德国相比，我国生物燃气产业的商业化发展缺乏完善的政策条款和实施细则及相关行业标准与技术标准体系，在财政、金融、市场开放等方面仍缺乏合理的可持续发展的长效激励机制。目前我国生物燃气发电上网门槛较高，现有电价补贴政策执行力和时效性不强，未使所有原料来源的生物燃气发电享受电价补贴，并且补贴力度不够，政策有待完善。此外，生物燃气产品和制造装备的生产与销售税费较高。

（四）我国生物燃料产业研发与产业化主要瓶颈

同为生物燃料，但生物燃料乙醇、生物燃气与航空生物燃料和生物柴油因各自的原料、客户、流通渠道等都不尽相同，产业发展的瓶颈也有很大差异。

1. 生物燃料乙醇

1）生物燃料乙醇汽油推广应用状况不容乐观

广东湛江 15 万 t/年燃料乙醇项目于 2016 年 4 月投产，时至 2017 年产品尚未能销售，长期积压。已封闭运行推广使用车用乙醇汽油的省、区、市中，有些地方出现了停止销售车用乙醇汽油的情况，有的地方车用乙醇汽油封闭运行状况已名存实亡。由于全封闭推广阻力较大、用户不良体验增多、销售渠道单一和竞争优势不明显等原因，京津冀、珠三角各省市的扩大试点与封闭运行虽已酝酿多年，但仍进展缓慢。

2）生物燃料乙醇研发与推广使用缺乏国家层面的顶层设计

生物燃料乙醇产业是典型的政策驱动型产业，美国和巴西发展生物燃料乙醇已经有数十年的时间，具有先进的发展经验。这两个国家的生物燃料乙醇产业都是通过最初的国家财税扶持及中期的严格立法执法，最终走上了市场化的道路。2017年国内生物燃料乙醇的推广使用主要延续2001年制定的"核准生产，定向流通，封闭运行，有序发展"的十六字政策，依靠国家各部委的行政法令及各省的省长令去执行落实。但由于尚未形成系统化产业政策支持体系，生物燃料乙醇缺乏可操作的全国性法律法规作为后盾，当各方利益冲突使生物燃料乙醇销售受阻时，生物燃料乙醇生产企业难以对违反政策者进行惩治，导致生物燃料乙醇压库，生产企业生产装置无法满负荷运转。

3）二代纤维素乙醇共性关键技术开发与应用不足

目前国内二代纤维素乙醇在预处理工艺和设备的开发上，普遍存在能耗和化学试剂消耗量偏高、预处理的稳定性和均匀度较低等问题，整体工艺水平与国际先进技术还有一定的差距。和国外的纤维素酶制剂相比，国产纤维素酶的差距比较大，缺乏高效的产酶基因、高表达量的生产菌株和高效的发酵工艺。开发高效的纤维素酶生产菌株和原位产酶的工艺，降低酶成本，是未来纤维素酶技术的发展方向。开发C5/C6共发酵菌株能够提高纤维素原料的利用率，降低生产成本。截至2017年国内还没有可工业化的高效的C5/C6共发酵菌株，需要加强在这方面的研究开发，提高生产效率。

4）玉米乙醇产业化支撑能力有待进一步提升

我国在生物燃料乙醇生产装置的集成化、工艺设备管理的先进性等方面与国外的先进技术还存在差距，主要体现在综合能耗、水耗、发酵成熟醪乙醇浓度等技术指标上。此外，玉米原料的库存量巨大，霉变问题突出，急需开发高效的脱毒工艺，消除食品安全隐患。另外，我国农产品加工技术水平较低，副产品附加值低，盈利能力差，很多企业运营难以为继。

5）价格形成与产品补贴机制有待完善

随着生物燃料乙醇技术的进步与国际油价的变化，国内生物燃料乙醇的补贴机制也在不断调整。粮食燃料乙醇从固定补贴到弹性补贴再到2016年取消补贴，增值税从先征后返到最终取消；非粮乙醇补贴及税收优惠政策也于2017年全部取消。考虑到各方利益，生物燃料乙醇定价则是按国内93#汽油（现92#汽油）出厂价乘以0.911系数，在乙醇生产企业与石油公司之间交割。但在长期低油价的环境下，国内生物燃料乙醇绑定汽油的定价机制已使国内生物燃料乙醇企业面临巨额亏损，甚至部分装置出现停产状态，这表明国内生物燃料乙醇的补贴政策及定价与推广机制已面临严峻挑战。因此我国应借鉴美国、巴西等大规模推广生物燃料乙醇的成功经验，研究、建立适应生物燃料乙醇本身可再生清洁能源属性的定价机制，使其独立于汽油价格且由市场调控，促进产业可持续健康发展。

2. 生物燃气

1) 在沼气工艺技术方面存在技术瓶颈

由于我国种植业和养殖业脱节，为了减轻后续达标处理的负荷及难度，我国提倡规模畜禽养殖场先采用人工干清粪法，冲洗污水进入厌氧消化系统进行沼气发酵，这导致发酵原料浓度很低；同时由于前期建设的一些沼气工程未实施热电联产，工程运行效果受环境温度影响较大，高效工艺的效率未能在工程上得到体现，生物燃气工程常年运行稳定性差，经济效益低。另外，我国生物燃气工程主要采用单一畜禽粪便原料，具有高产气效率的混合发酵技术还未得到有效应用，有待进行开发和完善。

2) 在沼气工程技术与装备化水平上存在差距

由于国家和企业的投入，我国沼气工程设备有了较快的发展，但工程装备和设备研发的针对性还不强，缺少针对不同发酵原料特性和工艺类型的设备设计与制造，存在设备性能不稳定、能耗较高、效率偏低、维修费用高、使用寿命短等多种问题，并且大多数工程管理运行以人工为主，自动监测与控制程度较低，生物燃气行业工程模块化设计和装备配套水平远低于国际先进水平。

3) 生物燃气利用途径单一，利用价值低

欧洲国家特别重视生物燃气的深度利用，开发了沼气纯化技术及装置，沼气经脱出二氧化碳后（甲烷浓度达98%以上），通过压缩作为车用燃料或民用也已在欧洲实施。此外，沼气燃料电池也是技术发展的重点，德国已有燃料电池在沼气工程示范应用。我国在生物燃气深度利用技术方面还有待提高，设备方面还有待完善，下一步应通过技术的提升，实现沼气资源从初级粗放型利用模式向车用燃料、城乡生活燃料和基本化工原料等多元化与高值化利用模式转变。

4）发酵残余物利用模式上存在瓶颈

我国与欧洲等国沼气产业有所区别，欧洲严格控制养殖业与种植业的协调发展，区域性的土地资源基本能消纳所在地的沼气工程产生的沼渣、沼液。因此，我国处理农业废弃物的生物燃气及其发电工程的建设目标是以能源效益为主，工程模式比较简单，大部分采用混合原料发酵的高浓度全混式〔CSTR（continuous stirred tank reactor，连续搅拌釜反应器）〕工艺，少量采用连续式和车库式干发酵工艺。而由于我国种植业和养殖业的比例不协调，加上沼渣沼液利用技术或利用机械化的空白，如何有效地处置沼渣、沼液是我国规模化生物燃气产业顺利发展的关键因素。

3. 航空生物燃料和生物柴油

1）核心催化剂和工艺成套技术研发存在差距

国内天然油脂加氢法制备生物燃料技术研究起步相对较晚，中石油、中石化在加氢脱氧、加氢裂化/异构化等核心催化剂与国外主要技术公司或生产公司在工业应用性能指标上还有差距，尚未建立工业示范或商业化生产装置，缺乏相关的工程及产业运营经验。除此之外，近几年中国石油（北京）大学、清华大学、中国科学院等高等院校和科研院所在催化剂、工艺等方面也开展了研究，但均处于小试探索研究阶段。

在生物柴油方面，我国已实现了酯交换法制备生物柴油（第一代生物柴油）工艺、设备及技术的自主化，具有较高技术成熟度，但也存在着工艺技术相对落后、物耗较高、废物产量大、原料综合利用率低等问题。虽然我国开发了亚/超临界技术，但是该技术能耗较高，降酸流程较长，需要开发耦合技术或强化技术，显著降低能耗和物耗，提高原料利用率。同时，国内还没有实现加氢法生物柴油技术的工业应用，研究基本处在小试和中试阶段。

2）原料供应技术存在差距

无论是建立航空生物燃料万吨级工业示范装置，还是继而实现生物柴油更大规模的商业化生产应用，我国都必须依赖有足够规模、成本可控且可持续供应的生物质资源。着眼于我国国情，遵循"不与民争粮，不与粮争地"的基本原则，以及能源、环境、经济协调发展的"3E"原则，小桐子、海南油棕等木本油料，蓖麻、亚麻荠等草本油料能源植物，以及餐饮废弃油脂（地沟油）等非粮原料将是航空生物燃料和生物柴油未来原料供应的主力，但在原料供应整体的建设上，我国的产业发展还处于初级阶段。如何不断扩展原料供应范围，利用盐碱滩涂、荒山荒地和宜林沙地等限制边际土地，因地制宜选取可获得的多种原料，并开发相应的良种培育技术、原料收集和榨取技术及装备、原料储存技术与设备、相关基础设施，再通过一定的运输方式将原料运到生物炼制厂，从而确保原料的规模化、多元化供应，是需要着力研究和解决的课题。

3）大型生产成套装备存在差距

航空生物燃料和生物柴油的生产原料来自可再生生物质，复杂的原料化学性质和多元化的原料来源决定了其在原料预处理、生产加工、传质传热、废渣环保处理等工艺过程会与传统化工过程，乃至各原料来源的燃料生产工艺间存在显著差别。我国缺乏相关的工程化开发与运维经验，适合多元化生物质原料特点的万吨级大型生产成套装备开发严重滞后。

（五）实施生物燃料产业重大行动计划的理由及可行性

1. 需要国家将生物燃料产业作为重大行动计划的理由

生物燃料是生物制造产业的重要分支。加快发展生物质能，拓展生物燃料等新的清洁油品来源，是"十三五"规划中建设清洁低碳、安全高效的现代能源体系，维护国家能源安全的要求，有助于推动能源结构优化升级。纵观我国节能减排面临的形势与任务，生物燃料产业是全局性、战略性、亟须布局的重要发展方向。产业的发展不仅是企业或者行业行为，现代能源农业循环经济产业链的构建，是一种全方位的立体优化，其关键在于政府初期的引导、政策的扶持，同时调动形成循环产业链的积极因素，重点示范，逐步推进；其核心是采用符合现代金融要求的商业运作模式，使之具备自我造血、自我完善、自我发展的功能；突破口在于做好产业模式试点，而生产技术上的重大突破是前提和基础。为此，需要政府部门牵头，组织协调工业、农业、金融、商业界乃至全社会力量共同去实施。

2. 将生物燃料产业作为重大行动计划的可行性

1）从发展历史看，生物燃料乙醇作为重大行动计划，产业化根基扎实

我国生物燃料乙醇起步较晚，但是发展迅速，已成为继巴西、美国之后世界第三大生物燃料乙醇生产国。"十五"期间，为了消化陈化粮，我国正式启动了生物燃料乙醇的生产与试用工作。生产企业主要以玉米、小麦等陈化粮为生产原料，国家发展和改革委员会（以下简称国家发改委）先后在四家企业分别建设了四套生物燃料乙醇生产装置，核准生产102万t/年生物燃料乙醇，即中粮生化能源（肇东）有限公司（以下简称中粮肇东）（10万t/年），吉林燃料乙醇有限责任公司（一期30万t/年），安徽丰原生物化学股份有限公司（32万t/年），河南天冠（30万t/年），其中除了河南天冠使用部分小麦，中粮肇东使用部分陈化水稻为原料生产生物燃料乙醇，其余全部使用玉米，解决了一部分陈化玉米库存难题。到"十一五"末，生物燃料乙醇产量已达180万t。"十二五"期间，生物燃料乙醇产量小幅提高，2015年已达220万t。以淀粉质粮食为原料的生物燃料乙醇生产工艺成熟，推广容易，但以粮食为原料生产生物燃料乙醇需要消耗大量的粮食，为此"十一五"起国家生物燃料乙醇产业坚持发展非粮燃料乙醇，原料的选择遵循"因地制宜，非粮为主"的原则。"十一五"以后国家发改委仅批准广西中粮生物质能源有限公司、山东龙力、济南圣泉集团股份有限公司、国投广东生物能源有限公司等几家企业生产销售非粮燃料乙醇。

十余年的生物燃料乙醇行业发展证明，试点初期的战略政策已见成效，经济社会效益显著。同时关于乙醇汽油推广在领导组织、依法行政、配套政策、自主创新等方面开展的工作，适合国情，我国可以继续复制这一以核定生产、定向流通、封闭推广为特征的中国发展模式。

2）扩大生物燃料乙醇生产规模条件有利

（1）我国粮食库存压力过大，而且有相当量的人畜不能食用的霉变、真菌毒素超标、重金属超标的粮食无法处理。每年储存所需财政补贴超过600亿元，人畜不能食用的玉米因得不到及时处置，每年产生约3300万t陈化和霉变玉米，储存成本超过82亿元。生物燃料乙醇行业的发展不

仅能够降低粮食库存过大带来的财政压力，还能够解决问题粮食的出路，从而避免了问题粮食进入市场造成的食品安全问题。事实上，自我国生物燃料乙醇项目启动以来，截至 2014 年底，已经累计转化了人畜不能食用的玉米、水稻和小麦等 1211 万 t，实现了资源的最大化利用。

（2）我国汽车保有量逐年上升，汽油消耗也达到每年 1 亿 t 以上，因此汽车尾气造成的大气污染也日渐严重。以北京为例，本地 $PM_{2.5}$ 污染源中，机动车占比高达 30% 以上。在汽油中添加乙醇能够提高汽油辛烷值和氧含量，有助于汽油燃烧更加充分，降低 $PM_{2.5}$、CO 等污染物排放，改善空气质量。

（3）使用生物燃料乙醇有利于我国实现减碳目标，提高国际地位和话语权。美国阿贡国家实验室研究表明，和汽油相比，玉米乙醇的全生命周期温室气体减排量达到 19%～48%。全球可再生燃料联盟的研究报告表明，2009 年全球共使用生物燃料乙醇 737.5 亿 L，减排的温室气体量达到 8756.7 万 t，相当于 2007 年奥地利全国的排放量。我国安徽省自 2005 年开始推广使用乙醇汽油，截至 2015 年底，共使用生物燃料乙醇 238 万 t，减少二氧化碳排放 788 万 t。我国是 2017 年碳排放量最高的国家。2015 年通过了《巴黎协定》，我国庄严承诺到 2030 年碳排放达到峰值，这对《巴黎协定》的通过起到了巨大的推动作用，体现了大国责任。生物燃料乙醇的使用将有助于我国实现国际承诺，为全球气候改善贡献力量。

（4）促进玉米深加工行业发展，推进农业供给侧结构性改革。加大以玉米燃料乙醇为主的玉米深加工行业的发展力度，可以扩大玉米市场需求，促进玉米种植技术的发展，提高玉米生产能力，即藏粮于地，藏粮于技，藏粮于企。以美国为例，通过大力发展以生物燃料乙醇为主的玉米深加工业务，美国形成了巨大的市场需求，进而拉动了美国玉米种植技术的飞跃，玉米单产从 1995 年的 113.5 bu[①]/英亩增加到了现在的 168.4 bu/英亩，提高了 48%，与此同时，每 bu 玉米的氮肥使用量从 1.15 lb[②]下降到了 0.83 lb，下降了 28%。2017 年国家发改委印发的《关于深入推进农业供给

---

① 1bu（US）=3.523 91×$10^{-2}m^3$=35.239L。

② 1 lb（磅）=0.453 592kg。

侧结构性改革的实施意见》强调，坚定推进玉米市场定价、价补分离改革。采取综合措施促进过腹转化、加工转化，多渠道拓展消费需求，加快消化玉米等库存。农业部印发的《全国农产品加工业与农村一二三产业融合发展规划（2016—2020 年）》提出，大力发展农产品加工业，支持粮食主产区发展粮食特别是玉米深加工。业内分析人士认为，在下游深加工行业中，生物燃料乙醇有望迎来较大利好。

（5）发展玉米燃料乙醇是振兴东北经济的重要途径。2003 年以来我国东北三省经济下行，人才流失严重。如何因地制宜发挥好当地的资源优势是解决东北问题的关键。玉米主产区正是东北三省的优势所在，通过发展以生物燃料乙醇为主的玉米深加工行业能够带动投资、增加就业、提高人民收入水平、提高经济活力，符合我国振兴东北的政策方针。2016 年 4 月，《中共中央 国务院关于全面振兴东北地区等老工业基地的若干意见》正式发布，明确提出要适当扩大东北地区生物燃料乙醇生产规模，研究布局新的生产基地。

（6）2017 年发展生物燃料乙醇的市场行情较好。首先是玉米价格实现市场化，有利于降低成本；其次是原油已从不足 30 美元一桶，升至 50 美元左右一桶，生物燃料乙醇价格与油品价格联动；再次是生物燃料乙醇进口税率已由 5%提升至 30%，有效抑制进口产品冲击；最后是对美国进口的 DDGS 从 2017 年 1 月 12 日起实施五年的双反，反倾销税率为 42.2%～53.7%，反补贴为 11.2%～12%，这将影响国内 300 万 t 饲料缺口。这些利好有力提升了生物燃料乙醇产业扩产和新建项目上马的积极性。现在急需解决拓展车用乙醇汽油推广应用区域的难题，为生物燃料乙醇产业扩产提供必备市场条件。

3）生物燃气产业基础良好，成果丰硕，发展可行

着眼于国家能源战略发展及生物燃气产业进程推进需要，众多科研院所、高等及大专院校、生产企业和基层技术人员都投身到生物燃气的基础研发与技术创新中来。我国生物燃气研究领域主要是由环保、化工、农业、生物等相关领域科研人员构成，一大批科研院所和高等及大专院校相继开展了一系列生物燃气领域技术研究与开发工作，中国科学院、农业部（现为农业农村部）、高等院校等许多单位和团体陆续开展了生物燃气技

术研究，其研究范围覆盖了规模化生物燃气高效发酵、生物燃气利用和发酵残余物综合利用与环保处理等各个领域。2003 年以来，许多企业也积极开展生物燃气工艺和设备研究，通过企业的积极参与，我国已形成了一批专业的生物燃气研发、咨询、设计、施工、推广队伍，初步建立了生物燃气技术研发、推广培训和监督管理体系。同时在国家政策的鼓励下，科研机构、设计单位与生产企业组成了多种形式的联合体，使基础研究、应用开发、成果推广密切配合，造就了一批专业从事生物燃气工程施工、成套设备生产的龙头企业，并取得了系列重大成果。

3. 与国家已有项目的关联度

多年来，我国 863 计划、973 计划、国家重点研发计划、国家自然科学基金等研发经费的投入为生物燃料产业重大行动计划的实施奠定了坚实的研发和产业化基础。

（六）生物燃料产业重大行动计划方案

1. 生物燃料乙醇方向

通过重大行动计划引导，发挥政府在完善政策体系、加快示范推广、提升存量水平、布局技术储备、深挖综合利用、引导消费等方面的积极作用。

1）形成全面推广生物燃料乙醇的政策体系

大力推动生物燃料乙醇产业行动实施，需要尽快形成促进乙醇汽油推广的政策体系，总结在 11 省区推广乙醇汽油的经验，制订向全国扩大推广的规划和时间表，先行在汽车保有量大、$PM_{2.5}$ 污染严重的京津冀和山东等地区扩大乙醇汽油的使用。将储粮补贴调整为发展生物燃料乙醇的投入。加快制定出促进先进生物燃料乙醇发展的政策法规和实施方案，形成完整、关系稳定的涵盖粮食燃料乙醇、纤维素乙醇、生物天然气等生物质能的政策体系。

2）加快生物液体燃料示范和推广

以消化陈粮库存为主，在玉米、水稻等主产区，结合陈次和重金属污染粮消纳，稳步扩大生物燃料乙醇生产和消费；根据资源条件，因地制宜开发以木薯为原料，以及利用荒地、盐碱地种植甜高粱等能源作物，建设生物燃料乙醇项目。加快推进先进生物液体燃料技术进步和产业化示范。

推进生物燃料乙醇推广和应用，大力发展纤维乙醇，立足国内自有技术力量，积极引进、消化、吸收国外先进经验，开展先进生物燃料产业示范项目建设；适度发展木薯等非粮燃料乙醇。合理利用国内外资源，促进原料多元化供应。选择木薯、甜高粱茎秆等原料丰富地区或利用边际土地和荒地种植能源作物，建设 10 万 t 级生物燃料乙醇工程；控制发展粮食燃料乙醇的总量。统筹粮食安全、食品安全和能源安全，以霉变玉米、毒素超标小麦、镉大米等为原料，在问题粮食集中区，适度扩大粮食燃料乙醇生产规模。

3）改进现有工艺装备、应用新技术，提升现有装置技术水平

A. 改造过剩玉米酒精产能

2017 年国内酒精产能达到近千万吨，开工率仅 50%左右，我国可以对其进行简单技改，对具有脱水装置的企业，增加变形剂的装置后脱水装置即可投入使用，新建或改造的产能，耗时和单位产量投入大幅减少。我国年产 10 万 t 以上的玉米酒精企业总产能 500 多万吨，绝大多数在黑吉两省，当地政府可鼓励现有生物燃料乙醇企业对酒精企业实行并购租赁等形式，在短期内迅速扩大生物燃料乙醇的产能。

B. 在玉米燃料乙醇行业应用新技术、新设备

2017 年，国外的 Cellerate™ 和 Enogen™ 纤维素乙醇技术，G1.5（1.5代）乙醇技术等一批新技术已经进行了生产装置的测试。我国现有生物燃料乙醇企业更应当借鉴国外先进工艺技术，加大研发力度，开发新工艺和新设备，清洁生产，节能降耗，提高企业生产效益的同时，整体提升我国玉米燃料乙醇生产水平，促进我国玉米燃料乙醇产业健康可持续发展。

C. 重点关注纤维素燃料乙醇生产技术

纤维素燃料乙醇技术虽然取得了长足的进步，并已经拥有了商业运行装置，但其经济性有待进一步提高。重点发展原料转化率高、低耗能、低污染的纤维素预处理技术；开发高效生物酶，降低生产成本，优化酶水解工艺，从而降低纤维素乙醇成本；开发高效 C5/C6 共发酵菌株，提高糖转化率和酒精耐受度，提高酒度，降低乙醇分离单元能耗；积极开展新工

艺开发，减少中间步骤，提高底物转化率，从根本上改正生化法纤维素乙醇工艺复杂的缺点。

D. 乙醇副产物品质效益提升与综合利用

通过高效预处理、酶解及固态发酵等技术，将秸秆等农业废弃物原料加工处理为更容易消化和吸收的饲料原料，并结合谷物燃料乙醇厂的副产物，开发获得具有更高营养价值的秸秆复合蛋白颗粒饲料产品，提升原料价值水平，创造新的经济和社会价值。在玉米主产区，依托大型玉米深加工企业，建设年产 10 万 t 的秸秆复合蛋白颗粒饲料生产示范装置，年消耗 5 万 t 秸秆以上，节省饲料用粮 5 万 t，推广模块化、可复制的商业模式。

E. 消化陈粮库存，新建玉米燃料乙醇装置

2016 年国内玉米库存超过 2.3 亿 t。库存超过三年以上的陈化玉米，大部分并不适合用于饲料或玉米淀粉加工，而发展生物燃料乙醇则是消化这部分陈粮库存的最主要方式。为此，在 2016 年 12 月中央经济工作会议中，会议将农业供给侧结构性改革定位为 2017 年经济工作的五大任务之一，明确提出要"抓好玉米收储制度改革，做好政策性粮食库存消化工作"。随着国内玉米市场化定价的回归，国际原油价格的回升，以及2017 年基础建材价格所处的历史低位，此后两到三年是生物燃料乙醇快速发展或扩展的阶段，也是一个新建玉米燃料乙醇装置，进行产业战略布局的大好时机，国内玉米燃料乙醇将迎来其新一轮发展高潮。

F. 纤维素燃料乙醇示范装置建设（1.5 代纤维素乙醇+二代纤维素乙醇）

2017 年 1 月，美国某些玉米乙醇工程技术公司探索了以玉米纤维为原料联产纤维素乙醇技术（以下简称 1.5 代纤维素乙醇），该技术能够直接增产乙醇 7%～10%，投资小，效益显著。以 30 万 t/年玉米乙醇厂为例，保守估计能够增产乙醇 5%，届时将年增产乙醇 1.5 万 t，年增加利润 4500万元。如果该技术能够在国内得到全面推广，玉米乙醇的产能将从 2017年的 200 万 t 增加至 210 万 t，年增收 6 亿元，年增利 3 亿元。依托优势企业开发玉米纤维素乙醇技术，改造生产装置，在国内实现 1.5 代纤维素乙醇产业化。

依托国内企业已开发的纤维素乙醇成套技术，建设、运营 5 万 t/年及以上规模纤维素乙醇示范装置。实现纤维素乙醇连续、稳定、高效的预处理技术与装备，高效、低成本的酶制剂菌株开发技术和复配生产工艺技术，高效的戊糖己糖共发酵菌株及生产工艺等关键技术的突破与集成创新；初步建立生物质原料收集、运输、存储的原料供应体系，确立以农作物秸秆特别是玉米秸秆为主，其他形式纤维素原料为辅的原料路线。

G. 扩大宣传，正确引导消费

首先，要树立生物燃料乙醇是油品的优良品质改良剂，生物燃料乙醇不是"油"的观念。乙醇具有许多优良的物理和化学特性。生物燃料乙醇是优良的油品质量改良剂，或者说是增氧剂，它还是汽油的高辛烷值调和组分。相比于 MTBE（methyl tert-butyl ether，甲基叔丁基醚），生物燃料乙醇增氧效果好，对环境无污染，还可以改善尾气污染。把生物燃料乙醇作为"油"来理解是一种误区，是将生物燃料乙醇的功能和价值打了折扣。

其次，要认清生物燃料乙醇与粮食生产的关系。我国生物燃料乙醇主要以淀粉质粮食为原料进行生产，在推广过程中，曾经发生生物燃料乙醇与人争粮，与粮争地的争论。在美国燃料乙醇推广早期也有这种关于食物和土地的竞争问题，但是现在这种情况早已不存在，一方面，因为科技进步，玉米的单产量提高了，同时玉米价格很低，所以原料供应方面是充足的；另一方面，生物燃料乙醇行业也为饲料和养殖行业提供了营养丰富的DDGS，大大减少了它们对其他饲用玉米和蛋白饲料原料的依赖。在我国，玉米并不作为口粮进行加工销售，每年用于生物燃料乙醇生产的玉米加工量仅 660 万 t，仅占我国年玉米产量的 3%，生物燃料乙醇的生产并不会对中国的粮食供应形成较大的威胁。

最后，要利用行业协会的力量，扩大行业影响力。美国可再生燃料协会（American Renewable Fuel Association，RFA）提出了生物燃料乙醇行业的政策、法规、研发的倡议，并为行业带来产量和使用量的提升。自 1981 年成立以来，作为乙醇行业的倡导者，RFA 一直为协会成员、（通过媒体）向公众、向相关联邦和州政府机构提供研究数据和行业分析。我国国家能源局批准成立的国家能源生物液体燃料研发（实验）中心也承担着类似的数据统计、信息公开、公众宣传的责任。通过在加油站发放乙醇汽油的免费宣传读物，让更多的消费者理解生物燃料乙醇的基本常识和正面作用。今后需要借助互联网平台工具，向更多的消费者推送相关信息，协助产业扩大影响力。

2. 生物燃气方向

通过重大行动计划的引领，实现化工、农业、环保、生物和材料等多学科交叉，以化工新理论、新方法、新技术为核心，探索物质高效转化和能量有效利用的科学机制，为节能减排做出贡献，进一步促进整个生物燃气产业的发展。

1）扎实深入基础研究

针对生物燃气的高效制备和高值利用，扎实深入基础研究，实现生物燃气产业原始创新，重点研究厌氧发酵系统微生物学，通过微观调控和优化微生物群落结构进而提升原料转化效率；研究原料高效低耗预处理技术，提高原料生物降解率；研究多元原料混合厌氧发酵工艺技术，优化原料配比，增加生物燃气产量；研究秸秆饲用技术，优化利用瘤胃的预处理功能，实现秸秆—饲料—粪便—生物燃气—肥料的梯级利用；研究生物燃气净化提纯技术，降低生产成本，减少过程损失，提高产品品质；研究生物燃气燃料电池关键技术；研究生物燃气生产化工品的催化剂制备及催化工艺；研究沼肥利用技术及其对作物、土壤、生态等的影响，促进农业的可持续发展；研究病害动物无害化处理和能源化利用技术。

2）自主研发生物燃气装备

针对生物燃气的高效制备和高值利用，在总结国内已有装备和借鉴国外先进装备经验的基础上，研发具有自主知识产权的高性能和高可靠性装备，重点研发除砂、调质、粉碎等预处理设备，厌氧发酵反应器及其配套设备，输配与储气装备，脱硫、脱碳、深度脱水等净化提纯装备，生物燃气工业化利用终端设备，沼液沼渣利用及处理装备，自动化监测和控制装备。

3）制定和完善生物燃气规范标准体系

为实现生物燃气的高效制备和高值利用，并规范生物燃气行业行为，促进生物燃气产业可持续发展，制定和完善生物燃气相关的规范与标准，形成生物燃气产业的标准体系，重点制定原料收集、运输和存储规范；完善生物燃气制备工艺和设备标准；制定车用生物燃气标准；制定管道生物燃气标准；制定沼肥标准；建立生物燃气专业化服务规范。

4）凝练推广商业模式

结合我国国情，根据不同的原料、地域、规模、用户等实际情况，发展和推广生物燃气集中供气、生物燃气热电联产、生物燃气纯化车用、生物燃气纯化入网等模式，实现生物燃气的高值化利用和沼渣沼液的生态循环利用，并建设专业化生物燃气装备制造和运营服务体系。

5）示范工程建设

集成生物燃气高效制备和高值利用技术及装备，适时建设一批村镇级集中供气、兆瓦级热电联产、百辆级纯化车用、万方级纯化入网、兆瓦级生物燃气燃料电池、年产千吨级生物燃气化工产品等生物燃气示范工程，同时打造一批生物燃气高科技龙头企业，为商业化生物燃气工程建设和运营服务提供保障。

6）平台建设与人才培养

依托国内生物燃气领域的高水平研究机构和企业，各单位发挥各自优势，整合研究、开发和推广资源，建设国家级生物燃气实验室、工程中心和推广平台，同时培养一批高水平的生物燃气人才队伍，为生物燃气产业可持续发展提供人才保障。

3. 航空生物燃料和生物柴油方向

通过重大行动计划的引领，在解决航空生物燃料和生物柴油的原料来源问题、生产技术问题的基础上，我国应按照原料资源和市场需求统筹规划、合理布局，建立规模化的生物质炼厂，逐步构建能源农业循环经济产业链，实现能源与农业的融合和科学、协调发展。

1）原料供应体系的构建和完善

充分利用边际土地，引导农民有序种植能源植物，以及做好农林废弃物等生物质资源的收集，从而解决原料来源问题，因为原料来源问题是构建航空生物燃料产业链的主要瓶颈之一。总体来说，原料供应体系的构建和完善需要政府部门与企业共同完成。

政府相关部门着力的关键，在于政策法规体系的完善，以及良好市场环境的培育。为此，政府部门应发挥自身职能作用，对边际土地的利用制定相关优惠政策加以鼓励和引导，使政府的管控与现代物流实现紧密结合，通过政府强有力的管控和现代物流体系实现能源作物种植与农林废弃物及地沟油等的有效收集，探索符合中国特色的原料供应路线。这项工作十分复杂，政府部门应该担此重任。

而相关企业着力点在于创新经营模式，充分引导和组织农民或人员垦殖边际土地、宜林荒山荒坡，扩大能源植物种植面积，并从种植技术、农林机械等方面提供支持，充分利用商业化运作方式和优惠政策提升垦殖的经济效益；实现副产物的综合利用，在推动农村种植业发展、延伸能源农业循环经济产业链的同时，提高生产过程的整体经济效益。

2）构建产、学、研一体化运行模式

航空生物燃料和生物柴油的生产一方面需要成熟可靠的技术作支撑，另一方面需要在生产装置建设、燃料配送系统建设、发动机测试改造等方面投入大量资金，因此在提升技术和产业化生产过程中，企业应该充当主力，特别是国内大型石油、石化公司应该发挥自身在技术、人才、设备等方面的优势，联合有关优势高等院校和科研院所，建立技术联盟，构建产、学、研一体化运行模式，不断改进和提升技术先进性，加快实现重大关键技术突破，开发成熟工业化技术，降低产品生产成本，为航空生物燃料和生物柴油的产业化发展提供有力支撑。

3）建立符合现代金融要求的商业运作模式

商业化运作是航空生物燃料和生物柴油产业发展的关键。在市场经济条件下，任何一个产业要实现健康发展，根本上在于商业运作模式的成功。产业在发展初期，需要政府的扶持，需要政策的补贴，以实现产业的运转；随着技术、商业运作模式的成熟，产业逐步具备自我发展的功能，逐步形成有效的商业运作模式。这种商业运作模式，不仅需要符合现代工业要求的航空生物燃料生产厂，还需要用现代金融的理念来实现融资和资本运作，用现代物流的理念打造原料供应链、产品配送链，用现代商业的理念实现产品和副产品的高效营销，从而构建完备的现代商业运作模式，实现可持续发展。

4）完善扶持政策与税收补贴机制

政府部门的另一个着力点是针对产业出台明确、具体的支持政策及实施办法，对航空生物燃料和第二代生物柴油的生产、销售、使用给予优惠政策，重点是进行政策性补贴，如对原料供应商给予原料补贴、税收优惠，对航空生物燃料和第二代生物柴油生产商给予碳税补贴，对销售商给予税收优惠，对消费环节免燃料燃油消费税，从而使液体生物燃料能够融入现代交通燃料体系。

5）加快完善标准体系及准入制度

航空生物燃料和第二代生物柴油研究在国内处于刚刚起步阶段，目前我国尚无航空生物燃料和第二代生物柴油的质量标准，因此，为加快产业化进程，扩大影响力和话语权，开展我国航空生物燃料和第二代生物柴油标准研究与制定，具有非常重要的意义。例如，木本油料能源作物毛油及精炼油各项指标还没有统一标准，我国急需研究和提出适用于我国国情的航空生物燃料原料的质量控制指标建议，这其中包括建立原料毛油及精炼油的质量标准，以规范和指导企业生产；基于传统航煤和生物航煤性质的不同，在调和工艺和储运方案上必须加以研究，为生物燃料炼厂和航空企业提供适宜的航空生物燃料调和技术及储存与运输方案。同时标准体系的建立完善也为包括民营企业在内的相关企业提供了产品准入的基本条件。

（七）实施生物燃料产业重大行动计划后能达到的技术水平与产业发展

在生物燃料乙醇方向实现生产技术同美国等发达国家接轨，共性关键技术与支撑能力显著提升，自动化水平、综合能耗、产品指标达到国外同等规模装置水平。建成 6～8 套 30 万 t 规模新装置，实现生产总量和消费总量翻番，调配乙醇汽油 4000 万 t。纤维素乙醇技术储备不断增强，建立较为完善的原料供应和标准质量体系，在进一步降低纤维素乙醇成本的基础上，依托玉米燃料乙醇企业建成数套万吨级工业示范装置，建立符合市场化要求的商品生产流通的运营模式。

在生物燃气方向，突破基于生物发酵的生物燃气过程调控技术、原料预处理及高浓度混合发酵技术、新型厌氧干发酵技术、氢气与甲烷耦合两相发酵技术、高效脱硫技术等技术瓶颈；完成开发热电联产技术设备、车用生物燃气提纯设备及产品、集中供气与并网供气民用燃料产品、生物燃气高值化利用技术和沼渣沼液深加工产品；在全国推广建设规模 5000m³/d 以上生物燃气工程 20 个以上，培育生物燃气相关产业品牌 10 个，打造掌握先进生物燃气工程工艺技术、燃气高值利用技术和装备制造技术的高科技龙头规模化企业 3~5 家，新增 100 亿 m³ 产量，带动机械制造、机械加工、生物化工等多个行业的良性发展。

在航空生物燃料和生物柴油方向，实现生产技术基本达到与发达国家同步水平，初步建立较为完善的原料供应和标准质量体系，初步建立符合现代商业运营模式，进一步降低航空生物燃料和生物柴油生产成本，建成数套万吨级工业示范装置，可满足国内民航业国际或国内标志性航线常年的绿色示范飞行需要。

（八）生物燃料产业重大行动计划资金需求及筹措渠道

1. 资金需求

生物燃料产业资金需求合计 26 亿元。

（1）生物燃料乙醇方向：16 亿元产业化专项基金。其中，新技术与联产品开发与应用 2 亿元，包括关键装备 4000 万元、新型酶制剂 4000 万元、产酶酵母技术 4000 万元、生料发酵技术 4000 万元、秸秆复合蛋白饲料技术 4000 万元；纤维素乙醇成套技术开发 4 亿元，包括原料收储运专用设备及体系开发 6000 万元、新型预处理技术与关键装备 1 亿元、高效纤维素酶制剂 1.2 亿元、C5/C6 共发酵菌株 8000 万元、玉米纤维乙醇技术 4000 万元；2~3 套纤维素乙醇示范装置建设补贴 10 亿元。

（2）生物燃气方向：5 亿元产业化专项基金。

（3）航空生物燃料和生物柴油方向：5 亿元产业化专项基金。

2. 筹措渠道

在研发阶段，建议国家从全产业链角度做好顶层设计，设置科技重大专项或产业化专项，加大对关键技术攻关、重要平台能力建设等方面的投入力度；在工业化示范装置建设阶段，充分调动国内大型企业、民间优质资本积极性。

在产业化阶段，争取多方参与投入，充分发挥财政资金的引导作用，开拓民间、社会、外资等融资渠道，引导民间资本向产业投资和促进项目的融资与产业化；探索创业投资、风险基金及银行贷款的投融资机制；调整科技经费的支出结构，提高科技专项费的使用效率，实现科技投入的多元化，形成以企业投入为主体、金融为支撑和社会融资相结合的投资新体系。

（九）生物燃料产业重大行动计划政策需求

1. 出台国家层面法律法规

国家通过顶层架构设计，针对生物燃料乙醇的生产和使用进行专项立法，出台全国性的强制性可再生燃料法律法规及实施细则，完善产业链激励体系，构建长效扶持激励机制，制定生物燃料乙醇新的定价与补偿机制，确保生物燃料乙醇相关上下游企业形成利益共同体，大力推进生物燃料乙醇产业市场化进程，进而实现产业的健康持续发展。同时根据目标市场的需求，配套制定相应的地方性法规或规章，落实强制性的市场份额。

2. 继续强化法规保障

继续贯彻落实《中华人民共和国可再生能源法》《可再生能源中长期发展规划》《"十三五"国家战略性新兴产业发展规划》及《生物质能发展"十三五"规划》等有关法律法规。同时，地方政府进一步强化和完善地方性法规的拟定与实施，包括以省长令形式发布的实施乙醇汽油推广的管理办法，以及各项相关配套方案和措施，充分发挥地方性法规作用，强调政府令、地方法规性文件、流通条规、推广方案。

3. 制定和完善规范标准体系

为实现生物燃气的高效制备和高值利用，并规范生物燃气行业行为，促进生物燃气产业可持续发展，制定完善生物燃气相关的规范和标准，形成生物燃气产业的标准体系，重点制定原料收集、运输和存储规范；完善生物燃气设计、制备工艺和设备标准；制定集中供气、车用、管道、混氢等生物燃气标准；制定沼肥标准；建立生物燃气专业化服务规范。

4. 完善和落实补贴与减税政策

加大产业化示范工程投资补助力度，在加大战略性新兴产业投资补助的基础上继续提高标准；加大财税支持力度，纤维素燃料乙醇享受非粮燃料乙醇的税收优惠政策，继续实现免消费税，增值税实现先征后返，制定和出台更高的补贴标准；降低生物燃气发电上网门槛，允许上网装机容量为 150 千瓦以上；加强现有电价补贴政策执行力和时效性，建议所有原料来源的生物燃气发电享受《国家发展改革委关于完善农林生物质发电价格政策的通知》（发改价格〔2010〕1579 号）的规定的电价补贴；提高补贴力度，建议生物燃气发电上网电价为 0.9 元/kWh；增加补贴政策，建议提纯后的生物燃气补贴 1.5 元/m^3；建议政府投资建设村镇级供气管网；建议减免生物燃气产品和制造装备的生产与销售税费，免除对外销售增值税；建议放宽沼肥的市场准入，启动沼肥产品生产与使用的补贴；鼓励和支持生物燃气加气站建设。

5. 加大科研经费投入，做实产、学、研、用协同创新

加大科技投入，中央预算内资金向已批准建立的研发平台和标准化工作及科技专项倾斜，鼓励各类社会资本、外商投资参与产业发展。出台财税扶持政策，设立专项资金，鼓励支持生物燃料乙醇领域新技术、联产品的开发与应用，大力支持研发平台与产业化示范工程建设。组织国内技术专家、企业家、政策规划专家成立专家组，在领导小组的组织领导下，加强产、学、研、用相结合的协同创新，为共性关键技术突破、商业模式示范工程建设、标准规范制定等提供指导和技术保障。各科研单位充分发挥科技与人才的引领和支撑作用，关键做到以下几点。

一是把握需求，加强基础理论研究。要针对重点原料、新原料、新工艺、新设备、战略性新兴产业等方面，梳理出基础理论研究的需求，每年都应该有一份需求指南。

二是挖掘潜力，加强现有资料成果的开发、总结和提炼。要将海量的资料和数据，进行集成化和产业化汇总；利用好政府相关部门的统计调查；总结好一些重要示范工程和企业项目的成果、经验。

三是综合汇总，加强现有科技成果的推介。及时梳理理论、技术、方法、装备、人才方面的成果和存在的问题。把这些信息反馈给政府、企业、科研院所等一起攻关，解决问题。每年应当总结梳理一次，利用网络等多种途径进行推介。

四是探索创新，打造产、学、研、用相结合的创新平台。在科技创新方面，政府和科研单位必须参与进来。要创新体制机制，运用好多种载体，要着眼于理论、技术、方法、装备、人才方面的重大问题，多技术、多方法、综合部署，政府、企业、高等院校、科研院所共同发力，突破瓶颈，破解难题。

五是共同努力，推进人才队伍建设。要加强院校教育培养、工程一线锻炼成长、经常性再教育，特别是与时俱进的人才培养流动机制的建设。

6. 完善国内碳交易市场

建议尽快完善国内碳交易市场，提升我国企业的市场竞争力。

三、政策建议

（一）加强原料保障

我国生物质资源丰富、潜力大，如何有效利用生物质，变废为宝，具有重要的环境、经济和社会效益。今后的发展方向是在现有传统生物质原料的基础上，按照不与粮争地、不与人争粮的原则，拓展边际土地资源，实现产业与生态的共赢，既有效增加农民收入，又减少温室气体排放。

生物质原料短缺和不稳定供给一直是制约农林生物质利用产业健康发展的瓶颈。我国通过建设农林生物质原料生产基地，培育符合地域特色的品种，建立质与量可控的原料供应体系，形成农林生物质集中收集、运输、储存体系，控制原料成本。

生物质资源分布特征、原料特征及市场对生物质产品需求的多样性，决定了生物质的利用需要采取产品多元化和综合利用的发展战略。生物燃料乙醇、生物柴油、生物燃气（热解气化燃气、生物沼气）等技术需要独立发展，一些具有更高附加值和应用潜力的产品技术，如航空燃油、多元醇也需要发展。另外，需要根据生物质原料各组分的特征，发展和转化综合的利用技术。

（二）生产过程的研发

1. 推进副产物的研发

有效利用生物炼制过程中的副产物是生物质和土地资源利用最可持续的方式。高度集成的生物炼制的目标是以最少的生物质损失获得最佳的生物质产品价值开发。生物炼制过程生产多种产品，并且优化特定原料的价值。为了高效地利用生物质，国家应支持优化利用副产物和逐级利用资源。对糖和淀粉等一些行业来说，所有副产物的高值化利用已经实现了，这为生物炼制过程的副产物高值化利用问题提供了借鉴。我国有必要建设木质素衍生品的中试或示范工厂以生产大量的木质素提供给工业使用，并解决不同生物质炼制过程导致的质量差异问题。木质素的高值化利用可帮助解决木质纤维原料生产生物燃料和生物化学品产生的大量木质素的问题。克服制备高附加值副产物所用残渣的质量问题，对副产物进行高值化利用需要大量的技术创新，尤其是解决原料质量变化的问题。对高效的生产来说，需要高度的集成工艺对副产物进行高值化利用，以减少生物质和资源的损失。

2. 改善生物转化和下游加工步骤

开展工业生物技术过程研发活动可大大降低生产成本，同时能有效降低生产过程对环境的影响，因而也就提高了工业生物技术产品竞争力。一些研发重点值得我们关注，特别是工业生物技术产品的生产改进（上游）和分离纯化（下游）这两方面。为此，我们需要开发新的微生物生产系统和方法；确保生物过程作为一个整体系统被开发；促进过程技术不断被改进。

3. 加强知识产权保护，切实保护研发者的权益，增强企业的自主研发意愿

专利制度、专利战略对保护发明创造者权益、促进科技进步起到了积

极的推动作用。目前我国生物产业领域的知识产权保护力度相对较弱，企业侵犯知识产权所需要付出的成本较低，因此客观造成企业在创新研发方面缺乏动力。这也导致国内企业在相关技术领域与国际领先企业的差距越来越大。

在生物医学工程领域，各个跨国公司在对华专利保护活动上显示出联合作战、利益共享的趋势，使我国企业在国内、国外处处受制于人，面临的形势更加严峻。我国应该从全局性、宏观性和长远性出发，逐步完善和规范我国相关专利制度。将专利保护与对外贸易政策相联系，将专利保护作为贸易谈判的非关税障碍的重要一环；通过立法，在一些尚未受到法律保护的高技术领域设立专利保护等。

由于技术创新难度大、投入高，但技术复制又相对较为容易（尤其是在微生物菌种方面），知识产权保护在生物制造和生物农业技术领域至关重要。因此，国家需要完善微生物菌种登记制度，加强菌种跟踪、菌种鉴定、菌种数据库等技术支撑体系建设，加大在相关的知识产权保护和违规处罚方面的力度，切实保护研发者的权益，以推动国内企业在生物制造和生物农业领域进行自主研发。

4. 加强重点行业的环保监管力度，推广绿色生物工艺

"十二五"期间，我国已经在纺织（印染、脱胶）、造纸（制浆、漂白、脱墨）、制革、采矿和勘探、生化合成等行业建成一系列绿色生物工艺的示范项目。"十三五"期间，国家应通过示范项目宣传和绿色工艺补贴制度等在主要高污染行业大力推广示范项目与相关工艺，特别是在普及率较低的造纸、制革和采矿行业。

此外，目前由于部分地区环保监管缺失，企业在可逃避承担环保排污成本的情况下，缺乏经济激励去采用绿色生物工艺。国家应进一步加强环保监督和排污处罚机制的落实到位，促使企业综合考虑污染物后处理成本及工艺改造成本，主动寻求绿色生物工艺改造方案。

应用现代生物技术，开发和创制一批与生物制造及污染物降解相关的新型微生物和酶制剂，清除工业废水、废气等污染物，实现化工园区的生物技术改造，改善化工园区的生态环境。

（三）市场培育与规范相关政策建议

1. 提高公众对工业生物技术与生物基产品的认知

国民对工业生物技术和生物基产品不了解与不熟悉，被误认为是国民不接受工业生物技术和生物基产品。然而，国民对工业生物技术缺乏认知是因为工业生物技术难以被理解和深刻领会，尽管它通常用于生产啤酒、奶酪和面包等。当生物基产品的价格高于化石基产品时，国民很难愿意购买生物基产品。我们可以开展一个国民知情的高效的沟通运动，进一步提高国民对工业生物技术和生物基产品的看法与认知。可以通过建设网站和宣传短片，说明工业生物技术产品的好处，重点介绍生物基产品的可再生性、性能和环保方面。建立基于性能和生物基产品对应功能的在线经纪服务平台，并标明这些产品是通过工业生物技术途径生产的。

2. 培养可维持生物制造竞争力的人才队伍

生物制造行业需要具有专业技能、商务技能和个人技能的复合型人才以完成不同的任务与工作。这能够有效促进跨学科工作的开展和利益链伙伴之间的积极合作。理论联系实践，更加注重文化技能和思考力（特别是在新兴市场），加强有关生物经济商业模式知识和技能的学习，加强项目管理技能的培养，这些都有助于促进生物技术创新。工业生物技术是个发展迅速的行业，考虑到未来的技能要求，工业生物技术行业始终要求技能和教育的培养要与市场的需求相吻合。促进产业界和学术界及时有效的合作是维持生物制造竞争力的关键。

3. 改革科研成果所有权体制，鼓励科技人员进行技术创业

以科技人员自主科研成果为核心的初创企业在欧美发展生物产业的过程中起到了至关重要的作用。这些技术型初创企业的创始人员通常是美国各大研究所或者大学生物技术相关方向的研究人员。

目前我国的科研体制中由于科研成果的所有权归国家所有，科技人员利用其所研发的技术进行自主创业面临政策限制。因此国家需要对科研成果所有权制度进行全面改革，以激励科研人员研发更加具有应用价值的技术，并鼓励其进行技术创业，从而激活整个科技创新的活力。着力建设和

完善科技创新体系，提升产业创新能力。创新科技机制体制，组织实施现代生物制造重大科技工程，加强从基础研究到应用示范的创新链一体化部署，在京津冀、长三角等高度集中的区域建立绿色生物制造技术创新中心，促进技术成果快速实现转化和商业化，构筑生物制造工程技术平台，凝聚和培养产业技术创新人才。整合国内优势研发和产业资源，成立绿色生物制造产业创新战略联盟，培育企业创新能力。

4. 整合国内企业和科研院所的资源，建立具有相当研发实力的大型企业集团

大型企业集团，如杜邦、DSM、巴斯夫、诺维信等，在欧美生物领域的研发和创新方面占据着重要的地位。这些大型企业集团均建立有大规模的内部研发机构，每年投资大量的人力和物力，课题研究贯穿基础研究、应用研发和技术支持整个研发价值链，并横跨多个学科领域。企业将研究与生产有机地联系在一起从而更有效地从市场和产业化的角度来进行研发。例如，杜邦在全球设立了 150 个研发中心，拥有上万名研发人员，每年的研发投资占其销售收入的 6%，约合 20 亿美元。杜邦的研发体系将研发中心分类三类：3 个全球基础研发中心、4 个地区应用研发中心和众多的业务研发中心。全球基础研发中心主要进行相关基础科学和跨学科的创新研究，以及纳米技术、先进生物燃料与聚合物、农业和生物科技等方向的研究。地区应用研发中心主要是侧重根据基础研究的成果，结合各地区市场情况开发相应的产品或者应用平台。地区应用研发中心的科研人员对消费者和产业都有很深入的了解。杜邦的每个业务单元里面都有自己的业务研发中心，从事与终端产品直接相关的技术研究，并对现有产品提供技术支持。在这整个体系中，基础研发、应用平台研发、产品开发，以及不同学科的研发紧密衔接，能够快速将前沿的研究成果实现产业化。同时，欧美发达国家会将重大的应用技术攻关项目具体落实到各个企业集团，并从资金上对大型企业集团的研发提供支持。例如，法国罗盖特公司的基于植物基的生化项目的科研经费的 47% 是由政府提供。

在中国现有的研发创新体制中，生物领域的研发主要在各高等院校和科研院所，而国内相关企业在研发方面投入低、团队弱。另外，各高等院校和科研院所的研发时常与企业的实际需求相脱节。同时双方都缺乏从基础研究出发进行应用和产品研发，最终实现产业化的能力。这在与国际领先企业的集团作战相比时，从体制上就处于劣势。因此，国家在"十三五"期间需要将生物制造领域的企业与科研院所的研发力量进行整合，加强企业的研发力量，建立若干个具有较强研发实力的大型企业集团，并鼓励其走出去并购国际生物制造的领先技术企业，充分吸收先进的创新研究成果和创新体系。组织实施绿色生物制造基础工艺产业示范工程。加快生物制造绿色工艺在化工、制药、材料、能源、食品、轻纺等领域的应用，注重生物制造科技对传统行业的过程替代与转型升级及全新绿色生物制造产业形态的培育，加强产业各个环节协调，建设、完善生物制造产业链，培育一批具有较强资本集聚、跨国经营能力和知名品牌的龙头企业。

5. 针对重大专项，建立公私合作机制，协调企业、社会和公共研发机构的资源，实现跨机构、跨学科的研发合作

欧盟目前在科研领域，针对重大专项，大力推进公私合作（public-private partnership，PPP）的方式，以让相关企业和公共研发机构更加方便灵活地参与到共同研发合作当中，以此加速技术转化的过程。PPP具体合作形式被称为联合技术计划（JTI，joint technology initiatives）。JTI是一个独立的法人实体，也是一个开放性的组织，欧盟委员会、各成员国、非营利产业协会、大中小型企业、学校、研究机构等都可以参与，各自贡献自己的资源，同时具有相应的投票权和影响力。每个JTI成员将从欧盟获得5亿～20亿欧元的资金支持，占整个项目经费的50%。例如，欧洲的生物技术JTI由20多家企业和80多家研究机构及大学组成，这些组织在欧盟的协调下共同进行研发。欧盟这种由国家主导、组建公私合作平台并对重点科学项目进行联合研发的形式，既保证了重要课题的开发和推进，又充分调动了从基础研发到产业应用的一系列资源，在保证了研发资金和人员的同时解决了技术与应用之间长期以来存在的断层问题。

目前我国生物制造领域研发资源相对分散，企业研发能力相对较弱的情况下，国家可以考虑引入这种公私合作的模式来调动各方资源，促进这个产业的技术创新与产业化。大力发展产业基地，促进产业集群式发展。

加快发展我国华东地区的精细生物化工产业、华北地区的生物基材料产业，以及加快华北、西北、东北地区的大宗发酵产业基地建设，促进生物制造产业做大做强。在京津冀区域建立我国化学品绿色生物制造产业基地，在长三角地区建立我国原料药的绿色生物制造产业基地，在西南地区建立我国糖工程绿色炼制的产业示范园区和基地，采取有效措施，促进产业集群的形成和创新发展。

（四）创新体系的相关政策建议

1. 实施可促进生物制造发展的长期、稳定、透明的政策框架和激励方案

国家应从市场引导、政府扶持等多方面支持生物质资源利用产业发展，确保已有的政策法规得到落实执行，注意政策的时效性和适应性，应根据产业发展的现实情况适当扩大政策法规的应用范围。

在原料供应上，实行适度差额补贴；制定国家废弃物收集质量标准与收集补贴标准，给予物流运输免征或减收过路费、过桥费的政策优惠；对从农民手里收购秸秆等废弃物原料的，因时、因地、限时实行适度差额补贴政策；完善技术和产业服务体系，创造有利的政策环境和实施氛围，使农林生物质资源化利用在国家政策的支持下得到更健康、更大规模的发展。

在产品生产上，减免税收；对利用农林废弃物、城市生活垃圾、畜禽粪便、工业废水、废渣等废弃资源，生产生物运输燃料产品和资源综合利用产品免征增值税；对进入消费市场的，免征消费税。

对使用可再生原料生产可再生化学品的生物产业进行财政奖励和税收减免。可再生化学品的定义应该是大于一定比例的以生物质为原料的产品，财政奖励或减税政策也应适用于以采购可再生化学品来生产聚合物、塑料等产品的企业，或者适用于购买可再生化学聚合物、可再生塑料等产品的企业。另外，财政奖励或者税收减免政策应适用于那些以温室气体排放、能源消耗等为指标进行可再生化学品生产的企业。政府采购能大大增加消费者对生物基产品的需求，几乎所有领域的产品都可以完全或者部分用可再生原料来制备。同样，几乎所有的服务业都可以从生物基产品中获益。

2. 完善生物基食品添加剂及保健性食品的准入机制与加速生物基食品添加剂及保健性食品的准入流程

目前我国对生物基食品添加剂及保健性食品新产品准入的审批标准透明度较低，审批速度慢，一些新产品的审批过程长期搁置，延缓了升级产品为消费者所用的时间，也影响了产业创新的进程。例如，通过生物法合成的人参皂苷、冬虫夏草成分、虾青素等珍稀天然动植物营养物质，具有较高的市场价值并能够显著提高消费者福利（成本大幅降低，使价格可以普遍被消费者承受），采用酶促生物工艺取代纯化学过程生产香精和香料等，这些技术已经早有突破，但审批进程缓慢。

建议在"十三五"期间，国家加强重视并完善生物基食品添加剂和保健性食品的鉴定、审批与准入体系，提高标准的规范性和透明性，在保证食品安全的红线上，加快对食品添加剂和保健性食品中生物基产品的审批和准入。鉴于食品功能化的趋势，建议可以考虑将保健性食品的审批监管纳入食品监管体系（欧盟和美国均将保健品纳入食品监管体系或保健性食品单列，而非列入医药监管体系）。

3. 建立生物基产品认证制度，通过政府采购和公众宣传等支持生物基产品推广

欧盟和美国已经先后建立一套权威、专业的生物基产品认证制度，推广生物基产品标签，并使消费者能够了解和认知生物基产品及其在人体健康、环境保护方面的优势。同时，在政府采购时优先支持包括生物基产品在内的环保和新技术产品。

目前，生物基产品在我国还属于新兴概念，公众了解较少，对于商家在市场宣传中使用的多种环保和绿色等标签缺乏专业的判别能力与信任，这需要具有公信力的权威机构提供专业的信息。建议在"十三五"期间，国家建立一套生物基产品认证体系，颁布权威的生物基产品标签，并将生物基产品纳入政府采购支持和公众消费文化引导等支持平台。

4. 改进大型生物炼制项目的投融资

国家可以创建一个门户网站，列出所有的跨国的和国家的生物经济相

关的资助机会与补贴。所有的生物经济资助机会应该以搜索和排序方式出现，如生物炼制项目可以按项目起止日期、资助金额、资助百分比、主题、符合条件的行业、符合条件的位置和符合条件的当事人等条件进行搜索与查询。

可以创建一个战略基金。它的使命应该是为大型生物经济投资提供经济的、可持续的贷款和贷款担保。有商业前景的生物炼制项目都在积极寻找贷款，但存在的主要障碍来自投资方和垫资方的风险接受度。投资方可以与其他一些利益相关者建立一个投资项目组合，该项目组合包括向20～30 个生物炼制项目提供贷款或贷款担保。其中的 25% 的项目可能会失败，但有 75% 的项目也许会成功，而且按照保险方法，在不到十年内我国可能会产生几十个新的生物炼制项目。这样做，我国的市场将拥有明确的生物炼制基准和强大的商业可循案例。

参 考 文 献

白娜，梅自力，符征鸽，等. 2011. 三种秸秆在不同温度下发酵产气特性研究. 中国沼气，29（1）：16-21.

薄向利，夏代宽，邱添. 2005. 超临界流体技术制备生物柴油的研究进展. 化工时刊，19（12）：33-37.

蔡亚庆，仇焕广，王金霞，等. 2012. 我国农村户用沼气使用效率及其影响因素研究——基于全国五省调研的实证分析. 中国软科学，（8）：58-64.

陈秀，袁银南. 2007. 生物柴油的超临界制备技术. 中国粮油学报，22（6）：95-99.

崔启佳，朱洪光，王旦一，等. 2011. 双螺杆物化组合预处理对秸秆产沼气的影响. 农业工程学报，27（1）：280-285.

范必，景春梅，刘向东. 2015. 建议京津冀推广乙醇汽油. 宏观经济管理，（2）：56，57.

冯磊，李润东，李延吉. 2009. 酸解微波预处理对秸秆厌氧消化的促进作用. 环境科学学报，29（11）：2339-2344.

冯志. 2009. 解读欧盟航空碳排放交易体系及其影响. 民航管理，（8）：91-94.

高峰. 2012. 航空燃料的新成员. 中国民用航空，（1）：44，45.

郭卫军. 2015. 纤维素乙醇商业化现状及发展建议. 当代石油石化，12：25-30.

郭孝孝，罗虎，邓立康. 2016. 全球燃料乙醇行业进展. 当代化工，45（9）：2244-2248.

国家统计局. 2015. 中国统计年鉴-2015. 北京：中国统计出版社.

国家统计局. 2016a. 2016 中国统计摘要. 北京：中国统计出版社.

国家统计局. 2016b. 中国统计年鉴-2016. 北京：中国统计出版社.

韩捷，向欣，李想. 2008. 覆膜槽沼气规模化干法发酵技术与装备研究. 农业工程学报，24（10）：100-104.

胡徐腾，李振宇，付兴国，等. 2013. 液体生物燃料：从化石到生物质. 北京：化学工业出版社.

贾敬敦，马隆龙，蒋丹平，等. 2013. 生物质能源产业科技创新发展战略. 北京：化学工业出版社.

江皓，吴全贵，周红军. 2012. 沼气净化提纯制生物甲烷技术与应用. 中国沼气，30（2）：6-11，19.

姜业庆. 2016-10-20. 燃料乙醇行业发展可借鉴美国经验. 中国经济时报，（A06）.

景全荣，黄希国，吴丽丽，等. 2012. 连续干式厌氧发酵中试系统设计与试验. 农业机械学报，（S1）：186-189.

李东，孙永明，袁振宏，等. 2009a. 食物垃圾和废纸联合厌氧消化产甲烷. 环境科学学报，29（3）：577-583.

李东，袁振宏，孙永明，等. 2009b. 中国沼气资源现状及应用前景. 现代化工，29（4）：1-5.

李东，叶景清，孙永明，等. 2013. 稻草与牛粪混合连续厌氧消化制备生物燃气研究. 农业机械学报，44（1）：101-105.

李海滨，袁振宏，马晓茜，等. 2012. 现代生物质能利用技术. 北京：化学工业出版社.

李连华，李东，孙永明，等. 2013. 预处理对杂交狼尾草厌氧发酵性能的影响. 太阳能学报，34（3）：402-406.

李伊. 2008. 国际航协的环保宣言. 中国民用航空，（10）：23，24.

李振宇，李顶杰，黄格省，等. 2013. 燃料乙醇发展现状及思考. 化工进展，32（7）：1457-1467.

梁素钰，王述洋，李二平，等. 2009. 沼气制取车用天然气级燃料系统. 农业工程学报，25（6）：210-213.

梁泳. 2011. 欧盟碳减排的国际法规制——以航空业为例. 法学，（12）：56-66.

林海龙，武国庆，罗虎，等. 2011. 我国纤维素燃料乙醇产业发展现状. 粮食与饲料工业，（1）：30-33.

刘晓风，李东，孙永明. 2013. 我国生物燃气高效制备技术进展. 新能源进展，1（1）：38-44.

刘晓玲，李十中，刘建双，等. 2011. 应用高固体浓度厌氧消化工艺转化污泥产沼气研究. 环境科学学报，31（5）：955-963.

吕锦萍，李俊杰，巴哈提古丽，等. 2008. 博州地区沼气池沼液沼渣有机质及养分含量分析. 中国沼气，26（5）：28，29.

罗艳托，朱海龙，程俐. 2009. 中国航空煤油市场现状分析与趋势预测. 国际石油经济，7：15-18.

闵恩泽，杜泽学. 2010. 我国生物柴油产业发展的探讨. 中国工程科学，12（2）：11-15.

闵恩泽，张利雄. 2007. 生物柴油产业链的开拓. 北京：中国石化出版社.

倪哲，潘朝智，牛冬杰，等. 2013. 两相厌氧消化工艺处理鸡粪. 环境工程学报，7（4）：1522-1526.

欧阳平凯，陈可泉，贾红华，等. 2014. 低劣生物质制备生物甲烷的研究进展与展望.

广西科学，21（1）：1-5.

欧阳平凯，冯娇，许晟，等.2016. 生物制造研究进展. 广西科学，23（2）：97-101.

轻工业环境保护研究所. 2011a. 国际沼气产业发展现状报告. 中国沼气工程产业发展研究产出一.

轻工业环境保护研究所. 2011b. 中国沼气产业发展现状报告. 中国沼气工程产业发展研究产出二.

沙超，段妮娜，董滨，等. 2012. 热处理对脱水污泥溶解特性及厌氧消化性能的影响. 环境工程学报，6（7）：2422-2426.

石元春.2011. 决胜生物质. 北京：中国农业大学出版社：295-297.

孙世尧，王连鸳，杨基础. 2006. 超临界甲醇法制备生物柴油的研究现状. 精细石油化工，23（1）：53-56.

滕虎，牟英，杨天奎，等. 2010. 生物柴油研究进展. 生物工程学报，26（7）：892-902.

田双起，王振宇，左丽丽，等. 2010. 木质纤维素预处理方法的最新研究进展. 资源开发与市场，26（10）：903-908.

屠云璋，吴兆流，张密. 2012. 德国沼气考察报告. 太阳能，3：53-57.

王海涛，黄福川，马奎，等. 2009. 沼气净化压缩罐装的试验研究. 中国沼气，27（1）：24-26.

吴美容，张瑞，周俊，等. 2014. 温度对产甲烷菌代谢途径和优势菌群结构的影响. 化工学报，65（5）：1602-1606.

许家胜，阴翔宇，张杰，等. 2010. 生物柴油制备新工艺的研究进展. 可再生能源，28（3）：107-111，116.

杨长军，汪勤，张光岳. 2008. 木质纤维素原料预处理技术研究进展. 酿酒科技，（3）：85-89.

岳国君，武国庆，郝小明. 2007. 我国燃料乙醇生产技术的现状与展望. 化学进展，19（7/8）：1084-1090.

岳国君，武国庆，林鑫. 2014. 纤维素乙醇工程化探讨. 生物工程学报，30（6）：816-827.

张昌爱，王艳芹，袁长波，等. 2009. 不同原料沼气池沼渣沼液中养分含量的差异分析. 现代农业科学，16（1）：44-46.

张浩，雷赵民，窦学诚，等. 2008. 沼渣营养价值及沼渣源饲料和其生产的猪肉重金属残留分析. 中国生态农业学报，16（5）：1298-1301.

张慧慧，陈樑，梁艺福. 2008. 超临界甲醇法制备生物柴油的研究进展. 江西农业学报，20（10）：114-116.

张小曳，张养梅，曹国良. 2012. 北京 PM_1 中的化学组成及其控制对策思考. 应用气象学报，23（3）：257-264.

张媛，洪坚平，任济星，等. 2007. 山西户用型沼渣的全量N、P、K含量分析. 山西农业科学，35（11）：85-87.

张哲，魏海国. 2009. 生物柴油生产技术进展. 石油规划设计，20（1）：23-27.

甄峰，李东，孙永明，等. 2012. 沼气高值化利用与净化提纯技术. 环境科学与技术，35（11）：103-108.

中华人民共和国农业部. 2012. 农业部：推广户用秸秆沼气破解原料短缺难题. http://www.

moa.gov.cn/zwllm/zwdt/201206/t20120607_2751779.htm[2019-01-13].

朱瑾，叶小梅，常志州，等. 2011. 不同因素对秸秆两相厌氧消化的影响. 农业工程学报，27（S1）：79-85.

Beer T，Carras J，Worth D，et al. 2011. The health impacts of ethanol blend petrol. Energies，4（2）：352-367.

Cozens P，Manson-Whitton C. 2010. Bio-SNG：feasibility study，establishment of a regional project. Bio-SNG Production and Distribution. NEPIC，National Grid and Centrica.

Dale B E，Ong R G. 2012. Energy，wealth，and human development：why and how biomass pretreatment research must improve. Biotechnology Progress，28（4）：893-898.

Deng L W，Liu Y，Zheng D，et al. 2017. Application and development of biogas technology for the treatment of waste in China. Renewable and Sustainable Energy Reviews，70：845-851.

Deurwaarder E P，Boerrigter H，Mozaffarian H，et al. 2005. Methanation of Milena product gas for the production of bio-SNG. Paris：14th European Biomass Conference & Exhibition：1-7.

Eggeman T，Elander R T. 2005. Process and economic analysis of pretreatment technologies. Bioresource Technology，96（18）：2019-2025.

Gallmetzer G，Ackermann P，Schweiger A，et al. 2012. The agnion heatpipe-reformer-operating experiences and evaluation of fuel conversion and syngas composition. Biomass Conversion and Biorefinery，2（3）：207-215.

Gassner M，Maréchal F. 2009. Thermodynamic comparison of the FICFB and viking gasification concepts. Energy，34（10）：1744-1753.

Griffin R J，Cocker D，Seinfeld J H. 1999. Incremental aerosol reactivity：application to aromatic and biogenic hydrocarbons. Environmental Science & Technology，33（14）：2403-2408.

Khalil Y F. 2016. Hydrogen safety task 37，International Energy Agency. https://www.researchgate.net/publication/322477374[2019-1-13].

Li D，Yuan Z H，Sun Y M，et al. 2010. Semi-dry mesophilic anaerobic digestion of water sorted organic fraction of municipal solid waste（WS-OFMSW）. Bioresource Technology，101（8）：2722-2728.

Li D，Yuan Z H，Sun Y M，et al. 2011. Anaerobic fermentative co-production of hydrogen and methane from an organic fraction of municipal solid waste. Energy Sources，Part A：Recovery，Utilization，and Environmental Effects，33（6）：575-585.

Li J，Sun F H，Li X Z，et al. 2012. Enhanced saccharification of corn straw pretreated by alkali combining crude ligninolytic enzymes. Journal of Chemical Technology Biotechnology，87（12）：1687-1693.

Liu X，Jia H H，Zhou J，et al. 2016. Application of a gas–liquid mixing pump in biogas purification and the coproduction of nano calcium carbonate. Energy Fuels，30（11）：9947-9952.

Modenbach A，Nokes S. 2012. The use of high-solids loadings in biomass pretreatment：a review. Biotechnology and Bioengineering, 109（6）: 1430-1442.

Monot F, Porot P. 2013. Status report on demonstration plants for advanced biofuels production-biochemical pathway. Luleå: 5th Stakeholder Plenary Meeting.

Nygren E, Aleklett K, Höök M. 2009. Aviation fuel and future oil production scenarios. Energy Policy, 37（10）: 4003-4010.

Shonnard D R, Fan J, Williams L, et al. 2010. Camelina-derived jet fuel and diesel: sustainable advanced biofuels. Environmental Progress and Sustainable Energy, 29（3）: 382-392.

Storey J M E, Barone T L, Norman K M, et al. 2010. Ethanol blend effects on direct injection spark-ignition gasoline vehicle particulate matter emissions. SAE International, 3（2）: 650-659.

Sun F H, Li j, Yuan Y X, et al. 2011. Effect of biological pretreatment with Trametes hirsuta yj9 on enzymatic hydrolysis of corn stover. International Biodeterioration & Biodegra- dation, 65（7）: 931-938.

Tsavkelova E A, Egorova M A, Petrova E V, et al. 2012. Biogas production by microbial communities via decomposition of cellulose and food waste. Applied Biochemistry and Microbiology, 48（4）: 377-384.

van der Meijden C M, Veringa H J, van der Drift B, et al. 2008. The 800 kWth allothermal biomass gasifier MILENA. Valencia: Presented at the 16th European Biomass Confe- rence.

Wang M, Han J, Dunn J B, et al. 2012. Well-to-wheels energy use and greenhouse gas emissions of ethanol from corn, sugarcane and cellulosic biomass for US use. Environmental Research Letters, 7（4）: 045905.

Wang X J, Yang G H, Li F, et al. 2013. Evaluation of two statistical methods for optimizing the feeding composition in anaerobic co-digestion: mixture design and central composite design. Bioresource Technology, 131: 172-178.

Zheng M X, Li X J, Li L Q, et al. 2009. Enhancing anaerobic biogasification of corn stover through wet state NaOH pretreatment. Bioresource Technology, 100（21）: 5140-5145.

Zhou J, Yan B H, Wang Y, et al. 2016. Effect of steam explosion pretreatment on the anaerobic digestion of rice straw. RSC Advances, 6（91）: 88417-88425.

Zhou J, Zhang R, Liu F W, et al. 2016. Biogas production and microbial community shift through neutral pH control during the anaerobic digestion of pig manure. Bioresource Technology, 217: 44-49.

第五章　促进我国生物产业发展的措施建议

21世纪，生物医药产业已经是全球范围内广受重视的新兴产业，具有贯穿全球的产业链，附加价值非常高。中国也不例外，我国不仅重视医药产业发展，并且出台相关政策为医药产业发展保驾护航。为了更好地促进我国生物医药产业的发展，我们在调研我国生物医药产业问题和制约因素的基础上提出了如下措施与建议。

第一，继续加大我国生物制药产业的资金投入。建议整合政府科技计划（基金）和科研基础条件建设等资金，政府设立国家生物产业发展基金；拓宽融资渠道，鼓励设立和发展生物技术创业投资机构与产业投资基金，引导社会资金投向生物产业；国家层面制定投融资、项目申报、经费资助、赋税征收等方面的优惠政策，以吸引外国资金和民间资本进入生物制药行业；建议政府对新创办的生物企业实施税收优惠政策；对创新生物医药国际人才设立更有吸引力的制度。

第二，改善我国生物制药业的产业结构和行业结构。以现代生物制药和现代中药作为研发重点，选择技术含量高、附加值高的创新型医药产品重点开发，占领国际医药品牌制高点；强化资产重组或企业重组的步伐，建立起大公司、大集团、大医药的产业格局；培育企业创新主体，深化高等院校和科研院所科技体制改革，培育我国医药产业新的增长点，持续提高自主创新能力。

第三，营造良好市场环境，完善相关体制机制。继续以医保、医药、医疗的"三医联动"来推动医改，为生物医药产业发展提供强有力的"三医联动"的组织保障体制机制；健全生物技术产品的各环节，如研发、中试、环境释放、商品化生产和进出口等环节的要求，质量控制、监管等方面的指导原则的制定和修订；开辟创新药物申请纳入医保目录的绿色通道和创新机制，改革药品定价机制，赋予创新产品自主定价权；改革干细胞诊疗、免疫细胞诊疗等生物技术临床研究的审批机制，高效、科学地推动创新生物技术和产品的应用。

第四，进一步改革制约生物医药产业发展的行政审批制度。强化审批能力建设，加快审批速度，加强对原始创新药和集成创新生物药的优先审批；创新审批制度，监管推动创新，对截至 2017 年临床急需的防治艾滋病、恶性肿瘤、重大传染病、罕见病等疾病的创新药品及重大新药创制计划支持的研发药品，设立单独绿色快速审批通道，建立早期收获审批机制，推动重点产品的创新步伐；针对创新药物，改革完善 GCP，推动创新产品临床研究。

第五，加强 GCP 的建设和监管，提高我国创新药物临床试验的整体水平。建立更完善的创新药物的 GCP，提高产品和技术的临床研究标准化程度。全面加强药物临床试验机构建设，加强我国药物创新临床研究的理论指导体系建设和科学化管理机制建设，加强临床研究专业人员的培养，提高临床试验的质量并与国际接轨，加强对临床试验项目的监管检查。更加注重伦理委员会的独立性，在有条件的地区建立区域伦理委员会。通过政策引导及国家资助的方式，引导一批医疗实力雄厚、研究水平相对较高的医院开辟药物临床试验研究单元。

第六，建立国际一流的质量控制技术和质量标准研究体系，为我国企业的创新产品走出国门奠定标准先行的基础。建立国家级生物药物质量评价及标准化实验室，加强国家和国际标准物质的研制与合作；完善以《中华人民共和国药典》为核心的国家药品标准体系，健全仿制药一致性评价方法、技术规范；加强我国与国际监管和标准体系的交流及合作，选择优势产品和方向，参与和主导制定国际标准体系，提高我国产品在国际上的竞争力和标准制定的话语权。

第七，加强知识产权保护，激励创新药物研发。加强专利司法保护力度，建立和完善我国专利侵权行为的赔偿法律制度体系，降低医药企业维权成本，加大药品侵权处罚力度。细化生物医药产品专利审查标准，简化创新药物专利申请、审批程序，缩短审批时间，激励企业从事创新药物研发活动。

一、我国生物医药产业存在的问题与制约因素

经过多年来的努力，我国的生物医药产业取得了一定的进步，但是与西方生物制药强国相比，还有很大的差距。目前，我国生物医药产业在发展中主要存在着以下问题。

（一）自主创新能力较弱，创新成果产出较少

我国生物药物市场目前以中低端生物仿制药为主，完全自主的尖端药物严重缺失。除了传统的生物药品，我国制药企业生产的现代生物制品多数属于仿制药品且质量低、重复率高。根据 2014 年统计数据，我国市场上仿制药占据了医药行业97%的市场份额，仿制药的安全性及有效性没有被足够的数据加以证明。从全球在研仿制药的研发情况来看，邻近的印度和韩国的在研仿制药比例远远高于中国。截至 2012 年，我国已批准上市的不同规格的基因工程药物和基因工程疫苗产品共计 13 类 25 种 182 个，其中不同规格的原创产品只有 6 类 9 种 21 个，其余都是仿制。

目前我国医药企业在全球具有影响力的品牌药物非常少，现有具有国际影响力的药物大多是由跨国制药企业生产研发的。此外，我国申请药物研发专利的大多是科研院校，企业非常少，但是从世界范围看，申请药物专利的主要是跨国制药企业。由此可知，我国生物医药创新还未形成以企业为主体的格局。造成这个问题的原因是，我国重点医药企业缺少研发热情，尤其对一些技术要求较高的抗体类药物；国家划拨的医药研究资金每年都会有一大部分被划拨到一些科研院校，这些科研单位虽然在人才、设备等优势下具有很强的研发能力，但是往往不具备产业化药物生产能力，因此就造成专利申请以科研院校为主、企业为辅的现状。此外，由于我国不重视专利技术保护，大量专利技术被泄露，这也是医药企业缺乏技术创

新能力的重要原因之一。

从新药获批情况来看，我国在创新药物研发的产出方面远远落后美国、日本、欧洲等发达国家和地区。在世界十大重磅炸弹药物中，六个来源美国，四个来源欧洲。我国上市新药多是进口或合资企业产品，少有的新药也多为仿制产品，这表明我国生物医药创新产出能力比较弱。

从生物医药专利申请看，近五年全球生物医药领域专利公开量增长迅速，其中我国生物医药领域专利公开量在全球排名第二，年均复合增长率为 23.87%，远高于全球平均水平（4.09%），这说明我国在该领域市场吸引力及创新能力不断提高；但也存在专利优先权在数据上与美国有数量级的差距、发明专利相对比重小、企业申请人相对比重小等问题，说明我国在创新质量和创新主体上还有很大的提升空间。

（二）生物医药产业基础较薄弱、产业结构不合理、产业布局和产业链不完善

在国家相关政策法规的支持下，我国生物医药产业蓬勃发展，工业总产值也不断增加，但是和其他产业相比，生物医药产业在工业总产值、工业产值增速及总产值占国家总产值比重等方面依然比较落后，产业基础仍然较为薄弱。导致这种问题出现的原因有多种，其中最重要的有两点：一是我国生物医药产业的主要构成对象是中小企业，其占据全国医药企业的一半以上。这些企业普遍缺乏高精尖生物医药技术，多生产一些普通药物、仿制药物，缺乏技术创新和新药物研发，因此"小、弱、散"是我国医药产业的特点之一。二是我国多半以上的医药企业都缺乏品牌意识，不重视维护自主知识产权，因此我国医药企业很少出现知名品牌，有的医药企业甚至都没有自主品牌，仅仅是给其他企业做简单加工，由于缺乏有力的监管，有些特色资源被这些企业浪费，甚至造成整个行业形成恶性竞争。

生物医药产业分为传统生物医药产业与现代生物医药产业，传统生物医药产业是运用传统工艺对动物、植物、微生物等进行加工处理，包括发酵类产品（如维生素和抗生素等）和天然药物（中药饮片、中成药和中药提取物）等。现代生物医药产业是指将基因工程、细胞工程、酶工程、发

酵工程及蛋白质工程等现代生物技术的研究成果应用于制药行业。我国目前生物医药企业有一大部分停留在对传统工艺的改良，如湖南浏阳生物医药园的药企大部分是在中药饮片、中成药上进行简单重复的生产，先进的生物技术企业很少落户园区，传统生物医药产业急需转型升级，调整产业结构。

　　产业布局方面集聚效应弱，高等院校和科研院所互动少。全国虽然形成了几大生物医药产业集聚地，推动了生物医药产业的发展，但总体来讲我国的生物医药集聚效应不明显。产业集群一直被视为高技术产业发展的驱动力，集群目的在于通过大型企业的高技术劳动力、大型企业与新创企业的联合、风险资本、支撑高技术发展所需的基础设施及大型企业集群与高等院校、科研院所的密切联系来实现集聚效应。国内生物医药产业集聚地及工业园区从发展的空间布局来看几乎很少围绕高等院校或者科研院所形成产、学、研一体的模式。生物医药产业集群更多的是不同类型的制药企业简单集聚起来，企业间很少有信息交流和资源共享，龙头企业无法形成有效的产业联盟，还处在地理集聚的初级阶段。发达国家生物医药产业集聚地则是以高等院校和科研院所为中心，关联企业向此涌入从而集聚效应明显。

　　我国生物医药企业的整体实力偏弱、规模偏小，虽然生物医药企业数量庞大，但是如罗氏、诺华这样的行业巨头并不存在，整个产业呈现小而分散的状态。国外对生物新药进行研发，往往由大型药企牵头，凝聚各相关方力量进行协同攻关，投入方向十分明确。在我国，由于产业内缺少龙头企业的带头示范作用，各中小生物药企在研究经费的使用上既混乱又分散。虽然全行业整体投入巨大，但过多中小生物药企的存在导致落实到每一个具体项目上的资金却十分有限。现实中，本土药企普遍面临研发资金不足的困境，研发投入比（研发投入/销售收入）与跨国药企相比存在较大差距。根据《E 药经理人》的统计，诺华、罗氏、默沙东、辉瑞、赛诺菲成为 2013 年跨国药企研发投入五强。五家跨国药企研发资金分别为93.36亿美元、82.93亿美元、71.23亿美元、62.54亿美元、61.17亿美元，研发投入比分别达到 20.28%、21.19%、18.99%、13.89%、16.23%。而在我国，研发投入排名第一的江西恒瑞医药股份有限公司（以下简称恒瑞医药）也只在研发方面投入了 5.63 亿元，研发投入比仅为 9.08%。各企业应大胆进行技术创新，勇于对国内外同类企业进行并购；鼓励本土企业充分利用后发优势，加强与跨国药企的沟通合作，对本土企业引进海外高端技术、核心产品知识产权给予资金支持和政策便利，尽快缩小本土企业在技术实力、整体规模等方面与跨国药企的差距，加快打造领军企业的步伐。同时，建议政府加快生物药物临床试验审批流程，改革药品生产许可制度，进一步完善对生物仿制药的审批与监管政策，拓宽生物药企融资渠道，加强生物创新药投资在不同阶段的衔接，根据各地区不同的资源环境及经济发展状况量身制订生物制药产业园区的发展规划，努力为我国生物医药产业的发展营造良好的外部环境。大型药企的缺位使行业内缺少整合资源的力量，各中小药企在研发方向的选择上各自为政、盲目跟风、缺乏沟通，导致重复投资的现象十分严重。

产业链方面不完善，断层现象明显。生物医药产业分为上、中、下游三个环节，上游是药物研发，包含基础研究和药物发现，中游是药物开发，包含临床前试验和临床研究，下游是药物生产和市场化。产业链的各个环节由于生物医药技术开发周期长等因素未能紧密衔接。尤其是在技术转化、中试、放大等环节脱节较突出，这导致产业链上的子产业缺乏竞争，譬如上游的药物研发成果因缺少通畅的转化平台导致产业化速度减慢，根据每年公布的专利数来看其转化率不到 15%，西部地区的药物研发成果转化率不到 5%。生物制品经过漫长的临床试验再到放大生产也出现严重脱节现象，有些生物制药企业投融资渠道窄、规模化生产投入严重不足，和国外完善的风险介入机制有较大差距。

（三）企业与高等院校、科研院所之间脱节现象严重，科研成果市场转化率低

2000 年以来，我国在生命科学基础研究领域取得了一定的成绩，国内研究人员在生命科学基础研究领域的国际核心期刊上发表文章已经成为常态。相关统计显示，2012 年全年，我国研究人员在生命科学基础研究领域国际核心期刊上共发表论文 65 篇，其中 *Cell* 27 篇、*Nature* 21 篇。然而，由于企业与高等院校、科研院所之间脱节现象严重，科研成果市场转

化率低，我国生物医药产业的技术水平还难以做到与科研能力同步发展。

在我国生物医药研发的主体是国家所属的科研院所和高等院校，企业多是出资方和参与者。科研院所、高等院校与制药企业之间缺乏有效沟通和合作，导致了创新药物研发与市场需求脱节，研发成果得不到产业转化。一方面，科研院所难免重学术轻市场，导致新药的 R&D（研究与开发）很难把握市场方向，容易出现研发上市的新药与患者需求错位的问题，部分科技成果缺乏产业化的意义和可行性。另一方面，科研院所资金短缺或项目往往以单纯完成科研任务为主，致使项目进展较慢，市场转化率低，转化速度慢。

目前，我国生物制药技术的基础研究以高等院校、科研院所为主。高等院校、科研院所在研究氛围、高端人才储备、技术积累、研究规模、资金筹措等方面通常拥有企业难以企及的优势。然而，科研院所没有市场意识和竞争需求，与企业缺乏沟通，这就导致当前的生命科学基础研究大多并不以市场为导向，大批研究成果脱离实际应用，停留在单纯的学术层面。同时，由于缺少市场动力，科研院所对转化研究不够重视，生命科学基础研究领域科研成果的市场转化率很低。数据显示，2017 年我国生物科技成果转化率尚不足 15%。很多成果甚至从未走出实验室，在获得奖励或者专利后便被束之高阁。科研的目的在于以理论指导实践，而上述做法背离了科研的初衷，是对科研资源与研究成果的严重浪费。

（四）创新投入总体不足

我国医药企业缺乏药物创新能力的另一重要原因是投入药物技术研发的 R&D 资金不足。2017 年，我国大多数医药企业用于新药物 R&D 的资金仅占其销售额的 1%，这也是医药行业资金投资体系导致的，我国医药行业的投资方式只有政府划拨资金、自主筹资、银行贷款及风险投资等有限的几种。我国生物医药产业不受风险投资青睐的原因有以下几项：一是生物医药企业投资需要大量的资金，且具有不可估量的风险，回本周期长，不能满足风险投资对资金快速回笼的要求；二是缺乏专门为生物医药企业提供资金的投资机构；三是我国大多数生物医药企业主要以药物仿制为技术研究方向，这与风险投资企业要求的原创性背道而驰，让投资者认为生物医药企业药物研发项目缺乏可行性。

从生物医药 R&D 资金投入来看，尽管我国 2010 年以来有显著增长，但与发达国家的差距仍比较大。与美国、欧盟等发达国家和地区 R&D 资金投入总量相比，我国生物医药 R&D 资金投入仍比较低，仅为美国同期的 2.7%～10.4%，日本同期的 7.9%～16.5%，欧盟同期的 2.9%～14.6%。同时，我国生物医药 R&D 资金投入强度（R&D 资金投入强度=R&D 资金总投入/总销售收入）与欧美等发达国家和地区的差距也比较大，一直徘徊在 1.0%～2.5%，无显著增长。

尽管我国生物医药 R&D 资金投入总量实现了显著增长，投入强度却不增反降。而美国生物医药产业 R&D 资金投入强度稳步上升，保持在 18%～20%。欧盟 R&D 资金投入强度尽管有所下滑，但一直保持在 14.0% 以上。

从研发人员总数来看，我国生物医药产业研发人员总数与欧盟的差距逐步缩小，2017 年已粗具规模优势。我国生物医药产业研发人员数量在 2011 年达到 11.9 万人，比 1990 年增长近 8 倍。2011 年欧盟生物医药产业研发人员为 11.6 万人，比 1990 年增长 52%。从研发人员投入强度（研发人员投入强度=研发人员总数/从业人员数）看，我国与发达国家的差距也在缩小。我国生物医药产业研发人员投入强度已由 1990 年的 3.4%缓慢上升到 2011 年的 6.6%，表明研发人员日益受到重视。2011 年，欧盟研发人员投入强度一直稳定在 15%～19%，比我国高两到三倍。

（五）存在制约我国生物医药产业创新能力的政策因素

1. 医药管理体制制约创新

在管理体制上，我国仍处于多头管理、互有侧重的局面，难免发生相关政策不协调、不配合，甚至出现政策效果相互掣肘的情况。例如，国产新药不能及时进入医保目录。医保目录更新速率慢，创新药物和优质仿制药难以及时进入医保目录或《中央预算单位 2017—2018 年政府集中采购目录及标准》。早在 2012 年以前，我国卫生部制定的《全国公费医疗报销目录》中规定，国家一、二类新药自动进入《国家基本药物目录》，并规定了相应政策。后来修订《国家基本医疗保险、工伤保险和生育保险药品目录》（即国家医保目录）时，这些政策没有被延续下来，导致原创药品难以进入医院主流市场。现行医保政策导致生物药，特别是本土生物创新药的普及困难。

（1）一些国产创新药临床应用和市场推广受到严重影响。2010 年以来，在国家"重大新药创制"①科技重大专项支持下，国内企业花费巨大人力、物力，研发出一批具有自主知识产权的创新药，如治疗肺癌的靶向药物盐酸埃克替尼（贝达药业股份有限公司生产）和注射用重组人尿激酶原（上海天士力制药股份有限公司生产）等生物新药。这些创新药具有质量可靠、价格低廉等特点，完全可替代同类进口产品。但是，我国《国家基本医疗保险、工伤保险和生育保险药品目录》（2009 年版）自发布以来，致使创新药物无法及时进入国家医保目录，无法形成规模销售（2017 年版发布后，这种情况有所好转）。因此，建议有关部门尽快完善政策，使其及时进入医保目录。不仅可以更快惠及更多患者，节省医保费用和个人支出，而且，据测算这些创新药年销售额可达 500 亿～600 亿元，可拉动 GDP 增长近 0.1 个百分点。

（2）一些国产高端仿制药临床应用和推广受到严重影响。目前我国药品招标采购制度尚不完善，有些地方单纯以降价为目的，导致大量有竞争力、质量好、价格合理的药品因低价竞争无法生产，反而使那些没有竞争力的、价格高的产品和国外原研药更容易挤占市场，最终增加了患者和医保负担。据统计，原研药占我国市场份额超过 30%，销售额超过 1000 亿元人民币。因此，建议取消原研药单独定价和采购政策，优先将高端仿制药纳入医保目录，使高端仿制药形成合理采购价格，为这类药物提供合理的市场空间，使其形成稳定的市场预期。

（3）生物药物对肿瘤、糖尿病及其他血液系统和免疫系统疾病拥有非常好的治疗效果。在上述医疗领域中，患者对生物药物的依赖性很强。但是，目前能够进入我国医保目录的生物药物却非常少。单克隆抗体药物

---

① 按照《国家中长期科学和技术发展规划纲要（2006—2020 年）》，经国务院批准，"重大新药创制"科技重大专项（以下简称专项）于 2008 年启动。

并没有被纳入国家医保目录之中，只有极少数单克隆抗体药物进入部分省份的省级医保目录。但这部分进入省级医保目录的单克隆抗体药物只针对住院治疗的患者，患者还需要承担很高的自付费用，这对我国生物药物的普及与生物医药产业的发展都是非常不利的。

药品定价和招标采购机制不合理。目前，以降价为导向的我国医药招标采购制度使原创药利润和生存空间受到严重挤压。与发达国家不同，我国药品近八成的利润都被流通环节占有，能够用于研发的利润少之又少。医药定价模式，未能充分考虑医药创新研发的成本，不利于鼓励新药研究与开发。在药品招标采购准入机制上，药品的招标采购周期过长，各地招标采购方式与流程不统一。

2. 新药审批政策不够完善

目前，西方发达国家新药在新药临床前、临床研究阶段和注册审批的过程中就已得到审批，并针对性地出台了激励生物医药产业创新的政策。与此相比，我国新药药品审批工作中仍然存在着信息沟通不顺畅、审批周期冗长、审批主体的责任缺失等问题，对我国生物医药创新造成较多的不利影响。

信息沟通不顺畅。我国新药申报人与审评机构之间只能进行文件往来，不利于良好的沟通。新药申请企业都被要求多次不断地补充、修改申报资料，甚至有时还会增加不必要的争端。与发达国家相比，我国申请人无机会向审评机构询问自己的设计是否合理，因此也不可能得到具体的指导意见。

审批周期冗长。在美国、欧洲、日本、韩国、印度等国家和地区，新药临床试验审评时限都在一到两个月，而我国审评时限通常在八个月以上，对于新生物制品，甚至长达一年以上。两者相较，仅临床申报这一环节，国内审批时间是国外耗时的五倍。这严重推迟了新药进入临床研究的期限，进而延长创新药物研发的周期。

审批主体的责任缺失。我国新药审批机构及专家更多把自身定位为审批者而不是审批者+指导者，目前药品注册的相关法律法规中尚未出现新药研发指南文件，这也加大了我国新药研发的盲目性，进而导致我国药物研发始终处于低水平状态。

　　3. 知识产权保护不力

　　我国专利等相关法律和制度建设起步较晚，对创新药物研发的保护和激励作用仍不够。

　　（1）知识产权保护不力，不但阻碍了新药品的开发创新和技术交流，而且导致违法、违规仿制药品的泛滥。我国药品侵权案件普遍存在审判周期长、维权成本高、处罚力度不够的问题。这在一定程度上直接影响了企业对创新预期的自信心，从而影响资金投入力度。另外对于国外企业而言，知识产权保护不力，不利于国外生物医药企业进行技术交流和转让。

　　（2）企业知识产权意识淡薄，不利于创新药物的保护。自《中华人民共和国专利法》（以下简称《专利法》）《中华人民共和国商标法》等知识产权保护法实施以来，虽然我国采取了一系列的宣传和普及措施，但成效不大。仍有不少医药企业对知识产权保护知之甚少，重成果、轻产权的现象普遍存在，许多发明和创造得不到有效的申报。据统计，我国已有900多种中草药项目被国外企业抢先申请了专利。再次，药品专利审批时限和公开制度有待完善。我国专利审批期限过长，对申请人来说费时费力，亦不利于申请后、授权前对技术秘密的保护。与《美国专利法》相比，我国《专利法》对医药专利的保护尚趋于保守，限制性的条件很多，不利于生物医药企业技术创新。另外，我国采取早期公开，延迟审查的制度，导致如果专利申请最终不能获得授权，申请人的技术秘密则因已经公开而不能得到有效保护，且容易被他人仿制。

二、促进我国生物医药产业发展的措施建议

（一）继续加大我国生物医药产业的资金投入

　　针对生物医药企业投入资金不足的问题，我国可以从以下两方面加以解决。

　　（1）政府加大投资力度。我国生物医药产业尚处于全面发展的初期

阶段，政府的引导、推动和扶持十分关键。首先，对于政府科技计划（基金）和科研基础条件建设等资金，建议进行整合并加大财政投入对生物产业的支持力度；其次，建议政府设立国家生物产业发展基金；最后，建议政府对新创办的生物企业实施税收优惠政策。

（2）拓宽融资渠道，鼓励设立和发展生物技术创业投资机构与产业投资基金，引导社会资金投向生物产业。建议国家通过制定投融资、项目申报、经费资助、赋税征收等方面的优惠政策，以吸引外国资金和民间资本进入生物医药行业，加大生物医药研发的投入。

鼓励风险投资。国家有关部门应当积极引导、培育和建立风险投资新机制，不断完善和健全风险投资体系，为风险投资创造宽松的环境和条件，适时允许投资银行、信托投资公司、保险公司等机构发起和设立风险投资基金。鼓励国家科技型中小企业创新基金优先支持在境内从事生物技术开发及其成果转化的中小型企业，采取特殊政策，鼓励和优先支持设立生物产业投资基金等。

（3）完善和创新生物医药国际人才引进的创新制度。人才是发展的第一要素，国内外生物医药发展迅速，对创新生物医药人才的引进应该不遗余力，更加强调质量而不是数量，应该涵盖基础、技术、产业化、监管等多方面的人才队伍建设，探索整体打包式的引进方式，形成合力。建议从国家层面设立专项，并在相应的招募、评审和配套福利等制度、政策方面进行倾斜，对高精尖的国际人才，加强引进的支持力度。

（二）改善我国生物医药产业的产业结构和行业结构

（1）首先要做好定位，突破大而全发展模式。现代生物医药产业的发展主要集中在技术研发上，因此我国医药企业应重点发展技术创新，攻占全球医药产业链高端技术环节，进而实现产业优化。因此我国生物医药产业可以将现代生物制药和现代中药作为研发重点，因为这两者不仅具有很高的技术含量，并且具有很强的技术突破性，进而促使我国生物医药产业朝着技术型的方向发展，实现产业升级。医药企业可进行疫苗、现代中药制剂研究，获取一些技术含量高、附加价值高的创新型医药产品，进而攻占国内医药品牌制高点，进而促使我国医药行业摆脱低水平状态。并参照价值链原理，实行医药产业资源重组，使我国生物医药产业实现一体化生产，集约化经营，进而营造出国际化的发展格局，有效提高我国生物医药产业综合实力。

（2）解决行业结构不合理的问题。较为有效的方法就是加快资产重组或企业重组的步伐，建立起大公司、大集团、大医药的产业格局。

（3）理顺产、学、研创新体系，培育企业创新主体，深化高等院校和科研院所科技体制改革，加强生物医药企业自主创新能力建设。鼓励建立药品研发联盟，合理规划生物医药产业园区，鼓励地方引入生物医药跨国集团，促进信息技术与生物医药技术的融合。印度生物医药产业发展飞速的主要因素是重视信息技术与生物技术的融合，依托信息技术发展生物医药产业，班加罗尔是印度最大、最知名的软件园区，也是世界知名的生物产业园。印度软件产业发展迅速，吸引了海内外众多著名的信息技术企业，为印度生物信息学、生物医药研发服务外包产业的发展提供了技术、设施等有利条件。我国可充分利用现代信息技术手段解决生物医药领域的难题，发挥两者融合的优势，从而为生物医药发展开辟新的空间。

（三）营造良好市场环境，完善相关体制机制

（1）我国通过建立目标统一、措施明确的有利于产业发展的体制机制，减少部门间政策不协调、不配合、甚至相互抵消掣肘的现象，从而使各种政策能够协同配合，形成有力的政策合力。在这一过程中，重点是要继续以医保、医药、医疗的"三医联动"来推动医改，为生物医药产业发展提供强有力的"三医联动"的组织保障体制机制，以创造有利于生物医药产业可持续发展的良好社会环境和市场环境。健全生物技术的实验程序，完善中试、环境释放、商品化生产和进出口等环节的安全控制措施，加大对生物企业与研究机构的基础设施和安全措施的监督力度，完善评审、监测和监督等程序；完善生物技术产品市场准入政策；根据生物产业特性及新兴产业成长规律，制定有利于促进产业发展的体制机制，如适当放宽对转基因技术研究开发与产业化应用的限制；对原始创新药和集成式创新生物药优先审批，赋予其自主定价权。

（2）鼓励创新药物纳入医保目录。一方面，开辟创新药物绿色通道。尽快出台符合我国国情的新药优先进入医保目录的相关政策，提高企业从事新药研发的积极性。科学制定新药进入医保目录的标准，并找准恰当的时机，争取一类新药和国内独家新药品种以最短时间进入国家医保目录。另一方面，积极探索药品引入谈判机制。加快研究制定药品引入谈判机制的有关规则和办法，建立由政府、保险部门、企业等多方参与的工作组织体系。促成多方博弈，确定谈判准入的条件，推动创新药物进入医保目录，为创新药物实现市场扩容提供一条有效途径。

（3）完善药品定价机制。首先应加大药品流通体制改革的力度。规范药品流通市场秩序，严厉打击商业贿赂等违法违规行为，削减不正当的价格差异和虚高价格，消除流通企业虚高利润，创造有利于医药企业创新药品的外部环境。其次完善专利药品单独定价政策。在全面参考药物经济学证据的前提下，为新药的额外价值制定合理的额外价格。

（4）优先考虑制定生物医药产业相关产品政策，如药品的使用政策。使用政策的导向与杠杆作用对药物的全研发链和产业链有重要影响。目前国家医疗保障政策、药品招标采购政策、药品价格政策均在药品使用政策的范畴内，有较大的改革和调整空间。建议从药品招标采购政策和医保目录的调整入手，进一步完善药品价格政策，利用市场价格杠杆推动药企自主创新，提高产品质量，以更为明确的政策导向，促进我国生物医药产业创新发展。

（5）加强对干细胞诊疗、免疫细胞诊疗临床研究的准入与过程管理。建议由国家药品监督管理局统一管理，以解决国家药品监督管理局、国家卫生健康委员会两个部门对生物细胞诊疗管理缺位的问题。

（四）进一步改革制约生物医药产业发展的行政审批制度

1. 扩大审评队伍，提高审评能力，加快审评速度

根据 CDE 统计，2014 年受理审评 8868 件，完成 5261 件积压和新增注册审评，虽然完成审评量比 2013 年增长了 12.9%，但因任务增加量超过完成工作量，积压审评量进一步增加，累计达 18 597 件。按照目前审评

速度，完成当前积压的三类新药临床审评需要七年时间。中国科学院院士、上海市科学技术协会第九届委员会主席陈凯先对此评论说："我国的新药审评审批速度太慢，一个药批下来往往需要 5～10 年"。全国人大代表、亚宝药业集团董事长任武贤对此表示赞同，"一个一类新药临床申请需要七年，再加上研制时间，新药问世即变为老药。"而美国新药审批需要 20 个月，日本仅需要两个月左右。审批慢的重要原因在于 CDE 仅 120 个编制，实际业务人员不足 80 人。因此，应尽快增加专业审评人员数量，加快审评速度。同时，可充分利用高等院校和社会组织的审评力量，采取政府购买服务的方式，将一些审评业务外包出去，提高审评速度。

2. 提高新药审评费用，减少申报数量

我国新药审评费用仍然沿用 1995 年制定的标准（2000～25 000 元），远低于美国 200 万美元的收费标准，造成大量低水平、重复的新药申请，占用了宝贵的审评资源。因此，应大幅度提高新药审评费用，从而相应提高新药准入门槛，减少申报数量。

3. 建立生物医药和创新药物快速审评通道及早期收获审评机制

英国药物和保健产品监管署（Medicines and Healthcare Products Regulatory Agency，MHRA）为了鼓励创新，制订了早期获得药物计划（early access to medicines scheme，EAMS），当患者有明显需求时，允许患有危及生命疾病的患者获得未经许可的药物。这些药物被定义为有前景的创新药（promising innovative medicine，PIM）。企业的创新药品一旦被 MHRA 认定为 PIM，即可在进行审评前征召志愿者进行临床试用，加速创新进程，从而为许多新药上市赢得了时间。目前，FDA 的职能也在转型，从单纯的监管者变成了新药创新的推动者。因此我国一方面对临床急需的防治艾滋病、恶性肿瘤、重大传染病、罕见病等疾病的创新药品及重大新药创制计划支持的研发药品，应建立单独绿色快速审评通道；另一方面，借鉴 MHRA 的经验，建立早期收获审评机制，加速创新步伐。

4. 完善新药审评机制，促进新药市场转化

（1）提高新药标准。严格新药定义，提高药品标准，从实质上鼓励

生物医药创新。明确新《药品注册管理办法》中对新药的界定，逐步与国际通行的 NCE（new chemical entities，新化学实体）标准接轨，提升我国创新药物研发国际化水平。

（2）完善创新药物上市审批的程序。细化特殊审批药品遴选原则，缩短特殊审批资格的审批时限，以期更好地达到激励创新制度设计的初衷。适当缩短对新药一期临床申请批件的审批时间，争取做到与国际接轨。

（3）加强申报信息有效沟通。一方面，审评机构应重视高效的沟通交流，建立多种沟通交流平台，为新药申报交流创造条件。另一方面，新药申报人适时提出待沟通的问题，明确关键问题。充分准备双方交流内容，促成有效沟通。

（4）加强新药审批科学指导。积极制定全面、详细、有可操作性的新药研发指南。指导企业及时了解新药研发的国际最新技术要求及标准，促使企业新药研发更具针对性，避免新药研发的盲目性和低水平。

（五）加强 GCP 的建设和监管，提高我国创新药物临床试验的整体水平

随着 GCP 的颁布和实施，我国的新药临床研究水平取得了显著的进步，但是和欧美发达国家相比仍然存在较大差距。药品的质量直接关系到人的身体健康，乃至生命安全，因此其在上市之前对安全性和有效性的把关就显得非常重要。只有在临床试验中严格执行 GCP 相关规定，才能保证试验的质量和水平。

目前我国临床试验机构的专业化、专职化研究团队建设还滞后，临床医师的临床试验设计水平较低，对临床试验中最新的应用技术和理念等方面的知识的掌握不足，缺乏基本的规范化系统培训，特别是在一期临床试验方面，对创新药物参与临床试验设计的能力和临床试验过程中的风险把控能力较弱。此外，设施设备建设投入不足，技术支撑不到位，不能满足临床试验需要；质量管理体系不健全，质量控制与质量保证措施落实不到位等，都是当前非常突出的问题。

针对以上问题我国应建立完善的创新药物的 GCP。针对一些重特大

疾病的发病率不高或具有危害大、传播速度广和突发等特点，关于创新药物的临床试验、创新生物技术及其产品，我国应该对其临床研究提出具体、明确和细化的指导原则，提高以上产品和技术的临床研究标准化程度，加速推动其产业化进程。全面加强药物临床试验机构建设是临床试验质量控制的关键环节。我国应加强药物创新临床研究的理论指导体系建设，全面完善科学化管理机制，加大对临床研究专业人员培养的投入，更加重视临床试验质量的提高，努力达到国际化水平。用学科建设的思路去发展药物临床试验机构，利用现代化手段创造更广泛的交流平台，加强医疗机构对临床试验的组织管理和质量控制，最终提升我国在新药研发方面的国际竞争力。

目前医疗机构对药物临床试验的重视程度不够，临床试验机构人员编制缺乏法规支持，药物临床试验发展面临人才队伍缺乏、办公场地不足等问题；临床试验机构缺乏足够的支持，难以保证临床专业的试验项目实施质量；药物临床试验项目数量和试验质量与临床医生晋职及晋级关系不大，临床医生对参加药物临床试验缺乏足够的兴趣。建议相关部门修改药物临床试验相关法规以完善医疗机构的定位和职能，并出台政策引导医院管理层和临床医生重视药物临床试验工作。药物临床试验相关培训方式和内容有待改善，应加强针对机构管理、质量管理、伦理审查和药物临床试验高级技术的专门培训。

建议监管部门顺应药物临床试验发展的趋势，逐步淡化机构资格认定在监管体系中的比重，将监管重心转移到项目检查，不仅加大对国内注册项目的检查力度，还对在我国进行注册的国际多中心项目的境外研究点实施项目检查，以实现药物临床试验监管与国际接轨。建议监管部门推进GCP 检查员专职化，提高检查质量。建议完善相关法规，并出台相应的检查细则来逐步实现对申办者和 CRO 的检查，以督促申办者完善自身建设，达到提高我国药物临床试验质量的目的。

应该注重伦理委员会的独立性，其不应该受到研究机构/研究者或申办者的影响，而我国的很多机构的伦理委员会大多挂靠在医院某个部门下（可能是科技处，甚至医务处），这样伦理委员会在审查时不可能不受到医院的影响甚至行政干预。建议卫生行业主管部门借鉴西方发达国家伦理审查的成功经验，对伦理审查资源进行整合，出台相关引导政策，在有条件的地区建立区域伦理委员会，承担创新药物临床试验和高风险药物临床试验的试验方案伦理审查职能，形成区域伦理委员会审查试验方案的伦理性和科学性，医院伦理委员会审查本机构的综合实力以保障受试者安全的格局。建立以药品监督管理部门为主体、卫生行政部门为辅助的基本监管框架，对没有严格实施法规要求的伦理委员会，按情节严重程度给予相应处罚。

建议通过政策引导及国家资助的方式，引导一批医疗实力雄厚、研究水平相对较高的医院开辟药物临床试验研究单元，以专门的病床、专用的设备和专业的研究医生来专门从事创新药物临床研究，以实现提高我国创新药物临床试验的整体水平和医疗技术整体水平的双重目的。

（六）建立国际一流的质量控制技术和质量标准研究体系，建立国家级生物药物质量评价体系及标准化实验室

（1）加强质量控制技术和质量标准研究。在生物医药产品的产业化研发进程中，产品的质量控制技术和质量标准研究是保证产品安全有效、实现产业化的重要环节，但我国的生物医药研发单位由于长期缺少相关的经验和能力，阻碍了产品的研发进展，因此有必要推动国家药品检定机构的参与，提升生物医药产品的质量控制技术，完善质量标准体系，起到标准引领产业的作用。建立适应新时代发展需要的生物医药标准化评价体系。一是提升质量控制技术。建立科学有效的质量标准和科学的控制方法及相应的标准物质，推广应用先进质量控制技术，改进产品设计，优化工艺路线，完善从原料到成品的全过程质量控制体系，有效提升药品质量。加快化学药杂质、溶解性能、溶剂残留和药物晶型等控制技术的开发应用，提高产品纯度和稳定性。加强生物活性、等效性、利用度等生物药性能研究，增强发酵和细胞培养等生物学过程易变性控制能力，着力提高疫苗等生物产品的安全性、有效性。加大中药、民族药等传统医药产品物质基础研究力度，提高助溶剂质量稳定性，降低不良反应发生率。

（2）完善质量标准体系。健全以《中华人民共和国药典》为核心的

国家药品标准体系，实施药品、医疗器械标准提高行动计划，推动基本药物、高风险药品、药用辅料、包装材料及基础性、通用性和高风险医疗器械的质量标准升级，完善中药、民族药的药材及药品生产技术规范和质量控制标准，提高标准的科学性、合理性及可操作性，强化标准的权威性和严肃性。进一步完善药品质量评价体系，建立药品杂质数据库、质量评价方法和检测平台。健全仿制药一致性评价方法、技术规范，开展第三方检测、评价，提高仿制药质量。重点开展基本药物质量和疗效一致性评价，全面提高基本药物质量。开展中药有害残留物风险评估，加强中药注射剂安全性评价，维护中药产品质量安全。加快完善计量、标准、检验检测、认证认可等公共技术服务平台，鼓励建设第三方质量可靠性评价平台，促进企业加大投入，提升产品可靠性。

（3）加强标准物质的研制。标准物质是控制医药产品质量和质控水平的重要物质基础，我国已经建立了种类较为齐全的国家标准品，部分标准品已经溯源到国际单位。应该加强国家标准品向国际标准品的转化和溯源工作，这样可以提高中国医药产品与国际医药产品的可比性，从而为国产生物医药走向世界奠定基础。

（4）增加国际交流，利用 WHO 合作中心的优势，拓展与 WHO 和欧美发达国家的标准交流。为了提高我国产品在国际上的竞争力和标准制定话语权，应选择优势产品和方向，参与和主导国际标准体系的制定。为我国企业的创新产品走出去奠定标准先行的基础。

（七）加强知识产权保护，激励创新药物研发

（1）加强专利司法保护力度。我国应尽快建立侵权行为的惩罚性赔偿制度，完善专利侵权赔偿体系，加大专利司法保护力度。医药企业维权成本需进一步降低，药品侵权处罚力度需进一步加大。同时，强化现有生物医药行业人员的知识产权意识。

（2）细化专利审查标准。建立针对药品各领域自身特点的审查标准，明确生物药品审查标准。简化创新药物专利申请审批程序，缩短审批时间，促使创新药物研发活动在企业中得到大力发展。

（3）完善医药知识产权法律体系。加强与生物医药强国知识产权领

域的交流，密切关注世界知识产权法律、政策方面的动态。积极吸收国外先进经验，完善我国生物医药知识产权法律体系，建立有利于知识产权保护和促进科技创新的激励机制等。